Pontus Erland Fahlbeck

Die Klassen und die Gesellschaft

Pontus Erland Fahlbeck

Die Klassen und die Gesellschaft

ISBN/EAN: 9783955641504

Auflage: 1

Erscheinungsjahr: 2013

Erscheinungsort: Bremen, Deutschland

EHV
HISTORY

Die Klassen und die Gesellschaft

Eine geschichtlich=soziologische Studie
über Entstehung, Entwicklung und Bedeutung
des Klassenwesens

Von

Pontus E. Fahlbeck

Jena
Verlag von Gustav Fischer
1922

Fürstl. priv. Hofbuchdruckerei (F. Mitzlaff) Rudolstadt.

Vorwort.

Seitdem Rousseau seine berühmte Antwort auf die von der Akademie in Dijon aufgestellte Preisfrage: „Quelle est l'origine de l'inégalité parmi les hommes, et si elle est autorisée par la Loy naturelle" abgab, hat das Problem der Stände und Klassen als eine Gewissensfrage die zivilisierte Menschheit beunruhigt. Praktisch ist diese Frage ein soziales Ferment geworden, das Gesellschaft und Staat in ständiger, dann und wann durch heftige Krisen, wie 1789 und noch mehr jetzt, unterbrochener Gärung hält. Theoretisch — und nur um diese Seite handelt es sich für uns — hat die Frage wohl Tausende von Hirnen und Federn beschäftigt, ohne daß es doch gelungen wäre, sie zu erledigen. Und die Schuld daran trägt Rousseau selbst oder richtiger die Antwort, die er gab.

Rousseau fand die Erklärung für die sozialen Unterschiede in dem Privateigentum. Dieses führt zur Herausbildung des Unterschiedes zwischen Armen und Reichen, von dem alle anderen sozialen Unterschiede und im übrigen alles Böse in der Welt zusammen mit Staat und Gesetzen sich herleiten. In seinen Fußstapfen sind dann alle oder so gut wie alle, was das Klassenwesen betrifft, gegangen. Das Eigentum ist die Ursache der Klassenunterschiede, versichern nicht nur die Sozialisten, sondern auch die meisten anderen Schriftsteller und Denker. Das Klassenwesen, diese universale, bei allen Völkern und zu allen Zeiten auftretende Erscheinung, wird hierdurch auf eine bloße Frage der Güterverteilung reduziert.

Zu Rousseaus Zeit war eine derartige Freihandzeichnung von der Entwicklung der Menschheit verzeihlich. Bei der gegenwärtigen Kenntnis von den primitiven Gesellschaftszuständen müßte diese Erklärung des Klassenwesens ohne weiteres abgelehnt werden. Die Klassen sind entstanden, bevor ein derartiges Eigentum vorhanden war, das Gegenstand der Teilung werden oder so bedeutsame Wirkungen mit sich bringen konnte.

Aber der Irrtum beschränkt sich nicht hierauf.

Die Erklärung, die in dem Klassenwesen ausschließlich oder hauptsächlich eine Folge verschiedenen Eigentumserwerbes sieht, beachtet nur die eine Seite davon, die *subjektive*, die sich auf die Lebensstellungen und Lebensbedingungen der einzelnen bezieht, und auch sie nur zu einem Teil. Das Klassenwesen hat aber außerdem eine *objektive* Seite als die Organisation der Gesellschaft für die Kulturarbeit. Als solche bedeutet es eine Arbeitsteilung im Dienste der Kultur, die erste und größte, ohne die keine höhere Kultur möglich erscheint. Die erstere bildet die Außenseite dieser mächtigen Erscheinung, die letztere ihre Innenseite.

Die Außenseite der Klassen ist allen offenbar, dazu stark interessebetont. Daher sieht die Menge nur sie und weiß nicht oder will nicht von einer anderen wissen. Gleichwohl besteht die andere heute wie zu allen Zeiten und macht ihren mächtigen Einfluß geltend, obwohl auf Wegen, die den meisten verborgen sind. Viele Tieferblickende haben dies natürlich beachtet und auch die genannte Seite des Klassenwesens richtig charakterisiert. Aber ihre Worte haben keine Aufmerksamkeit oder kein Verständnis gefunden. Zugegeben sei auch, daß sie bei einer allgemeinen Charakteristik stehen geblieben sind. Kein ernster Versuch ist bisher gemacht worden, zugleich geschichtlich und soziologisch die objektive Seite des Klassenwesens zu behandeln und damit die volle Erklärung desselben zu geben.

Die vorliegende Arbeit hat sich die Aufgabe gestellt, die hier vorhandene Lücke in der Gesellschaftsforschung einigermaßen auszufüllen. Von vornherein aber sei gesagt, daß auch hier nur wenig mehr als ein Versuch dazu und eine allgemeine Übersicht über den großen Gegenstand gegeben wird. Dieser Gegenstand ist so wenig zuvor bearbeitet und so umfangreich, daß es das Vermögen eines Menschen übersteigen dürfte, ihn völlig klarzustellen. Jedenfalls hat es mir an Zeit und Kräften dazu gefehlt. Doch hat er lange genug mir als eine Aufgabe vorgeschwebt, an der die Wissenschaft nicht länger vorübergehen darf. Schon vor einem Vierteljahrhundert erschien die kleine Schrift „Stånd och klasser“ (Lund 1892) als ein tastender Versuch zu einer Orientierung auf dem Gebiete.

Die neue Arbeit ist mehr als eine Umarbeitung der ersteren, wenn auch gewisse Grundanschauungen die nahe Verwandtschaft verraten. Es handelte sich darum, geschichtlich die Entwicklung des Klassenwesens durch die Zeiten hin darzulegen, die dabei treibenden Kräfte sowie die verschiedenen Arten von Klassenwesen mit den zu ihnen gehörigen verschiedenen Gesellschaftsformen aufzuzeigen. Diese wechseln nämlich mit den ersteren. Die Darstellung ist also weniger historisch als typologisch. Das Historische gehört dazu als Beleg für das Vorkommen und die Arten der Klassentypen. Hauptsache aber ist die Ätiologie und Morphologie der Klassen, die Grundlage des Klassenwesens und seine Gestaltungen mit den ihnen entsprechenden verschiedenen Gesellschafts- und Staatsformen.

Der Inhalt und die dadurch bedingte Einteilung der Arbeit ist somit folgende.

Auf eine kurze Erklärung über die Entstehung der Klassen aus den menschlichen Bedürfnissen folgt die Darstellung der verschiedenen Arten (Typen) der Gesellschaft, die geschichtlich auf dieser Grundlage erwachsen sind: der primitiven Klassengesellschaft — der Ständegesellschaft mit ihren Abarten (Kasten- und Feudalgesellschaft) — und der modernen Klassengesellschaft. Die beiden ersten Gesellschaftsarten sind in Vergangenheit und Gegenwart durch zahllose Fälle vertreten und können daher summarisch, jeder Typ für sich, geschildert werden. Bei den Kulturvölkern überhaupt nicht mehr existierend, haben diese Gesellschaftstypen auch kein aktuelles Interesse.

Die neue Klassengesellschaft dagegen, die Gesellschaft der Hochkultur, ist nicht mehr als zweimal und in zwei Fällen vorgekommen, zuerst im klassischen Altertum und dann in der Jetztzeit. Sowohl aus diesem Grunde als auch weil die gegenwärtige Gesellschaft und unser eigenes Zeitalter darin einbegriffen sind, verdient diese Gesellschaftsart eine eingehendere, nicht nur typologische, sondern auch geschichtliche Darstellung. Eine solche Darstellung wird, wenn auch nur in großen Zügen, betreffs des früheren Falles, der Antike, gegeben.

Des Verfassers Absicht war es, auch den späteren Fall, die Gegenwart, zu beschreiben, somit die Umwandlung der mittelalterlichen Ständegesellschaft mit dem Beginn der Neuzeit und die Entstehung und Entwicklung der neuen Klassengesellschaft bis auf unsere Tage zu schildern. Leider muß diese Absicht infolge Erkrankung des Verfassers unausgeführt bleiben. Für ihn persönlich ist dies natürlich sehr verdrießlich, und auch für die

Arbeit kann es vom geschichtlichen Gesichtspunkt vielleicht als ein Verlust betrachtet werden. Für die typologische Beschreibung und für die Erklärung des Klassenwesens, worin ja die eigentliche Aufgabe der Arbeit besteht, hat dies jedoch wenig zu bedeuten.

Denn zwar sind die vollausgebildete antike und die moderne Gesellschaft in vielen Beziehungen voneinander verschieden, die Übereinstimmung ist aber noch größer. Sie sind Varianten desselben Typs, der Klassengesellschaft der Hochkultur. Die Beschreibung der einen Variante genügt, um den Typ in seiner Gesamtheit und als Gegensatz zu den beiden anderen Haupttypen, der primitiven Gesellschaft und der Ständegesellschaft, festzustellen.

Die Arbeit ist, auch wie sie nun herausgegeben wird, abgeschlossen betreffs der Entstehung, Entwicklung und Bedeutung des Klassenwesens bis zur Gegenwart, was die wissenschaftliche Aufgabe war, die dem Verfasser vorlag.

Wegen der angedeuteten Einschränkung des ursprünglichen Planes sind an einigen Stellen, besonders betreffs der europäischen Ständegesellschaft, kleinere Zusätze zu dem schwedischen Original gemacht worden, was zur Orientierung etwaiger schwedischer Leser hiermit erwähnt sei.

Hierzu noch einige Erinnerungen.

Obwohl neu nach Gegenstand und Ziel, enthält diese Arbeit doch nicht neue historische Daten im gewöhnlichen Sinne. Das Material für sie bilden zumeist allgemein bekannte Tatsachen, den bisherigen Resultaten der ethnographischen und geschichtlichen Forschung gemäß. Das Neue liegt in der Zusammenstellung dieser Tatsachen, ihrer Beleuchtung und Deutung, wie das der einsichtige Leser hoffentlich finden wird.

Eine Folge hiervon, auf die hinzuweisen sein dürfte, ist, daß die Darstellung fortläuft ohne Anführung von Quellen als Stützen derselben. Ein entgegengesetztes Verfahren hätte eine unnötige Weitläufigkeit mit sich gebracht sowie die Mühe, zwischen mehreren verschiedenen Quellen zu wählen. Denn das allermeiste, das angeführt wird, ist von vielen festgestellt worden und findet sich in allen größeren zusammenfassenden Darstellungen der fraglichen Wissensgebiete. Nur eine von den gewöhnlichen Ansichten abweichende Meinung oder direkte Zitate oder andere besondere Fälle geben demnach zu Literaturverweisen Anlaß.

Zum Schluß eine terminologische Bemerkung. Die Worte „Klassen“ und „Klassenwesen“ müssen aus sprachlichen Gründen in verschiedener Bedeutung angewandt werden — teils als Genusbegriff für sämtliche festen sozialen Unterschiede, teils als Artbegriff im Gegensatz zu Stand und Kaste, teils endlich mit Spezifikation in „primitive“ Klassen in der Kindheit der Kultur und „moderne“ Klassen während der Hochkultur. Der Zusammenhang dürfte in jedem Einzelfalle ein Mißverständnis verhindern.

Djursholm (Schweden),
Oktober 1922.

Pontus E. Fahlbeck.

Inhaltsverzeichnis.

Einleitung.

Kapitel I.
Gedanken und Ansichten über das Klassenwesen in älterer und neuerer Zeit.

Stände und Klassen im Lichte der Geschichte. „Die Geschichte aller bisherigen Gesellschaft ist die Geschichte von Klassenkämpfen.

Freier und Sklave, Patrizier und Plebejer, Baron und Leibeigener, Zunftbürger und Gesell, kurz, Unterdrücker und Unterdrückte standen in stetem Gegensatz zueinander, führten einen ununterbrochenen, bald versteckten, bald offenen Kampf, einen Kampf, der jedesmal mit einer revolutionären Umgestaltung der ganzen Gesellschaft endete oder mit dem gemeinsamen Untergang der kämpfenden Klassen.

In den früheren Epochen der Geschichte finden wir fast überall eine vollständige Gliederung der Gesellschaft in verschiedene Stände, eine mannigfaltige Abstufung der gesellschaftlichen Stellungen. Im alten Rom haben wir Patrizier, Ritter, Plebejer, Sklaven; im Mittelalter Feudalherren, Vasallen, Zunftbürger, Gesellen, Leibeigene und noch dazu in fast jeder dieser Klassen wieder besondere Abstufungen.

Die aus dem Untergang der feudalen Gesellschaft hervorgegangene moderne bürgerliche Gesellschaft hat die Klassengegensätze nicht aufgehoben. Sie hat nur neue Klassen, neue Bedingungen der Unterdrückung, neue Gestaltungen des Kampfes an die Stelle der alten gesetzt.

Unsere Epoche, die Epoche der Bourgeoisie, zeichnet sich jedoch dadurch aus, daß sie die Klassengegensätze vereinfacht hat. Die ganze Gesellschaft spaltet sich mehr und mehr in zwei große feindliche Lager, in zwei große, einander direkt gegenüberstehende Klassen: Bourgeoisie und Proletariat."

Mit diesen Worten leiten Karl Marx und Friedrich Engels das kommunistische Manifest von 1848, das Glaubensbekenntnis der modernen Arbeiterbewegung, ein. Die zündenden

Worte wollen offenbar nicht nur eine politische Losung geben, sondern auch eine wissenschaftliche Wahrheit darstellen. Die Gesellschaft und ihre physische Unterlage, das Volk, sind nur eine Masse verschiedener Klassen; ihr Kampf miteinander um die Macht bildet den ganzen Inhalt und Sinn der Geschichte. Nie ist die Bedeutung des Klassenwesens im Leben der Kulturvölker stärker hervorgehoben worden[1]). Die Weltgeschichte wird ausschließlich unter dem Gesichtswinkel des Klassenwesens gesehen; der Klassenkampf wird als das Zentrale darin und als ihre stärkste treibende Kraft betrachtet. Marx hat allerdings nicht versucht, im einzelnen diese Anschauung durchzuführen, ausgenommen betreffs Frankreich nach 1789, sonst aber weder betreffs der Geschichte in ihrer Gesamtheit noch in seinem ökonomischen Lehrgebäude, das doch hierauf fußt, noch auch nur bezüglich der jetzt existierenden Klassen, wie seine kurze Charakteristik derselben im letzten Kapitel seines Werkes „Das Kapital" zeigt. Auch der Versuch, den sein Schüler Kautsky gemacht hat, auf den springenden Punkt der Weltgeschichte, die Entstehung und den Durchbruch des Christentums, diese Anschauung anzuwenden, bleibt durchaus unzulänglich[2]). Er dient, trotz Kautskys gegenteiligen Versicherungen, mehr politischen als wissenschaftlichen Zwecken. Es wäre auch eine fruchtlose Arbeit, in den Rahmen der Lehre vom Klassenkampf die ganze Weltgeschichte hineinpressen zu wollen. Sogar die größte Umwälzung des politischen Lebens, die Entwicklung zu politischer Freiheit und zum Konstitutionalismus, ist meistens vor sich gegangen, ohne daß Stände und Klassen unmittelbar eine Rolle darin gespielt hätten. Es sind Volk und Fürst, Gesellschaft und Staat, die hierbei als kämpfende Gegner den Gang der Ereignisse geleitet haben. In anderen Fällen ist die Religion oder, wie heutzutage, der Nationalitätsgedanke die treibende Kraft der politischen Geschichte gewesen. Muß aber demnach Marx' Lehre von der alles beherrschenden Bedeutung des Klassenwesens in ihrer brutalen Einseitigkeit abgelehnt werden, so enthält sie doch mehr Wahrheit, als die Wissenschaft es im allgemeinen bisher hat zugestehen wollen.

---

[1]) Der einzige, der in dieser Beziehung vielleicht konkurrieren kann, ist Lorenz von Stein, der in der Einleitung seiner großen Arbeit, Geschichte der sozialen Bewegung in Frankreich, 1850, ähnliche Gesichtspunkte aufstellt, obwohl freilich mit überwiegend philosophischer Begründung.

[2]) Der Ursprung des Christentums. 1910.

Das gleiche läßt sich nicht von der Charakteristik des Klassenwesens sagen, die das Manifest in den angeführten Worten gibt. Es sieht in den Klassen nur Unterdrücker und Unterdrückte und stempelt damit das ganze Klassenwesen zu einem Produkt des Zufalls und der Gewalt. Wäre nicht politische Agitation das nächste Ziel, so könnten auch die Verfasser des Manifests eine richtige Darstellung von der Entstehung des Klassenwesens und der Rolle, die die Gewalt dabei spielt, geben[1]). Nun wird die Gewalt, obwohl nur ein Nebenumstand, als die Sache selbst ausgegeben. Man könnte mit gleichem Recht sagen, die ganze Entwicklung der Menschheit sei nichts als Gewalt und Zwang, da diese Entwicklung sich oft unter solchen Kraftäußerungen vollzogen und von ihnen begleitet gewesen ist. Es ist aber hier nicht der Ort, die wahre Natur des Klassenwesens zu erläutern oder ihr Zerrbild näher zu prüfen, wie es in den angeführten Worten uns entgegentritt, an denen die Wissenschaft nur zu einem Zehntel, die Politik zu neun Zehnteln teilhat.

Mit diesem Vorbehalt gegen Marx' Wertung des Klassenwesens gleichwie gegen die Übertreibung der Rolle, die er den dasselbe begleitenden Kämpfen zuspricht, bleibt doch als eine unbestreitbare Wahrheit bestehen, daß diese Erscheinung eine weit größere Bedeutung für das Leben der Kulturvölker gehabt hat und noch hat, als man es bisher in der Regel zugegeben hat. Die gewöhnliche Geschichtschreibung übergeht sie mehr, als zulässig ist, und die Soziologie desgleichen.

Was die Geschichtsforschung betrifft, mit deren Auffassung wir uns zunächst beschäftigen, so hängt dies zweifellos damit zusammen, wie das Klassenwesen selbst sich im Gang der Geschehnisse zu erkennen gibt. Nur selten treten die Klassen auf dem politischen Schauplatz handelnd hervor. Und wenn sie dort auftreten, so geschieht es, außer in den verhältnismäßig wenigen Fällen sozialer Aufstände und Revolutionen, unter der Gestalt politischer Parteien mit je ihren führenden Persönlichkeiten an der Spitze. Gewöhnlich wirken auch rein politische Kräfte neben den sozialen und treten dann stets in den Vordergrund. Dies verhüllt die wirklich handelnden Personen des Dramas und läßt uns leicht die in der Tiefe wirksamen Kräfte übersehen. Nur die

[1]) „Das Gesetz der Arbeitstheilung ist es also, was der Klassentheilung zu Grunde liegt." Nur ist die Durchführung dieser Einteilung in Klassen mittels Gewalt und List geschehen. (Fr. Engels, Herrn Eugen Dührings Umwälzung der Wissenschaft. 2. Aufl. 1886, S. 269.)

innere Geschichte Roms nach der Vertreibung der Könige läßt uns in den innerpolitischen Kämpfen die Klassengegensätze ohne verhüllende Verkleidung gewahren. Diese Geschichte offenbart sich nämlich mit typischer Klarheit als ein durch die Jahrhunderte fortgehender Kampf zwischen Ständen und Klassen: in älterer Zeit Patrizier und Plebejer, später die Senatspartei (die alte grundbesitzende Herrenklasse), die Ritter (die neuen Kapitalisten) und die Volkspartei (die kleinen Leute und die Proletarier). Eine gleichartige Entwicklung hat auch wohl anderwärts stattgefunden, wir sehen sie aber nicht ebenso klar infolge der Verschiedenheit der Verfassung und anderer Umstände, die die Rolle der Klassen weniger bemerkbar gemacht haben.

Ein weiterer Umstand, der es erklärt, weshalb die Geschichtschreibung der großen Erscheinung des Klassenwesens so geringe Aufmerksamkeit geschenkt hat, ist, daß ihr größtes Wirkungsfeld nicht innerhalb des Staatslebens, das die Geschichtschreibung ja zunächst ins Auge faßt, sondern innerhalb der Kultur und des Lebens des einzelnen liegt. Die Klassen sind nicht nur politische Mächte, wie Marx und andere es meinen, sondern noch mehr Organe der Kulturarbeit. Die Aufgabe, die sie in letztgenannter Eigenschaft besitzen, ist noch bedeutsamer als die, die sie als wetteifernde politische Parteien verrichten. Als solche wirken sie gewöhnlich nur im eigenen Interesse, das nicht selten dem Gemeininteresse widerstreitet. Als Organe der Kulturarbeit dagegen dienen sie der allgemeinen Entwicklung wie kaum etwas anderes. Ihre Tätigkeit auf diesem Felde liegt aber weniger offen zutage und ist nicht leicht zu verfolgen.

Der wichtigste Anlaß jedoch, weshalb das Klassenwesen bisher nicht so beachtet worden ist, wie seine Bedeutung es verlangt, ist, daß es zumeist vom Gesichtspunkt des Privatlebens aus betrachtet worden ist. Stände und Klassen sind nicht nur politische Mächte und Organe der Kulturarbeit, sondern zugleich auch Lebensstellungen. Jeder hat je nach seiner Klasse eine gewisse Lebenshaltung und eine gewisse „gesellschaftliche Stellung", wie das Manifest sich ausdrückt. In den Augen der Menschen ist dies die Hauptsache alles Klassenwesens. Man sieht nichts anderes davon als diese eine Seite, die sich einem jeden stündlich fühlbar macht, und denkt nicht daran, daß es andere haben kann. Eine natürliche Folge hiervon wiederum ist, daß nicht nur die Kulturgeschichte, zu deren Aufgabe eine Schilderung des Privatlebens und seiner Bedingungen gehört, sondern auch die politische

Geschichte vorzugsweise eben diese Seite beachten und darüber die anderen und insbesondere die allgemein kulturfördernde Aufgabe des Klassenwesens übersehen wird.

Es wäre indessen in hohem Grade unrecht, den Wert der Studien über Stände und Klassen, die die Geschichtsforschung ausgeführt hat, verringern oder bestreiten zu wollen. Sie hat eine gewaltige Arbeit darauf verwendet, wenn sie auch dem Inhalt nach auf die angedeutete Weise begrenzt und auch dem Umfang nach recht beschränkt geblieben ist. Denn es wird zwar selten bei der Schilderung der Schicksale von Völkern und Staaten versäumt, vorhandene Stände und Klassen zu erwähnen, gewöhnlich aber geschieht es nur im Vorbeigehen und ohne größere Aufmerksamkeit darauf zu verwenden, ausgenommen natürlich den Fall, daß es zu Kämpfen zwischen ihnen kommt. Ein tieferes Studium der sozialen Verschiedenheiten liegt meistens nur betreffs der Stände des europäischen Mittelalters sowie ihrer Vorgänger im römischen Kaiserreich und unter den Germanen vor. Die Entstehung und Herrschaft des Feudalismus wie auch die Befreiung und Entwicklung der Städte kann überhaupt nicht beschrieben, geschweige denn verstanden werden ohne eingehende Untersuchungen über die sozialen Verhältnisse während dieser Perioden. Solche Untersuchungen liegen auch in Menge vor. Zumeist sind es Monographien für ein bestimmtes Land oder sogar einen bestimmten Landesteil und gelten den einzelnen Ständen darin oder vielleicht noch gewöhnlicher einer oder einigen der mannigfachen Gruppen, in die die Stände während des Mittelalters geteilt waren. Nur selten wird das Standeswesen in seiner Gesamtheit behandelt.

Den Gesichtspunkt für die Behandlung geben durchgehends die privaten Lebensbedingungen ab, darin einbegriffen die öffentlich-rechtliche Stellung. Diese letztere Seite des Klassenwesens wird besonders von den heute üblichen rechtsgeschichtlichen Arbeiten über verschiedene Länder (England, Schweden, Deutschland, Frankreich u. a.) dargestellt. Man beschreibt die rechtliche und wirtschaftliche Lage der einzelnen Stände in Staat und Gesellschaft, oft auch die Faktoren, die zur Schaffung dieser Lage beigetragen haben, selten aber geht man weiter[1]. So be-

---

[1]) Derartige allgemeine Darstellungen des mittelalterlichen Ständewesens in Deutschland liefern v. Inama-Sternegg, Handwörterbuch der Staatswissenschaften (1. Aufl., Suppl.-Bd. II) und v. Below, Territorium und Stadt,

deutungsvoll und notwendig solche Beschreibungen der Stände oder genauer ihrer Lebensbedingungen sind, so geben sie doch kein vollständiges Bild von dem Klassenwesen. Wir sehen die Stände als Lebensstellungen und bisweilen auch als kämpfende Mächte, erhalten aber keine Vorstellung von ihnen als Organen der Kulturarbeit. Diese ihre Funktion ist jedoch für ein tieferes Verständnis des Klassenwesens die Hauptsache. Denn gerade sie, weit mehr als Klassenkampf und politische Aufgaben oder verschiedene Lebensstellung, macht die Sonderung und den Zusammenschluß der Menschen in Ständen und Klassen zu der alles Kulturleben beherrschenden Erscheinung, die sie in Wirklichkeit ist.

Ein anderer Mangel bei der Behandlung, die seitens der Geschichtschreibung dem Standeswesen zuteil geworden ist, der aber aus dem angedeuteten Gesichtspunkt folgt, ist der, daß wir nicht das Gesamtbild davon erhalten, dessen wir bedürfen[1]). Wir

---

1900, sowie mit einem Überblick über Europa in seiner Gesamtheit, Kurt Breysig, Kulturgeschichte der Neuzeit II, 1901.

[1]) Ein beachtenswerter Versuch in dieser Richtung ist I. I. Roßbachs Geschichte der Gesellschaft I—VIII, 1868—75. Diese Arbeit verrät einen Blick für die Einheitlichkeit der Erscheinung durch die Zeiten hin, wie man ihn sonst selten antrifft. Hierbei werden Völker und Gesellschaften, wie es sich gebührt, nach der sozialen Entwicklung und dem Kulturstandpunkt geordnet. Doch fehlt die klare Unterscheidung zwischen Kasten, Ständen und Klassen, die diese an sich richtige Betrachtungsweise nach sich ziehen müßte. Des Verf. Gedanke, die soziale Frage unserer Zeit und ihre Lösung mit dem Klassenwesen in Zusammenhang zu stellen, verdient ebenso Anerkennung, wenn man auch nicht der Art und Weise zustimmen kann, wie er diesen Zusammenhang sieht oder daraus die Formel für die Lösung des aktuellen Problems finden will. Der größte Mangel der Arbeit ist jedoch, daß der Verf. die Frage nach dem Ursprung des Klassenwesens übergeht und auf diese Weise nie dem tieferen Grunde desselben auf die Spur kommt. Zudem ist die Darstellung durch eine providentielle und theologische Auffassung mit den Begriffen Schuld und Strafe anstatt Ursache und Wirkung gefärbt, die in eine wissenschaftliche Arbeit nicht hineingehört. Dagegen darf man es dem Buche nicht zum Fehler anrechnen, daß es nur eine Arbeit aus zweiter Hand ist, die lauter bekannte Dinge behandelt, denn etwas anderes kann füglich nicht von einer solchen alle Zeiten und Völker umfassenden Studie begehrt werden. Man muß dabei auf allbekannte Tatsachen bauen. Etwas anderes geschieht auch nicht in der vorliegenden Arbeit.

Eine in ihrer Art beachtenswerte Arbeit ist ferner Gunnar Landtmans Samhällsklassernas uppkomst (Die Entstehung der Gesellschaftsklassen), 1916, zuvor veröffentlicht in zwei Abhandlungen, The origin of Priesthood, 1905, und The Primary Causes of Social Inequality (Översikt av Finska Vetenskapssocietetens förhandlingar LI, 1909). Ihrer ganzen Anlage nach ethnographisch, beschreibt sie die Lebensstellungen und äußeren Kennzeichen der verschiedenen Klassen (hauptsächlich der Priester und der Sklaven) bei primitiven Völkern. — Schließlich ist

gelangen nie von den Teilen zum Ganzen, von den Ständen zum Standeswesen. Die soziale Differenzierung ist ein Moment in der Entwicklung des Menschen von Natur zu Kultur und muß daher als eine einheitliche Erscheinung erfaßt werden. Daraus folgt, daß das Studium derselben die ganze Weltgeschichte umspannen muß, und ferner, daß wir einen organischen Zusammenhang zwischen den verschiedenen Arten von Klassen- und Standeswesen, die im Laufe der Zeiten vorgekommen sind, suchen müssen. Mit anderen Worten, die verschiedenen Klassen- und Standesgesellschaften müssen als Glieder einer Entwicklungsreihe betrachtet werden, die der Kulturentwicklung überhaupt parallel geht. Nur auf diese Weise erhalten wir eine richtige Vorstellung von dem Klassenwesen und eine richtige Wertung seiner Bedeutung in Vergangenheit, Gegenwart und Zukunft. Hiervon sind wir aber noch weit entfernt, wie der folgende Überblick über die Ansichten vom Ursprung des Klassenwesens zur Genüge zeigen wird. Man streitet andauernd über den inneren Grund desselben und ist sich nicht einmal einig darüber, ob es als eine primäre oder nur sekundäre Erscheinung betrachtet werden soll. Es ist dies Beweis genug für unsere mangelhafte Einsicht in das Wesen dieser universellen Erscheinung, trotz der vielen geschichtlichen Monographien über einzelne Stände und Klassen und der mehr oder weniger ausführlichen Beschreibungen ihrer Rechtsstellung bei verschiedenen Völkern und zu verschiedenen Zeiten.

* * *

Die Entstehung der Stände nach dem Volksglauben und älteren Vorstellungen. Bemerkenswerte Zeugnisse von der ältesten Auffassung der Menschen vom Standeswesen liefern die Mythen über die Entstehung der Stände, wie sie aus der Kindheit der Völker zu uns herüberklingen. Im Beginne der Zeit, so erzählt die indische Sage, gingen aus Brahmas Mund Brahman, aus seinem Arm Kshatriya, aus der Hüfte Vayshia und zuletzt aus dem Fuße Sudra hervor. Der Gott sah sie und setzte den einen über den anderen und gab ihnen je nach ihrer Natur ihre Lebensaufgabe: Brahman erhielt die heiligen Bücher, und er begründete die Kaste der Priester,

---

zu beachten ein bedeutungsvoller Beitrag zur Morphologie des Klassenwesens in W. Wundts groß angelegtem Werk Völkerpsychologie, Bd. VII und VIII: Die Gesellschaft, 1917. Es sind jedoch mehr die ersten Formen von Klassenwesen, die hier beleuchtet werden, als die späteren höher entwickelten, die in der Darstellung zu kurz kommen.

Kshatriya empfing das Schwert und ward der Stammvater der Kaste der Krieger, auf Vayshia geht die Kaste der Ackerbauer und der Kaufleute zurück, Sudra ward aller Diener. Die nordische Sage von der Entstehung der Stände lautet folgendermaßen: Rig, d. i. Heimdall, ging aus und kam zu der Hütte, dort fand er „Ai" und „Edda"; und es ward danach ein Sohn geboren, der hieß Träl und wurde Stammvater der Knechte. Es ging sodann der Gott weiter und kam zu dem Hause, wo „Afi" und „Amma" wohnten; diese gebar dann den Sohn Karl, dessen Nachkommen das Bauerngeschlecht bildeten. Schließlich erreichte er den Saal und traf dort „Fader" und „Moder", welch letztere den Sohn Jarl gebar, den Stammvater des Geschlechts der Jarle. Hören wir zuletzt, was die alten Guanchen, die früheren Bewohner der Kanarischen Inseln, von derselben Sache zu berichten wußten. Der große Geist, hieß es bei ihnen, schuf die Menschen und die Ziegen und gab die letzteren dem Adel. Das gemeine Volk verlangte, auch teil an den Ziegen zu haben, aber der Geist antwortete: die Ziegen sind nur für den Adel, der gemeine Mann muß ihm dienen.

Diese Mythen sind Früchte einer naiven Spekulation, die erste und die letzte vielleicht mit einem Zusatz von politischer Berechnung. Aber gleichviel, welche Absichten hinter ihnen liegen können, so sind sie jedenfalls „documents humains" von außerordentlichem Interesse. Sie lehren uns, wie die Menschen in der Kindheit der Kultur die Gesellschaft auffaßten, in der sie lebten und ihre jeweils mit der Geburt gegebene Stellung innehatten. Sie zeigen auch, welchen Raum das Standeswesen in den Vorstellungen der Menschen auf früheren Kulturstufen einnahm, und die Heiligkeit, die es umgab. Es leitete seinen Ursprung von den Göttern her und war in der verschiedenen Natur der Menschen begründet.

Diese volkstümliche Anschauung vom Standeswesen hat sich in seinem einen Teil — göttlicher Ursprung der Stände — unter den Kulturvölkern nur in Indien erhalten. Dort lebt sie im Kastenwesen mit unverminderter Stärke fort, trotz Buddhas Lehre von der Gleichheit aller vor dem Leiden und dem Tode. Bei den klassischen Völkern dagegen, wie auch bei den Juden, gaben die Schöpfungsmythen dieser Anschauung keine Stütze, und das darauffolgende Christentum, das alle gleich macht vor Gott, enthielt einen direkten Protest gegen die religiöse Sanktion des Standeswesens. Statt dessen wurde hier um so eifriger dem anderen Teil der genannten Anschauung gehuldigt, wonach die Stände eine Folge der verschiedenen Anlagen der Menschen sind. Hierbei erhielt die allgemeine Meinung eine Stütze auch durch die gelehrte Spekulation.

Aristoteles bemühte sich so, die Sklaverei, den größten aller sozialen Unterschiede, gleichwie auch den Adel auf Grund dieser natürlichen Verschiedenheit zu erklären und zu verteidigen. Gewisse Völker wie Individuen sind zum Dienen geboren, andere zum Herrschen. Er führt diesen Satz aus (Politik I, 2) unter Berufung sowohl auf die verschiedenartige Natur der Arbeit und die Forderungen des allgemeinen Besten als vor allem auf die verschiedene natürliche Begabung. Und er begegnet dem besonders in Griechenland naheliegenden Einwande, daß Kriegsgefangene ohne Rücksicht auf ihre persönlichen Gaben Sklaven würden, damit, daß dies unrecht und wider die Natur sei. Aber er findet darin keinen Grund gegen seine Ansicht. Im Gegenteil. Zwar sei es unrecht, daß hochbegabte Personen und überhaupt freie Hellenen zu Sklaven gemacht würden, recht aber sei es, daß die Minderwertigen, die zu nichts anderem taugen, und überhaupt die Barbaren Sklaven seien. Diese Ansicht Aristoteles', die die Auffassung der Antike in dieser Sache mit Ausnahme weniger (der Stoiker) wiedergibt, hat die öffentliche Meinung in Europa bis in unsere Zeit hinein, kann man sagen, beherrscht. Bezüglich der farbigen Völker herrscht sie im Grunde noch, auch wenn die Sklaverei tatsächlich aufgehoben ist. Denn immer noch werden die Neger in den Vereinigten Staaten ungefähr wie die niederen Kasten in Indien betrachtet. Aber auch in Europa sind Stände und Klassen bis in die neuere Zeit unter diesem Gesichtswinkel aufgefaßt worden, insbesondere die leibeigenen Bauern auf der einen, ihre adligen Herren auf der anderen Seite. In Frankreich war vor der großen Revolution „le roturier", der Nichtadlige, in den Augen des französischen Edelmanns eine Art niederer Mensch, wozu freilich auch die Vorstellung einer Rassenverschiedenheit beitrug. Der Adel sollte gemäß einer zu jener Zeit gern geglaubten Theorie, die auch noch später Verteidiger gehabt hat, von den erobernden Franken herstammen. Im übrigen glaubte man auch in Adams und Evas verschiedenen Söhnen den Ursprung der verschiedenen Stände zu sehen. Doch war auch ohne derartige quasigeschichtliche Stützen die Ansicht allgemein, daß das Standeswesen bezüglich des Adels und der höheren Stände auf der einen, der niederen auf der anderen Seite seine Wurzel in angeborener Verschiedenheit habe. Einen sprechenden Beweis hierfür liefert übrigens eine gelehrte Arbeit, die drei Jahre nach der Verkündung der allgemeinen Menschenrechte in Deutschland zutage trat, und in der der Verfasser gegen die neuen Gleichheitsideen polemisiert, gleichzeitig damit, daß er für Aufklärung und Freiheit schwärmt[1]).

Indessen hat es nicht an Protesten gegen diese Auffassung gefehlt und das lange vor der französischen Revolution und der Aufstellung der Theorien von den allgemeinen Menschenrechten. Schon im Mittelalter traten solche bei einzelnen Gelegenheiten hervor, wie der bekannte Vers des Führers der Lollarden in England, des Geistlichen John Ball, aus den 1380er Jahren lehrt:

Als Adam grub und Eva spann,
wo war da der Edelmann?

Diese gegen alles Standeswesen gerichteten Gleichheitsideen, die ständig bei den Bauernaufständen der folgenden Zeit wiederkehrten, holten ihre Stütze aus der Bibel, dienten aber im übrigen nur dem Zwecke, den Aufstand der Unterdrückten zu verteidigen. Die allgemeine Meinung vom Standeswesen vermochten sie nicht zu erschüttern, wenngleich sie nach und nach zu Milderung der Gesetze und Linderung der Unterdrückung führten. Das Standeswesen wurde bis in die jüngste Zeit hinein als eine in der verschiedenen Natur der Menschen begründete göttliche Einrichtung zum Besten aller betrachtet.

* * *

Ursprung und Grundlage des Klassenwesens nach moderner Auffassung[2]). Während die Ansichten über das Klassenwesen in älterer Zeit ziemlich übereinstimmten und daher leicht konstatiert werden konnten, ist in der Gegenwart das Entgegengesetzte der Fall. Sowohl betreffs des Ursprungs und Grundes der Klassen als auch ihrer Berechtigung bestehen zurzeit sehr verschiedene und teilweise einander direkt entgegengesetzte Meinungen. Der Anlaß hierzu ist natürlich in erster Linie im Klassenwesen selbst, seiner verschiedenartigen und zusammengesetzten Natur, zu suchen; ebensosehr aber in der geringen Aufmerksamkeit, die die Wissenschaft bisher dieser, nächst Religion und Staat, bedeutsamsten Erscheinung der Weltgeschichte geschenkt hat. Von der Stellung der

[1]) E. Meiners, Geschichte der Ungleichheit der Stände unter den vornehmsten Europeischen Völkern. 1792.

[2]) Nach der ganzen Anlage dieses Werkes wird weder hier noch sonst literarische und gelehrte Vollständigkeit angestrebt, nur typologische und begriffliche ist erwünscht, wozu auch einzelne als Stichproben erwähnte Autoren und Meinungen genügen.

Geschichtsforschung zu derselben ist oben bereits die Rede gewesen. Sie hat eine außerordentliche Arbeit hierbei geleistet, ist aber doch nicht von den Ständen zum Standeswesen und daher auch nicht zu seinem Ursprung und Grunde gelangt. Etwas Derartiges liegt auch zu einem guten Teil außerhalb des Rahmens der geschichtlichen Forschung. Es ist die Gesellschaftsforschung, die Soziologie, der diese wissenschaftliche Aufgabe zukommt. Wohl haben Soziologen nebst Nationalökonomen sich mit Ständen und Klassen beschäftigt. Es ist aber verwunderlich zu sehen, mit wie wenig Interesse und wie summarisch dies geschehen ist. Während weit minder bedeutungsvolle Seiten des menschlichen Lebens und der Gesellschaft oft mit ermüdender Ausführlichkeit von den Soziologen behandelt werden, wird der großen Erscheinung des Klassenwesens geringe Beachtung und bisweilen so gut wie gar keine geschenkt.

So werden Stände und Klassen in P. v. Lilienfelds weitläufigem Werk „Gedanken über die Sozialwissenschaft der Zukunft" (1872—80) kaum berührt, und in Schäffles großer Arbeit „Bau und Leben des sozialen Körpers" (1875—78) kommen sie nur als flüchtige Bilder in einem Kaleidoskop von Dingen der ganzen Welt vor. Aber nicht nur die strengen Organologen, die die Gesellschaft nach Analogie des physischen Organismus beschreiben, behandeln das Klassenwesen stiefmütterlich. Auch die ich die Monisten unter den Soziologen nennen möchte, die Forscher, die eine Eigenschaft oder eine Tatsache ins Auge fassen und diese zu einer alles umfassenden Erklärung von Leben und Gesellschaft verallgemeinern, auch sie verfahren auf dieselbe Weise — außer wenn, wie bei Gumplowicz, eben die soziale Differenzierung oder genauer ihre vermeintliche psychische Unterlage, der Antagonismus, das Lieblingsthema ist. So Tarde, der in der Imitation den Schlüssel zu allen Rätseln des gesellschaftlichen Lebens findet, wie Durkheim im Zwange, Giddings und Steffen in dem Gefühle des Zusammenlebens und gegenseitiger Bewußtheit usw.[1]). Natürlich gibt es auch Forscher, die die durchgreifende Bedeutung des Klassenwesens durchaus eingesehen haben, so vor

[1]) Als Monisten im angedeuteten Sinne können im Grunde auch Lilienfeld wie auch Spencer gelten, denn beide haben eine Grundformel, durch die alles zwischen Himmel und Erde beleuchtet und erklärt wird. Ersterer findet sie in dem „Nach-, Neben- und Übereinander" alles Seins, letzterer in dem Gange aller Entwicklung von „indefinite incoherent homogeneity" zu „definite coherent heterogeneity".

allem Comte und auch Spencer, die Meister dieser jungen Wissenschaft, obwohl ersterer sich auf allgemeine Betrachtungen darüber beschränkt und letzterer nur eine kurze Darstellung der Genesis desselben gibt. Andere Soziologen haben ausführlicher Stände und Klassen behandelt, so A. Coste (L'Expérience des Peuples et les prévisions qu'elle autorise, 1900), keiner aber so, wie der Gegenstand es verdient, oder unter Anlegung des rechten Gesichtswinkels. Diese letztere Bemerkung gilt auch für die, welche sich speziell mit den Klassen beschäftigt haben, denn auch mehr oder minder ausführliche Monographien darüber sind veröffentlicht worden.

Eine Arbeit dieser Art, die hier Erwähnung verdient, nicht weil sie einen Beitrag zur Lösung des vorliegenden Problems geliefert hätte, sondern als ein typisches Beispiel für die geringe Einsicht in dasselbe, wie sie unter Soziologen von Fach vorkommen kann, ist A. Bauers von der Académie des Sciences morales et politiques in Paris preisgekrönte Schrift: „Les classes sociales" (1902). Neun Zehntel des ziemlich umfangreichen Buches werden eingenommen von Erörterungen über die Möglichkeit einer Soziologie und vor allem über die Methode, wobei die selbstverständlichsten Dinge auf eine unklare und abstrakte Weise dargestellt werden. Dem Buche wurde denn auch sein gebührendes Urteil zuteil bei den Diskussionen über die sozialen Klassen, die die Société de Sociologie de Paris im Frühling 1903 veranstaltete, noch mehr aber in einer Arbeit „La classe sociale" von Cyr. van Overbergh (1905). Dieses letztere Buch sticht vorteilhaft von soziologischen Schriften im allgemeinen ab durch die Klarheit der Darstellung und seine einfache Sprache. Denn es scheint eine Lieblingsmanier der Soziologen zu sein, von konkreten Dingen und Verhältnissen abstrakt zu reden. Die genannte, im übrigen vortreffliche Arbeit liefert indessen ein sprechendes Zeugnis von der Unsicherheit, die allgemein betreffs des Ursprunges und Grundes der Klassen herrscht. Es zeigt sich dies nicht nur in der Übersicht über die betreffenden Ansichten anderer und über die Anzahl der Klassen, die hier gegeben wird, sondern auch in der eigenen Stellung des Verfassers zur Sache. Im ersten Teil des Buches neigt er der Ansicht zu, die in verschiedenem Eigentum den Grund des Klassenwesens sieht, im späteren jener, die diesen Grund in verschiedenen sozialen Aufgaben erblickt. Ein schlagenderer Beweis für die Verwirrung in den Ansichten über das Klassenwesen, wie sie gegenwärtig herrscht, läßt sich kaum denken.

Überblickt man indessen die verschiedenen Vorstellungen über Ursprung und Wesen der Stände, so findet man, daß sie zu folgenden vier Meinungsrichtungen zusammengefaßt werden können.

1. So wird von einer Seite erklärt, das Standeswesen sei ein Werk ausschließlich von Krieg und Eroberung im Großen, Gewalt und List im Kleinen. Es sei entstanden mit dem Recht des Stärkeren, indem ein Stamm oder ein Volk andere sich unterjocht hätte; und es werde befestigt mit Hilfe der verschiedenen Machtmittel, die Staat und Gesellschaft den Regierenden verleihen. Die soziale Differenzierung ist nach dieser Auffassung eine primitive Erscheinung, die mit der Entstehung von Staat und Gesellschaft zusammenfällt und durch sie besteht. Schon in der Antike erhoben sich einzelne Stimmen für eine solche Erklärung, wie Aristoteles uns überliefert. In der Gegenwart hat sie viele Anhänger. Der einseitigste und konsequenteste dürfte Gumplowicz sein, der auch in dem Klassenwesen von heute ihre Gültigkeit nachzuweisen versucht. Dieselbe Auffassung findet sich in milderer Form und unter Kompromiß mit anderen Erklärungen bei mehreren anderen Soziologen, z. B. Steffen. Auch Ethnographen, wie Peschel und Ratzel, scheinen auf Grund der Erfahrungen bei den Naturvölkern dieser Ansicht zu huldigen.

2. Allgemeiner verbreitet als diese Erklärung und überhaupt die gewöhnlichste dürfte die sein, die in dem Eigentum und seiner verschiedenen Verteilung den eigentlichen Grund aller sozialen Unterschiede erblickt. Diese Auffassung berührt sich nahe mit der Erderertheorie, da ja der Besitz des Bodens und überhaupt die verschiedene Verteilung des Eigentums nicht selten ein Ergebnis der Gewalt des Stärkeren ist. Sie unterscheidet sich jedoch von ihr, indem sie die soziale Differenzierung zu einer sekundären Erscheinung macht, einer Folge lediglich des verschiedenen Eigentums. Auch gibt sie eine bessere Erklärung für das Bestehen des Klassenwesens in der Gegenwart, als es die erstere Anschauung vermag, während sie umgekehrt selbst nicht ebensogut die ursprüngliche Ständebildung erklärt. Als erster Verkünder dieser Ansicht in neuerer Zeit ist wohl Rousseau zu nennen, der in seiner berühmten Schrift „Sur l'origine et les fondements de l'inégalité parmi les hommes" (1754) dem Eigentumsrecht die Schuld an dieser Ungleichheit wie auch an allen anderen Übeln der Gesellschaft beimißt. Nach ihm tun die Sozialisten, von Godwin und Thompson bis auf die Sozialdemokraten und Kommunisten unserer Tage, dasselbe. Die Klassen sind eine Folge des Privateigentums und

werden mit ihm verschwinden, erklärt das kommunistische Manifest gleichwie alle seine Nachbeter, obwohl jedoch Marx selbst, wie wir gleich sehen werden, später eine teilweise andere, historische Erklärung des Klassenwesens gab. Die Sozialisten stehen indessen nicht allein mit dieser Ansicht da. Sie wird vielmehr geteilt von den meisten Soziologen mit oder ohne Zusatz von anderen Erklärungen, insbesondere der Gewalttheorie. Ebenso haben mehrere Autoren, die sich besonders mit dem Klassenwesen beschäftigt haben, wie Roßbach und vor allem Lorenz von Stein, diese Ansicht vertreten. Viele Volkswirtschaftler unserer Zeit tun das gleiche. Ein literarischer Streit zwischen Bücher und Schmoller ist ein allbekannter Beweis hierfür.

3. Eine Modifikation der Eigentumstheorie bezüglich des Ursprunges und Grundes des Klassenwesens ist die von älteren Nationalökonomen gemachte Zusammenstellung der Klassen mit den allgemeinen wirtschaftlichen Faktoren: Natur, Kapital und Arbeit. Als ein Vorläufer hierin kann Quesnay betrachtet werden, der das Volk in produktive und sterile Klassen je nach ihrem verschiedenen Anteil am Boden und der nationalen Arbeit einteilte. Bei den klassischen Volkswirtschaftlern (Adam Smith und Ricardo), die sich jedoch nicht direkt mit dem Klassenwesen beschäftigen, bekundet sich dieselbe Anschauung in der Gruppierung: Grundbesitzer, Kapitalisten und Arbeiter, in die die ökonomische Welt eingeteilt wird. Und bemerkenswerterweise hat Marx die gleiche Einteilung der modernen Klassen im letzten fragmentarischen Kapitel seines Werkes „Das Kapital". Diese Gruppierung der sozialen Unterschiede fällt nicht mit den geschichtlich gegebenen Klassen zusammen, obwohl diese in England mit seiner bereits gegen Ende des 18. Jahrhunderts weit vorgeschrittenen sozialen Struktur recht sehr sich dem genannten Schema näherten. Sie legt gleichzeitig das Eigentum oder genauer die verschiedenen Einkommensarten und die wirtschaftliche Arbeitsteilung dem Klassenwesen zugrunde und bildet dadurch einen Übergang zwischen der reinen Eigentumsrechttheorie und der Theorie, die in der Arbeitsteilung den wirklichen Grund desselben sucht.

4. Denn dies ist die vierte Erklärung des Klassenwesens: die Klassen sind eine Frucht der Arbeitsteilung. Mit diesem Schlagwort glaube man jedoch nicht, die Frage erledigt zu haben. Denn wer und was hat diese Arbeitsteilung zustande gebracht? Die Völker haben in ihren Spekulationen mit Leichtigkeit das Problem gelöst. Sie ließen die Götter die soziale Arbeits-

teilung und die Klassen schaffen. Wo aber sollen wir, die wir nicht so bequeme Lösungen zur Hand haben, die Antwort suchen? Kein Gesetzgeber, überhaupt keine absichtlichen Maßnahmen haben diese Ordnung unter den Menschen eingeführt. Aber sie ist auch nicht lediglich aus sich selbst heraus erwachsen. Sie ist ein Menschenwerk, an welchem bewußte Arbeit, noch mehr aber vielleicht unbewußte Bestrebungen und Stimmungen teilhaben. Das Klassenwesen ist nach dieser Auffassung kurz gesagt die Organisation der Menschen für die Kulturarbeit. Die Klassen sind gleichaltrig mit der Kultur, gleichzeitig deren Voraussetzung und ihre Folge. Der Mensch hat in der Kultur eine besondere Entwicklung, ungleich der, die sonst auf unserer Erde vorkommt, deren Grund die moderne Biologie in der „Erbmasse" und den Veränderungen, die diese aus unbekannten Ursachen erfährt, sucht. Die Kulturentwicklung hingegen beruht auf Arbeit und Tradition, und das große allgemeine Werkzeug hierfür ist das Klassenwesen. Die Differenzierung in verschiedene Klassen fällt mit der primären Arbeitsteilung zusammen, die mit der Entstehung von Religion und Staat, Ackerbau und Gewerben gegeben ist, und begründet hierdurch die menschliche Kultur.

Diese, man kann sie nennen organische Auffassung des Klassenwesens, reicht in alte Zeiten zurück, indem sie bereits der bekannten Fabel Menenius Agrippas vom Magen und den Gliedmaßen zugrunde liegt. In der Gegenwart hat zuerst Comte mit Nachdruck, wenn auch nur in allgemeinen Zügen, dieselbe vertreten. Stände und Klassen gehen aus den verschiedenen Seelenfunktionen (activité spirituelle und activité pratique) hervor und stellen die Organisation der Gesellschaft für das Zusammenleben und die Kultur dar. Auch Spencer, der in der Arbeitsteilung die lebende Kraft der Evolution sieht, dürfte hierzu zu rechnen sein, obwohl er in dem Kapitel „Political differentiation" die nächsten Anlässe zur Entstehung der Stände in Krieg und verschiedenem Eigentum sucht[1]).

Andere, wie Schmoller und Verfasser, haben die Sache näher so ausgedrückt: Stände und Klassen wurzeln in den allgemeinen körperlichen und seelischen Bedürfnissen, die sich in verschiedenen Aufgaben objektivieren, was die Arbeitsteilung zur Folge hat. In dieser ursprünglichen Arbeitsteilung, sowie in der verschiedenen Wertschätzung körperlicher und geistiger Güter und

[1]) Principles of Sociology. 1876, S. 454 ff.

Arbeit, die der menschlichen Psyche angeboren ist, haben wir die letzten untilgbaren Ursachen des Ständewesens zu suchen.

Wie hieraus ersichtlich, gehen die Meinungen in der Gegenwart bezüglich des Ursprungs und Grundes des Klassenwesens und infolgedessen auch bezüglich seiner Bedeutung und Berechtigung weit auseinander. Bemerkenswerterweise aber kann man nicht sagen, daß eine von diesen verschiedenen Meinungen die ganze Wahrheit enthält, während die anderen nichts als Irrtümer seien. Denn eine jede kann unbestreitbare Tatsachen als Stützen für sich anführen. Dies ist jedoch nicht verwunderlich. Eine in Zeit und Raum so umfassende Erscheinung wie die soziale Differenzierung in Stände und Klassen nimmt viele Gestalten an und hat mehrere verschiedene Seiten. Der Blick haftet dabei leicht an einer Gestalt und einer Seite und wird dadurch blind gegen die anderen und gegen die Erscheinung in ihrer Gesamtheit. Insbesondere verursacht dies die bereits oben berührte Doppelseitigkeit alles Klassenwesens. Seine eine Seite ist den Einzelnen zugewandt, den Individuen, und es erscheint hier als Verschiedenheit der Lebensstellungen. In einer anderen, der Gesellschaft zugekehrten Seite bildet das Klassenwesen soziale Gruppen mit je ihren verschiedenen Aufgaben für das Zusammenleben. Die meisten sehen nur die erstere Seite und vergessen die letztere, wodurch die Auffassung des Ganzen schief wird. — Eine andere Doppelseitigkeit, mit der ebenerwähnten nahe verwandt, hat das Klassenwesen gemeinsam mit allen Gesellschaftseinrichtungen, die ein ständig wechselndes Personal aufweisen. Die Institution besteht unter einem ständigen Umsatz des Menschenmaterials. Ebenso Stände und Klassen. Aber die Bedingungen für diesen Umsatz und vor allem für die Rekrutierung können ganz andere sein als die Bedingungen für den eigenen Bestand des Standes und der Klasse. Das eine wird indessen oft mit dem anderen verwechselt, wodurch Meinungsverschiedenheiten entstehen müssen. Auch andere einseitige und dadurch unrichtige Urteile über das Klassenwesen haben ihren Grund in der vielgestaltigen Natur desselben, wie wir später sehen werden. Es wird sich dann auch Gelegenheit bieten, die verschiedenen Ansichten zu prüfen. Hier galt es nur, sie festzustellen und gleichzeitig ihr Vorkommen zu erklären.

* * *

Methode und Hilfsmittel. Es wäre überflüssig, von Methode und Hilfsmitteln für die nachstehende Untersuchung zu sprechen, so selbstverständlich erscheinen sie, hätten nicht die Soziologen die Frage nach der Methode zu einer Hauptsache in ihren Darstellungen gemacht. Sie widmen große Teile ihrer Werke Untersuchungen über die Methode, ohne daß sie doch schließlich zu etwas anderem kämen als dem alten bekannten Verfahren bei allem wissenschaftlichen Forschen: Beobachtung, Induktion und Deduktion. Denn das Neue, das dieser und jener bezüglich der Methode zu finden vermeint, ist nichts anderes als seine eigene Grundanschauung, die durch eine petitio principii im voraus in die Untersuchung hineingelegt wird. Diese Grundanschauung, sei es der Organismusbegriff oder die Analogie zwischen Körper und Gesellschaft oder der Evolutionsbegriff mit oder ohne Identifizierung von Seele und Gehirn oder anderes, wird zur Richtschnur, der der Verfasser folgt, und die dadurch den Anschein einer neuen Methode erhält. In Wirklichkeit ist es die eigene Vorstellung des Betreffenden von der Sache, die als Wünschelrute für die Darstellung derselben benutzt wird. Ob derartiges bezüglich eines alles umfassenden Systems der Soziologie notwendig sein kann, lassen wir dahingestellt sein. Sicher ist, daß es für den beschränkten Teil von Zusammenleben und Gesellschaft, den das Klassenwesen ausmacht, nicht nur unnötig, sondern auch schädlich ist. Die Untersuchung muß ihren Weg gehen, ohne derartigen im voraus gelegten Geleisen zu folgen.

Dies hindert natürlich nicht, daß man von vornherein der Untersuchung gewisse Grenzen stecken kann und soll, die nämlich, welche die Erscheinung selbst steckt. Im vorliegenden Falle also müssen wir uns innerhalb der Welt der Menschen halten und nicht Anknüpfung an die Tierwelt oder andere niedere Existenzformen suchen, wie die Soziologen es gern tun. Das Klassenwesen hat seine Wurzel in der spezifisch menschlichen Psyche, ihren Anlagen und Bedürfnissen, und muß daraus seine Erklärung erhalten. Diese Erklärung darf gleichwohl nicht ein Schema werden, das der fraglichen Erscheinung Gewalt antut. Man darf also nicht wie Comte und vor ihm Plato den Grund von Ständen und Klassen ganz allgemein in den höheren und niederen Funktionen des Intellekts suchen. Der Fortgang der Erkenntnis vom Einzelnen zum Allgemeinen entspricht nicht der durch die Arbeitsteilung und die verschiedene Wertschätzung ihrer Leistungen veranlaßten sozialen Hierarchie[1]). Die psychische

[1]) Bemerkt sei übrigens, daß Comte diese Betrachtungsweise mehr anwandte, um die soziale Hierarchie in den modernen Gesellschaften zu begründen,

Unterlage des Klassenwesens gibt sich auf andere Weise zu erkennen und muß auf anderen Wegen gesucht werden. Man hat sie im Zusammenleben und muß sie dort studieren. Hierdurch sind sowohl Methode als Hilfsmittel für diese Untersuchung gegeben. Die erstere haben wir bereits in ihrer für alle humanistische Wissenschaft gültigen Dreifaltigkeit erwähnt: Beobachtung, Induktion und Deduktion. Die Hilfsmittel aber sind Ethnographie, Geschichte in ihren verschiedenen Zweigen und Statistik sowie nicht zum wenigsten gewöhnliche Lebenserfahrung.

als um die geschichtliche Entstehung der Stände zu erklären, die auch er in Religion und Krieg findet (Cours de philosophie positive, Leçons LI und LVII).

I.

Die aufwärtsgehende Bewegung innerhalb des Klassenwesens. Steigerung der sozialen Unterschiede.

Kapitel II.

Ursprung und allgemeines Vorkommen des Klassenwesens.

Das Klassenwesen ist kein Naturerzeugnis. Bei der Untersuchung der Soziologen über den Menschen und die Gesellschaft wird selten versäumt, den Beginn der menschlichen Erscheinungen innerhalb der Tierwelt zu suchen. Die allgemeine Entwicklungslehre, die in dem Menschen lediglich den jüngsten Zweig an demselben, alle Organismen umfassenden Lebensbaume sieht, bringt dies mit sich. Von der offenbaren physischen Übereinstimmung ausgehend, nimmt man an, daß zwischen dem Menschen und den übrigen lebenden Wesen unserer Erde nur ein Gradunterschied vorhanden sei. Alles, was beim Menschen als Blüte und Frucht vorkommt, müsse daher in der nahestehenden Tierwelt als Same oder Anlage aufzufinden sein. Der Gedankengang ist von der gegebenen Voraussetzung aus unvermeidlich. Und dennoch trifft er nicht zu auf eines der allgemeinsten und größten aller geschichtlichen Ereignisse, die soziale Differenzierung in Stände und Klassen.

Das Klassenwesen läßt sich nicht in die Tierwelt zurückverfolgen und hat dort keine Wurzeln. Zwar findet sich bei Insekten verschiedener Art eine streng durchgeführte Arbeitsteilung und eine dadurch bedingte physische und soziale Organisation in Arbeiter, Krieger usw. Aber der Stammbaum des Menschen führt nicht zu Ameisen und Bienen hin. Bei den höheren Säugetieren dagegen, die ihrer körperlichen Konstitution nach unseren Stammvätern am nächsten stehen, fehlt alle solche Organisation, auch wenn sie wie der Mensch in Herden zusammenleben. Der

Stier in einer Viehherde, der Anführer in einem Paviantrupp repräsentieren so keine Vorstufen zu der politischen Führerschaft in den menschlichen Gesellschaften oder zum Adel. Es ist ein oft wiederkehrender Fehler im modernen soziologischen Denken, einen inneren Zusammenhang zwischen gleichartigen Erscheinungen zu suchen, wo nur ein Parallelismus vorliegt. Man faßt diesen Parallelismus als Zusammengehörigkeit und will darin eine Wesensgemeinschaft sehen. Aber gleichartige Ursachen rufen gleichartige Wirkungen überall in der organischen Welt hervor, wie im übrigen auch in der unorganischen. So können die Arbeitsteilung, wo sie sich geltend macht, oder gleichartige Lebensbedingungen gleichartigen Bau und die gleichen Lebensgewohnheiten bei den verschiedensten Tierformen hervorrufen. In gleicher Weise führt das Leben in Herden bei den Tieren, ob es nun auf Vielweiberei oder auf Geselligkeit im allgemeinen beruht, zur Herausbildung eines Anführertums bei ihnen wie bei den Menschen, ohne daß deshalb irgendwelch verwandtschaftliches (phylogenetisches) Band die eine Erscheinung mit der anderen verbindet.

Die bei den Soziologen gewöhnliche Betrachtungsweise, in der Tierwelt Vorbilder und Ursprünge für die menschlichen Erscheinungen zu suchen, paßt hier nicht. Der Entwicklungsbegriff, der das Niedrigste und das Höchste im Dasein zu einer zusammenhängenden Kette verknüpft, darf nicht blind und auf alles angewandt werden[1]). Betreffs gewisser Einrichtungen, wie Ehe, Eigentum u. a., mag ein derartiges Verfahren am Platze sein, betreffs des Klassenwesens nicht. Das Klassenwesen ist eine ursprüngliche (ontogenetische) Erscheinung innerhalb der Welt der Menschen.

Dies ist die erste Beobachtung, zu der ein allgemeiner Überblick darüber führt. Eine andere ihr naheliegende ist, daß die sozialen Unterschiede nicht zusammenfallen mit den natürlichen Unterschieden in Geschlecht, Alter und persönlicher Begabung oder sich darauf gründen, mit den Ausnahmen betreffs Priester und Zauberer, wie sie unten angegeben werden.

Geschlecht und Altersunterschiede sind universell, gelten für alle Menschen und können schon deshalb nicht den Grund zu sozialen Gruppen der Art, wie die Klassen es sind, abgeben. Zwar scheidet die untergeordnete Stellung der Frau auf niederen Kultur-

---

[1]) So auch G. Steffen, Sociologi. En allmän samhällslära. 1911, IV, S. 594f.

stufen sie streng vom Manne. Bei gewissen Völkern hören wir auch von Frauenverbänden als Gegenstück zu Männerverbänden sprechen. Aber weder diese noch die Altersgruppen bei den Männern, die ziemlich allgemein bei den Naturvölkern vorkommen, sind soziale Klassen, wenn sie auch oft durch verschiedene Rechtsbräuche und andere Merkmale ausgezeichnet sind. Insbesondere die in letzter Zeit sehr hervorgehobenen Männerbünde[1]) spielen zweifellos eine bedeutende Rolle im Leben der Naturvölker und können nebst anderen Gruppierungen die Grundlage einer Stammesverfassung bilden. Im Grunde aber sind diese Bünde nichts anderes als die erwachsenen Männer, die der Natur der Sache nach eine führende Stellung einnehmen müssen, ob sie nun untereinander durch besondere Riten und Gebräuche, wie das gewöhnlich ist, verbunden sind oder nicht. Alle Personen männlichen Geschlechts kommen mit der Zeit in diese Alters- und Männerbünde hinein, die daher wohl dazu übergehen können, eins mit der Volksversammlung und dem Rat der Alten zu werden, also zu der staatlichen Organisation beitragen, nicht aber zu den Klassen oder der berufsmäßigen Differenzierung, die im Gegenteil die Männerbünde kreuzen und später sprengen muß. Die natürlichen Unterschiede in Geschlecht und Alter erwecken die Vorstellung von Über- und Unterordnung und können daher mit Recht als ein erzieherisches Element bezüglich der Entstehung und Befestigung des Staates betrachtet werden. Sie schaffen aber nicht die Organisation der Gesellschaft in Klassen, da ja diese zunächst die Männer und dann die ganze Bevölkerung nach ganz anderen Gesichtspunkten einteilen.

Persönliche Überlegenheit kann endlich auch nicht klassenbildend wirken, wie gewisse Autoren nicht nur in älterer Zeit, sondern auch noch heutigentags zu meinen scheinen[2]) — außer natürlich, wenn ein Volk höherer Rasse oder Kultur ein anderes niedriger stehendes sich unterjocht. Das ist aber ein Fall, der nicht hierher gehört. Persönliche Gaben höherer Art können nicht zur Entstehung von Klassen Anlaß geben, schon wegen ihrer Seltenheit und der geringen Anzahl von Individuen, die dadurch ausgezeichnet sind, sodann aber auch, weil diese öfter untereinander um Macht und Stellung kämpfen, als sich diesetwegen verbinden. Auch nicht der Umstand kann hier angeführt

---

[1]) H. Schurtz, Altersklassen und Männerbünde, 1902.

[2]) Gunnar Landtman, Samhällsklassernas uppkomst. S. 63ff.

werden, daß Anführerschaft, die ihrerseits zu Klassenunterschieden Anlaß geben kann, vorzugsweise solchen Personen zuerteilt wird. Denn die Anführerschaft hat nicht ihren Grund in der Begabung einzelner Individuen, sondern in einem gesellschaftlichen Bedürfnis, dem Bedürfnis nach Leitung im Kriege und auch während des Friedens. Eher könnte man da sagen, daß persönliche Minderwertigkeit zur Klassenbildung führe, da sie doch eine Massenerscheinung ist. Aber auch das ist nur teilweise richtig, wie wir später sehen werden. Der Grundfehler hierbei ist, daß man die Entstehung der Klassen mit der Rekrutierung derselben vermengt, zwei durchaus verschiedene Dinge, die jedoch, wie bereits in der Einleitung bemerkt, sehr oft bei der Erörterung des Klassenwesens verwechselt werden.

Das Klassenwesen ist, wie hieraus ersichtlich, nicht ein Naturerzeugnis im eben angedeuteten Sinne, eine unmittelbare Äußerung der physischen Natur des Menschen. Es ist vielmehr im eigentlichsten Sinne ein Kulturerzeugnis, ein Werk der Entwicklung des Menschen außerhalb und über die körperliche Anpassung hinaus. Dies ist die erste allgemeine Beobachtung, zu der man gelangt. Ein kurzer Überblick über das Vorkommen des Klassenwesens wird auch diese Schlußfolgerung bestätigen.

* *
*

Das Vorkommen und die vier Grundformen der sozialen Unterschiede. Rousseau und seine Zeitgenossen hatten recht, wenn sie den Zustand der Gleichheit aller, den sie ersehnten, in die Kindheit der Menschheit verlegen. Ihr Irrtum war der Traum vom Paradiese, den sie damit verbanden. Auf der tiefsten Kulturstufe gibt es keine sozialen Unterschiede, nur schwache Ansätze dazu. Alle jetzt lebenden Völker auf einer solchen Stufe bestätigen diese Tatsache. Bei den Eskimos und anderen hyperboreischen Völkern auf der nördlichen Hälfte der Erdkugel wie bei den Feuerländern und Australnegern auf der südlichen, und sonst überall bei sogenannten primitiven Völkern, den Buschmännern und Zwergvölkern in Afrika, den Draviden u. a. Völkern in Südasien sowie einer Menge von Indianerstämmen in Amerika ist und war das Klassenwesen unbekannt. Bei Australnegern, wie auch bei einigen Indianerstämmen trifft man zwar eine streng durchgeführte Gruppeneinteilung an, deren hauptsächliche Aufgabe sich jedoch auf die Aufrechterhaltung der Heiraten außerhalb der Stammesgruppe (Exogamie) zu beschränken scheint. Jedenfalls bilden diese Gruppen, ebenso wie die oben erwähnten Männer- und Altersverbände, keine sozialen Klassen, wenn auch hier und da eine gewisse Arbeitsteilung zwischen ihnen stattfindet. Die staatliche Organisation bei diesen Völkern ist auch sehr locker. Bisweilen fehlt jede eigentliche Regierung. Meistens besteht diese nur aus den Ältesten des Stammes mit oder ohne einen gelegentlich gewählten Anführer. Sklaven kommen nicht vor.

Sieht man von diesen in den Randbezirken der menschlichen Kultur siedelnden Völkern ab, so findet man überall ein ausgeprägtes Klassenwesen. Schon die auf der nächsten Stufe stehenden Völker, die meisten Neger und Indianer, haben völlig ausgebildete soziale Unterschiede. Die hier allgemeine Sklaverei ist der augenfälligste Beweis dafür. Und geht man in der Musterung weiter, von der Barbarei zur Halbkultur, z. B. in den größeren Reichen Afrikas, in der polynesischen Inselwelt, in Hinter- und Vorderindien, Tibet usw., so findet man die sozialen Unterschiede meistens zu einer ganz unerhörten Höhe und Stärke entwickelt. Wendet man schließlich den Blick den Völkern auf noch höherer und der höchsten Kulturstufe zu, den Japanern und Chinesen sowie den europäischen Völkern, so bleibt das Bild dasselbe, nur daß die Sklaverei aufgehört hat und die Klassenunterschiede eine Milderung erfahren haben. Die Kasten sind ersetzt worden durch Stände, die Stände durch Klassen. Aber soziale Unterschiede kommen überall vor, bei dem jüngsten Kulturvolke, dem der Vereinigten Staaten, ebensowohl wie bei den alten Nationen Europas.

Das Klassenwesen ist eine universelle Erscheinung in der Gegenwart wie in älterer Zeit. Dies ist die andere allgemeine Beobachtung, die wir betreffs des Klassenwesens machen können. Alle Völker, die über den niedrigsten bekannten Naturzustand hinausgelangt sind, haben besessen und besitzen noch heute soziale Unterschiede. Diese sind mit der Kulturentwicklung gekommen und sind offenbar ein Erzeugnis derselben. Daher hat kein Volk, bei dem sich solche herausgebildet haben, sie verloren. Die sozialen Unterschiede haben Wandlungen erfahren, wie sie bereits angedeutet wurden und unten des weiteren aufgezeigt werden sollen, aber nirgends sind sie verschwunden, solange das Volk seine Selbständigkeit bewahrt hat.

Diese Erfahrung bestätigt die Schlußfolgerung, zu der wir im vorigen Abschnitt gelangten, daß die Differenzierung der Menschen in der Gesellschaft in verschiedene Stände und Klassen unzertrennlich mit der Kultur verbunden ist. „Ubi artes, ibi classes" oder, wie eine bekannte Äußerung v. Treitschkes lautet: „Ohne Dienstboten keine Kultur." Aber auch umgekehrt kann man sagen: ubi classes, ibi artes — was jedoch nicht so gedeutet werden darf, als stände die Größe der sozialen Unterschiede in direktem Verhältnis zur Kulturentwicklung und stiege also ständig mit dieser. Wie wir unten sehen werden, wird das Verhältnis bei fortschreitender Entwicklung auch das umgekehrte, so daß die sozialen Unterschiede mit wachsender Kultur abnehmen. Es ist nur der innige Zusammenhang zwischen der menschlichen Kultur und der sozialen Differenzierung, den wir durch diese Zusammenstellung zum Ausdruck bringen wollten. Der Grund des Klassenwesens ist nicht Natur, sondern Kultur, nicht die physische Bestimmtheit des Menschen, sondern seine psychische.

Um aber dies, wie überhaupt die Natur des Klassenwesens zu verstehen, darf man nicht, wie das so oft geschieht, bei allgemeinen Überlegungen stehen bleiben oder es nur in seiner Gesamtheit betrachten. Auch ohne tief in Einzelheiten zu gehen, was wir Ethnographen und Historikern überlassen, müssen wir uns doch mit solchen beschäftigen, indem wir jede Klasse für sich genauer betrachten. Denn die Klassen haben verschiedenen Ursprung, gehen von verschiedenen psychischen, körperlichen und gesellschaftlichen Bedürfnissen aus und müssen daher jede für sich behandelt werden. Stellen wir indessen zunächst in einem allgemeinen Überblick ihre Anzahl und Art fest.

Man könnte erwarten, daß eine Erscheinung, die so allgemein ist wie das Klassenwesen, in Übereinstimmung mit den meisten anderen Einrichtungen und Bräuchen großen Umfanges eine Menge verschiedener Formen bei den verschiedenen Völkern annehmen würde. Bei einem flüchtigen Blick kann es bisweilen so aussehen. Besonders da, wo ein Kastenwesen herrscht, scheinen so soziale Unterschiede vieler verschiedener Arten vorhanden zu sein. Indiens mehr als 3000 Kasten sind in dieser Hinsicht überwältigend. Aber auch anderwärts, wo die Anzahl der Kasten verhältnismäßig gering ist, z. B. bei den Beduinen in Südarabien wie auch bei den Polynesiern und mehreren Negervölkern, scheinen viele verschiedene Typen vorzukommen. Betrachtet man indessen die Dinge näher, so wird man bald finden, daß diese vielen Typen nur nach und nach eingetretene Spezialisierungen innerhalb eines und desselben Schemas sind. Das Kastenwesen Indiens, das unvergleichlich stärkst entwickelte von allen, bezeugt dies ja selbst, wenn es alle die verschiedenen Kasten auf die vier Hauptarten zurückführt: Brahman, Kshatriya, Vayshia und Sudra. Das gleiche ist der Fall überall, wo dem Auge zuerst sich eine größere Mannigfaltigkeit von Klassen darbietet. Sie lassen alle sich auf einige wenige zurückführen.

Diese sozialen Grundformen sind vom Beginn des Klassenwesens an die bekannten vier: *Priester, Adel* (Krieger), *Gemeinfreie* (Bürger und Bauern) und *Unfreie* (Freigelassene und Sklaven), wozu später als eine fünfte die freien Arbeiter kommen. Diese Stände oder Kasten, auf die alle anderen zurückgeführt werden können, machen sich schon in den Anfängen der Kultur, wie oben angeführt, bemerkbar und finden sich in der Barbarei ebensowohl wie auf dem Stadium der Halbkultur und bis in die höchsten Kulturformen hinein. Bei diesen letzteren wandeln sich die Stände wieder in Klassen und erfahren dadurch außer anderen Wandlungen eine Einschränkung auf im großen und ganzen drei, nach der gewöhnlichen Terminologie: *obere Klasse, Mittelklasse* und *untere Klasse.* Dabei geht die Betrachtungsweise von Aufgabe und Funktion gern zu Lebensstellung und Lebensweise über. Aber diese neue Betrachtungsweise ändert im Grunde nur wenig das Klassenwesen selbst. Die allgemeinen Bedürfnisse und Aufgaben, die die sozialen Unterschiede hervorgerufen und die Klassen befestigt haben, leben fort und machen sich, wiewohl in anderen Formen und unter anderen Namen, immerfort geltend.

Abweichungen von dem genannten Schema, die hier und da begegnen, finden zumeist ihre Erklärung in dem verschiedenen Kulturstandpunkt. Bei Völkern, die auf einer niederen Stufe stehen geblieben sind, hat das Klassenwesen nicht immer seine volle Ausbildung erlangt. So ist es z. B. bei den Indianern infolge der Geschlechtsverfassung nie zur Entstehung eines Adels gekommen. Aber auch wo der Kulturstandpunkt die volle Ausbildung des Vierständeschemas nicht gehindert hat, können Abweichungen davon aus anderem Grunde stattfinden. So betreffs des Priesterstandes bei den antiken Völkern gleichwie auch in Japan und China, wozu der Anlaß in der Verehrung der Vorfahren, dem Ahnenkult, zu suchen ist. Diese Religionsform wirkt nämlich hemmend auf die Entwicklung des Priesterstandes, indem jeder Familienvater selbst priesterliche Funktionen ausübt. Diese aber und andere Abweichungen, bedingt durch besondere kulturelle Verhältnisse, lassen uns nur um so deutlicher die Allgemeingültigkeit des Schemas erkennen. Denn auch in diesen Fällen schimmert es durch die Abweichungen hindurch.

* * *

Der Priesterstand und die religiösen Anschauungen. Es wurde oben betont, daß auf der niedrigsten Kulturstufe, bei den primitiven Völkern, kein festes Klassenwesen vorkommt, nur schwache Ansätze dazu. Ein solcher Ansatz, und oft der einzige, ist der Priester-Medizinmann. Bei keinem Volk, wie niedrig es auch im übrigen stehen mag, fehlt dieser Funktionär. Hyperboreer und Eskimos haben ihre „Schamanen" und „Angakoks", Buschmänner und Australneger ihre Zauberer-Priester usw. Mit jedem Schritt, den wir auf der Leiter der Kultur höher steigen, wächst diese Erscheinung an Stärke und Umfang, bis die einzelnen Ausüber der genannten Funktionen zu einem Priesterstande werden, der zugleich der „gelehrte Stand" ist. Später, wenn die Stände durch Klassen ersetzt werden und zum Teil verschwinden, besteht das Priestertum dennoch fort. Das Priestertum ist eine der Zeit wie dem Raume nach universelle Einrichtung. Kein Volk und keine Kultur, sie mögen tief oder hoch stehen, ermangeln der Priester. Und weiter, der Priester bezeichnet, wie gesagt, den ältesten Beruf in der Welt und den Beginn aller sozialen Differenzierung[1]. Denn außer ihm gab es in der frühesten Kindheit der Völker keine Verteilung verschiedener Aufgaben auf verschiedene Personen, abgesehen von dem, was Geschlecht und Alter von Natur ergaben, und keine sozialen Unterschiede.

Über die Entstehung dieses ersten Standes sind wir auf Vermutungen angewiesen, Vermutungen aber, die ihre Stützen in den Verhältnissen haben, welche wir bei Völkern auf den niederen und niedrigsten der uns bekannten Kulturstufen beobachten. Hier jedoch wie fast stets bezüglich der menschlichen Entwicklung ist es vonnöten, außerhalb und neben dem äußeren Verlaufe die dahinter wirkenden Kräfte aufzusuchen, die die Erklärung zu jener liefern. Diese Kräfte sind im vorliegenden Falle rein seelischer Natur: Vorstellungen von höheren Mächten und dem Verhältnis zu ihnen sowie von der eigenen Persönlichkeit. Zusammen bilden diese, was wir *Religion* nennen. In der Religion haben wir somit den Schlüssel sowohl zur Entstehung als

---

[1]) Jul. Lippert, Allgemeine Geschichte des Priesterthums. 1883—1884. I, S. 48.

zur Entwicklung des Priesterstandes zu suchen. Wir wollen aber zunächst einen Blick auf sie werfen.

Die Religion hat, wie alles Große in der Welt, einen geringen und unansehnlichen Ursprung. Unwissenheit ist ihr Vater und Hilflosigkeit ihre Mutter. Mancher, der sich heutzutage mit der Geschichte der Religion beschäftigt, wird dadurch verleitet, sie auch in ihrer höchsten Form als ein rechtes Kind dieser ihrer Eltern ohne anderen und höheren Wert als sie zu betrachten. Man begeht hierbei denselben Fehler, wie wenn man in der menschlichen Persönlichkeit keine anderen Kräfte erkennen will als die, welche in den zwei Zellen wohnen, aus deren Vereinigung sie entstanden ist. Das Höhere und Höchste geht in unserer Welt stets aus von dem Niederen — „omnis origo sordida", sagten bereits die Alten — es ist aber nicht in seinem Wesen gleichwertig oder auch nur gleichartig damit. Es ist der Grundfehler der modernen Entwicklungslehre, dies zu glauben. Die Religion ist zuerst entstanden aus der Unzulänglichkeit und aus den Wahnvorstellungen des Menschen, philosophisch gesprochen aus seiner Endlichkeit, entwickelt sich aber in ihren höchsten Formen zu einem Unendlichkeitsdrang, ethisch sowohl wie ontologisch, und wird so zur Vollendung der Persönlichkeit.

Eine der Wurzeln, aus denen die Religion erwachsen, ist der sogenannte *Animatismus,* d. h. die Vorstellung von den Dingen als lebenden und handelnden Wesen[1]). Der primitive Mensch faßt

---

[1]) Als E. B. Tylor (Primitive Culture, 1871) das Wort und den Begriff „Animismus" einführte, waren darin zwei verschiedene Vorstellungen einbegriffen, die von der Beseeltheit aller Dinge im oben angedeuteten Sinne und der „Seelenglaube", der Glaube an die Seele in der einen oder anderen Form. Später sind die beiden Begriffe geschieden worden, und der erstere hat den Namen „Animatismus" erhalten, während „Animismus" auf den Seelenglauben beschränkt wurde. Doch ist es nicht ungewöhnlich, daß die Autoren immer noch wie Tylor letzteres Wort für beide Vorstellungen anwenden.

Im übrigen gilt betreffs der Religionswissenschaft der alte Satz: quot scriptores, tot sententiae, so viel Autoren, so viele Meinungen. In der obigen kurzen Übersicht habe ich zusammengefaßt, was ich als das wahrscheinlichste gefunden habe. Denn über Wahrscheinlichkeit hinaus dürfte man vorläufig hier nicht gelangen können, außer betreffs einiger weniger Grundtatsachen, wie sie oben angeführt worden sind. Im großen und ganzen stimmt indessen die hier gegebene Darstellung mit den Ansichten überein, die von hervorragenden schwedischen Fachleuten auf diesem Gebiete, Nathan Söderblom, Martin P:son Nilsson, Edvard Lehmann, ausgesprochen worden sind.

alles, was mit ihm in nähere Berührung tritt, als von Wille und Kraft erfüllt auf. Dies geschieht durch einen unbewußten Analogieschluß. Gleichwie er selbst Willen und Kraft hat, so auch fast alles andere, nicht nur die Tiere, sondern auch die leblosen Dinge. Jedoch nicht notwendig alle, sondern nur die, welche seine Aufmerksamkeit erwecken oder ihm irgendwie Verdruß bereiten. Man findet zum Teil dieselbe Vorstellungsweise beim Kinde wieder, das dem Stuhle zürnt, an dem es sich gestoßen, und mit seiner Puppe plaudert, als wenn sie lebend wäre. Diese Anschauung erfüllt die Welt mit lebendigen Kräften oder „Mächten", so daß alles, was ohne des Menschen eigenes Zutun geschieht, in den Augen des Wilden ihr Werk ist. Der Glaube an die Mächte und später an die Macht als etwas unbekannt Übermenschliches und daher Furchtbares und Heiliges bildet wohl die Grundvorstellung aller Religion. Aber sie ist nicht die einzige Vorstellung, aus der die Religion hervorgegangen ist.

Eine andere ebenso ursprüngliche und mit der ersteren eng zusammenhängende Vorstellung ist der *Animismus, der Seelenglaube*. Ist der Animatismus die erste Vorstellung des Menschen von den Dingen und der äußeren Welt, so ist der Seelenglaube seine früheste Vorstellung von sich selbst. Es ist das Bewußtsein von der eigenen Persönlichkeit, das Ich-Gefühl, das neben der Erfahrung vom Tode die Vorstellung von der Seele als einem im Körper wohnenden, aber ihn überlebenden unsichtbaren Wesen veranlaßt. Auch das Traumleben dürfte zur Erzeugung dieser Vorstellung beigetragen haben, wie besonders Spencer betont hat. Einige Gelehrte scheinen zu meinen, daß der Seelenglaube später als die animatistische Vorstellungsweise hervorgetreten sei. Dies ist aber ganz sicher ein Irrtum. Der Mensch ist nicht völlig Mensch, bevor nicht das Bewußtsein vom eigenen Ich heraufgedämmert ist. Die biogenetische Analogie mit dem Kinde trifft auch hier zu. Aber mit dem Ichbewußtsein und der Todeserfahrung hat sich der Seelenglaube von selbst ergeben. Diese findet sich auch bei allen Völkern, wie tief sie auch stehen mögen. Den bisher gemachten Grabfunden nach zu urteilen, fand sich der Glaube an ein Leben im Jenseits bereits beim Eiszeitmenschen.

Eine dritte Anschauung endlich, die besonders dazu beigetragen hat, daß die religiösen Vorstellungen in Handlung umgesetzt wurden, ist der beim primitiven Menschen gewöhnliche Glaube, daß alles Widerwärtige und alles Unglück, das ihn trifft, das Werk jener Mächte sei. Insbesondere gilt dies für Krankheit und Tod — wenn sie nicht den Anschlägen und der Zauberei anderer Menschen zugeschrieben werden. Möglicherweise denkt sich der Wilde von dem, was ihm Gutes geschieht, das gleiche, daß es auch das Werk der Mächte ist. Aber er ist so sehr Gefahren und Unglücksfällen aller Art ausgesetzt, und die Furcht vor bösen Mächten oder vor dem Zorn der Mächte spielt eine so bedeutsame Rolle in seinem täglichen Leben, daß sie seine Auffassung von ihnen bestimmt. Die Mächte sind gefährlich. Daraus folgen als praktische Konsequenzen einerseits die Tabu-Vorstellungen, wonach Dinge und Menschen, in denen die Mächte wohnend gedacht werden, sakrosankt, heilig und unheilig, rein und unrein werden, andererseits der Wunsch, diese Mächte zu besänftigen oder überhaupt auf sie einzuwirken, was zu religiösen Künsten, d. h. Magie und Opfer, den Vorläufern des Kults, führt.

Aus diesen drei Grundvorstellungen sind Gottesglaube und Religion, in dem Sinne, wie wir sie auffassen, unter gewissen günstigen Bedingungen entstanden. Die Entwicklung, wodurch dies geschieht, geht in zwei verschiedenen Richtungen vor sich, einer überwiegend intellektuellen und begriffsmäßigen, einer anderen mehr praktischen und hilfesuchenden. Beide aber haben mehrere Zwischenlinien und gehen übrigens ineinander über, wobei die schaffende Phantasie und phantastische Spekulation auf mannigfache Weise sich mit Vorstellungen und „Riten", d. h. religiösen Bräuchen, vermengt haben. Die Folge ist, daß ein bunter Wirrwarr von verschiedenartigen Anschauungen und Bräuchen dem Blicke begegnet, wenn man die Entwicklung der Religion zu überschauen versucht. In Einzelheiten den Verlauf dieser Entwicklung anzugeben, ist daher äußerst schwer, um nicht zu sagen, unmöglich. Dies erklärt auch die vielen weit auseinandergehenden Auffassungen und Deutungsversuche, an denen die Religionswissenschaft immer noch so reich ist.

Eine rein *intellektuelle* Entwicklung ist die, welche von dem Glauben an „Mächte" zu dem Glauben an persönliche Götter führt. Es ist jedoch ein weiter Weg von den ersteren zu den letzteren, ein Weg, den viele Völker nie zurücklegen. Der erste Schritt auf diesem Wege geschieht, wenn von der animatistischen Vorstellungsweise im Verein mit dem Seelenglauben die den Dingen innewohnenden Mächte als Geister und geisterhafte Wesen (Dämonen) nach Analogie der im Körper wohnenden Seele gefaßt werden. Ein Schritt weiter scheint es zu sein, wenn unter der

Mannigfaltigkeit von Dingen gewisse, z. B. eine Quelle oder ein Hain, als die ständige Wohnung eines Geistes oder eines Gottes betrachtet werden, die hier ein selbständiges Leben führen. Auf diese Weise sind die großen Naturerscheinungen, Erde und Meer, Blitz und Himmel, Sonne und Mond usw., Wohnungen von Göttern mit persönlichem Dasein und zugleich ihre Wirkungsgebiete geworden. Einen weiteren Schritt zur Befreiung der Götter von den Dingen, zu denen sie der ursprünglichen Anschauung nach gehören, zeigen uns der Olymp der Griechen und das Walhall der Nordländer. Hier sind alle die größeren Götter in gemeinsamer Wohnung versammelt und haben zugleich menschliche Gestalt erhalten. Der Personifizierungsprozeß auf intellektuellem Grunde hat damit geendet, die Götter, gleichfalls durch Analogieschluß, zu Menschen zu machen, nur zu größeren und mächtigeren und vor allem unsterblichen. — Neben dieser Entwicklung geht eine andere derselben Art einher, die durch das instinktive Bedürfnis verursacht wird, eine Erklärung für die Welt und für alles zu erhalten. Sie äußert sich in den so allgemeinen Schöpfungsmythen sowie dem Glauben an den „Erzeuger" nach Söderbloms Terminologie[1]).

Eine andere, mehr auf das *Praktische* und das Bedürfnis nach Hilfe gerichtete Entwicklung erscheint in der allgemein vorkommenden Fetischanbetung und der ebenso wunderlichen, aber weniger gewöhnlichen Personifizierung menschlicher Ereignisse, Bedürfnisse und Handlungen, wie das bei den alten Sumerern und später in Rom geschah (z. B. betreffs des Geschlechtslebens, der Geburt, des Pflügens, Säens usw., die je ihre Gottheit erhielten, deren Hilfe bei Bedarf angerufen wurde). Das eine wie das andere zielt darauf ab, sich gegen Übles zu schützen und das zu fördern, was man wünscht und hofft. Die wichtigste Äußerung hierauf gerichteter Göttervorstellungen findet sich jedoch in den Stammes- und Volksgöttern.

Die ständigen Gefahren, denen die Horde und das Volk ausgesetzt waren, und das Bedürfnis einer Hilfe seitens höherer Mächte haben überall, wo das Gemeinschaftsleben festere Formen ange-

---

[1]) Nathan Söderblom, Gudstrons uppkomst, 1914. Es scheint jedoch, als wenn der geistreiche Forscher diesen Erzeugern oder Urvätern eine größere Bedeutung für die Religion beigemessen hat, als sie wirklich gehabt haben. Nach vollendetem Schöpferwerk sind sie „dii otiosi" (S. 142) und genießen keine Verehrung (S. 117, 143). Sie scheinen zunächst eine Frucht des Bedürfnisses des Intellekts nach Kausalitätserklärung zu sein.

nommen hat, die Verehrung von Nationalgöttern hervorgerufen. Gleichwie der einzelne in dem Fetisch und ähnlichem sich einen Schutzgott bereitet, so tut das Volk (der Staat) dasselbe mit seinen Stammesgöttern. So wird bei Jägervölkern gern eine Tierart als besonderer Beschützer des Stammes angenommen, woraus die sogenannte „Totem"- und Tieranbetung entsteht. Nachdem Ackerbau aufgekommen, ist es einer der großen Naturgötter, die Sonne, der Mond, die erzeugende Erde usw., der hauptsächlich verehrt wird, wobei Sage und Mythus ihn oft als Stammvater des Volkes und Gründer des Staates darstellen. Diese praktische Anwendung des Gottesglaubens im Verein mit der oben angedeuteten Personifikation der Gottheit ist es, aus denen die höheren Formen von Religion und Kult sich entwickelt haben.

Dagegen hat der so außerordentlich verbreitete *Ahnenkult*, die Anbetung der Geister der Vorfahren, wenig oder nichts zur Entwicklung der Religion beigetragen. Der Ahnenkult, diese unmittelbare Äußerung des Seelenglaubens und des Bedürfnisses nach Schutz, ist zunächst als eine Sackgasse für die religiösen Vorstellungen zu betrachten. Von ihm aus gibt es, wie es scheint, keinen Weg zu höheren Religionsformen. Der Ahnenkult aber wirkt konservierend auf ein Volk wie nichts anderes. China und Japan, die der Hauptsache nach bei diesem Kult stehen geblieben sind, liefern den lebendigen Beweis für das eine wie für das andere.

Nur bei zwei Völkern, den Persern und vor allem den Juden, ist die Entwicklung von den eben angedeuteten niederen Religionsformen aus weiter gegangen zu höheren hin. Es geschieht das, indem die Gottheit nicht mehr als Nationalgott aufgefaßt wird, sondern universell als Schöpfer und Lenker der Welt und gleichzeitig als das höchste Gute und der sittlich Vollkommene. Zugleich bleibt die Religion nicht nur eine Staatsangelegenheit, sondern wie in älteren Zeiten, obwohl in anderem Sinne, eine persönliche Sache zwischen dem einzelnen Menschen und der Gottheit. Weiter als bis zur Schwelle gelangten aber auch die genannten Völker nicht, während Griechen und Römer, die vornehmsten Kulturvölker der Geschichte, weit unterhalb derselben beim Ahnenkult und den unvollkommenen Göttergestalten des Polytheismus stehen blieben, eine wunderbare Rückständigkeit, die wohl daraus zu erklären sein dürfte, daß bei diesen sonst hochbegabten Völkern kein großer Prophet entstanden ist. Statt dessen haben bei ihnen die Dichter sich der Götterwelt bemächtigt und sie nach ihren Ideen gestaltet.

Auch der Islam, der doch sowohl das Judentum als das Christentum zu Vorbildern hatte, ist trotz seines strengen Monotheismus eine ziemlich tiefstehende Religionsform mit äußerer Werkheiligkeit für dieses und Sinnlichkeit für das künftige Leben. Aber dies ist nicht weiter verwunderlich, fiel doch auch die christliche Kirche rasch in antiken Polytheismus und andere niedere Vorstellungen zurück, wovon erst die Reformation mit mehr oder minderem Erfolg versucht hat, sie zu befreien. Unter den übrigen Weltreligionen ist Buddhas Lehre mit ihrer Abkehr vom Leben und ihrer tatlosen Frömmigkeit mehr eine Religionsphilosophie als eine wirkliche Religion; der Brahmaismus wiederum eine spekulative Auslegung einerseits des Seelenglaubens (mit Seelenwanderung), andererseits von Tabu und Magie (der Brahmane kann die Götter selbst bezwingen). Der Konfuzianismus schließlich ist eine auf den wohlverstandenen Nutzen gegründete Morallehre nebst Ahnenkult.

* * *

Die Priester als Kulturvorsteher und der gelehrte Stand. Gleichlaufend mit der oben kurz gezeichneten Entwicklung der religiösen Vorstellungen geht eine solche des Priesters, der mit den Mächten in Verbindung steht und der Ausüber des Kults ist. Denn das ist die Grundaufgabe des Priesters, Mittler zu sein zwischen der Gottheit und den Menschen und als solcher alle darauf bezüglichen Dinge zu handhaben.

Auf der frühesten Stufe, da der Wilde nur böse Mächte kennt, die ihn von allen Seiten bedrohen, ist der Priester ausschließlich Medizinmann oder Zauberer. Gewisse Autoren glauben, zwischen diesen verschiedenen Funktionen und ihren Ausübern unterscheiden zu müssen. Andere meinen, bei den Naturvölkern herrsche kein strenger Unterschied dieser Art. Wie dem auch sei, die Anschläge der Mächte können bemeistert werden, dazu aber bedarf es der Kenntnis gewisser geheimer Handlungen und Worte. Diese kennt der Priester. An ihn wendet man sich daher, sei es, daß es gilt, Krankheiten zu heilen oder Regen zu schaffen oder was sonst die Not erheischt. Er allein vermag die bösen Anschläge abzuwenden oder die Geister zu zwingen. Denn darin besteht nach der Auffassung des primitiven Menschen die durch den Priester ausgeübte Vermittlung. Sie wird als eine bindende Beeinflussung aufgefaßt, sei es, daß diese die Erlangung eines Guten oder, wie gewöhnlich, die Abwendung eines Bösen bezweckt. Der Priester ist demnach ursprünglich *Beschwörer,* und der Kult, wenn man dieses Wort anwenden will, Beschwörung oder Magie.

Auf diesem Standpunkt ist Priester-Medizinmann jede beliebige einzelne Person, Mann oder auch Frau, die sich aus eigenem Antrieb auf dieses Handwerk gelegt hat. Bisweilen ist es ein innerer Drang, die verborgenen Dinge zu erforschen, gewesen, der sie dazu getrieben hat. Nicht selten sind psychische oder physische Abnormitäten dabei bestimmend gewesen. Fallsüchtige, die durch ihre Anfälle sich als in besonderer Verbindung mit den Geistern stehend erweisen, werden allgemein als geeignet für diesen Beruf angesehen. Zuweilen dürfte auch der Wunsch, auf diese Weise sich ein bequemes Auskommen zu verschaffen, den Betreffenden zu dem nicht ungefährlichen Gewerbe verlockt haben — ein Mißglücken kann Unannehmlichkeiten mehrerer Art mit sich bringen. Ebenso zufällig wie die Rekrutierung von Priester-Medizinmännern auf diesem Standpunkt ist, ebenso locker ist auch die Verbindung zwischen ihnen. Oft besteht keine solche, sondern die vielen Meister arbeiten je für sich und zumeist als Konkurrenten. Auch das Tätigkeitsfeld ist in diesem Stadium überwiegend, wenn nicht ausschließlich, privat. Die einzelnen mehr als die Horde, bzw. der Staat, bedürfen des Priesters.

Schon früh zeigen sich jedoch Ansätze zu einer Entwicklung in allen eben angeführten Hinsichten. Die Jungen, die sich dem Berufe widmen, erhalten von den Älteren Unterweisung in den Künsten, welche erforderlich sind. So bildet sich vielerorts eine Vorbereitungszeit und ein Noviziat heraus. Aus den vielen Priestern wird eine Art freier Bruderschaft. Schon die Schamanen liefern ein bekanntes Beispiel hierfür. Und mit zunehmender staatlicher Verbindung entsteht das Bedürfnis nach Priestern für das ganze Volk, dem zunächst vielleicht dadurch Genüge getan wird, daß der Häuptling oder König zugleich der Priester des Stammes ist. Derartiges kommt bei vielen Negerstämmen vor und hat dort auch zu einem Häuptlings- oder Königtum mit despotischer Macht geführt.

Ihre Vollendung erreicht diese Entwicklung mit der Herausbildung von Stammes- und Nationalgöttern. Der Priester ist nun mehr als je der Mittler zwischen dem Menschen und höheren Mächten. Die Vermittlung bezweckt hier aber weit weniger, wenn überhaupt, das Spiel böser Geister abzuwehren. Die Stammesgötter sind dem Volke nicht feindlich gesinnt; im Gegenteil sind sie dessen Beschützer. Aber sie können zürnen, wenn ihnen nicht gebührende Ehre erwiesen wird. Es gilt somit, sie auf die rechte Weise zu ehren. Dies geschieht durch Opfer, und so entsteht ein Kult im eigentlichen Sinne dieses Wortes zu Ehren der Götter. Diesen Kult aufrechtzuerhalten wird zu einer Staatsangelegenheit, und die Priester werden die öffentlichen Diener der Götter. Hierdurch hat ihre Vermittlung zwischen diesen und den Menschen ihren Charakter geändert, wenn auch Züge des älteren Zustandes fortdauernd leben bleiben. An die Stelle der Beschwörung treten Opferhandlungen. Die Priester betreiben nicht mehr Magie, wenigstens nicht für Rechnung des Volkes, sondern sind vom Staat bestellte Kultvorsteher. Als solche sind sie Zeichendeuter, die aus den Eingeweiden der Tiere, dem Fluge der Vögel, der Stellung der Sterne usw. den Willen der Götter erforschen. Aber nur mit Opfern, nicht mit Beschwörungen versuchen sie auf sie einzuwirken. Nichtöffentlich werden natürlich die alten Künste weiter geübt, weniger allerdings von den Priestern als von Zauberern und Zauberinnen, die nun wirklich besondere Gewerbetreibende darstellen und mit mißgünstigen Augen angesehen werden. Schließlich wird ihr Handwerk als Aberglaube und schwarze Magie gestempelt und von Priestern und vom Staate verfolgt. Die Religion ist ein staatlicher Opferkult geworden, und der Weg liegt ihrer Entwicklung zu höheren und höchsten Formen offen — obwohl, wie erwähnt, nur zwei Völker, Perser und Juden, ihn betreten haben.

Gleichzeitig mit der eben angedeuteten Entwicklung des Kults bildet sich ein fester Priesterstand heraus, freilich aber in vielen verschiedenen Formen. Bisweilen bleibt das Priestertum an einzelne Geschlechter gebunden, wie das oft in Griechenland der Fall war (z. B. das Geschlecht der Eumolpiden in Eleusis), oder wie bei den Juden an einen bestimmten Teil des Volks, die Leviten. Oft bildet es eine freie Korporation, mit erblicher oder nichterblicher Mitgliedschaft, die sich auch über die staatlichen Grenzen hinaus erstrecken kann. Dies war der Fall bei den Druiden der Gallier, und das gleiche gilt innerhalb des Buddhismus und der christlichen Kirchen, obwohl der Anlaß hierzu sehr verschieden in dem einen und dem anderen Falle ist. Meistens ist jedoch die Priesterschaft national, gebunden an das eigene Volk und den eigenen Staat als Vorsteher des Kults der Stammesgötter. So bei allen Kulturvölkern der alten Zeit, Ägyptern, Babyloniern, Griechen und Römern, gleichwie heutigentags in den westafrikanischen Negerstaaten und in der polynesischen Inselwelt.

Dieser Punkt in der Entwicklung ist es, auf dem der Priesterstand seine größte Bedeutung und seine größte Macht zu erreichen pflegt. Als Dolmetscher des Willens der Götter üben die Priester einen zuweilen allmächtigen Einfluß auf das Staatsleben aus. Und als Inhaber aller Weisheit der Zeit beherrschen und leiten sie sowohl die einzelne als die allgemeine Kulturarbeit. Dies letztere bezeichnet eine andere Seite der Aufgabe des Priesterstandes, die lange Zeit ebenso wichtig wie die erstgenannte religiöse ist, und die nicht bei einer geschichtlichen Betrachtung von Priestern und Priesterstand vergessen werden darf.

Die erste Aufgabe der Priester ist es, Mittler zu sein zwischen den Mächten oder der Gottheit und den Menschen. Diese Mittlerschaft ist aber stets mit einem höheren Wissen verbunden. Der Priester ist schon hierdurch der kundige Mann, der Zauberer und Medizinmann. Hierzu kommt, daß er Hüter all der gesammelten Erfahrung, die die Menschen nach und nach erwerben, und dadurch der eigentliche Kulturträger wird.

Das Wesen der Kultur ist im innersten Grunde Einsicht, Erkenntnis. Aber der Mensch hat von Natur nur die Begierde nach Wissen und das Vermögen, es aufzunehmen und zu erhalten. Das menschliche Denken sucht triebhaft den Grund der Erscheinungen, vor die die Sinne uns stellen, mag dieser Grund „kausal" oder wohl zunächst „final", als Sinn und Zweck des einen und des anderen, gefaßt werden. Dies ist der Beginn aller Reflexion und nach der Ansicht einiger der Ursprung sowohl des Animatismus als der Religion. Mag dem sein wie ihm wolle, sicher ist, daß in diesem intellektuellen Triebe der Keim aller höheren Kultur liegt. Aber der Keim wächst nicht von selbst. Die Kenntnis muß durch Beobachtung und Arbeit erst erworben und dann bewahrt werden. Der Einzelne sammelt während seines Lebens eine Summe von Erfahrungen, aber sie vererben sich nicht auf physische Weise, wie auch die Sprache dies nicht tut. Jedes Individuum und jede Generation muß von neuem beginnen, bis der Mensch es lernt, durch absichtliche Arbeit das Gewonnene zu bewahren und Neues hinzuzufügen. Beides ist die besondere Aufgabe der Priester gewesen, ebensosehr wie zwischen den göttlichen Mächten und dem Menschen zu vermitteln. Der Erwerb neuer

Kenntnisse über die hinaus, die das Leben allen gab, ist sicherlich in ältester Zeit wie später ein Werk einzelner hoch Begabter gewesen, ob es nun Priester waren oder nicht. Aber das ebenso unerläßliche Bewahren der neugewonnenen Kenntnis ist stets Sache derselben gewesen. Die Priester sind ursprünglich überall Hüter der Tradition; und ohne Tradition keine höheren Einsichten und keine Kultur. Denn nur hierdurch hat ein gesammelter Schatz von Erfahrungen und Erfindungen entstehen und von Geschlecht zu Geschlecht bewahrt werden können. So ist die Schrift lange Geheimnis der Priester, gleichwie die Anfänge von Dichtung und Kunst und Wissenschaft.

Die Priester sind der gelehrte Stand nicht nur bei den Naturvölkern und auf den Stufen der Barbarei und der Halbkultur, sondern auch bei den eigentlichen Kulturvölkern während ihres Mittelalters, außer bei den Griechen, wo das Priestertum nie zu höherer Entwicklung kam. Daher kann man, abgesehen von dem Ausdruck Zauberer, an dessen Stelle in diesem Falle sicherlich richtiger Medizinmann zu setzen ist, Révilles bekannter Äußerung beistimmen: „Bei den nichtzivilisierten Völkern beschließt der Zauberer, er, der mit den Geistern in Verbindung steht, in sich die Elemente, aus denen später der Priester, Prophet, Arzt, Jurist und sogar der Philosoph und der Künstler hervorgehen sollen[1]." Die ganze menschliche Kultur, die weltliche wie die geistige, hat ihren Ursprung im Tun der Priester. Für ihren weiteren Fortgang werden sie dagegen nicht selten zu einem Hindernis[2]).

II.

Der Adel und die Entstehung von Staat und Regierung. Adel, d. h. in diesem Falle führende Personen mit dauernd höherem Ansehen und Einfluß, werden nicht ebenso frühzeitig und ebenso

[1]) Histoire des Religions. 1883, I, S. 105.

[2]) Wir brauchen hier wie im folgenden meistens die Worte „Kultur" und „Zivilisation" promiscue, teils der sprachlichen Abwechslung wegen, teils weil beide im Wissen ihren gemeinsamen Grund haben.

Sie können auch als verschiedene Begriffe behandelt werden, wobei Kultur das Umfassendere ist — denn alle Menschen besitzen eine Kultur — Zivilisation dagegen die Fortschritte bezeichnet, die nur die höchststehenden Völker gemacht haben. Ein anderer Unterschied ist, daß Zivilisation besonders die materiellen Güter bezeichnet, Kultur daneben vornehmlich die geistigen.

Der Zusammenhang besagt in jedem Falle, wie die Worte gefaßt werden sollen.

allgemein wie Priester angetroffen. Aber der Adel bezeichnet doch den nächsten Schritt auf dem Wege der sozialen Differenzierung. Daher finden sich ein Adel oder Ansätze dazu bei den meisten Völkern, die über die ersten Stufen menschlicher Kultur hinausgelangt sind. Er wächst so von selbst hervor beim Übergang zu fester Siedelung, oder wenn das Bedürfnis nach ständiger Führerschaft sich geltend macht, oder auch wenn verschiedene Volksteile zu einem Staatswesen vereinigt werden. Man kann dies sowohl bei vielen jetzt lebenden Naturvölkern wie bei allen Kulturvölkern, lebenden und vergangenen, beobachten. Die Entstehung und Entwicklung des Adels kann demnach in vielen Fällen geschichtlich verfolgt werden. Wie verschieden aber die Art und Weise der Entstehung des Adels auch sein mag, so findet sich doch als ein durchgängiger Zug darin überall sein enger Zusammenhang mit *Staat* und *Staatsleben.* Wie der Priester aus der Religion hervorgegangen, so der Adel aus dem Staat. Er kommt mit der Organisation und Regierung des Staates. Aber keineswegs immer. Es kann Staaten und Staatsleben geben ohne Adel. Für eine höhere Entwicklung derselben scheint er jedoch unentbehrlich zu sein. Der Adel ist ein natürliches Erzeugnis des Wachstums des Staatslebens; er wandelt sich auch mit ihm und kann dabei geradezu aufhören.

Hierin unterscheidet er sich von der Priesterschaft, die durch alle Entwicklungsstadien hin Bestand hat, wenn auch in weit verschiedenen Formen. Nicht so der Adel. Nur bei den halb kultivierten Völkern ist der Adel ein ständig vorkommender Bestandteil von Gesellschaft und Staat. Bei den eigentlichen Kulturvölkern ebenso, doch hat er in der Regel hier ein vorübergehendes Dasein. Er findet sich allgemein in den frühen Stadien ihres Lebens sowie während ihres Mittelalters, wo er seine höchste Blüte erreicht. Danach verschwindet er allmählich. Wir finden so keinen Adel mehr bei den höchstentwickelten Kulturvölkern der Gegenwart, oder höchstens als ein wenig bedeutendes Überbleibsel. Hat der Staat seinerzeit den Adel hervorgerufen, so ist er es auch, der ihn später an einem gewissen Punkte der Entwicklung, wenn er seiner nicht mehr bedarf, aufhebt.

Wir werden weiter unten Gelegenheit erhalten, dieses bemerkenswerte Verhältnis zu beleuchten und zu erklären. Hier

---

Darum ist es verfehlt, die beiden Begriffe, wie es in letzter Zeit oft geschieht, als ganz verschiedene Erscheinungen aufzufassen.

sei nur im Vorbeigehen darauf hingewiesen. Um aber überhaupt die soziale Bildung, die der Adel darstellt, und seine Geschichte verstehen zu können, ist es notwendig, einen Blick auf den Staat und seine Entwicklung zu werfen.

Es gibt Autoren, welche meinen, der Staat habe keine Entstehung gesondert von der der Menschheit selbst. Der Mensch wurde Mensch erst im Staate und durch ihn. Vorher war er nicht Mensch. Es war das Leben im Staate, das aus dem homo neanderthaliensis oder etwas ähnlichem den homo sapiens, den Menschen machte[1]). Diese Auffassung identifiziert Staat und Gemeinschaftsleben. Klar ist, daß ohne das Leben in Horden der Mensch nicht Mensch geworden wäre. Die Sprache, die vor anderem ihn kennzeichnet, hat nur im Gemeinschaftsleben und unter der Mitarbeit für gemeinsame Zwecke entstehen können.

Dies beweist aber doch nicht, daß das Menschwerden und das Leben im Staate gleichzeitig sind, und noch weniger, daß das erstere das letztere voraussetzt. Man darf nicht ohne weiteres das Leben in Horden als gleichwertig mit Staat und Staatsleben hinstellen. Man kann das erstere eine Vorstufe des letzteren nennen, man darf sie aber nicht miteinander vermengen. Das verdunkelt nur die Begriffe und führt zu Unklarheit. Noch heute kommt ein Leben in Horden bei den niedrigst stehenden Völkern vor, das nicht den Namen Staat verdient. Nicht selten wird so von hyperboreischen Horden erzählt, die nur aus einer oder einigen wenigen Familien bestehen, und die aller anerkannten Oberhoheit und Leitung entbehren. Das gleiche ist der Fall bei vielen Indianerstämmen in Südamerika, wie auch bei einigen Australnegern und Buschmännern sowie bei den Zwergvölkern und sonst so gut wie überall auf den niedrigsten Kulturstufen. Und doch müssen wohl diese über dem Eiszeitmenschen stehen, geschweige denn über den Wesen, die zuerst Menschen wurden. Das Zusammenleben in Horden ist noch nicht der Staat, wenn auch die Mitglieder der Horde sich als ein zusammengehöriges Ganzes gegenüber anderen ähnlichen Horden fühlen und gern sich zusammenhalten und dadurch das bilden, was man „die Gesellschaft" nennt

Gesellschaft und Staat sind auf späteren Stufen verschiedene Begriffe. Zu Anfang sind sie eins, indem die Gesellschaft in sich

[1]) So ungefähr Eduard Meyer, Geschichte des Altertums I, Einleitung. Elemente der Anthropologie. 3. Aufl. 1910, S. 10ff.

den Keim zum Staate trägt und, wenn die Zeit gekommen ist, diesen aus sich gebiert Dies wird durch gemeinsames Handeln eingeleitet. Die Menschenhorde vereinigt sich in einheitlichem Willen und Handeln zur Jagd und zum Kampf gegen andere Horden. Dies ist die Entstehung des Staates nach *geschichtlicher* Auffassung. Seine Mutter ist das Gemeinschaftsleben in der Horde, d. h. die Gesellschaft, sein Vater der Kampf zur Verteidigung und zum Angriff[1]). Selbst erhält er Gestalt und tritt in Wirksamkeit als gemeinsamer Wille und gemeinsames Handeln. Noch aber fehlt eins, damit aus dem Gemeinschaftshandeln die feste Institution werde, die der Staat ist, und die besteht, auch wenn keine gemeinsame Aktion vorliegt. Es ist das *Über- und Unterordnung, Herrschermacht und Gehorsamspflicht.* Erst diese verwandeln die aus Männern, Frauen und Kindern bestehende Horde in ein Volk und machen aus der Gesellschaft den Staat[2]).

Das wichtigste Kennzeichen des Staates ist Herrschgewalt. Deren Vollendung fällt zusammen mit der Entwicklung von Autorität und Unterordnung. Bevor diese vorhanden sind und in gewissen äußeren Formen Gestalt angenommen haben, kann man nicht von Staat und Staatsleben in eigentlichem Sinne sprechen. Dies ist die *juridische*, auf das Wesen des Staates gegründete Auffassung von seiner Entstehung. Der Staat hat aber noch ein weiteres Grundmerkmal. Er ist nicht nur Autorität nach innen zu, sondern auch Macht nach außen hin gegen andere Völker und Staaten. Dieser Charakter folgt unmittelbar aus seiner Eigenschaft, einen Gemeinwillen auszudrücken und als solcher eine Kraft und eine Macht darzustellen. Diese Seite des Staates, die zur Entstehung der politischen Geschichte Anlaß gibt und daher zumeist beachtet wird, bedarf keiner weiteren Erklärung und liegt im übrigen außerhalb des Rahmens dieser Untersuchung.

---

[1]) Ein Autor, Rudolf Holsti, The relation of war to the origin of the state, Helsingfors 1913, versucht geltend zu machen, daß der Ursprung des Staates weniger im Kriege als in der friedlichen Zusammenarbeit zu suchen sei. Als eine Reaktion nicht nur gegen Gumplowicz' Gewalttheorien, sondern auch gegen Spencers „military system" und andere ähnliche Übertreibungen ist eine solche Auffassung gerechtfertigt, sie darf aber auch nicht zu weit getrieben werden; vor allem darf man nicht vergessen, daß der Staat etwas anderes ist als die Gesellschaft.

[2]) Aus dem Gesagten folgt, daß eine Schar Räuber, obwohl dort Über- und Unterordnung, Befehlende und Gehorchende vorkommen, nicht ein Staat genannt werden kann, denn hier fehlt das Volk, die sich selbst verjüngende Horde, die physische Voraussetzung für den Staat.

Es ist ausschließlich die erstgenannte innere Autorität, die uns interessiert, und deren Erklärung im Gegensatz zu dem nach außen gerichteten Staatswillen Schwierigkeiten darbietet. Denn woher stammt die Vorstellung oder das Gefühl, wie man es nun nennen will, von Autorität und Gehorsamspflicht? Sie ist dem Menschen nicht angeboren und wurzelt nicht in vormenschlichen Verhältnissen. Sie ist offenbar ein Erzeugnis des Gemeinschaftslebens und kann zwar als in einer gemeinsamen Überzeugung von der Nützlichkeit oder Notwendigkeit der Herrschermacht wurzelnd bezeichnet werden[1]), aber diese Überzeugung ist nichts Ursprüngliches, sondern ihrerseits eine erworbene Vorstellung. Woher ist diese Vorstellung gekommen, und wie wird sie für alle die unzähligen Pflichtgebote und Rechtssätze aufrechterhalten, die den primitiven vielleicht noch mehr als den Kulturmenschen beherrschen, und die zusammen das Leben im Staate und das Staatsleben konstituieren?

Wir haben oben Geschlecht und Altersunterschied sowie das Verhältnis zwischen Eltern und Kindern als einen Anfang von Über- und Unterordnung erwähnt. Mehr aber als einen erzieherischen Ansatz dazu darf man hierin nicht sehen. Denn diese natürlichen Verbindungen bezwecken mehr Schutz und Pflege als Über- und Unterordnung. Außerdem gelten sie nicht für die erwachsenen Männer untereinander und demnach nicht für die Gesellschaft in ihrer Gesamtheit. Und auch wenn, in einem späteren Stadium, die väterliche Gewalt in der Familie eine ungeheure Entwicklung erreicht hat und die Grundlage des Staates zu bilden scheint, wie im alten Rom und noch heute in China, so sind es nicht die Familienbande an sich, die dies verursachen, sondern der Ahnenkult — also religiöse Vorstellungen.

Einen anderen, mehr unmittelbaren Anlaß zu Über- und Unterordnung hat das Bedürfnis nach einem Zusammenwirken gegeben. Alles Zusammenwirken größeren Umfanges und insbesondere alle kriegerischen Unternehmungen, sei es zur Verteidigung oder zum Angriff, machen eine Leitung erforderlich. Eine solche Leitung verlangt stets bis zu einem gewissen Grade Autorität und Gehorsam. Aber so bedeutsam auch dieser durch das Gemeinschaftsleben gegebene Anstoß gewesen ist, so genügt er doch nicht, die geordnete Herrschgewalt zu begründen. Das Zusammenwirken in den gemeinsamen Unternehmungen ist lange zufällig gewesen.

---

[1]) So G. Jellinek, Allgemeine Staatslehre (3. Aufl.), 1914, S. 333ff.

Und bei dem Wilden verflüchtigen sich Gedanken und Gefühle mit der Aufgabe oder der Notlage, die sie hervorrief. Im übrigen erklärt sich nicht hierdurch der Gehorsam gegen die vielen Gebote.

Der Mensch ist ein ζῶον πολιτικόν, ein für das Staatsleben geschaffenes Wesen, hat Aristoteles treffend gesagt. Das erklärt das Zusammenleben, das Leben in Horden und die Gesellschaft, aber nicht die Herrschgewalt und den Staat. Dieser gehe aus freiem Übereinkommen hervor und gründe sich auf einen Vertrag — lehrten die Naturrechtsphilosophen. Die Ansicht fiel vor der Kritik der historischen Schule. Aber wenig besser ist die Erklärung, die die Staatsrechtler unserer Zeit (Jellinek, Duguit, Burgess u. a.) geben — daß die Staatsmacht letzthin auf einem wohlverstandenen Interesse sowie der Überzeugung von dem Nutzen und der Vernünftigkeit der Herrschgewalt ruhe. Denn dies heißt dem primitiven Menschen ein größeres Maß von Überlegung und Abstraktion beilegen, als er es tatsächlich besitzt. Man findet oft genug eine derartige Einsicht nicht einmal bei dem gemeinen Mann unserer Gesellschaften. Es ist im Gegenteil gewöhnlich recht schwer, ihn von dem Nutzen und der Notwendigkeit zu überzeugen, beispielsweise Steuern zu bezahlen oder sich der Wehrpflicht zu unterziehen. Er betrachtet derartiges als einen Zwang und eine Last, denen er sich am liebsten entziehen möchte. Um wieviel weniger kann man da dem Wilden zumuten, freiwillig sich einer schwachen Staatsmacht zu unterwerfen und ihr zu gehorchen nur auf Grund einer allgemeinen Einsicht in ihren Nutzen. Überhaupt kann ein Staatswesen, gleichwie auch Recht und Moral, nicht auf eine bewußte Absicht aufgebaut werden, wenigstens nicht in der Kindheit der Völker und der Staaten[1]).

Nachdem der Staat erstarkt ist und mit Zwangsmacht wirkt, kann er selbst Autorität und Gehorsam aufrechterhalten. Aber diese auf dem Recht der Macht ruhende Vorstellung bezeichnet eine spätere Stufe und bedarf übrigens selbst einer Rechtfertigung und einer Sanktion. Der Staat kann sich äußerlichen Gehorsam erzwingen, aber nicht die Überzeugung von seiner

---

[1]) Noch weniger taugt hierzu die Neigung, „das Faktische zum Normativen" zu erheben, die bei Kindern und anderen beobachtet werden kann, und die Jellinek gleichfalls (a. a. O., S. 337 f.) als Grund für die Autorität anführt. Diese Neigung gibt nicht den nötigen Respekt vor dem Bestehenden oder den Gehorsam, der vielmehr durch Erziehung und Lehre eingepflanzt werden muß. Und die Moden, die J. auch als Beispiel für die genannte Neigung heranzieht, beweisen am besten durch ihren Wechsel, wie schwach diese Grundlage für Autorität und Gehorsam ist.

eigenen Berechtigung schaffen, mit andern Worten die Staatsgewalt vermag nicht theoretisch sich selbst zu begründen. Es ist nur eine Macht, die es vermag, nämlich die Vorstellung, *daß das der Wille der höheren Mächte oder der Götter sei.* Diese Vorstellung ist der formale Grund des Staates gleichwie aller Moral und aller Rechtsordnung. Die Religion ist es, die den Menschen Autorität und Gehorsam und damit die Unterordnung des Einzelnen unter das Ganze und den Begriff der Verpflichtung gelehrt hat. Nicht die Einsicht in die Zweckmäßigkeit, sondern die Vorstellung von dem Willen der Götter ist es, die die Menschen gelehrt hat, die unzähligen Gebote verschiedener Art zu halten, die das Zusammenleben durchziehen und ordnen. Ein Beweis hierfür ist das wohl bei allen Völkern auf niederer Kulturstufe vorkommende „Tabu". Alle Sitten und Gebräuche sind tabu und stehen damit unter dem Schutz der Mächte, so daß eine Übertretung der Gebote von ihrem Zorn und ihrer Rache betroffen wird. Dieselbe Anschauung kehrt, obwohl in anderer Form, auch auf höheren und höchsten Kulturstufen wieder, solange die von den Vätern ererbte Religion selbst lebendig ist. Die griechischen Tragöden dichteten ihre Meisterwerke in diesem Geiste. Und überall in der Welt werden nicht nur die sogenannten Kapitalverbrechen, sondern im allgemeinen jede Übertretung alter Sitte und alten Rechts als Verbrechen gegen die Gottheit aufgefaßt. Die Vorstellung, daß alle menschlichen Gebote letzthin in dem Willen der Gottheit begründet sind, gibt diesen ihre verpflichtende Kraft[1]).

Dies bedeutet indessen nicht, daß die Religion — vor dem Christentum und zum Teil dem Judentum — etwas mit dem Inhalt der Moral und des Rechts, das sie sanktioniert, zu schaffen hat. Hierin liegt wohl der Grund, weshalb die eben angedeutete Tatsache übersehen und die ursprüngliche Bedeutung der Religion für Staat und Gemeinschaftsleben nicht selten unterschätzt wird[2]). Der Geister- und Gottesglaube wirkt formell verpflichtend, befaßt

---

[1]) Eine gerade entgegengesetzte Auffassung des Verhältnisses zwischen Religion und Staat ist neulich von Emile Durkheim, Les formes élémentaires de la vie religieuse, 1912, zum Ausdruck gebracht worden, indem er meint, es seien eigentlich die Gesellschaft und der Klan, die in allen den Gestalten angebetet würden, die Gegenstand des Kults sind. Dem widerstreitet jedoch die Tatsache, daß die Religion älter ist als der Staat, und daß die animatistischen Vorstellungen offenbar dem Menschen angeboren sind. Es ist auch schwer zu verstehen, wie ein solcher Gedanke hätte entstehen können, und weshalb die Mächte solchenfalls als gefährlich und böse betrachtet werden.

[2]) So Ed. Meyer, a. a. O., S. 135ff.

sich aber nicht mit dem Inhalte von Moral und Recht. Denn die Götter sind keine sittlichen Mächte. Und das gleiche gilt für das Staatsleben und seine Aufgaben. Diese drücken mehr oder minder absichtliche Anpassungen an vorhandene Verhältnisse aus, vor allem abzielend auf gemeinschaftliche Verteidigung und inneren Frieden, sonst aber verschieden für verschiedene Völker und Lagen, jedenfalls unabhängig von der Religion. Es ist nur die verpflichtende Kraft bei diesen Aufgaben, die von der Religion herrührt, indem sie von ihr unter den Schutz der Götter gestellt werden. Wo Stammes- und Volksgötter verehrt werden, versteht sich dies von selbst; aber auch wo die Entwicklung noch nicht so weit gelangt ist, steht der Staat gleichwie alle Rechtsbräuche unter dem Schutz der Mächte[1]). Dies ist auch der Grund dafür, daß der persönliche Vertreter des Staates, auf niederen Stufen der Häuptling, tabu und heilig ist, in höheren der König als Gott verehrt wird.

Gleichwie die Religion nicht die Staatsaufgaben, den Inhalt des vom Staate geordneten Gemeinschaftslebens, gegeben hat, so hat sie auch nicht die äußeren Formen des Staates, d. h. wie und von wem die Staatsautorität ausgeübt wird, bestimmt. Es sind demnach nicht die Priester, die die ersten Träger der Staatsmacht gewesen sind. Diese ist unabhängig von ihnen organisiert worden. In einem weit späteren Stadium erst, nachdem ein starker Priesterstand entstanden, hat dieser bisweilen die Macht im Staate erhalten, obwohl nur selten (in Theokratien) als direkter Ausüber derselben. Auch ist es nicht angängig, die nicht seltenen Fälle, wo der Häuptling zugleich Priester ist, als Beweise für eine Einwirkung seitens der Religion zu deuten. Es ist in diesen Fällen gewöhnlich nicht der Priester Häuptling, sondern der Häuptling Priester geworden. Die Häuptlingschaft ist eine Funktion für sich, unabhängig von dem Priestertum. Und so ist es überall beim Aufbau des Staates. Er hat sich aus eigenen Kräften und auf eigenen Wegen entwickelt. Die Religion hat der Staatsmacht nur die ihr innewohnende Autorität verliehen.

Welches die Wege gewesen sind, die zur Entstehung einer *Regierung* und von Obrigkeitspersonen geführt haben, ist nicht leicht mit Gewißheit zu sagen. Möglicherweise sind es

---

[1]) Wie dies zugegangen ist, entzieht sich im übrigen unserer Kenntnis. Wahrscheinlich aber sind die sogenannten Erzeuger oder Urväter, von denen, wie man meint, Riten usw. abstammen (Söderblom, a. a. O., S. 110, 145, 179 und passim), das vermittelnde Glied hierbei gewesen.

mehr als einer gewesen. Soweit aber noch herrschende Verhältnisse ein Urteil zulassen, waren es die „Männerbünde“, von denen oben gesprochen wurde, der den Frauen und der Jugend gegenüber abgeschlossene Kreis der erwachsenen Männer, die zur Herausbildung einer Staatsmacht Anlaß gaben, erst so, daß diese gemeinsam die Angelegenheiten des Stammes leiteten, später indem sie aus ihrem Kreise die ältesten und klügsten Familienväter zu Leitern wählten. Hieraus wuchs ein „Rat der Alten“ hervor, der wohl die erste organisierte Obrigkeit ist, die mit oder ohne die Zustimmung der Gesamtheit der Männer in gemeinsamen Angelegenheiten, vor allem größeren Jagden und Kriegen, beschließt und im übrigen die erforderliche Staatsgewalt ausübt, insbesondere als Richter und Veranstalter von Kultzeremonien, Festen usw. Er ergänzt sich teils automatisch mit dem Alter, teils durch Wahl unter den älteren Männern, die sich auf irgendeine Weise ausgezeichnet haben.

Gewöhnlich bleibt es jedoch nicht hierbei. Die gemeinsamen Unternehmungen erfordern eine einheitliche Leitung. Diese, die dem oder den angesehensten Männern für einen einzelnen Fall anvertraut wird, kann dauernd werden, solange diese Männer sich als tüchtig erweisen; und danach kann sie gleicherweise anderen, die Ansehen gewonnen, übertragen werden, bis es eine Gewohnheit und ein allgemein gefühltes Bedürfnis wird, ständig einen oder mehrere solche Leiter zu haben. Hieraus entsteht die *Häuptlingschaft*, zunächst neben dem Rate der Alten und der Gesamtheit der Männer des Stammes. Später, und besonders wenn mehrere Häuptlinge gewählt worden, wird der Rat der Alten überflüssig; übrig bleiben dann die Häuptlinge und die Volksversammlung als die beiden Obrigkeiten des jungen Staates. Die ersteren nebst den stets wichtigen Priestern sind nun Regenten und Richter im Frieden und Anführer im Kriege, bisweilen mit Verteilung der Aufgaben auf verschiedene Personen, wie bei den Irokesen, bei denen es Friedenshäuptlinge neben Kriegshäuptlingen gab. Der Stamm hat auf diese Weise eine feste Regierung erhalten, und aus der Gesellschaft ist der Staat geworden.

Nachdem die Staatsmacht so organisiert worden, liegt der Weg offen für die Entwicklung von Staat und Staatswesen zu den verschiedenen Formen, die wir kennen: Despotie, patriarchalisches Königtum, Aristokratie usw. Der Staat erhält nun mit Hilfe der Macht sowohl seine eigene Autorität als den Gehorsam der Untertanen aufrecht. Aber die Erinnerung an den religiösen Ursprung beider lebt noch lange fort. Einen letzten Rest davon haben wir noch heute in dem Ausdruck „von Gottes Gnaden", der einen allgemein üblichen Bestandteil des Königstitels der europäischen Monarchien bis jetzt ausmacht.

* * *

Verschiedenartige Entstehung des Adels. Die obige Schilderung von der Entstehung und Entwicklung des Staates und der Staatsobrigkeit läßt uns ohne weiteres verstehen, wie ein Adel als herrschende Klasse, sozusagen auf natürlichem Wege, entstanden ist. Die *Häuptlingschaft* ist es, die überall dort dazu Anlaß gibt, wo die Häuptlinge eine mehr selbständige Stellung gegenüber der Volksversammlung einnehmen. Ist das nicht der Fall, sondern hat, wie bei den Indianern, die Volksversammlung alle Macht inne, so bildet sich kein Adel heraus. Sonst erheben sich die Häuptlinge durch das Ansehen, das ihnen ihre Stellung gibt, und die Begünstigungen in bezug auf Land- und anderen Besitz, den sie mit sich bringt, über die Masse des Volks und bilden zugleich mit ihren Familien eine vornehmere Klasse, eine Aristokratie. Überall in der Kindheit der Kulturvölker wie auch vielfach bei jetzt lebenden Naturvölkern auf höherer Stufe, Malaien und Negern, kommen derartige auf Häuptlingswürde und Reichtum gegründete vornehmere Geschlechter vor.

Aus dieser naturwüchsigen Aristokratie wird dann auf verschiedene Weise ein wirklicher *Geburtsadel.* Der eine Weg dabei ist der, daß die Häuptlingswürde innerhalb der Geschlechter erblich wird. Ansätze dazu fanden sich überall bei den Germanen, aber nur in gewissen Fällen, wie bei den Sachsen sowie bei Norwegern und Isländern, hat sich die Entwicklung in dieser rein aristokratischen Richtung vollendet. Gewöhnlicher ist es gewesen, daß aus dieser primitiven Aristokratie *ein Königtum* entstand, indem einer von den Stammeshäuptlingen Häuptling des ganzen Volks mit erblichem Recht auf die Würde, mit anderen Worten König wurde[1]). Hierbei aber können die Dinge auf ganz entgegengesetzte Weise verlaufen, je nach den wechselnden Geschicken des Königtums.

Gelingt es dem aus der Häuptlingschaft hervorgegangenen Königtum, in seiner Hand alle Macht zu sammeln und zur *Despotie* zu werden, so werden meistens die alten von der Häuptlingswürde

[1]) Über die Entstehung des Königtums siehe weiter unten.

herstammenden Adelsgeschlechter ausgerottet, und ein neuer Adel entsteht aus den königlichen Beamten und dem Gefolge. Daher ist es nicht ungewöhnlich, Adel von zwei Arten zu finden, den einen nur ganz wenige Mitglieder zählend, die Reste des alten Häuptlingschaftsadels, den anderen zahlreicher, einen *Dienstadel* bildend. So bei den Germanen zur Zeit der Völkerwanderung und später. Der Dienstadel ist zunächst, wie auch ursprünglich der Häuptlingschaftsadel, nicht erblich. Zumeist aber dauert es nicht lange, bis die Erblichkeit eintritt. Gegenwärtig können wir die Entstehung eines derartigen Dienstadels in den Negerdespotien in Afrika (Abessinien, Bornu u. a. Reichen) beobachten. In älterer Zeit ist ähnliches in allen großen asiatischen Reichen wie auch in der späteren Zeit des römischen Kaisertums vorgekommen, wo die Senatoren eine Art Adelsstand bildeten. Vor allem ist die im Mittelalter der Kulturvölker gewöhnliche feudale Gesellschaftsordnung auf diese Weise und durch Anhäufung von Reichtümern entstanden. Diese Entstehungsweise eines Adels auf Grund von Amt und Reichtum im Verein gehört jedoch späteren Zeiten an.

Gelingt es dagegen dem König nicht, seine Macht auf Kosten der Stammeshäuptlinge zu erweitern, so werden statt seiner diese die eigentlich Regierenden. Der König ist dann nur der Erste unter den Häuptlingen. Das homerische Königtum zeigt einen solchen Typus und ebenso in der Gegenwart viele Negerreiche. Bei den klassischen Völkern blieb die Entwicklung jedoch nicht hierbei stehen. Das Königtum wurde nach Verlauf einiger Zeit abgeschafft, und die frühere Häuptlingschaft erstand wieder als eine selbständig herrschende *Aristokratie.* Und so, wie es in Athen und in Rom ging, ist es im allgemeinen überall dort gegangen, wo der Staat aus einer Stadt mit einem kleineren Gebiet bestand. Auch auf andere Weise haben viele Stadtrepubliken sowohl in alter Zeit als während des europäischen Mittelalters einen Patrizier- und Adelsstand durch natürliches inneres Wachstum erhalten. Außer der Regierung des Staates sind es hier der Handel und der Reichtum, den er brachte, gewesen, die zur Gründung einer Aristokratie und eines Adelsstandes führten.

Aber diese Arten von Adel wie auch der Feudaladel kommen nicht bei primitiven Völkern oder in der Kindheit der Kulturvölker vor, sondern erst, wenn diese in ihr Mittelalter eingetreten sind.

Ein anderer Staatsdienst, der unter teilweise ähnlichen Verhältnissen die Entstehung eines Adelsstandes veranlaßt hat, ist der *Kriegsdienst,* und besonders der Dienst zu Pferde, sei es mit Streitwagen wie in ältester Zeit oder ohne sie. Ja, es gibt Autoren, welche meinen, der Adel sei stets die Begleiterscheinung der Aufstellung von Reiterei gewesen, oder sogar er habe überhaupt keine andere Entstehung gehabt. Das ist Übertreibung, aber nicht selten hat der teure Dienst zu Pferde die Grundlage für die Herausbildung des Adels abgegeben. So in Rom, wo die Equites neben den Patriziern einen höheren Stand bildeten, und so fast überall in späterer Zeit und ganz besonders in Schweden, wo ein wirklicher Adelsstand erst mit der Einführung des sogenannten Rustdienstes 1280 aufkam. Bei anderen Völkern in älterer wie in neuerer Zeit haben wiederum die Krieger insgemein einen besonderen Stand oder, wie in Indien, eine der großen Hauptkasten, in die das Volk eingeteilt ist, gebildet. Adelsstand und Kriegerberuf haben demnach überall eng zusammengehört, und zwar nicht nur auf die eben angedeutete Weise, sondern auch auf andere, wie wir gleich sehen werden.

Die in älterer Zeit allgemeine Vorstellung, daß der Adel von einer anderen (und höheren) Rasse als das übrige Volk herstamme, hat in vielen Fällen ihre Berechtigung. So ist Adel oft durch *Völkermischung* entstanden. Während des ewigen Krieges zwischen Stämmen und Völkern ist es nicht selten vorgekommen, daß die Sieger sich unter den Besiegten als deren Herren niederließen. Das unterjochte Volk sank dann zu einer niedrigeren Klasse herunter, während die Eroberer einen höheren, den herrschenden Stand bildeten. Bisweilen bemächtigten sie sich des Bodens, ganz oder teilweise, und ließen die früheren Inhaber ihn für sich bestellen. Stets behielten sie sich nebst der Staatsregierung den Kriegerberuf und den Waffendienst vor. Dies war notwendig, um die neue Herrschaft zu sichern, veranlaßte aber auch, daß der Kriegerberuf der vornehmste von allen und an und für sich ein Grund zum Adel wurde.

Das klassische Beispiel für eine Völkermischung dieser Art mit dadurch bedingtem Standeswesen ist Sparta. Andere mehr oder minder ähnliche Beispiele liefern die Staatengründungen der Germanen innerhalb des weströmischen Reiches zur Zeit der Völkerwanderungen, später die Eroberung Englands durch die Normannen und noch mehr die Reiche der Azteken und der Inkas in der neuen Welt. In unseren Tagen finden sich gleichartige auf Eroberung gegründete Staaten fast überall bei den halbkultivierten Völkern mit dadurch bedingten Standesunterschieden und insbesondere einem Adelsstande (z. B. die Howas auf Madagaskar, die Gallas in Abessinien wie auch mehrfach bei den Arabern).

Jedoch dürfte es nur selten vorkommen, daß, wie in Sparta und Mexiko, das erobernde Volk in seiner Gesamtheit den Adel in dem neuen Reiche bildet. Dazu ist es meistens zu zahlreich; auch ist es gewöhnlich selbst schon in verschiedene Klassen oder Stände geteilt, die bei der Eroberung nicht verschwinden. Im übrigen verschmelzen Eroberer und Besiegte im Laufe weniger Generationen zu einem Volke, wobei die verschiedenen Stände sich von beiden Seiten her rekrutieren. Der Adel im neuen Reiche wird dann nicht nur von den Vornehmsten des siegenden Volkes, sondern auch von den Spitzen des besiegten gebildet. Ziemlich allgemein trat so der Stand der Senatoren in Gallien neben den Vornehmeren der Burgunder und Franken in den neuen Adel ein, der binnen kurzem im fränkischen Reiche entstand. Und gleichermaßen in England bei Angelsachsen und Normannen. Doch dürfte die Hauptmasse des neuen Adels stets dem Erobervolke angehört haben, weshalb in diesen Fällen die Vorstellung von dem fremden Ursprung des Adels im großen und ganzen befugt ist.

Eine Oberklasse kann indessen durch Völkermischung auch auf gerade entgegengesetztem Wege entstehen, also nicht dadurch, daß ein Volk über ein anderes herfällt und sich zu dessen Herrn macht, sondern so, daß Einwanderungen in eine ältere Gesellschaft geschehen, wobei die Neugekommenen geringere Rechte als die Alteingesessenen erhalten, die die eigentlichen Bürger ausmachen und zu einem Adel werden. Auf einer primitiven Stufe kann dies so geschehen, daß die Eingewanderten aus dem allgemeinen Männerbunde ausgeschlossen bleiben, der hierdurch ein geschlossener Kreis mit besonderen Riten und Vorrechten wird. Im Geschlechterstaat können sogar Klans mit beschränkterem Recht entstehen, wie in Griechenland vor Solon, oder, wenn die Eingewanderten in die älteren Geschlechter aufgenommen werden, Klienten mit geringerem Recht als die Klansmitglieder, die ohne weiteres eine privilegierte Stellung einnehmen und zu einer Art Geburtsadel werden.

In den letztberührten Fällen handelt es sich jedoch nicht um primitive Gesellschaften und um den ersten Ursprung des Klassenwesens. Bei dem einen oder dem anderen der zusammentreffenden Völker und oft bei beiden finden sich bereits verschiedene Klassen. Diese verschwinden nicht, erfahren aber bei der Gründung des neuen Staates oder bei der Einwanderung neuer Volkselemente eine Umgestaltung. Insbesondere gilt dies von dem vornehmsten Stande, dem Adelsstande. Ein neuer Adel wird demnach mit der Völkermischung geboren, sogleich fertig und mit stark hervortretenden Zügen. Denn er ist von Anfang an der herrschende Stand und die Stütze des Reichs. Hier zeigt sich wieder der enge Zusammenhang zwischen dem Adelsstand und dem Staat. Man kann daher ohne Übertreibung sagen, daß der Adel als Leiter des Staats und Beamtenstand höheren und niederen Grades sowie als Kriegerstand das zusammenhaltende und stützende Element im Leben der Völker auf frühen Kulturstufen und während ihres Mittelalters bildet.

Andere Fälle von privilegierten und nichtprivilegierten Mitbürgern innerhalb eines und desselben Staates sind oft vorgekommen, ohne daß die ersteren einen Adel gebildet oder es sich überhaupt um Klassenbildungen gehandelt hätte. Dies ist geschehen, wenn ein Volk ein anderes unterjochte, ohne sich unter den Besiegten niederzulassen oder mit ihnen einen Staat und eine Gesellschaft zu bilden. Es machte sie nur zu steuerpflichtigen und mehr oder minder rechtlosen Untertanen. So verfuhren Athen und andere griechische Staaten mit den Völkern und Städten, die sie besiegten. Rom tat teilweise dasselbe und in neuerer Zeit die Schweiz mit ihren „zugewandten Orten". Auch unter den schottischen Klans ist derartiges vorgekommen und im übrigen fast überall unter den Naturvölkern. Hieraus sind aber keine wirklichen Klassen entstanden, weder was die Sieger noch was die Besiegten betrifft. Es sind politische, nicht soziale, äußerliche, nicht innere Unterschiede, die so entstehen. Sie liegen daher außerhalb des Klassenwesens und seiner Geschichte.

III.

Die Unfreien und die wirtschaftliche Arbeit. Der in der Reihenfolge, dem Alter nach gerechnet, dritte Stand ist der unfreie, die Sklaven. Daraus folgt ohne weiteres, daß dieser Stand nicht auf den niedrigsten Stufen der Kultur vorkommt. Völker, die sich auf dem Standpunkt des „Sammlers" oder dem nahestehenden Jäger- und Fischerstadium befinden, haben keine Sklaven. Auch bei den Hirtenvölkern kommen solche nicht immer vor. Dagegen fehlen sie wohl nie bei ackerbautreibenden Naturvölkern, ebensowenig wie bei den Völkern der Halbkultur und den meisten Kulturvölkern. Alle hochstehenden Völker des Altertums haben

Sklaven gehalten; ja, man kann sehr gut sagen, daß die antike Gesellschaft hierauf gebaut war. Erst das Christentum war es, das praktisch gegen die eigentliche Sklaverei auftrat; theoretisch hatte schon der Stoizismus dasselbe getan. Gegen die Leibeigenschaft in ihren verschiedenen Formen haben auch die christlichen Kirchen nichts einzuwenden gehabt.

Die Sklaverei ist, wie hieraus ersichtlich, in buchstäblichem Sinne ein Kulturprodukt, indem sie erst zur Ausbildung kommt, wenn die Kultur eine gewisse Entwicklung erreicht hat. Früher wurden die Feinde, die in die Gewalt der Sieger gerieten, getötet, sei es, daß sie verspeist wurden, wie das wohl gewöhnlich der Fall war, oder nicht. Die Sklaverei gehört aber nicht zu den Segnungen der Kultur, sondern zu ihren notwendigen Übeln. Der menschliche Fortschritt hat viele Übel mit sich gebracht, und das größte ist unzweifelhaft die Unfreiheit. Hier mehr als je hat man daher zu unterscheiden zwischen dem äußeren Verlauf der Dinge und ihrem inneren Grund. Die Unfreiheit ist allerorts durch Gewalt entstanden und ruht auf dem Recht des Stärkeren. Dahinter aber liegt ein anderer Grund und ein höheres Recht, das der Kultur, das den ersteren sanktioniert. Denn ohne Sklaverei hat keine Kultur entstehen können. Die Kultur nämlich ruht auf der Arbeit oder genauer auf der Teilung der Arbeit in höhere und niedere, ohne welche Teilung eine höhere Kultur nicht möglich gewesen wäre. Diese Arbeitsteilung ist es, die durch die Sklaverei zuerst verwirklicht worden ist. Das ist ihre große soziale Aufgabe und zugleich das, was ihr geschichtliche Berechtigung verleiht.

Der unfreie Stand hat somit ebensosehr wie Priester und Adel letzthin einem großen gesellschaftlichen Bedürfnis seine Entstehung zu verdanken. Neben der Religion und dem Staate ist *die wirtschaftliche Arbeit* der dritte große Faktor in der Organisation der Gesellschaft für die Kultur. Dies veranlaßt uns, ehe wir weitergehen, mit einigen Worten die Arbeit, den inneren Grund der Sklaverei und zugleich ihre Entschuldigung, zu berühren.

Die regelmäßige Arbeit, um den Bedürfnissen der Familie, und zwar nicht nur denen des Augenblicks, zu genügen, ist zuerst von den Frauen ausgeübt worden. Die Fürsorge für die Nachkommenschaft brachte dies mit sich und ebenso der Zwang, eben deswegen meistens in der Nähe der Siedlung zu bleiben. Nach den neuesten Forschungen von H. Schurtz, Fr. Ratzel und besonders Edw. Hahn, war der „Hackbau“ die erste Form des Ackerbaues. Und er wurde zumeist von den Frauen besorgt, die sich hierdurch einen Vorrat an allerlei vegetabilischer Nahrung in der Nähe der Hütte bereiteten. Die animalische, soweit sie durch Jagd oder Fischerei erlangt werden mußte, beschaffte der Mann. Aber nur das erstere war Arbeit in eigentlichem Sinne. Die Frauen waren somit die ersten Arbeiter. Es ist jedoch nicht diese nach Inhalt und Umfang stark begrenzte Arbeit, die die Kultur weiter geführt hat. Sie hatte den unmittelbaren Lebensunterhalt im Auge, weniger vielleicht für den Arbeitenden selbst als für die Kinder, ein Ziel darüber hinaus steckte sie sich nicht. Diese Art Arbeit konnte Generation nach Generation fortgehen und ist so fortgegangen, ohne eine Spur zu hinterlassen. Erst wenn sie von anderen als Lebensaufgabe übernommen und von ihnen nicht für eigene Rechnung, sondern für die ihrer Herren ausgeführt wird, wird die Arbeit des primitiven Menschen kulturbringend, und zwar auf doppelte Weise, indirekt und direkt.

Die wirtschaftliche Arbeit trägt indirekt zur Kulturentwicklung dadurch bei, daß sie einen Überschuß über den täglichen Lebensunterhalt schafft, der es erlaubt, die Kräfte auf andere und höhere Aufgaben zu verwenden. Solange die ganze Tätigkeit des Menschen durch die Arbeit für den Lebensunterhalt Tag für Tag beansprucht ist, hat er weder Zeit noch Lust, nach anderem zu suchen. Erst wenn die einfachsten Bedürfnisse, was Nahrung, Schutz usw. betrifft, befriedigt sind, geben sich andere, auf Kenntnis, Schönheit, staatliche Ordnung usw. bezügliche, zu erkennen.

Für einen solchen Überschuß aber, der den Bedarf des morgigen Tages deckt und Zeit läßt zu anderen Beschäftigungen, will der primitive Mensch nie sich selbst bemühen. Nur wenn er andere zwingen kann, diese Arbeit auszuführen, kommt ein Überschuß zustande. Das geschieht durch die Sklaverei. Der Sklave arbeitet sowohl für sich als für seinen Herrn und bringt damit einen Überschuß — „Mehrwert“ nach moderner Terminologie — hervor, der es dem letzteren erlaubt, sich auch anderem zu widmen. Auf diese Weise haben vor allem die verschiedenen Geschäfte des Staatslebens immer besser versehen werden können. Häuptlinge und Adel haben dank der Sklaverei Zeit und Gelegenheit erhalten, die allgemeinen Angelegenheiten des Stammes zu besorgen. Auch die geistige Kultur, vertreten durch Medizinmänner und Priester, lebt von dem Überschuß der wirtschaftlichen Arbeit, in frühester Zeit in Form von Geschenken für ausgeführte

Dienste, später — wenn ein Stammeskult entstanden ist — durch die Arbeit von Sklaven. Die ganze höhere Kultur ruht schließlich so auf der von den Unfreien ausgeführten wirtschaftlichen Arbeit.

Aber nicht nur auf diesem Wege — dadurch, daß sie der übrigen Bevölkerung und besonders den beiden höheren Klassen die Sorge um das tägliche Brot mindert — ist die von Sklaven ausgeführte Arbeit kulturbringend. Sie hat auch direkt eine solche Wirkung und das auf zweifache Weise. Erst mit der Sklavenarbeit lernen die Männer die geordnete Arbeit. Zuvor kennen sie nur Anstrengungen bei der Jagd und beim Einsammeln von Nahrung usw. oder Beschäftigung bei Zeremonien und Spielen, nicht aber die planmäßige Arbeit. Es sind zwar zunächst die Sklaven, die diese lernen müssen, aber die Anordnung und Leitung ihrer Arbeit wirkt erziehend auch auf ihre Herren. Die geordnete wirtschaftliche Arbeit wird auf diese Weise eine Gewohnheit, die die Menschen zu einer höheren Kulturentwicklung geeignet macht. Vor allem jedoch wirkt die Arbeit unmittelbar kulturbringend durch ihre Früchte.

Die Kultur ist ihrem innersten Wesen nach Einsicht, gesammelte Einsicht, sagten wir oben. Die Einsicht ist indessen ein im Innern des Menschen befindlicher Schatz, der ihn nicht überlebt. Sie muß bewahrt und erneuert werden, sonst verschwindet sie. Dies geschieht durch Unterweisung der Kinder durch die Eltern. Fände sich aber Wissen und die damit verbundene Fertigkeit in keiner anderen Form, so würden sie nur allzu leicht in einer Generation abbrechen und damit verloren gehen. Sie müssen in äußeren Dingen und Einrichtungen verkörperlicht werden, um ihre zufälligen Träger überleben und zu einem wirklichen Kulturfortschritt werden zu können. Dies geschieht, was materielle Werte betrifft, mittels der Schaffung wirtschaftlicher Nützlichkeiten verschiedener Art: Waffen und Kleider, Hausgeräte und Werkzeuge, Wohnungen und Feldkulturen usw. Diese bilden den gesammelten Schatz materialisierter Einsicht, der zunächst die Kultur aufbaut. Daneben findet sich ein Schatz religiöser und anderer Vorstellungen, die gleichfalls von Generation zu Generation fortgepflanzt werden; aber sie tragen auf diesem frühen Standpunkt zur Kulturentwicklung nicht in demselben Grade bei wie die wirtschaftlichen Nützlichkeiten. Die durch Arbeit hervorgebrachten Wertgegenstände, einschließlich Haustiere und Feldkulturen, sind die ersten Erwerbungen der Kultur. Zusammen bilden diese Wertgegenstände, was wir jetzt *Kapital* nennen.

Das Kapital ist nicht die Frucht des 18. Jahrhunderts und des Industrialismus, wie mancher sich vorzustellen scheint. Es ist der Zwillingsbruder der Zivilisation selbst. Die wirtschaftliche Arbeit ist kulturbringend, vor allem weil sie kapitalschaffend ist. Dies ist ihre wichtigste Bedeutung für den menschlichen Fortschritt. Und diese Bedeutung erhält sie erst mit der Sklavenarbeit.

* * *

Die Entstehung der Unfreiheit. Die Sklaverei hat ihre Wurzel im Kriege. Der Kriegsgefangene, der am Leben gelassen wurde, wurde Sklave. In frühester Zeit dürften es Frauen gewesen sein, denen auf diese Weise das Leben geschenkt wurde. In dem Maße, wie man aus der menschlichen Arbeitskraft Nutzen zu ziehen lernte, geschah dasselbe mit Männern und Kindern. Nachdem Sklaven eine Handelsware geworden, ward Menschenjagd oft der ganze Zweck des Krieges. Nicht selten ist dies noch immer der Fall bei den Naturvölkern in Afrika und in gewissen Teilen von Asien. Hirtenvölker, bemerkt Ratzel, die keine Arbeit oder Nahrung für Sklaven haben, töten die Kriegsgefangenen, wie z. B. die Massai in Ostafrika. Ihre Nachbarn, die Wakamba, die Handel und Ackerbau treiben und aus der Sklavenarbeit Nutzen ziehen können, töten sie nicht, ebensowenig wie ein drittes Nachbarvolk, die Wanjamwesi, die sich eine Einnahmequelle dadurch verschaffen, daß sie Sklaven an die Araber verkaufen[1]). Aber nicht nur die Naturvölker haben zu allen Zeiten für eigene und anderer Rechnung Sklavenfang und Menschenhandel getrieben. Die Kulturvölker haben dasselbe getan, solange die Sklaverei eine bestehende Einrichtung war und die Unfreien einen Stand in der Gesellschaft oder vielleicht eher am Fuße derselben bildeten. Denn die Sklaven wurden in der Regel nicht als ein Teil des Volkes gerechnet, sondern standen gleichsam außerhalb desselben.

Der Sklave war in diesem Falle meistens fremden Stammes. Und je größer der Stammesunterschied war, um so natürlicher erschien das Verhältnis der Unfreiheit. Hieraus erklärt sich, wie christliche Staaten bis in die neueste Zeit hinein die Sklaverei haben dulden können. Indianer und Neger sind in Amerika bis auf unsere Tage in Sklaverei gehalten worden, weil sie farbig sind und einer anderen und niederen Rasse angehören. Das

---

[1]) Völkerkunde, 1885, I, S. 83.

fremde Blut hat in den Augen des Eigentümers die ganze Institution gerechtfertigt. Dies erklärt auch die Stellung außerhalb der Gesellschaft und des Rechts, die der Sklave von Anfang an erhielt, und die dann auf den ganzen Stand der Unfreien überging, welches auch ihr Ursprung sein mochte.

Die Sklaverei ist nämlich auch auf andere Weise als durch Krieg entstanden. In Gesellschaften auf einem höheren Standpunkte, und nachdem die Sklaverei eine feste Institution geworden und eine Teilung des Volkes in Reiche und Arme eingetreten war, ist die Verschuldung eine gewöhnliche Ursache der Sklaverei gewesen. In Griechenland und Rom in älterer Zeit, bei Galliern und Germanen und sonst so gut wie überall in nichtchristlichen Gesellschaften, pflegte der Schuldner durch Rechtsspruch dem Gläubiger als sein Sklave zuerkannt zu werden. Der Schuldner mußte mit seiner Person für seine Schuld einstehen. Ein großer Teil der frühen inneren Geschichte Athens und Roms dreht sich um diese harten Rechtsbräuche. Ähnliches findet sich heutzutage noch überall bei Natur- und bei Halbkulturvölkern. Auf diesen Stufen entsteht die Sklaverei auch aus allerhand anderen Anlässen. Allbekannt ist so Tacitus' Bericht davon, wie die Spiellust bei den alten Germanen den Spieler dahin bringen konnte, seine Freiheit als Spielgewinn einzusetzen. Ziemlich gewöhnlich war es auch, daß eine Person in jenen harten Zeiten — um ihren Unterhalt oder den nötigen Schutz zu finden — sich freiwillig einem Mächtigen als Sklave hingab. Derartige freiwillige Versklavung kam bis weit in das europäische Mittelalter hinein vor; in Schweden, bis sie von Birger Jarl (1266 †) verboten wurde.

Im letzteren und in anderen ähnlichen Fällen waren die Sklaven vom selben Stamme wie das übrige Volk. Sie gingen nur aus seinen ärmsten und niedrigsten Schichten hervor. Aber die gemeinsame Abstammung frommte wenig ihrer Stellung. Das Sklaventum hatte sein Recht nach den im Kriege erbeuteten Sklaven erhalten. Es wurde dann dasselbe für alle, gleichgültig, woher sie stammten. Und dieses Recht kann kurz und gut als volles Eigentumsrecht angegeben werden mit Macht über Leben und Tod auf Seiten des Herrn, unbedingter Rechtlosigkeit auf der des Sklaven. Dies bedeutet jedoch in einem primitiven Stadium, und solange Herr und Sklave unter gleichartigen Verhältnissen zusammenleben, keineswegs, daß dieser ständig harter und unbarmherziger Behandlung ausgesetzt ist. Das ist erst der Fall bei den Kulturvölkern.

Eine besondere Art von Unfreiheit ist die an den Boden und seine Bebauung gebundene *Leibeigenschaft.* Sie ist auf niederen Kulturstufen zu allen Zeiten und in allen Weltteilen als Folge von Eroberung vorgekommen. Die Heloten in Sparta bilden eines der bekanntesten Beispiele hierfür. In Europa erhielt die Leibeigenschaft allgemeinere Ausbreitung erst während des späteren römischen Kaiserreichs, als die Bevölkerung abnahm und man nicht auf andere Weise den Bedarf an Arbeitskraft für die Bewirtschaftung des Bodens decken konnte. Die kriegsgefangenen Barbaren, meistens Germanen, wurden als Leibeigene den Landwirten zugewiesen. Später, als alle Arbeit unter und nach Diocletian sowohl in den Städten wie auf dem Lande geregelt und gebunden wurde, wurden die kleinen Ackerbauer selbst, die Coloni, an die Scholle gefesselt. Als dann die Germanen als Eroberer kamen, wurde dieses Verhältnis befestigt und ging direkt in die Leibeigenschaft des Mittelalters über. Dabei wurden nach und nach die Abkömmlinge der Eroberer von demselben Schicksal betroffen, wie die römischen Coloni. Überall, wo das Feudalwesen Eingang fand, und weit darüber hinaus, wurden die Bauern leibeigen. Und so wuchsen die bestehenden Klassenunterschiede während des Mittelalters zu ihrem Höhepunkt heran.

Denn dies ist die erste und augenfälligste Wirkung aller Unfreiheit. Sie hat die sozialen Unterschiede erweitert und befestigt. Bevor die Unfreiheit aufkam, gab es wohl Höherstehende in den Priestern und dem Adel der primitiven Völker, aber diese Unterschiede waren wenig entwickelt. Auch die Grenzen zwischen den wenigen Inhabern dieser höheren Stellungen und der Masse des Volks waren fließend, solange keine rechtlichen Scheidemauern vorhanden waren. Erst die Unfreiheit ist es, die diese geschaffen und es dahin gebracht hat, daß das Klassenwesen sich zu einer festen, die ganze Gesellschaft durchdringenden Einrichtung kristallisiert hat. In demselben Augenblick, wo das Volk in Bürger und Rechtlose, Freie und Unfreie, Herren und Diener geteilt wird, werden im privaten und öffentlichen Recht erst diese Unterschiede und dann alle anderen festgelegt. Und so wächst das Kasten- und Standeswesen empor zu dem festen Gebäude, das wir von allen älteren und vielen modernen Gesellschaften her kennen.

* * *

IV.

Das gemeine Volk, Bauern und Bürger, und die wirtschaftlichen Gewerbe. Am spätesten tritt in der Reihe von Ständen und Klassen die große Masse des freien Volkes hervor. Seiner Stellung in der Gesellschaft und seiner Würde nach bildet es das sogenannte „gemeine Volk". Und als solches ist dieser Stand bekannt und benannt, seitdem die Stände beschrieben worden sind. Der Zeit nach aber ist er der letzte. Denn er war nicht da, bevor Priester und Adel sich abgesondert hatten, und vor allem nicht, bevor die Sklaverei aufgekommen und den zuvor vorhandenen unbestimmten und unbedeutenden sozialen Unterschieden Relief und Festigkeit verliehen hatte. Das gemeine Volk tritt als besondere Klasse erst in Gegensatz zu den genannten höheren einerseits, den Sklaven andererseits hervor. Daher ist es das letzte Glied in der Organisation der Gesellschaft in Klassen und Stände.

Aber da diese letzte Klasse die Masse des Volks umfaßt, so ist sie auch die unvergleichlich größte. Insbesondere ist sie es unter den primitiven Verhältnissen, wo die sozialen Unterschiede sich erst herausbilden. Das gemeine Volk bildet den großen Stamm, aus welchem Priester und Adel als kleine Schößlinge hervorsprießen. Und auch nachdem Sklaven hinzugekommen, bildet es die Hauptmasse des Volks, die Sklaven darin eingerechnet. Diese Zahlenverhältnisse ändern sich, je mehr das Klassenwesen an Festigkeit gewinnt und die Kultur sich entwickelt. Aber stets bleiben die Gemeinenfreien die große Masse des Volks, bis die Leibeigenschaft kommt und die Bauern an den Platz der früheren Unfreien stellt. Nun wird „der dritte Stand", wie er jetzt benannt wird, auf die Bürger der Städte beschränkt und eine Minderheit im Volke.

Auch sonst kommen abnorme Verhältnisse in der eben erwähnten Hinsicht vor. So wuchs die Sklavenbevölkerung in den griechischen Staaten während ihrer Blütezeit zu unverhältnismäßiger Stärke an. Bisweilen geschieht es auch, daß der Adel übermäßig zahlreich wird, wie in dem alten Gallien, oder auch die Priesterschaft, wie im heutigen Tibet. Aber alles dies ist abnorm und bezeichnet gewöhnlich den Verfall der Völker. Das Normale ist, daß die höheren Stände eine geringe Minderheit bilden, und daß auch die Unfreien den freien Bürgern an Zahl bedeutend nachstehen — außer, wie gesagt, wenn die Leibeigenschaft eingetreten ist.

Das gemeine Volk in der eben angedeuteten ursprünglichen Form war zu Anfang sehr homogen. Früher oder später tritt jedoch bei allen den Völkern, die sich zu höherer Kultur weiterentwickeln, eine Differenzierung innerhalb dieser gleichförmigen Masse ein. Das geschieht, wenn die Gewerbe sich herauszubilden und mit ihnen besondere Gewerbetreibende neben der großen ackerbauenden oder viehzüchtenden Bevölkerung aufzutreten beginnen. Dieser Vorgang ist an Inhalt und Folgen kaum weniger bedeutungsvoll als die erste Herausbildung eines Priester- und Adelsstandes. Er ist nämlich gleichzeitig eine Wirkung und eine Voraussetzung steigender Kulturentwicklung. Die Entstehung besonderer wirtschaftlicher Gewerbe bildet so eine Fortsetzung jener Arbeitsteilung, die durch die Sklaverei begründet wurde. Sie bedeutet die Spezialisierung der materiellen Kultur und dadurch ihr Wachstum und ihre Vervollkommnung. Es ist indessen nicht die Bedeutung der Gewerbe für die allgemeine Kulturentwicklung, die hier interessiert, sondern ihre Einwirkung auf das Klassenwesen, die, wie angedeutet, sehr groß gewesen ist. Denn jetzt sondern sich Bürger und Bauern in verschiedene Stände.

Wir wollen mit einigen Worten zu erklären versuchen, wie es hierbei zugegangen ist. Es dürfte das dazu beitragen, Licht über mehrere der dunklen Punkte zu verbreiten, die die Geschichte des Klassenwesens aufweist.

In der primitiven Gesellschaft führt jede Familie mit eigenen Händen alle Arbeiten aus, die zu ihrem Unterhalt erforderlich sind. Dies bleibt so, auch nachdem man begonnen hat, Sklaven für die gröbsten und einfachsten Arbeiten anzuwenden. Nach und nach aber erfährt diese Selbstversorgung eine Einschränkung, indem es üblich wird, durch andere gegen Entschädigung gewisse Bedarfsgegenstände herstellen oder Dienste ausführen zu lassen, sei es, weil diese es besser tun als die meisten anderen, oder weil sie Arbeiten übernehmen, die andere nicht ausführen wollen. Welches auch die Ursachen dieser primitiven Arbeitsteilung sein mögen — und deren sind viele gewesen — so führt sie jedenfalls zur Entstehung der wirtschaftlichen Gewerbe. Daß diese wiederum, einmal entwickelt und anerkannt, eine Verschiedenheit von Gewerbetreibenden hervorrufen, ist ganz natürlich. Schwieriger ist es zu erklären, wie die Gewerbetreibenden zu *höheren* und *niederen* Klassen konsolidiert worden sind, mit anderen Worten, wie sich bei diesen Gewerben feste soziale Unterschiede herausgebildet haben.

Allerdings ist diese Klassenbildung der Regel nach nicht so streng durchgeführt, wie die betreffs des Priesterstandes und Adels auf der einen, der Unfreien auf der anderen Seite. Nur wo das

Kastenwesen sich eines Volkes bemächtigt, wie in Indien, werden auch die wirtschaftlichen Gewerbe ebenso abgegrenzt und scharf voneinander geschieden wie die erstgenannten Stände. Sonst kommt es nur zu einem mehr oder weniger entwickelten „Zunftwesen" bei den neuen Gewerbetreibenden, während die Hauptmasse der Bevölkerung wie früher bei ihrem Ackerbau oder ihren Herden bleibt, ohne weiteren Zusammenhalt und ohne besondere soziale Auszeichnung, weder zum Besseren noch zum Schlechteren hin. Es kann dies bei vielen jetzt lebenden Völkern auf der Stufe der Barbarei oder der Halbkultur beobachtet werden, so bei den meisten Negervölkern und bei den Mongolen. Dasselbe war der Fall bei den Kulturvölkern in früheren Stadien. Später, während ihres Mittelalters, verändert sich die Lage der Masse zum Schlechteren hin. Ebenso im römischen Kaiserreich, wo es zu einer eigentümlichen wirtschaftlichen Ständebildung kam als einer Folge des Verfalls und aus anderen Ursachen als denen, die unter normalen Verhältnissen eine solche veranlassen. Doch mehr darüber weiter unten.

Welches die Gründe sind, die diese Klassenbildung innerhalb der Masse der Freien verursachen, dürfte oft schwer sein, im einzelnen zu entscheiden. Im großen und ganzen aber kann wohl keine Ungewißheit hierüber herrschen. Diese Ursachen sind in einigen Fällen die Vorteile in Form von Einkünften und Eigentum, die ein Gewerbe, z. B. der Handel, mit sich bringt; in anderen die größere Kunstfertigkeit und Geschicklichkeit, welche die Herstellung eines allgemein hochgeschätzten Wertgegenstandes, wie Waffen oder Schmucksachen, erfordert. Schließlich wirkt der Abscheu vor gewissen Arten von Arbeit klassenbildend für alle die, die aus einem oder dem anderen Anlaß sie ausführen müssen.

Die beiden erstgenannten Ursachen sind von verhältnismäßig geringerer Wirkung, besonders zu Beginn der Klassenbildung. Nur einige wenige Gewerbe, wie eben das des Händlers — nicht selten dem Häuptling vorbehalten — des Goldschmieds und bei den alten Skandinaviern des Waffenschmiedes, in Polynesien des Bootbauers usw., sind aus angedeuteten Gründen hochgeschätzt und verleihen ihren Ausübern ein höheres Ansehen. Aber diese Gewerbetreibenden sind gering an Zahl und können daher nicht soziale Klassen bilden, auch wenn das Gewerbe vom Vater auf den Sohn übergeht, wie es gebräuchlich ist, außer wo das Kastenwesen alles und alle in seinen ehernen Rahmen zwingt. Der letzterwähnte Anlaß dagegen, die Ausführung minderwertiger Arbeit, ist um so gewöhnlicher und bildet den eigentlichen Grund der großen sozialen Unterschiede, die sich innerhalb des freien Volkes finden. Bei allen primitiven Völkern, noch mehr aber in den früheren Stadien der Kultur, sind gewisse Arten von Arbeit minderwertig, weil sie *unrein* sind. Es sind die überall wiederkehrenden Vorstellungen von „rein" und „unrein", die dieser Klassenbildung zugrunde liegen.

Wie diese Vorstellungen aufgekommen sind, läßt sich wohl nicht leicht sagen, denn die natürliche Erklärung, die im Ev. Matth. 15, 11 gegeben wird, ist keinesfalls ausreichend. Die Begriffe von „rein" und „unrein" wechseln bei verschiedenen Völkern und in verschiedenen Zeiten, ohne daß man den Grund dafür erkennen kann. Beruht Unreinheit bei den Menschen auf Berührung mit unreinen Tieren, so ist der äußere Anlaß gegeben. Weshalb aber gewisse Tiere als rein, andere als unrein angesehen werden, wissen wir in der Regel nicht. In anderen Fällen dagegen, wo nicht das Hantieren mit unreinen Tieren oder eine von allen gefürchtete Tätigkeit, wie die des Henkers, die Ursache ist, steht man ohne Anhalt für das Urteil. So z. B. ist es ziemlich unerklärlich, weshalb das Schmiedehandwerk im größeren Teile von Afrika ein gering geachtetes Gewerbe ist, während es bei Griechen und Germanen in hohem Ansehen stand; ebenso die Verachtung, die gewisse Völker dem Handwerk des Webers, Töpfers, Barbiers usw. entgegenbringen. Nur das finden wir überall, wo Reinheit und Unreinheit bei den Menschen auf Reinheit und Unreinheit bei Tieren oder äußeren Dingen zurückgehen, daß diese Vorstellungen auf *religiösem* Grunde ruhen. Sie sind ein Ausfluß der Religion, denn diese ist es, die, wenn sie auch nicht primär bestimmt, was als rein oder unrein anzusehen ist, doch es sanktioniert. Sie ist es, die das eine oder das andere „tabu" macht und so die Wertschätzung schafft, die dieser ganzen sozialen Bildung zugrunde liegt. Die Religion hat mithin nicht nur betreffs des Priesterstandes klassenbildend gewirkt, sondern auch auf diese indirekte Weise, durch die Reinheits- und Unreinheitsvorstellungen, bezüglich der freien Gewerbetreibenden. Die vielen hundert niederen Kasten Indiens ruhen ganz und gar auf solchem Grunde.

Es erübrigt sich die Frage, wie diese minderwertigen freien Gewerbe Ausüber erhalten haben. Gutwillig hätte wohl niemand, möchte man meinen, die verachteten Arbeiten übernommen. In Wirklichkeit dürfte auch stets eine Notlage bei denen vorgelegen haben, die sich denselben widmeten. Nicht selten ist es ein fremder Stamm gewesen, dem gewisse niedere und unreine Arbeiten auferlegt wurden, oder der sie freiwillig übernahm, um so sein Leben zu fristen. Dies gilt für viele der niederen Kasten in Indien. Vielleicht auch, daß diese Fremdlinge nichts Unreines in dem sahen, was ihre Wirte so beurteilten, und sich daher ihm widmeten. Man denkt hierbei unwillkürlich an die Zigeuner in Europa, die noch vor nicht langer Zeit vielfach als Abdecker von gefallenen Pferden und toten Hunden fungierten, eine Arbeit, mit der die übrige Bevölkerung sich ungern befaßte. Oft und vielleicht meistens sind es jedoch *Minderwertige* der einen oder anderen Art innerhalb des eigenen Volkes gewesen, die zu den verabscheuten Gewerben haben greifen müssen, um ihr Auskommen zu finden. Individuen, die infolge schlechten Lebenswandels aus der Familie ausgestoßen wurden oder wegen Faulheit und Unvermögen nicht vorwärts kommen konnten, sahen sich aus Not darauf angewiesen. Diese und ihre Nachkommen, auch wenn die letzteren dem übrigen Volke völlig gleichwertig sind, haben das nötige Volksmaterial zu der Menge minderwertiger Individuen geliefert, die überall unter den Freien vorhanden sind, falls sie, wie erwähnt, nicht fremden Stammes waren. Hier hat also, was sonst nicht gut vorkommt, die verschiedene Begabung klassenbildend gewirkt[1]).

Die eben angedeutete Herausbildung von Gewerben und die damit verbundene soziale Differenzierung wird schon in der primitiven Gesellschaft angetroffen, also bei allen Stämmen und Völkern, die sich etwas über das niedrigste Stadium erhoben haben. Bei den Völkern, die sich weiter aufwärts entwickeln, geht auch die auf den Gewerben beruhende Klassenbildung weiter. Galt sie anfangs nur Sonderfällen, wie den genannten ohne größere Bedeutung, so umfaßt sie nun schließlich das ganze Volk, so daß dieses im großen und ganzen sich *nach Gewerbe und Wohnsitz teilt.* Hand in Hand mit dieser Trennung der Gewerbe geht nämlich eine Trennung der Wohnsitze auf dem Lande und in Städten, was wiederum mit der Entstehung von Städten zusammenhängt.

Die Städte sind, sagt Aristoteles, aus den Dörfern erwachsen. Dies dürfte richtig sein, wenigstens was ihre erste Entstehung betrifft. Zusammenwohnen in Dörfern ist zweifellos die erste Form der festen Niederlassung überall gewesen, wo die äußeren Verhältnisse dem keine Hindernisse in den Weg legten. Die gemein-

---

[1]) Siehe oben S. 9 und 22

same Verteidigung erforderte es. Der Stamm wohnte in einem oder mehreren Dörfern, wie dies noch heute bei Negern, Malaien u. a. der Fall ist, wobei alle oder die meisten dieselbe Arbeit taten und dieselbe Lebensweise führten. Wie dann eine Aufteilung der ganzen Bevölkerung nach der Beschäftigung unter gleichzeitiger Konzentration von Handwerkern und Kaufleuten in das Dorf stattgefunden hat, wodurch das Dorf zur Stadt wurde, wissen wir nicht. Sicherlich haben dabei viele Kräfte mitgewirkt, auch politische und religiöse neben den wirtschaftlichen.

Hiermit ist die Klassenbildung der Hauptsache nach vollendet. Das ganze Volk ist nun in Klassen und Stände geteilt. Die frühere Einheitlichkeit ist verschwunden. Arbeitsteilung und Trennung der Wohnsitze haben sie aufgelöst und aus der Masse des Volkes die letzten zwei großen Klassen und bald Stände — *Bauern und Bürger* — herausgebildet.

* * *

Eigentumslosigkeit als Grund des Klassenunterschiedes. Arme. Die soziale Differenzierung, die die Entstehung gewisser Gewerbe bei der Masse des Volkes mit sich brachte, bestand, wie aus dem Obigen hervorgeht, zu größerem oder geringerem Teile in einer Deklassierung, sei es, daß die Deklassierten ein fremdes Volk waren oder, wie das wohl meistens der Fall war, schlechtere Elemente des eigenen Volkes ausmachten. Der tiefere Grund dieser Klassenbildung war demnach in dem einen Falle fremdes Blut, in dem anderen natürliche Minderwertigkeit der einen oder anderen Art. Aber die nächste Wirkung dieser Momente war stets — *Armut.* Eben weil diese Niedrigerstehenden keinen Anteil am Grund und Boden oder an den Herden hatten oder nicht brauchbare Geräte und ähnliches besaßen, mußten sie zu den verachteten und unreinen Gewerben greifen. Sie hatten keinen anderen Ausweg, ihr Leben zu fristen, falls sie sich nicht auf das Räuberhandwerk verlegen konnten. Aber dieses gefährliche Handwerk war natürlich nur ein gelegentlicher Ausweg für diesen und jenen Verwegenen. Die anderen fügten sich ohne weiteres in das Schicksal, das der Mangel der im Stamme sonst üblichen Lebensversorgung ihnen zuwies.

Reichtum und Armut und das ihnen zugrunde liegende Eigentum sind bisher in unserer Darstellung der Entstehung des Klassenwesens nicht berührt worden. Das Eigentum ist auch nicht dabei bestimmend gewesen. Ganz andere Faktoren sind, wie wir gesehen haben, bei dieser bemerkenswerten Erscheinung ausschlaggebend gewesen. Aber das Eigentum ist doch nicht ohne Anteil daran. Der Adel und gewöhnlich auch die Priester erhalten mehr davon, als wie der gemeine Mann besitzt. Eine gewisse Anhäufung des Eigentums bei den höheren Klassen kommt auf diese Weise früh zustande und trägt dann dazu bei, sie zu befestigen und zu erhöhen. Dies ist jedoch lediglich eine Folgeerscheinung. Bei der sozialen Differenzierung der Masse des Volkes dagegen, um die es sich hier handelt, bildet die Eigentumslosigkeit, im Verein allerdings mit dem unreinen Gewerbe, eine unmittelbar wirkende Ursache. Auch die Unfreien sind eigentumslos, aber an sie dürfen wir hier nicht denken. Es sind andere Verhältnisse, die ihre Stellung bestimmt haben. Die freien Ausüber der geringgeachteten Gewerbe sind, sozial gesehen, die ersten „Armen". Die Bevölkerungszunahme sorgt dann dafür, daß Arme nie fehlen, besonders nachdem der Boden angebaut worden und kein Vorrat von unangebautem mehr vorhanden ist.

In der weiteren Entwicklung des Klassenwesens tritt mit wachsender Stärke die Bedeutung des Eigentums hervor. Die sozialen Unterschiede fallen so mehr und mehr mit dem Unterschied zwischen Armen und Reichen zusammen. Aber im Beginn der Klassenbildung ist es nur an dem eben angedeuteten Punkte, wo der Gegensatz sich mit Kraft zu erkennen gibt, und zwar auch hier nicht als primäre Ursache der genannten Unterschiede, sondern als sekundäre. Und dasselbe ist im Grunde auch später der Fall, als die Bedeutung des Eigentums in der hier fraglichen Hinsicht ungeheuer viel größer wird. Alle Klassen- und Ständebildung hat ihre Wurzel in gewissen sozialen Bedürfnissen, nur in zweiter Linie wirkt das Eigentum klassenbildend und hauptsächlich bei der Rekrutierung der verschiedenen Gewerbe und Klassen, wie wir unten weiter sehen werden.

Kapitel III.

Die primitive Gesellschaft und ihre Organisationsformen.

Gesellschaft und Staat. Die Gesellschaft ist nächst der Familie die älteste aller menschlichen Gemeinschaften, für die Wissenschaft ist sie aber eine der zuletzt entdeckten. Rousseau dürfte zu denen zu rechnen sein, die am frühesten den Gegensatz zwischen Gesellschaft und Staat erfaßt haben, wenn er im Contrat social »la volonté de tous«, genauer les volontés de tous, der »volonté générale« gegenüberstellt. Seine Zeitgenossen, die Physiokraten, sprachen dasselbe noch deutlicher aus, wenn sie den Staat für eine spätere bewußte Schöpfung im Gegensatz zu der von selbst erwachsenen Gesellschaft erklärten. Seitdem sind auch alle darüber einig, daß etwas Derartiges wie Gesellschaft außerhalb und neben dem Staate besteht. Nicht aber herrscht Einigkeit darüber, wie dieser Begriff näher bestimmt oder genauer abgegrenzt werden soll. Verursacht ist diese Unklarheit in erster Linie durch die ungeheure Menge verschiedenartiger Erscheinungen, welche die moderne Gesellschaft in sich beschließt, daneben aber durch die Unvollkommenheit der Sprache, indem ein und dasselbe Wort (Gesellschaft, société, society) von den verschiedensten Dingen gebraucht wird. Daher die vielen Definitionen und verschiedenen Ansichten[1]).

Auf den primitiven Kulturstufen, wo die Menschen in Horden lebten, hatte die Gesellschaft einen sehr beschränkten Inhalt. Geschlechtstrieb und Fortpflanzung, das Suchen nach Nahrung und

[1]) Es ist hier unnötig, über den Begriff der Gesellschaft zu streiten. Nicht selten wird demselben eine ganz ungeheure Weite gegeben, so daß alle denkbaren Verbindungen und Gruppen, einschließlich des Staates und der ganzen Menschheit, darin Platz finden. Ein Forscher (Steffen) versteht darunter jede bewußte Beziehung zwischen Menschen, so daß „für das Vorhandensein einer Gesellschaft nicht mehr als zwei Individuen und keine längere Zeit als einige Sekunden" nötig sind (Sociologi IV, S. 553). Wer so will, kann derartiges als Gesellschaft bezeichnen, aber es ist nicht das konkrete und dauernde Gemeinschaftsleben, das wir hier im Auge haben.

der Kampf gegen Feinde brachten die ersten Interessengemeinschaften hervor. Religiöse Vorstellungen und Geselligkeit führten gleichfalls zur Entstehung solcher. Unter der Wirkung dieser gemeinsamen Interessen wird die Menschenhorde sich ihrer selbst bewußt und erhält ein inneres Gefühl von Zusammengehörigkeit. Dies ist die Gesellschaft — die durch gemeinsame Interessen und das Bewußtsein derselben zusammengehaltene Menschenhorde mit all ihrem geistigen und materiellen Erwerb. Aus ihr wächst dann der Staat von selbst hervor, mit seinem Merkmal der auf Gehorsamspflicht gegründeten Autorität.

Wir haben im Vorhergehenden angedeutet, wie der Staat durch die Vereinigung der Horde zu gemeinsamem Willen und gemeinsamer Handlung und dadurch, daß beides unter den Schutz der Götter gestellt wird, entstanden ist. Diese Beschreibung ist natürlich eine freie Konstruktion, denn niemand ist mit eigenen Augen Zeuge der wirklichen Geburt des Staates gewesen. Die Neubildung von Gesellschaften und Staaten unter den Naturvölkern, wie sie Reisende oft erwähnen, sind Absonderungen aus schon vorher bestehenden oder Trümmer solcher. Aber die angeführte Konstruktion geht von bekannten Voraussetzungen aus und endet in bekannten Resultaten. Der Staat geht aus dem Einheitsbewußtsein der Horde hervor — dem Einheitsbewußtsein nach außen hin gegen andere Horden, nach innen hin gegen die einzelnen Mitglieder. Dieses Einheitsbewußtsein oder, was dasselbe ist, Gefühl des Gegensatzes nach außen und nach innen ist die conditio sine qua non des Staates. Ohne ein solches Bewußtsein und einen solchen Gegensatz gibt es keinen Staat. Dies dürfte von allen zugegeben werden betreffs der nach außen gewandten Seite, des Gegensatzes zu anderen Horden und Völkern. Betreffs der anderen, nach innen gewandten, scheinen die Ansichten nicht ebenso einig zu sein. Wenigstens bestreiten mehrere Forscher[1]), daß ein Gegensatzverhältnis zwischen Staat und Gesellschaft überhaupt besteht. Aber der Anlaß zu dieser abweichenden Meinung dürfte kein anderer sein als der unmögliche Begriff, den man sich von der Gesellschaft macht. Wird die Gesellschaft so, wie es hier geschieht, aufgefaßt, so muß ein Gegensatzverhältnis zwischen ihr und dem Staate bestehen. Die Geschichte bezeugt es übrigens auf Schritt und Tritt. Denn es ist unzweifelhaft, daß

---

[1]) So z. B. Jellinek, Allgem. Staatslehre, S. 96.

dieses Gegensatzverhältnis zwischen Gesellschaft und Staat zu allen Zeiten eine treibende Kraft in dem inneren Leben der Völker gebildet hat, ebensowohl wie die Klassengegensätze.

Zwischen Staat und Gesellschaft hat nicht nur eine ständige Wechselwirkung geherrscht, sondern auch eine Spannung, die nicht selten die Form eines Zweikampfes angenommen hat. Oft bildet dieser Kampf ein wichtiges Moment des Klassenkampfes. Es ist hauptsächlich diese Seite, von der aus v. Stein den Gegensatz zwischen Gesellschaft und Staat betrachtet. Er übertreibt vielleicht denselben, besonders weil er die Gesellschaft mit den Klassen zu identifizieren scheint[1]). Jedenfalls liefert die Geschichte Stützen genug für diese Auffassung. Unzählig sind die Konflikte dieser Art, wie alle Zeiten bezeugen, und nicht zum mindesten unsere eigene.

Aber außer und neben diesen Konflikten, in welchen die Klassen die eigentlichen Kämpfer sind, kommen andere vor, wo Gesellschaft und Staat mehr direkt als Gegner einander gegenüber stehen. Die extremsten Fälle sind gewisse Revolutionen, sowie viele Verfassungskämpfe in älterer und neuerer Zeit. Hierbei erhebt sich das Volk, wie es heißt, gegen den Monarchen (Tyrannen); sieht man aber von dem persönlichen Moment ab, so ist es die Gesellschaft, die gegen den Staat auftritt. Andere Beispiele mehr dauernder Natur von solchen Konflikten bieten gewisse Staatsformen. So die Despotie auf der einen Seite, die weitgetriebene Demokratie auf der anderen. In der ersteren sucht der Fürst, bestenfalls als Vertreter des Staats, sonst aber aus persönlicher Herrschsucht, sich die Gesellschaft untertan zu machen. In der extremen Demokratie strebt wiederum die Masse danach, den Staat zu beherrschen, um durch die Verfassung und die Verwaltung (die Ämter) gewisse Vorteile zu erlangen.

All dies gehört aber weit vorgeschrittenen Stufen an. In der primitiven Gesellschaft ist noch wenig von dem genannten Gegensatzverhältnis zu bemerken. Vorhanden ist es dort jedoch, bereit, sich zu erkennen zu geben, in dem Maße, wie die Menschenhorde sich ihrer selbst und ihres Unterschiedes von anderen Horden bewußt wird. Dann treten *Gesellschaft* und *Staat* als die beiden wichtigsten Grundlagen alles menschlichen Zusammenlebens hervor. Die Gesellschaft ist das Ältere, woraus der Staat unter dem Zusammenwirken der Horde bei Verteidigung und Angriff

---

[1]) v. Stein, Gesch. d. sozial. Bewegung, Einleitung.

als die erste Form von Organisation erwächst. Wir haben im vorhergehenden versucht, das Wesen des Staates anzugeben und zugleich seine Genesis zu konstruieren, und werden unten des weiteren über die verschiedenen Fälle der staatlichen Organisation oder die verschiedenen Regierungsformen berichten. Hier haben wir schließlich den inneren Gegensatz zwischen Gesellschaft und Staat konstatiert. Es dürfte überflüssig sein, uns weiter hierbei aufzuhalten. Es gibt außer den eben erwähnten Grundlagen menschlichen Zusammenlebens, Gesellschaft und Staat, andere, nicht minder bedeutungsvolle, aufbauende Mächte, die unsere Aufmerksamkeit erheischen.

Eine solche Macht sind *die religiösen Vorstellungen,* die fast ebenso alt wie die Menschen selbst zu sein scheinen. Auch sie wirken organisierend, nicht nur direkt mittelst eines gemeinsamen Schutzgottes, am frühesten wohl einer Tierart (Totem), sondern auch auf Umwegen durch die Sitten und Gebräuche, die unter diesen Einflüssen entstehen und einen mächtigen Gesellschaftskitt bilden. Wir haben bereits oben versucht, Entstehung und Formen der Religion zu beschreiben, und brauchen uns nun nicht weiter damit zu beschäftigen.

Die primitive Gesellschaft hat verschiedene andere Organisationsformen von kaum geringerer Bedeutung als die zuvor erwähnten. Einige derselben sind universell wie diese, so die mit dem *Geschlechtsleben* verknüpften Erscheinungen. Andere treten erst im Beginn höherer Stadien hervor, wie die *feste Niederlassung* und die *soziale Differenzierung.* Alle aber sind sie Ecksteine der menschlichen Gesellschaft, die wir nun näher betrachten müssen.

* * *

Das Geschlechtsleben, Ehe und Blutsbande. Die älteste Verbindung zwischen Menschen ist die, welche das Geschlechtsleben schafft. Sie stammt bereits aus niederen Daseinsformen und wird nie aufgegeben. Die Verbindungen zwischen Mann und Frau, zwischen Eltern und Kindern bilden daher die Grundlage alles Gemeinschaftslebens. Die Familie ist der Ursprung und das Fundament der menschlichen Gesellschaft, sagten bereits die Alten. Wir müssen den Satz als zutreffend anerkennen, wenn auch mit dem Zusatz, daß vielleicht nicht immer Ehe und Familie die erste Form des Geschlechtslebens gewesen sind. Die Kenntnis der Verwandtschaftsverbindungen bei gewissen niedriger stehenden Völkern und Kulturen hat in letzter Zeit zu der Auffassung geführt, daß nicht die Familie, sondern die „Horde“ der erste Zusammenschluß der Menschen sei. Alles hängt nämlich hierbei von der Art der geschlechtlichen Verbindung ab — ob diese, wie gewöhnlich gemeint worden ist, Einehe oder, wie nun oft behauptet wird, Promiskuität gewesen ist.

Es war Bachofens und Mc Lennans Entdeckung des oft vorkommenden sogenannten „Mutterrechts“, nach welchem Verwandtschaft und Erbe nur auf Seiten der Mutter gerechnet werden, sowie Morgans und anderer Nachweis der Gruppenehe sowohl in älterer Zeit bei den alten Gaelen als in der Gegenwart bei gewissen australischen und anderen Stämmen, was Zweifel an der alten Vorstellung erweckte. Und wie stets, wenn etwas Neues gebracht wird, ist man bereit, es zu verallgemeinern. Promiskuität in der Horde war der Anfang, Ein- oder Vielehe in der Familie eine spätere Entwicklungsform — so lautet nun bei vielen, wenn nicht den meisten Forschern die wissenchaftliche Doktrin. Für meinen Teil kann ich keine bestimme Meinung in dieser Streitfrage aussprechen, obwohl Westermarks gründliche Untersuchungen mir die alte Auffassung als die immer noch wahrscheinlichste zu erweisen scheinen [1]).

Am wenigsten plausibel erscheint die Ansicht, die die Promiskuität als die einzige ursprüngliche Form der Ehe betrachtet. Man versteht nicht, weshalb die Menschen, die andauernd in Horden leben, wie Australneger und Indianer, in diesem Falle zur Einehe übergegangen sind. Möglicherweise ist bei gewissen Menschenhorden diese Form der geschlechtlichen Verbindung die ursprüngliche gewesen. Aber ebenso wahrscheinlich dürfte es sein, daß sie nur einen Verfall bezeichnet — so besonders in der polynesischen Inselwelt. Es ist nämlich leicht ersichtlich, welche Kräfte von Einehe zu Promiskuität führen. Was aber hat die entgegengesetzte Entwicklung veranlaßt? Unvollständig wie unsere Kenntnis von dem Kindheitsstadium der Menschheit ist und notwendigerweise sein muß, ist es ebenso gewagt, in diesen Dingen

---

[1]) Westermark, Det mänskliga äktenskapets historia, 1893. Auch der zuverlässige Kr. Bahnson, Etnografien, 1894, stellt sich abweisend gegen die Promiskuitätstheorie und ebenso nun zuletzt, wie es scheint, W. Wundt, Die Gesellschaft, I, S. 101 ff. — Es scheint auch, als wenn einer und der andere von denen, die zuerst mit solcher Sicherheit diese Theorie verfochten, später vorsichtiger geworden ist. Siehe z. B. den Artikel „Familie“ in der 1. und 3. Auflage des Handwörterbuchs der Staatswissenschaften.

blind zu glauben, wie blind zu zweifeln. Denn alles scheint möglich und scheint auch vorgekommen zu sein. Aber noch mehr muß man sich davor hüten, die spärlichen Fälle von Gruppenehe und Polyandrie als Überbleibsel eines früher allgemeinen Zustandes zu deuten.

Von der Beschaffenheit des regelmäßigen Geschlechtslebens hängt, wie erwähnt, die erste menschliche Gemeinschaft und ihre Art ab. War ersteres Einehe, wie es wohl am wahrscheinlichsten ist, so ist letztere die Familie; war ersteres Promiskuität, so ist letztere die Horde. Die Horde entsteht indessen auch mit der Einehe als Grundlage durch den freien Zusammenschluß der Familien zu gegenseitiger Hülfe und Verteidigung. Die Horde ist demnach stets der erste größere Zusammenschluß oder der Anfang der eigentlichen Gesellschaft. Aber in dem einen Falle besteht sie aus einigen in Einehe lebenden Familien, in dem anderen entbehrt sie dieser inneren Gruppierung und weist nur Geschlechts- und Altersunterschiede auf. Auch im letztgenannten Falle läßt es sich denken, daß die Horde eine gewisse Organisation erhält, indem die Älteren gegenüber den Jüngeren oder das eine Geschlecht gegenüber dem anderen sich enger zusammenschließen, wie das oft in den bekannten Männer- nnd Frauenverbänden geschieht. Nie aber ist wohl die Entwicklung in dieser Linie weiter gegangen. Die in Promiskuität lebende Horde ist wie eine Sackgasse ohne Möglichkeit zu weiterem Fortschritt. Nur die aus Familien zusammengesetzte Horde hat Zukunftsaussichten gehabt. Denn nur die Einehe oder die spätere Vielehe und das Zusammenleben in der Familie hat die Gefühle von liebender Fürsorge und von Verpflichtung zu erwecken vermocht, die dem Zusammenhalt innerhalb der Horde die nötige Stärke verliehen. Unter dem ständigen Kampfe mit anderen Horden und wilden Tieren haben diejenigen den Sieg davongetragen, die am besten zusammenhielten. Und das waren diejenigen, die in Einehe und Familien lebten und die instinktiven Verpflichtungen der Blutsbande am stärksten fühlten. Wenn dies auch nicht die einzigen Formen des ersten Verwandtschaftslebens gewesen sind, so waren sie es doch, die allein weiter lebten und die eine höhere Enwicklung ermöglichten.

Wie diese Entwicklung vor sich gegangen ist, oder wie aus der Horde als der primären Gesellschaft die höheren Formen vom Gemeinschaftsleben, die wir kennen, entstanden sind, entzieht sich, gleichwie die Entstehung der Horde selbst, zumeist direkter Beobachtung. Man muß sich mit allgemeinen Schlußfolgerungen aus den Prämissen begnügen, welche die physische und psychische Natur des Menschen sowie die umgebende Außenwelt unmittelbar darbieten. Ethnographen und Ethnologen suchen zwar durch das Studium und die Analyse von Sitten und Einrichtungen bei den niedriger und niedrigst stehenden Völkern die Antwort auf diese Fragen zu finden. Aber zumeist müssen auch sie in letzter Linie auf die genannten allgemeinen Prämissen zur Erklärung dessen, was sie beobachtet haben, verweisen. Es dürfte daher entschuldbar sein, wenn wir bei dieser kurzen Übersicht über die Anfänge von Gesellschaft und Staat uns mit einer schematischen Konstruktion begnügen. Die Konstruktion beschränkt sich jedoch auf eine Charakteristik der bekannten gesellschaftsaufbauenden Kräfte, wobei wir an vereinzelten Punkten Erfahrungen zur Stütze und Bestätigung heranziehen können. Man begibt sich dann wenigstens nicht außerhalb der Grenzen dessen, was die Erfahrung im großen und ganzen lehrt.

Als wichtigste unter diesen gesellschaftsaufbauenden Mächten sind die drei das Geschlechtsleben begleitenden Folgeerscheinungen zu nennen; *Bevölkerungszunahme*, *Heirat* (Ehe), *Verwandtschaft*. Eine jede von diesen Erscheinungen hat auf ihre Weise und der Reihe nach zur Entwicklung und Organisation der Horde beigetragen und diesen ihr charakteristisches Gepräge verliehen.

Überall, wo die Naturverhältnisse nicht besonders ungünstig gewesen, muß bei den Menschen wie bei allen anderen Wesen *Vermehrung* stattgefunden haben. Die Horde nahm an Zahl zu, und da der Ernährungsraum für die im Sammlerstadium lebende Menschenhorde meistens sehr beschränkt ist, muß sie wandern und bei fortgesetzter Vermehrung sich teilen. In der Folge treten viele andere mit der Vermehrung zusammenhängende Erscheinungen auf, die von tiefgreifender Bedeutung sind. Aber in diesen ersten Stadien ist die Teilung, wie Wundt besonders hervorhebt, die erste und wichtigste Folge davon. Eine solche Teilung kann natürlich nicht nur einmal, sondern mehrmals notwendig werden. Und da, wie es wohl stets der Fall gewesen, die Teile die Erinnerung aneinander bewahren und in gegenseitiger Berührung bleiben, so entsteht von selbst der „Stamm“ als eine höhere Einheit, während jeder Teil eine gewisse Selbständigkeit erlangt, ob nun der alte Totem beibehalten oder ein neuer angenommen wird. Es ist klar, daß hiermit eine Anregung gegeben ist, die auf mannigfache Weise schöpferisch und organisierend wirken muß[1]). Neue Gegensätze und neue Verbindungen mit dazugehörigen neuen Sitten und Riten müssen entstehen. Vor allem eröffnen sich dadurch Möglichkeiten für die zweite der oben erwähnten aufbauenden Kräfte, für *Heirat* und *Ehe*, sich auf eine zuvor unbekannte Weise geltend zu machen.

Die Verbindung zwischen Mann und Frau nach den Geboten des Naturtriebs, die Heirat, ist, soweit unsere Kenntnis vom Menschen und seiner Kultur sich erstreckt, vielen einschränkenden Sitten und Bräuchen unterworfen gewesen. Aus Ursachen, die wir nicht kennen, sind so geschlechtliche Verbindungen zwischen Eltern und Kindern wie auch zwischen Geschwistern — außer wenn besondere Umstände, wie die Forderung gleichen Ranges innerhalb Herrschergeschlechtern, solches veranlaßten — verboten gewesen. Auf gleiche Weise, aber sicherlich aus anderen Ursachen, ist in gewissen Fällen Heirat innerhalb der Horde, in anderen außerhalb derselben feste Regel geworden. Die Teilungen der Horden haben dies ermöglicht und überhaupt die Ordnung für die Eheverbindungen, die nun bei den meisten Naturvölkern herrscht mit Endogamie und Exogamie in bunter Mannigfaltigkeit, stets aber streng beobachtet. Wo Mangel an Frauen bestand, oder wo die erwachsenen Männer als Brüder in demselben Hause lebten, mußte die Einehe anderen Formen weichen, so im ersteren Falle der Polyandrie mit vielen Männern um eine Frau, im letzteren der Gruppenehe, wo Brüder mehrere Ehefrauen gemeinsam haben. Diese Formen von Ehe sind jedoch sicherlich lediglich Notbehelfe gewesen. Sie zeigen aber, wie der Naturtrieb sich angepaßt und zugleich neue Formen geschaffen hat. Auf diese Weise haben Heirat und Ehe mächtig dazu beigetragen, die Menschenhorden zu einer geordneten Gesellschaft zu organisieren. Gewisse Völker, wie die Australneger, scheinen bei der Eheordnung als Grundlage der ganzen sozialen und staatlichen Organisation stehen geblieben zu sein. Denn soweit man sehen kann, ist sie es mit daran geknüpften Sitten und Riten, die die verwickelte Stammesverfassung bei diesem Naturvolk bestimmt.

---

[1]) Diesen natürlichen Verlauf als „ein Prinizip der dualen Gliederung der Gesellschaft" aufzufassen, wie Wundt (a. a. O., 1, S. 281) es tut, dürfte jedoch heißen, mehr hineinlegen, als da ist. Unzweifelhaft gibt aber die Teilung, gleichgültig ob in zwei oder mehr Teile — zuerst müssen es wohl stets zwei Teile sein — Anstoß zu Neubildungen, wie oben bemerkt wurde.

Noch mächtiger hat indessen die dritte der Folgen des Geschlechtslebens, die *Verwandtschaft* und die *Familie*, zum Aufbau der Gesellschaft mitgewirkt. Es ist möglich, daß es ursprünglich nur die Frau war, die die Elternliebe, die Stimme des Bluts, fühlte und die Familie bildete, da sie es ja war, die die Kinder gebar und pflegte. Jedenfalls hat dieses Verhältnis tiefe Spuren hinterlassen. Wir sehen sie ganz sicher noch in der sogenannten Mutterfolge und dem Mutterrecht, wonach Verwandtschaft und Erbrecht auf Seiten der Mutter, nicht des Vaters gelten. Es ist aber eine phantastische Konstruktion, wenn die oben genannten Autoren geglaubt haben, darin eine Gynokratie zu finden, eine Frauenherrschaft als Vorläuferin der späteren, jetzt allgemein herrschenden Gesellschaft mit dem Mann als Haupt der Familie und Leiter des ganzen. Ein solcher Zustand hat nicht mit Sicherheit festgestellt werden können, außer möglicherweise hier und da bei einem Indianerstamm [1]). Und wenn nun das Mutterrecht, wie das gewöhnlich ist, gleichzeitig mit einer männlichen Hausherrschaft in der Familie vorkommt, so muß es als eine Folge naheliegender wirtschaftlicher Verhältnisse aufgefaßt werden. Die jungen Männer, die den Gegenwert für die Frau nicht zu bezahlen vermögen, müssen sich darein fügen, daß sie in ihrem Stamme bleibt und die Kinder mit ihr. Die Erzählung der Bibel von Lea und Rahel liefert eine vortreffliche Illustration zu diesen Sitten. Bei der großen Lebenskraft derartiger Sitten erhält sich dann das Mutterrecht nicht selten auch dort, wo die ursprüngliche, weibliche Familie der männlichen hat Platz machen müssen, wie bei den Negern und Indianern unserer Tage. Denn die männliche Familie und die männliche Gens sind stets das Endprodukt der Entwicklung, wenn diese ihre Vollendung erreicht.

Sobald die Elternliebe vom Vater geteilt wird und die Ehe eine lebenslängliche wird, werden die patriarchalische Familie und die Blutsbande die festen Grundsteine für den weiteren Bau der Gesellschaft. Wie es hierbei zugegangen, soweit es nicht das Ursprüngliche gewesen, wissen wir nicht. Wahrscheinlich gab die Frauenfamilie selbst den Anstoß dazu. Auch in ihr mußte nämlich von Anfang an, wenn nicht eine Vaterherrschaft, so doch eine Männerherrschaft bestehen. Die erwachsenen Söhne und

---

[1]) Der Angabe nach soll Frauenherrschaft für den Stamm in seiner Gesamtheit bei den Wyandots vorgekommen sein (B a h n s o n , a. a. O., 1, S. 298). Es erscheint jedoch fraglich, ob nicht die eigentümlichen Verhältnisse Übertreibungen des Beobachters veranlaßt haben.

unter ihnen der Älteste wurden die Hauptpersonen sowohl infolge physischer Überlegenheit als infolge der von der Natur gegebenen Arbeitsteilung zwischen Mann und Frau sowie der Verteidigung gegen Feinde. Dies machte den Übergang zu der männlichen Familie in demselben Augenblick natürlich, wo äußere wirtschaftliche Verhältnisse Aussichten darauf eröffneten. Das trat ein, wenn der Mann sich die Ehefrau kaufen konnte. Gleichwie die matriarchalische Familie und das Mutterrecht in der Gegenwart, wie oben angegeben, aus wirtschaftlichen Verhältnisssen erklärt werden können, so auch der primitive Übergang zu der patriarchalischen. Konnte der Mann eine Ehefrau auf andere Weise als dadurch erlangen, daß er sich selbst oder seine Arbeitskraft und die Kinder hingab, so nahm er sie zu sich und behielt die letzteren. Dies wurde, wenn nicht früher, so möglich, als das Hirtenleben oder der Ackerbau wertvolle Tauschobjekte lieferten. Mit Vieh oder Felderzeugnissen kaufte sich der Mann eine Ehefrau, gründete auf diese Weise selbst eine Familie und wurde somit Herr sowohl der Frau als der Kinder. Damit entstand die patriarchalische Familie neben oder anstatt der matriarchalischen.

Die Familie ist indessen nichts Dauerndes. Vielmehr zerfällt sie rasch durch das Aufwachsen der Kinder und den Tod der Eltern. Da im Naturzustand alle oder die meisten sich verheiraten, werden ständig neue Familien gebildet, wodurch die Horde Bestand hat. Aber nur durch ihren Zusammenschluß zu Geschlechtern, zu Sippen, erwachsen die lebenskräftigen und vor allem festeren Verbindungen, die notwendig sind, damit eine geordnete Gesellschaft und ein umfassenderes Staatsleben entstehen sollen. Die Horde, die allerdings von Anfang an auf Blutsverwandtschaft gegründet ist, muß sich in eine fest organisierte Geschlechtsgruppe, oder was man Klan zu nennen pflegt, umwandeln. Der Beginn hierzu dürfte durch die sogenannte „Großfamilie" geschehen sein, indem die Kinder mit den Eltern zusammenwohnten und auf diese Weise drei Generationen der Regel nach zusammenhielten und einen Haushalt bildeten. Später hat sich bei fester Niederlassung dieses Zusammenwohnen auf alle Familien des Klans ausgedehnt. Daraus entstanden jene „Langhäuser", wie sie die Europäer bei den Indianern vorfanden, und an die noch heute die mexikanischen „pueblos" erinnern. Auch in Indien und bei den Südslaven kommen derartige Großfamilien noch heutigentags vor. Wahrscheinlich sind sie in älterer Zeit gewöhnlicher gewesen, ob sie aber allgemein bei den Völkern vorgekommen sind, die bis zu einer Klan- oder Geschlechterverfassung gelangt sind, wissen wir nicht.

Die Geschlechtsgruppe, das Geschlecht, die Sippe, ist die höchste verwandtschaftliche Verbindung. Sie ist nicht kurzlebig wie die Familie, sondern kann wie die Horde unter ständigem Umsatz so gut wie durch unbegrenzte Zeiten hin fortleben. Im Gegensatz aber zu ihr oder ihrer Erweiterung, dem Stamm, ist das Geschlecht nicht eine regellose Sammlung einer größeren oder geringeren Anzahl Familien und Horden, sondern eine fest eingerichtete Gesellschaft, mehr oder weniger hierarchisch nach dem Verwandtschaftsgrade geordnet. Viele Völker sind nie soweit in ihrer Entwicklung gelangt. Andere sind dahin gelangt, aber nicht weiter. So besonders die meisten Indianer und überhaupt die Völker, bei denen Familie und Verwandtschaft nur auf der weiblichen Seite gerechnet worden sind.

Diese Verschiedenheit findet sich nämlich bei den Geschlechtern wieder, so daß es eine matriarchalische Geschlechtsgruppe und Geschlechtsorganisation ebenso wie eine patriarchalische gegeben hat. Die erstere zeichnet sich durch ihre demokratische Verfassung aus, während die letztere mehr einer Aristokratie gleicht und sogar in eine wirkliche Adelsherrschaft übergehen kann. Nur an diese männliche Geschlechtsverfassung denkt man auch, wenn es sich um die Geschlechtsgruppe als die Grundform der Gesellschaft handelt.

Während die weibliche Sippe von der Ethnographie ans Licht gezogen worden ist, gehört die männliche der Geschichte an. Überall in der Kindheit der Kulturvölker trifft man Spuren einer Geschlechtsverfassung an, und bei einigen besteht sie noch während ihres Mittelalters fort. Unter den europäischen Völkern scheinen Italer und Kelten hauptsächlich diese Gesellschaftsform ausgebildet zu haben, Griechen und Slaven weniger und am wenigsten die Germanen. Ein Versuch, die Gesellschaftsverhältnisse bei den letzteren zu den Zeiten Cäsars und Tacitus' als eine streng durchgeführte Geschlechtsverfassung zu deuten, ist von der Forschung nicht akzeptiert worden[1]). Nichtsdestoweniger sind viele

---

[1]) H. v. Sybel, Entstehung des Deutschen Königtums, 2. Aufl., 1881, suchte vergebens eine solche Anschauung geltend zu machen.

Gelehrte (zuletzt Wundt) der Ansicht, daß die Geschlechtsverfassung stets dem vollausgebildeten Staate vorangegangen ist. Dies dürfte zuviel gesagt sein, sicher aber ist, daß sie große Ausbreitung gehabt hat. Bei gewissen Völkern der Halbkultur, wie den Afghanen und überhaupt allen Hirtenvölkern, besteht sie noch immer als die Grundform der Gesellschaft.

Die Geschlechtsverfassung hat auch eine außerordentliche Bedeutung für die Entwicklung der Gesellschaft und der Kultur während der harten Zeiten, welche gewöhnlich herrschten, gehabt. Die Geschlechtsgruppe hat vor allem Rechtsschutz gewährt, als der Staat in dieser Beziehung nichts vermochte. Und auch nachdem dieser begonnen, seine Autorität durchzusetzen, hat das Geschlecht lange die allgemeinsten Rechtsmittel, wie Wergeld und Eideshelfer, geliefert. Eine vielleicht noch größere Bedeutung hat das Geschlecht als Erzieher gehabt. Im Kampfe stehen die Mitglieder des Geschlechts Seite an Seite, und im Frieden bilden sie eine religiöse und wirtschaftliche Gemeinschaft. Insbesondere wo die Ahnen angebetet wurden, hat das Geschlecht eine Kultgruppe gebildet. Und überall sind Eigentum und Unterhalt mehr oder weniger gemeinsam gewesen. Der Grund und Boden war lange gemeinschaftliches Eigentum des Geschlechts, auch wenn die einzelnen Familien ihn bebauten und seine Früchte genossen. Im Notfall aber standen sie einer für alle und alle für einen Mann ein. Dies hat viele edle und aufopfernde Gefühle erweckt und unterhalten. Auf diese Weise ist der „Gemeingeist", dieses dem Menschen eigentümliche und für alles höhere Gemeinschaftsleben notwendige Kulturprodukt, entstanden und zur Entwicklung gelangt.

Das Geschlecht aber hat andererseits durch seine strenge Absonderung einer höheren Entwicklung hindernd im Wege gestanden. Die Geschlechtsrache, die als eine Pflicht den Mitgliedern des Geschlechts oblag, hat einem friedlichen Gemeinschaftsleben entgegengewirkt; die Geschlechtsgruppe hat auch keine größeren Staatsbildungen zugelassen. Daher hat sie bei allen Völkern, die eine höhere Kultur erreicht haben, anderen sozialen und politischen Bildungen weichen müssen.

Aber auch unter diesen neuen Formen hat die Blutsverwandtschaft in der Tradition ihre Kraft als Grundlage der Gesellschaft bewahrt. Eine Äußerung hiervon ist die in alter Zeit allgemeine Vorstellung von einem gemeinsamen Stammvater als dem Ursprung des Volkes und dem Begründer des Staates. Auch wo keine Blutsverwandtschaft vorhanden war, mußte eine solche postuliert werden. Denn Blutsgemeinschaft wurde als die notwendige Voraussetzung für Gesellschaft und Staat aufgefaßt. In Wirklichkeit ist dies nicht nur während der Kindheitstage der Menschheit der Fall gewesen, sondern noch weit darüber hinaus. Die Familie ist die Grundlage des Gesellschaftslebens auch auf den höchsten Stufen der Entwicklung und dürfte es in aller Zukunft auch bleiben.

* * *

Der Territorialverband[1]. Die erste Grundlage für Zusammenhalt und Organisation tragen die Menschen in sich selbst. Sie ist mit dem Geschlechtsleben und der Blutsverwandtschaft gegeben. Eine andere, von außen her kommende ist der Territorialverband. Der Territorialverband ist ein Kulturprodukt, das seine erste Voraussetzung in der festen Niederlassung hat. Ohne feste Ansiedelung kann überhaupt keine höhere Entwicklung und feste Gesellschaftsordnung entstehen. Nicht nur das Jägerleben, sondern auch das Hirtenleben, das zu ständigen Wanderungen nötigt, führt nie über die Familien- und Geschlechtsgruppen hinaus, außer in den seltenen Fällen, wo ein kraftvoller Nomadenfürst die vielen Geschlechter zu kriegerischen Unternehmungen sammeln und so ein großes Reich errichten kann (Mongolenreich). Feste Ansiedelung ist aber noch nicht gleichbedeutend mit dem Territorialverbande. Denn feste Ansiedelung kann auch auf den niedrigsten Kulturstufen mit der Lebensweise des Sammlers vorkommen.

Die älteste Form des menschlichen Unterhalts war nämlich das Suchen und Sammeln dessen, was die Natur von selbst darbot. In der Regel brachte dies ein ständiges Umherwandern mit sich, jedoch durchaus nicht immer. Wo Nahrung reichlicher vorhanden war, machte die Horde längeren Aufenthalt; und waren die Vorräte an Nahrung unerschöpflich, so kam es zu einer dauernden Niederlassung. Auf diese Weise entstanden feste Wohnsitze bei den Völkern der Steinzeit überall an den Ufern muschel- und fischreicher Meere, Seen und Flüsse. Die „Kökkenmöddinger“ in Dänemark und Schonen und anderswo

---

[1]) Es ist nicht leicht, ein passendes Wort für die aus dem bloßen Zusammenwohnen hervorgehende Organisation der Gesellschaft zu finden. Im Schwedischen drückt „grannelag“, wörtlich „Nachbarschaft“, ziemlich gut die Sache aus. Die deutschen Ausdrücke „Mark-“, „Siedelungs-“ und „Dorfgenossenschaft“ bezeichnen dasselbe, aber in beschränkter Fassung und als Spezialitäten, wie noch mehr „Hundertschaft“ und „Land“.

sind bekannte Zeugnisse hiervon. In anderen Fällen hat das Bedürfnis nach Schutz zu fester Niederlassung geführt, wie es der Fall bereits bei den Höhlenmenschen der Eiszeit gewesen sein dürfte und noch heute wohl bei den Sumpfbewohnern in Mittelafrika und anderwärts ist. Überall also, wo reichliche Nahrung und geeigneter Schutz vorhanden sind, machen die Horden auf ihren Wanderungen halt und werden seßhaft.

Aber es ist nicht diese ihrer Natur nach gelegentliche Niederlassung, durch die die Nachbargemeinschaft zu einem gesellschaftsorganisierenden Faktor wird. Das Zusammenwohnen legt hier noch den einzelnen keine Fesseln an und gibt dem Gemeinschaftsleben keine feste Ordnung, wenigstens nicht in dem Grade, daß die Gesellschaft dadurch ihr Gepräge erhält. Dies tritt erst ein, wenn zu der festen Niederlassung Ackerbau mit gewöhnlich dazugehöriger Viehzucht tritt. Erst auf einer höheren Kulturstufe wird demnach das Zusammenwohnen als „Territorialverband" zu einem neuen mächtigen Prinzip für die Organisation der Gesellschaft.

Unter welchen Umständen die Menschen zu versuchen begonnen haben, durch Säen und Bestellen des Bodens demselben reichere Gaben abzugewinnen, wissen wir nicht. Natürlich ist der Übergang von dem Leben des Sammlers zum Ackerbau nicht auf einmal und rasch geschehen. Eine Vorbereitung zu dem letzteren war der Hackbau, der neben dem Sammler- und Jägerleben vorkam und zuerst von den Frauen ausgeübt wurde. Aber erst allmählich und unter Abwechslung der einen und der anderen Lebensweise haben sich die Menschen dazu bequemt, das freie Wanderleben aufzugeben. Denn nachdem einmal der Ackerbau mit Spaten und Pflug und Nutztieren ernstlich begonnen worden, fesselt er die Menschen an den Grund und Boden und zwingt sie zur Arbeit auf andere Weise, als es Sammeln und Jagd oder auch Hackbau tun. Die Sklaverei ist hinzugekommen und hat den Übergang erleichtert. Die Not infolge des Anwachsens der Bevölkerung und der Ausrottung der größeren Tiere hat schließlich dazu gezwungen. Wie diese Umwälzung im Leben des Naturmenschen vor sich gegangen, ist jedoch immer noch ziemlich unerklärt[1]).

[1]) Eine neue, aber sehr ansprechende Theorie hierüber ist von Edw. Hahn in mehreren Arbeiten, zuletzt „Von der Hacke zum Pflug" 1914, aufgestellt worden. Auf der Grundlage religiöser Vorstellungen und Kulte war die Pflugkultur und das Halten größerer Haustiere zuerst in Babylon entstanden und hatte sich von dort her über die ganze Welt hin verbreitet. Auch das Hirtenleben ist zuerst hier aufgekommen und hat von hier aus Verbreitung gefunden.

Gleichzeitig erhält der Boden einen Wert, den er vorher nicht besaß, und wird Eigentum und Gegenstand eines Eigentumsrechts. Auch bei den Hirtenvölkern hat der Boden zwar einen Wert und findet sich eine Art Eigentumsrecht, beide aber haben einen anderen Charakter. Die Weidegründe sind gewöhnlich unbegrenzt, und Arbeit haben sie nicht gekostet. Der Anspruch auf sie ist daher mehr ein Hoheitsrecht als wirkliches Eigentumsrecht gleich dem des Jägers über seine Jagdmarken. Ganz anders bei dem kultivierten Boden. Er ist an Umfang ziemlich begrenzt und stets in größerem oder geringerem Maße das Werk des Bebauers, denn er hat Arbeit darauf verwendet. Er betrachtet ihn daher auf eine ganz andere Weise als sein Eigentum. Da aber die Menschen in Horden und geschlechterweise lebten, so wurde der Boden zunächst das gleichmäßige Eigentum aller, und er wurde oft auch von allen gemeinsam bestellt. Die feste Ansiedelung mit Ackerbau bringt gemeinsames Eigentum und geordnete gemeinsame Arbeit mit sich. Auch vorher konnte oft ein Zusammenwirken bei der Jagd stattfinden gleichwie natürlich zum Zwecke der Verteidigung. Aber die regelmäßige, von der Natur bestimmte Gemeinarbeit brachte erst der Ackerbau mit sich, der also den durch den Kult und die Blutsverwandtschaft zusammengehaltenen Klan in eine Gesellschaft höherer Ordnung umwandelte, eine an den Boden gebundene „Siedelungs-" oder „Dorfgenossenschaft", allgemein den „Territorialverband". Dies ist etwas anderes als die Dörfer, die überall bei den Naturvölkern anzutreffen sind, und die nur Zusammenwohnen, nicht Zusammenordnung und eine feste Gesellschaft bezeichnen.

Die Dorfgenossenschaft, wie sie meistens bei geschlossener, bisweilen aber auch bei zerstreuter Siedelung (als „Markgenossenschaft") entstanden ist und bis in die letzte Zeit sich bei den arischen Völkern und wohl überhaupt bei allen Kulturvölkern erhalten hat, ist die beginnende andere große Form der Organisation der Gesellschaft. Wie oben erwähnt, trug die feste Ansiedelung zunächst dazu bei, die frühere, auf die Blutsverwandtschaft gegründete Gesellschaftsordnung zu befestigen. Die Großfamilie und die Geschlechtsgruppe konnten nur durch dauernde Niederlassung und Ackerbau zu den festen Gesellschaftsformen werden, die sie wirklich gewesen sind. Aber nur dort, wo die natürliche Beschaffenheit des Landes, wie in Schottland und Afghanistan, es mit sich brachte, oder wo sonst besonders günstige Bedingungen hierfür vorhanden waren, hat sich die ältere Organisationsform, unter Anpassung allerdings an die Ordnung der Siedelungsgenossenschaft, einigermaßen unverändert erhalten. Regel ist im Gegenteil, daß die Blutsverwandtschaft als Gesellschaftskitt dem Territorialverband in einer oder der anderen Form hat weichen müssen.

Aber das ist nicht auf einmal geschehen, sondern während eines langwierigen Entwicklungsprozesses Schritt für Schritt, indem die Dorfgenossenschaft die Großfamilie und das Geschlecht mit ihrer Klanverfassung sprengte und an deren Stelle trat. S. Maine hat die Entwicklung, was Eigentum und Haushalt betrifft, dadurch veranschaulicht, daß er als Stufen derselben anführt: die „Großfamilie“ der Hindus, die durchaus eine wirkliche Geschlechtsgruppe mit gemeinsamer Arbeit und gemeinsamem Haushalte ist; die „Zaruga“ der Südslaven, die einen Haushalt darstellt, aber auch fremde Elemente in sich aufgenommen hat; endlich die gewöhnliche „Dorfgenossenschaft“, noch heute in Indien und Rußland, früher überall in Europa vorkommend, bei der die Familien, wenn auch verschwägert, jede für sich leben und auch der Boden mehr oder weniger verteilt ist[1]).

Bei dem Kampf zwischen Altem und Neuem, zwischen der früheren, lediglich auf die Blutsverwandtschaft gegründeten Gesellschaftsordnung und der neuen, die der Territorialverband brachte, wurde die erstere zurückgedrängt, darum aber nicht aufgehoben. Es ist nur die größere Gruppe der Blutsverwandtschaft, das Geschlecht, das an Bedeutung einbüßt. Die kleinere und ursprüngliche Familie besteht nicht nur fort, sondern wird vielmehr durch die Verteilung des Grund und Bodens auf die Familien oder Haushalte, die früh stattfindet, befestigt. Die Familien, obwohl meistens verschwägert, leben nämlich jede für sich in getrennten Haushalten und sind nur durch die Ordnung für die Bestellung des Bodens gebunden, wenn Siedelung in Dorfgenossenschaften gemeinsame Arbeit notwendig macht. Bei zerstreuter Siedelung kommt auch sie nicht vor. Aber diese Ordnung wird nicht mehr von dem Oberhaupt des Klans bestimmt. Die patriarchalische Regierungsform, wie sie die Geschlechtsverfassung wenigstens bei den arischen Völkern mit sich brachte, ist ersetzt durch die „Gemeindeversammlung“, die Versammlung aller Dorfgenossen, ungefähr so, wie

---

[1]) S. Maine, The early History of Institutions, 1875, S. 78f. — Der russische „Mir“ ist jedoch, wie spätere Forschungen ergeben haben, nicht eine uralte volkstümliche Einrichtung, sondern am ehesten ein Produkt der Steuer- und Bevölkerungspolitik der Regierenden, erst der Mongolen und dann der moskowitischen Großfürsten.

auf dem primitiven Standpunkt des Hordenlebens. Umfang und Inhalt dieser Gemeinregierung sind indessen beschränkt. Sie betrifft hauptsächlich nur die Bestellung des Bodens und die dazugehörigen Kulte und Feste.

Dies ist nur die erste und niedrigste Form des Territorialverbandes. Die Dorfgenossenschaft ist nicht autonom, wie der Klan oder das Geschlecht, sondern stets Glied einer höheren Verbindung und zuletzt des Staates. Die nächsthöhere Einheit ist die „Hundertschaft" (der pagus des Tacitus), hundert, d. h. eine größere Anzahl Dorfgenossenschaften mit ihren Bezirken umfassend. Darüber steht das „Land" oder das „Volk" und zuletzt das „Reich", falls die ersteren nicht selbst Reiche, d. h. selbständige Staaten sind. In diesen vollendeten Formen von Territorialverband entscheiden gewählte Häuptlinge sowie die Dinggemeinden über alle gemeinsamen Angelegenheiten, wie Rechtsordnung, Krieg und Frieden usw. Hierbei haben diese neuen Gesellschaftsbildungen die meisten Funktionen des Geschlechts, besonders betreffs des Rechtsschutzes und der Rechtsgarantie, übernommen. Die Dorfgenossen werden Eideshelfer, und sie oder die Hundertschaft haften für begangene Verbrechen, wenn der Täter nicht entdeckt werden kann, usw. Im übrigen aber lebt das Geschlecht fort; und in vielen Punkten bewahren Sitte und Recht (insbesondere das Familienrecht) Erinnerungen an die alte Ordnung noch unter der neuen. Die sämtlichen alten germanischen, skandinavischen und gaelischen Gesetze legen Zeugnis ab von diesem Kompromiß zwischen dem Geschlecht und dem Territorialverband im engeren und im weiteren Sinne.

Der Territorialverband als Grundlage für den Aufbau der Gesellschaft war indessen bei den Kulturvölkern nicht von langem Bestande. Die Dorfgenossenschaft und die Hundertschaft bildeten die herrschende Gesellschaftsform wohl kaum eben so viele Jahrhunderte, wie die Geschlechtsverfassung Jahrtausende hindurch. In doppelter Weise trug sie in sich den Keim zu ihrem Niedergange. Nachdem der Boden unter die Familien verteilt worden, erfolgt rasch durch das Aussterben von Geschlechtern in einigen, starke Vermehrung in anderen Fällen eine Umlegung der Bodenanteile, so daß große Teile des Bodens in eine oder in die Hände einiger weniger kommen, während die meisten nur unbedeutende Stücke davon erhalten. Dies führt früher oder später zur Aussonderung und Bildung von Einzelgütern. Das Vorbild zu solchen fand sich bereits zu Tacitus' Zeit bei den Germanen.

Seine Schilderung der einzeln liegenden Höfe, „ut fons, ut campus, ut nemus placuit"[1]), die offenbar mit Sklaven bewirtschaftet werden mußten, deutet hierauf. Aus nordischen Quellen wissen wir auch, daß es Große in heidnischer Zeit gab, die viele und ausgedehnte Güter besaßen. Diese Güter haben überall, wo sie entstanden, die Dorfgenossenschaften gesprengt und somit den Anstoß dazu gegeben, daß die Gesellschaft auf neuer Grundlage aufgebaut wurde. Denn gleichwie die Gesellschaft der Blutsverwandtschaft durch den Territorialverband abgelöst wurde, so dieser durch die *Klassengesellschaft*.

Hierzu kam die politische Umgestaltung.

Vielerorts, wie bei den klassischen Völkern, wuchsen benachbarte Dorfgenossenschaften zu Städten zusammen, die zugleich Staaten wurden. Dabei erfuhr die Gesellschaft eine rasche Umwandlung, indem die soziale Differenzierung unwiderstehlich vordrang. Die Eigentümer des Bodens siedelten in die Stadt über und überließen die Bewirtschaftung Unfreien oder zinspflichtigen Bauern. Handel und Handwerk entstanden und mit ihnen neue Klassen. Wohl machte sich das Verwandtschaftsband gleichwie die Siedelungsgenossenschaft immer noch geltend, aber ihre Bedeutung sank, und die Gesellschaft ordnete sich auf der Grundlage des Klassenwesens in größere Staaten. Dasselbe fand bei den Germanen statt, indem die vielen kleinen Reiche von kraftvollen Königen zu großen Reichen vereinigt wurden, in welchen das ganze Volk in Klassen geteilt wurde und die Staatsgewalt die Funktionen des Geschlechts und des Territorialverbands übernahm.

* * *

Die soziale Differenzierung. Die primitive Klassengesellschaft. Die ersten Anfänge sozialer Unterschiede begannen, wie wir oben gesehen haben, sich bereits innerhalb der Horde bemerkbar zu machen, während die Blutsverwandtschaft noch die wichtigste zusammenhaltende Kraft der Gesellschaft war. Sie gelangten zu weiterer Entwicklung, als der Territorialverband den Gesellschaftsbau beherrschte, und trugen dazu bei, rasch seine Bedeutung zu untergraben. Aber die soziale Differenzierung hob nicht den Territorialverband auf, ebensowenig wie diese die Bluts-

---

[1]) Germania, c. 16. — In Norwegen, wo die zerstreute Siedelung oft durch die Natur des Landes geboten war, wurden auch die einzelwohnenden Großbauern, die „hölder", zu einer Art primitiver Aristokratie.

verwandtschaftsgruppen aufgehoben hatte. Sie verwies sie nur beide an einen untergeordneten Platz im Gesellschaftsbau, während sie selbst nun das Aussehen dieses Baues bestimmte.

Die neue Gesellschaft unterscheidet sich von den älteren schon durch ihre Größe. Die Horde ist eine Handvoll Menschen, und auch der in Dorfgenossenschaften und Hundertschaften angesiedelte Stamm umfaßt nur eine geringe Anzahl Menschen, gewöhnlich auch ein ziemlich beschränktes Gebiet. Die Klassengesellschaft dagegen ist von Anfang an relativ volkreich und umfassend, vor allem aber birgt sie die Möglichkeit einer unbegrenzten Ausdehnung in sich. Sie kann sich ausbreiten und anwachsen, soweit die äußeren Verhältnisse es gestatten, ohne deshalb zu zerfallen, wie die beiden anderen Gesellschaftsformen es sofort bei starkem Wachstum tun. Der nächste Anlaß hierzu ist die Entwicklung, die der Staat in der Klassengesellschaft erhält, der Grund hiervon wiederum ist aber die soziale Organisation in Klassen und Ständen.

Die sozial differenzierte Gesellschaft ist die höchste Form, die die menschliche Gesellschaft erreicht hat. Von ihr finden sich jedoch niedrigere und höhere Arten, aber auch die niedrigste, die „primitive Klassengesellschaft", steht durch ihren inneren Bau hoch über den früheren Gesellschaftsformen, die wir kennen. Während der Mensch in der Horde und im Klan nur als Trieb am Baume des Geschlechts lebte und noch in der Gesellschaftsform des Territorialverbandes nur für den eigenen Unterhalt und den Bestand des Volkes arbeitete, dient er in der Klassengesellschaft außer diesem auch der Kultur, d. h. in letzter Linie seinen höheren geistigen Bedürfnissen und Interessen. Die Klassengesellschaft ist somit die eigentliche Kulturgesellschaft.

Es sind zunächst die *Arbeitsteilung* und die *Spezialisierung*, die dies bewirken. Die Verteilung der Aufgaben und der Arbeit auf verschiedene Hände gibt ein qualitativ besseres Arbeitsresultat, vor allem aber ein größeres. Wenn alle alles tun sollen, wird nichts vollkommen, und schlimmer als das, nichts wird über den täglichen Unterhalt hinaus erübrigt. Erst die soziale Arbeitsteilung ermöglicht eine Arbeit für den morgigen Tag und zur Befriedigung der geistigen Bedürfnisse; nur in der Klassengesellschaft kann eine wirkliche Kultur entstehen und blühen. Und gleichzeitig wird der Mensch erst dort Kulturmensch und Glied eines organisierten Ganzen. Bei den vorhergehenden Gesellschaftsformen ist — mit Ausnahme der noch wenigen Priester und Häuptlinge, eventuell auch der Sklaven — der eine Mensch wie der andere, ein jeder bringt im kleinen die Gesellschaft mit ihrem ganzen Inhalt zum Ausdruck. In der Klassengesellschaft spiegelt keiner die Gesellschaft in ihrer Gesamtheit wider. Keine Klasse repräsentiert hier die Gesellschaft voll und ganz, sondern nur einen Teil davon mit Beziehung zu anderen Teilen. Der Klan ist eine Summe von gleichartigen Individuen, der Territorialverband ist dasselbe, obwohl auf einem höheren Plan und mit Anlage zu etwas anderem. Die Klassengesellschaft auch in ihrer primitiven Form ist eine Verbindung von Verschiedenartigem zu einem gemeinsamen Ganzen. Erst nachdem besondere Klassen entstanden sind und das ganze Volk sich auf sie verteilt hat, wird die menschliche Gesellschaft eine Organisation in der eigentlichen Bedeutung dieses Wortes, eine Integration von Verschiedenartigem zur Einheit. Erst hiermit tritt also die „Vergesellschaftung des Menschen" ein, die Marx als das Ziel der sozialen Entwicklung angibt, wenn er auch dessen Verwirklichung in allem anderen eher als im Klassenwesen sieht. Aber erst dies macht die Menschen wirklich zu Gliedern des Gesellschaftskörpers, der eine arbeitend für den andern und ein jeder seine Funktion im Dienste des Ganzen ausübend. Das Klassenwesen ist es, das die Gesellschaft zu einer wirklichen, wenn auch unbewußten Arbeitsorganisation macht. Vorher war sie überwiegend ein Naturprodukt, ein Werk der Instinkte der Fortpflanzung und der Selbsterhaltung.

Dies ist die *objektive* Seite des Klassenwesens, seine Bedeutung als Gesellschaftsorganisation und Grundlage für die Kulturarbeit. Es hat auch eine *subjektive* Seite, sein Verhältnis zu den Einzelnen ausdrückend und deren gegenseitige Stellung regelnd. Sie ist nicht so erfreulich wie die andere, ist aber unumgänglich mit ihr gegeben.

Die Klassen sind vom Gesichtspunkt der Gesellschaft aus „Organe der Kulturarbeit", aber für die ihnen angehörigen Individuen sind sie vor allem „Lebensstellungen", wie es oben in der Einleitung hieß. Es ist diese letztgenannte Eigenschaft des Klassenwesens, die hauptsächlich in die Augen fällt, denn die Lebensstellungen sind verschieden für die verschiedenen Klassen, und ein jeder wird davon berührt. Auch in der Blutsverwandtschaftsgruppe bestehen Unterschiede zwischen den Menschen nach Alter und Geschlecht, und in der vollentwickelten Geschlechtsgruppe ebenso zwischen Regierenden und Regierten. Der Territorialverband und dessen Abarten, Siedelungs- und Dorfgenossenschaften, besitzen dieselben Unterschiede und zeigen den Anfang zu anderen durch das stärkere Hervortreten der Häuptlingsgeschlechter und des Adels sowie durch eine beginnende Ungleichheit bezüglich der Anteile am Grund und Boden. Der Hauptzug bei beiden Gesellschaftsformen ist jedoch die Gleichheit in Aufgabe wie in Arbeit und Lebensstellung für die Masse des Volks, wovon nur „die Unreinen und Ausgestoßenen", wie oben erwähnt, ausgenommen sind. In der Klassengesellschaft dagegen ist die Gleichheit auf die Mitglieder derselben Klasse beschränkt, die auch eben „Ihresgleichen" genannt werden, während zwischen den Klassen immer Ungleichheit herrscht. Die Ungleichheit ist in dieser Gesellschaft ebensosehr der vorherrschende Zug wie die Gleichheit in den vorhergehenden niedriger stehenden.

Die verschiedenen Aufgaben und die verschiedene Arbeit, welche die Kultur verlangt, werden unmittelbar in verschiedene Lebensstellungen umgesetzt. Eine Ursache dessen ist die verschiedene Wichtigkeit, die die verschiedenen Aufgaben für das Gemeinschaftsleben besitzen, und die verschiedene Begabung, die zur rechten Erfüllung der Aufgaben erforderlich ist. Eine andere, noch bedeutsamere Ursache ist der verschiedene *Wert,* den die Menschen verschiedenen Begabungen und Dingen beilegen. Diese Wertschätzung ruht auf einer Abstufung der Bedürfnisse, entsprechend mehr der psychischen Natur des Menschen als seiner physischen. Dies ist der tiefstliegende Grund dafür, daß die Berufe des Priesters und des Staatsmannes höher geschätzt werden als die wirtschaftlichen Berufe, und unter diesen wieder der Beruf des Kaufmanns mehr als der des Landwirts usw., und daß am niedrigsten auf der Stufenleiter der gewöhnliche Arbeiter steht. Die Gesellschaft wird hierdurch hierarchisch organisiert. Man erhält höhere und niedere Klassen außer denen, welche die Sklaven und die Unreinen bilden. Dies ist das große Unterscheidungsmerkmal zwischen der Klassengesellschaft und den vorhergehenden niederen Gesellschaftsformen. Die frühere Gleichheit hat aufgehört, die Menschen erhalten mit den verschiedenen Aufgaben und Arbeitsfeldern verschiedenen Wert und verschiedenes Ansehen und stehen zueinander in einem bestimmten Verhältnis von Über- und Unterordnung.

Diese Über- und Unterordnung beruht nicht auf der Verfassung, wie hieraus ersichtlich ist. Sie ist sozialer Natur, nicht politischer, um moderne Ausdrucksweisen anzuwenden. Sie beruht nämlich auf dem verschiedenen Wert, den die Menschen den Auf-

6*

gaben beimessen, welchen die verschiedenen Klassen dienen. Es sind also in letzter Linie rein psychische Faktoren, die das gegenseitige Verhältnis der Klassen und die zwischen ihnen herrschende Ungleichheit bestimmen. Jedoch würde diese Ungleichheit nicht so groß werden, käme nicht ein neues Element hinzu, das die Möglichkeit zu einer höheren Lebensweise für diejenigen Klassen eröffnet, die höher geschätzt sind und sich daher über die Masse des Volks erheben. Dieses neue Element ist das Eigentum oder genauer die Anhäufung des Eigentums in gewissen Händen, also der *Reichtum*.

Nicht nur auf dem Standpunkt des Hordenlebens, sondern auch bei der festen Niederlassung in der Dorfgenossenschaft haben alle oder die meisten ungefähr gleiches Eigentum. Keiner besitzt Reichtum vor den andern. Wo das Hirtenleben das Sammler- und Jägerleben abgelöst hat, konnten wohl die Herden bei dem einen mehr als bei dem andern anwachsen. Aber bei dem Unsicherheitszustand, der allgemein herrschte, und bei der Menge von Raubtieren, die es damals noch gab, dürfte es nicht zu großen Unterschieden gekommen sein, keinesfalls zu solchen vergleichbar denen, die unter den heutigen sicheren Verhältnissen nicht nur bei Lappen und Samojeden, sondern auch bei den Mongolen Hochasiens und den Kaffern Südafrikas vorkommen können. In der Dorfgenossenschaft herrschte anfangs durchgehends gleiches Recht auf Anteil an Grund und Boden und an dessen Ertrag. Später kam es zu Verschiebungen hierin, wie oben erwähnt, aber sie bezeichnen die beginnende Auflösung des Territorialverbandes angesichts der kommenden Klassengesellschaft. Vor dieser war der Reichtum unbekannt, nicht aber die Armut.

Wir haben oben (S. 61 f.) das Vorkommen der Armen beschrieben und erklärt. Es ist die Ausschußbevölkerung, die Unreinen und die Ausgestoßenen, die dazu Anlaß geben. Derartige minderwertige Elemente kommen sowohl während des Hordenlebens als auf der Entwicklungsstufe des Territorialverbandes vor — beruhend auf physischer oder gewöhnlich psychischer Unterwertigkeit. Diese früheren Gesellschaftsformen haben demnach wohl Arme gekannt, nicht dagegen aber Reiche. Der Reichtum und die Reichen sind eine erst in der Klassengesellschaft auftretende Erscheinung, ursprünglich eine Folge, später auch eine Ursache der sozialen Differenzierung.

Die früheste Form von Reichtum bei den Kulturvölkern war Vieh und demnächst Sklaven. Alle die alten Gesetze legen Zeugnis hiervon ab. Vielerorts ist Vieh der allgemeine Wertmesser gewesen, und im Lateinischen erhielt auch das Geld, „pecunia", seinen Namen davon. Noch heute kann dasselbe bei Stämmen und Völkern über die ganze Welt hin, die sich auf dem entsprechenden Standpunkt befinden, beobachtet werden. Nachdem der Grund und Boden innerhalb der Dorfgenossenschaft auf die einzelnen Familien verteilt und ein erstrebter Wertgegenstand geworden ist, bildet auch er einen Bestandteil des Reichtums und wird nach und nach die feste Grundlage desselben. Die aber, die den Reichtum innehaben, sind die Häuptlinge, und dies so allgemein, daß Maine und gleich ihm viele andere die Häuptlingschaft geradezu aus Reichtum erklären zu können glauben[1]).

Dies ist, wie ersichtlich, ein Irrtum. Die Häuptlingschaft muß unabhängig von Reichtum oder Armut da sein. Denn das Gemeinschaftsleben und der Staat bedürfen derselben. Die Würde wird aber der Regel nach nur denen zuerteilt und erhält sich nur im Besitz derer, die Reichtum besitzen. Bei der Bekleidung von Würden und der Einordnung in Klassen übt das Eigentum somit einen großen Einfluß aus, dem einen den Weg öffnend und dem andern ihn verschließend.

Aus der Häuptlingschaft entsteht, nachdem mit fester Ansiedelung und der Einführung des Ackerbaues stabilere Verhältnisse eingetreten sind, ein erblicher Adel, der sich unter anderem durch Reichtum auszeichnet. Demnächst sind es die Priester, die Vermögen sammeln. Auch die Kaufleute und gewisse andere Gewerbetreibende können frühzeitig solches erwerben. Diese erhalten ihr größeres Eigentum wohl hauptsächlich durch neugeschaffenen Erwerb. Adel und Priester dagegen bereichern sich zumeist auf Kosten des Volks. Der Grund und Boden ist beschränkt, weshalb eine Anhäufung desselben in gewissen Händen kaum ohne Beeinträchtigung der Anteile anderer geschehen kann, falls nicht Urbarmachungen und neue Ländereien das verfügbare Areal erweitern. Neues Land steht aber gewöhnlich nicht lange zu Gebote. Dann muß die zunehmende Bevölkerung sich an diejenigen wenden, die mehr Land besitzen, als sie selbst brauchen, und gegen eine Abgabe sich das Recht erkaufen, dasselbe zu bewirtschaften. Auf diese Weise geht mit dem Anwachsen des

[1]) S. Maine, Early Institutions, S. 135, 142 u. passim.

Reichtums Hand in Hand eine Zunahme der Abhängigkeit seitens großer Teile der freien Bevölkerung. Dies ist ein neuer Anlaß zur Ausbildung des Verhältnisses von Über- und Unterordnung, das bald durch die ganze Gesellschaft hindurchgeht und ihr charakteristisches Aussehen verstärkt.

Indessen hat sich diese Organisation der primitiven Klassengesellschaft im wesentlichen von selbst ausgebildet. Keine Gesetze haben sie gegründet oder erhalten sie aufrecht. Das Klassenwesen ist noch nicht in der Verfassung enthalten, und der Staat hat es nicht sanktioniert — außer bezüglich der Unfreien und teilweise der Ausschußbevölkerung, der Unreinen und Ausgestoßenen. Denn für diese Volksteile sind in Sitte und Gesetz Bestimmungen gegeben, die ihre Stellung schon vom ersten Augenblick an rechtlich regeln. Die tatsächlich herrschende Ungleichheit hat sonst nur in geringerem Maße gesetzliche Anerkennung gefunden. Aber auch dieses geringe Maß verrät den Grundcharakter der Gesellschaft. Die Menschen haben verschiedenen Wert erhalten, je nach der Klasse, der sie angehören, und der sozialen Stellung, die sie einnehmen. Dies kommt in den Bestimmungen der Gesetze betreffend Verbrechen gegen die Person zum Ausdruck. Ein jeder hat sein bestimmtes *Wergeld*, und dieses ist der Höhe nach genau nach dem Stande des Betreffenden abgestuft. Ausgehend von dem freien Bauer wird das Wergeld nach oben zu durch ein- oder mehrmalige Verdoppelung des für den Gemeinfreien geltenden Satzes, nach unten hin durch Halbierung desselben bestimmt.

Eine sehr vollständige Abstufung gibt das Gulatingsgesetz[1]). Der „holdr", der selbständige Odalbauer, wird auf 3 Mark geschätzt, welches die Grundtaxe ist, der Ländermann auf 6 Mark, Jarl und Bischof auf 12, während umgekehrt für den einfachen Landbauer die Taxe 1½ Mark und dann ferner für den Sohn des Freigelassenen 1 und für den Freigelassenen selbst nur ³/₄ Mark (6 Öre) ist. Alle die alten germanischen Gesetze — außer den schwedischen — haben ähnliche Bestimmungen, wenn auch nicht so ausführliche wie diese.

Auf solche Weise haben die sozialen Unterschiede im Gesetz ihren Ausdruck erhalten. Die Klassen selbst aber, mit Ausnahme der Unfreien und der Ausgestoßenen, sind nicht rechtlich festgelegt. Ein und dasselbe Gesetz gilt für alle; und freier Übergang von

---

[1]) G. L. 200. — Fr. Brandt, Den norske Retshistorie, 1880, I, S. 78—80.

einer Klasse zu einer anderen steht jedem offen. Die Gesellschaft ist nicht gebunden, wie sie es später wird. Die Klassen sind vorhanden und geben sich stark zu erkennen, aber sie sind mit den genannten Ausnahmen noch nicht in der Verfassung festgestellt. Ein jeder wird zwar in seiner Klasse und zu seiner Lebensstellung geboren, man ist aber nicht durch Gesetz an dieselbe gefesselt. Eigene Kraft wie auch die Gunst des Fürsten kann jederzeit den aus niederem Geschlecht Stammenden in eine höhere Stellung hinaufführen und dem Armen Reichtum verschaffen.

Solcherart ist die primitive Klassengesellschaft. Nur bei Völkern niederer Rasse, wie bei Negern, hat sie lange bestehen können. Bei den Kulturvölkern ist sie rasch durch die „Ständegesellschaft“ abgelöst worden. Denn dahin zielen die Kräfte, die jene aufgebaut haben, gleichwie auch die neuen, die die wachsende Kultur zur Entwicklung bringt.

* * *

Die staatliche Organisation. Regierungsform. Zwischen der Gestaltung der Gesellschaft und der des Staates herrscht auf niedrigsten Kulturstufen ein deutlicher Parallelismus. Wo nur die Blutsverwandtschaft die Grundlage der ersteren bildet, bleibt die letztere bei den einfachsten Regierungsformen stehen, dem Männerbunde oder dem Rat der Ältesten und der Volksversammlung; oder wenn Häuptlinge zu Leitern ausersehen werden, so behält doch die Volksversammlung das Bestimmungsrecht.

Dies ist der Anfang.

Tritt dann feste Niederlassung ein und macht der Territorialverband seinen Einfluß geltend, so entwickelt sich die staatliche Organisation. Hierbei aber können verschiedene Wege eingeschlagen werden. Einer ist der, der zur Geschlechtsverfassung führt, in welcher die Blutsverwandtschaft, zumeist im Verein mit dem Ahnenkult, das herrschende Prinzip bildet. Aber auch die Geschlechtsverfassung kann sich sehr verschieden gestalten, mit überwiegend demokratischem Charakter wie im Anfange oder mit Ansätzen zu einer patriarchalischen Aristokratie. Ersteres war allgemein der Fall bei den Indianern; letzteres ist bei vielen, wenn nicht bei allen arischen Völkern in ihrer Kindheit vorgekommen.

Eine andere Entwicklungslinie führt zu größerer Selbständigkeit der Häuptlinge. Die Häuptlingschaft, ursprünglich nur ein Auftrag, der jederzeit zurückgenommen werden kann, führt zur Entstehung eines Adels, der in Hundertschaften und Gauen Recht spricht, die Volksversammlung leitet und so die tatsächliche Leitung der Staatsgeschäfte ausübt. Bisweilen kann auch die Häuptlingschaft innerhalb der Adelsgeschlechter erblich werden, gleichwie die soziale Stellung selbst, wobei aus der ursprünglichen Demokratie eine ausgesprochene Aristokratie entsteht, meistens unter Anknüpfung an die aristokratische Geschlechtsverfassung. Schließlich können, wie oben erwähnt, Häuptlingschaft und Regierung auf einen einzigen hervorragenden Häuptling übergehen, womit dann das Königtum da ist. Dieses ist der Höhepunkt der staatlichen Entwicklung und kommt nur in der vollentwickelten Klassengesellschaft vor.

Wie der hier theoretisch dargestellte Fortgang in der Wirklichkeit sich gestaltet hat, können wir meistens nur vermutungsweise sagen. Wir treffen jedoch alle die genannten Staatsformen bei jetzt lebenden Naturvölkern an und können auch ihr Vorkommen gleichzeitig mit den verschiedenen niederen und höheren Formen des Gesellschaftslebens feststellen. Auch was wir von den Kulturvölkern in den entsprechenden Stadien wissen, bestätigt die Allgemeingültigkeit dieses Schemas. Tacitus' Schilderung der Germanen wie auch die spätere Geschichte derselben liefern deutliche Belege hierfür. Desgleichen was wir von den Kelten erfahren. Zwar ist überall der erste primitive Zustand unsern Blicken entzogen, aber sowohl der Geschlechterstaat (bei den Schotten) als die Territorialverbandsverfassungen, mit Häuptlingen in ihrer älteren demokratischen Form (bei den Westgermanen zu Tacitus' Zeit), wie in der späteren aristokratischen (bei den Sachsen zu Karls des Großen Zeit), endlich auch das Königtum, das ursprüngliche Volkskönigtum bei Goten und Schweden und das spätere Selbstherrschertum — alles ist bei den europäischen Völkern in geschichtlicher Zeit vorgekommen.

Von diesen verschiedenen Verfassungsformen scheint nur die letzte, das Königtum, einer weiteren Erklärung zu bedürfen. Die anderen folgen unmittelbar aus der Natur und dem Wachstum der Gesellschaft und sind daraus zu verstehen. Wohl kann als allgemeinster Grund für das Königtum dasselbe Bedürfnis angeführt werden wie das, welches überhaupt zur Herausbildung des Staates aus der Gesellschaft führte, das Bedürfnis einer Leitung im Kriege und bei anderen gemeinsamen Angelegenheiten. Aber eine solche Leitung war ja in der aus dem Rat der Ältesten oder aus den Familienvätern hervorgegangenen Häuptlingschaft vorhanden. Zwar konnte in vielen Fällen eine einheitliche Leitung besser sein als eine vielköpfige. Aber das Königtum unterscheidet sich von der Häuptlingschaft nicht so sehr durch seine Einheitlichkeit — denn eine solche konnte stets durch einen für die Gelegenheit gewählten Anführer (den „dux" des Tacitus) erreicht werden — als durch sein *Recht.* Die Häuptlinge haben ihre Würde in der primitiven Klassengesellschaft als einen Auftrag kraft der Wahl des Volks inne. Erst beim Übergang zur Ständegesellschaft kann, wie oben angeführt wurde, die Häuptlingschaft erblich werden gleichwie der Adel. Der König dagegen besitzt seine Würde erb- und eigentümlich schon von Beginn an. Die Königswürde, einmal durch Wahl einem erprobten Häuptling zuerteilt, wird als *sein Eigentum* aufgefaßt und ist daher erblich. Hierin besteht der große Unterschied.

Woher aber stammt diese, so gut wie allgemeine Auffassung des Königtums und seines Rechts? Die Antwort muß die sein: aus seiner Herkunft. Soweit wir sehen können, ist diese doppelter Art, religiös und kriegerisch. Die ersten Könige waren Priesterkönige oder Heerkönige. Noch heute finden sich bei vielen Naturvölkern, besonders Negern und Polynesiern, Herrscher, die in sich die Funktion des Priesters und des Häuptlings vereinigen. Und kein Zweifel dürfte darüber herrschen, daß die ältesten semitischen Könige gleichwie die Pharaonen diesen doppelten Charakter besaßen. Die Herrscher des Islam haben ihn bis auf den heutigen Tag bewahrt. Auch die Ynglingar in Uppsala waren aller Wahrscheinlichkeit nach Könige dieser Art. Die Erzählung von der Opferung Domaldes und Olof Trätäljas wegen einer Mißernte stimmt vortrefflich hierzu. Denn nach den Aussagen der Ethnographen soll es nicht selten vorgekommen sein, daß der Priester-Monarch getötet wurde, wenn Unglücksfälle eintraten, von denen man geglaubt hatte, er könne sie abwenden. Die göttliche Verehrung, die allgemein dem Monarchen in älterer Zeit erwiesen wurde, wie auch die Vorstellungen, daß die Königsgeschlechter übernatürlichen Ursprungs sind, weisen in dieselbe Richtung[1]).

Ein anderer Grund für die Verleihung der Königswürde waren kriegerische Taten. Gelegenheit dazu gaben die Wande-

---

[1]) Bekannt ist im übrigen, daß die norwegischen Häuptlinge oder Kleinkönige vor Harald Harfager zugleich Tempelvorsteher und Opferpriester waren. Ebenso die isländischen Häuptlinge (Godar), die auch mit vollem Eigentumsrecht ihre Ämter innehatten.

rungen, die in älterer Zeit so gewöhnlich waren, in der hellenischen Welt ebensowohl wie in der keltischen und germanischen. Krieg mit den Nachbarn war im übrigen ein alltägliches und gern gesehenes Ereignis. Ein siegreicher Häuptling, dem es gelang, seine Herrschaft über andere Stämme auszubreiten, gewann damit die Macht auch über seinen eigenen Stamm und befestigte sie durch eine Leibwache. Unzählige Fälle von kleineren und größeren Reichen dieser Art werden von der Geschichte berichtet und auch von Reisenden und Ethnographen beschrieben. Die vielen Negerdespotien sind dieser Art, denn gleichwie diese Reiche durch Gewalt gegründet worden, so werden sie auch durch Gewalt aufrechterhalten, darin sich unterscheidend von den Priesterkönigtümern, die mit der Billigung und durch die Wahl des Volks zustande gekommen sein dürften. Nach Verlauf einiger Zeit und wenn das Reich wächst, verschwindet wohl dieser Unterschied. Das priesterliche Königtum wird dann selbständig wie das kriegerische, und dem letzteren wird göttlicher Ursprung zuerteilt wie dem ersteren, indem der Stammbaum des Königs bis zu den Göttern hinaufgeführt wird.

Eine ursprüngliche Übereinstimmung haben jedoch beide in der Erblichkeit, obwohl der Grund derselben verschieden sein dürfte. Den Priesterkönigen eignet dieser Charakter als Priestern. Überall bei den Naturvölkern, wo die Entwicklung zu einer festen Priesterschaft geführt hat, und bisweilen auch vorher, ist diese erblich gewesen [1]). Was dagegen die Heerkönige betrifft, die mit Waffengewalt ein Reich errichtet haben, so wird es wohl als ihr persönlicher Erwerb aufgefaßt, den sie gleich anderem im Kriege gewonnenem Eigentum besitzen. Und solange keine Aristokratie vorhanden ist, die dem Heerführer-König die Macht streitig machen kann, und er nicht das Recht des Volks kränkt, ist es dabei als einer natürlichen Sache geblieben.

Über die Behandlung des Erbes und die Art der Erbfolge hat es keine allgemeine Bestimmungen gegeben, sondern dies ist als Sache des Herrschers und seiner Erben betrachtet worden, worüber sie allein zu bestimmen haben. In Despotien ist derartiges stets gewöhnlich. Aber auch unter einem Volkskönigtum wie dem germanischen stieß dies auf keinen Widerspruch, solange der König Sitte und Recht, des Volks und jedes Einzelnen, achtete. Die von deutschen und nach ihnen von schwedischen Gelehrten verfochtene Ansicht, das germanische Königtum sei ein

[1]) Landtman, a. a. O., S. 181ff.

Wahlkönigtum gewesen, obwohl die Wahl auf Mitglieder des Königsgeschlechts beschränkt war, ist eine bloße Vermutung, woran die unrichtige Vorstellung schuld ist, daß Königswürde und germanische Volksfreiheit nicht auf andere Weise in Einklang gebracht werden könnten. Auch lassen sich für sie keine sicheren geschichtlichen Beweise erbringen[1]).

Wie wir hieraus ersehen, haben sich sämtliche drei Regierungsformen, die in späterer Zeit aufgestellt worden sind: Demokratie, Aristokratie und Monarchie, in der primitiven Klassen-

[1]) Tacitus' bekannte Worte (Germ. 7): „reges ex nobilitate, duces ex virtute sumunt" enthalten keinen solchen Beweis, eher das Gegenteil. Wäre die genannte Theorie geltendes Recht gewesen, so hätte man den Ausdruck „e stirpe regia" o. ähnl. erwarten müssen statt des nun dastehenden. Dieser bezieht sich ganz allgemein auf die Wahl eines Königs, falls eine solche infolge des Aussterbens des Königsgeschlechts oder der Einführung des Königtums geschehen mußte. — Auch die geschichtlichen Quellen der folgenden Zeit liefern keine Stütze für die Theorie eines Wahlreichs in diesem Stadium. Die geschichtlichen Berichte, die wir von Thronwechseln während der Zeit der Völkerwanderung wie auch später besitzen, sind so mangelhaft, daß keine sicheren Schlüsse daraus gezogen werden können. Die Berichterstatter verwechseln die Huldigung von Anhängern und wirkliche Wahl, welch letztere ja natürlich oft infolge Erlöschens der Königsgeschlechter vorkam. Nur bei den Langobarden scheinen die geschichtlichen Daten für diese Theorie zu sprechen. Aber die Langobarden waren nicht ein einheitliches Volk, sondern ein aus vielen Volkssplittern zusammengesetztes Heer (Paulus Diaconus, Hist. Langobard. II, 8, 26) mit einem „dux" an der Spitze. Übrigens erhielt das langobardische Königreich, wie schon früher das westgotische in Spanien, rasch ein stark aristokratisches Gepräge, und mit der mittelalterlichen Aristokratie kam allgemein das Wahlreich. Bei anderen Völkern war das Königtum klar erblich, nicht nur bei Franken und Normannen, wo das Reich wie anderes Erbgut unter die Erben verteilt wurde, sondern auch bei mehreren anderen, wie das Vorkommen einer gemeinsamen Regierung von Erbberechtigten beweist (bei Alemannen, Burgunden, Ostgoten, Thüringern, Schweden). Bei den Vandalen gab Geiserich aus eigener Machtvollkommenheit eine Thronfolgeordnung, die dann allgemein beibehalten wurde. (Siehe des weiteren des Verf.s Arbeit: La royauté et le droit royal Francs, 1883, S. 105 ff.)

Ein Mißverständnis ist es ferner, daß die Erblichkeit der Königswürde unvereinbar wäre mit der germanischen Volksfreiheit. Das Recht des Königs ist genau in Gesetz und Sitte beschränkt, und ihm steht gegenüber das gleichgute Recht der Gemeinfreien. Das Königtum ist ein Volkskönigtum, mit einer Volksversammlung als ebenbürtigem Gegenpart in allen wichtigeren Dingen, vor allem betreffs Krieg und Frieden, sofern nicht äußere Verhältnisse, wie die Errichtung des Reiches durch Gewalt und die Größe des Reiches, die Volksversammlung unmöglich machen, wie das im fränkischen Reich und später in Norwegen der Fall war.

Schließlich irrt sich diese Theorie bezüglich des Entwicklungsganges von der primitiven Klassengesellschaft zur Ständegesellschaft und verwechselt die eine mit der anderen, worüber mehr weiter unten.

gesellschaft gefunden. Wohl zeigen sie bisweilen recht unentwickelte Formen im Vergleich mit späteren scharf ausgemeißelten Verfassungstypen. Die Grenzen sind mehr fließend, und die eine Form kann leichter aus einer anderen hervorgehen oder in sie übergehen, aber doch sind sie deutlich zu unterscheiden.

Ebenso treten bereits in dieser Gesellschaft die beiden anderen Grundtypen staatlicher Organisation, die „genossenschaftliche" und die „herrschaftliche", hervor. Und betreffs ihrer kann weit klarer als bezüglich der gewöhnlichen drei Regierungsformen, Demokratie, Aristokratie und Monarchie, ein Gradunterschied in der Entwicklung, entsprechend der Gesellschaftsentwicklung, konstatiert werden. Die Völker, die bei einem rein genossenschaftlichen Staatswesen verblieben, sind entweder verschwunden oder auf niedrigsten Kulturstufen stehen geblieben. Der Fortgang zu höherer Kultur und ein längerer Bestand sind nur den Völkern zuteil geworden, die zu dem anderen Typ und genauer bestimmt zum Königtum übergegangen sind. Alle Kulturvölker, tote wie lebende, sind unter Königsregierung in die Geschichte eingetreten, wenn auch die beiden klassischen, Hellenen und Römer, nicht lange dabei verblieben.

Kapitel IV.

Übergang zur Ständegesellschaft.

Treibende Kräfte.

Der allgemeine Entwicklungsgang des Klassenwesens. Die Völker zeigen in bezug auf soziale Organisation, sowohl bei einer geschichtlichen Übersicht wie bei einer vergleichenden Betrachtung der gegenwärtigen Verhältnisse, im großen und ganzen vier scharf geschiedene Zustände: keine Klassen — die primitive Klassengesellschaft, in welcher die Klassen entstanden sind, — die Ständegesellschaft mit ihren zwei Abarten, der Kastengesellschaft und der Feudalgesellschaft, wo die sozialen Unterschiede ihren Höhepunkt erreichen — und die neue Klassengesellschaft, in welcher eine Aufhebung und Ausgleichung der genannten Unterschiede vor sich geht. Je für sich betrachtet, erscheinen diese Zustände so verschieden, daß man glauben möchte, sie hätten nichts miteinander zu tun. Dem ist jedoch nicht so. Sowohl geschichtlich als kulturell gehören sie aufs engste zusammen. Geschichtlich zeigt sich dies darin, daß die verschiedenen Zustände in bestimmter Ordnung aufeinanderfolgen, und daß jeder nachfolgende in dem nächstvorhergehenden seine Voraussetzung hat, ohne die er nicht zustande gekommen wäre. Kulturell gibt sich der Zusammenhang noch deutlicher kund, indem jeder Zustand und jede Gesellschaftsform einem gewissen Kulturstandpunkt entspricht. So ist das Gemeinschaftsleben ohne soziale Unterschiede das kulturlose im engeren Sinne dieses Wortes oder der sogenannte Naturzustand, während die primitive Klassengesellschaft das erste eigentliche Kulturstadium, die Barbarei, bezeichnet. Die Ständegesellschaft wiederum steht eine Stufe höher und entspricht dem, was man die Halbkultur oder, wenn es sich um die Kulturvölker handelt, ihr Mittelalter zu nennen pflegt. Die neue Klassengesellschaft endlich gehört der Hochkultur an, dem Höchsten, wozu die Menschen in innerer und äußerer Kultur gelangt sind.

Es herrscht somit ein deutlicher Parallelismus zwischen diesen zwei Erscheinungen: der Kultur und dem Klassenwesen, soweit die Geschichte bisher fortgeschritten ist. Doch verfolgen sie nicht dieselbe gerade Linie, von unten nach oben. Während die Kultur, trotz gelegentlicher historischer Rückschläge, in einer geraden Linie aufzusteigen scheint, folgt das Klassenwesen ebenso klar einer gebrochenen Linie. Es steigt von nichts auf zu einer schwindelnden Höhe, wendet aber dann um und geht abwärts auf verminderte Klassenunterschiede zu. Innerhalb des Klassenwesens geht also eine doppelte Bewegung vor sich, wenn man es vom Anfang bis zum Ende verfolgt, zuerst eine aufsteigende zu gesteigerten sozialen Unterschieden, danach eine absteigende zu verminderten Unterschieden hin. Wollte man mittels einer Kurve die Entwicklung des Klassenwesens in ihrer Gesamtheit veranschaulichen, so würde diese von einem unbestimmbaren Anfang ohne soziale Differenzierung langsam ansteigen zu einer verhältnismäßig geringen Höhe, auf dieser eine Strecke stehen bleiben und dann rasch den Höhepunkt in der Ständegesellschaft erreichen, um auch auf dieser Höhe eine längere oder kürzere Strecke zu verharren, bis es wieder abwärts geht zu sozialem Ausgleich hin, erst langsam, dann rascher. Auf die aufsteigende Bewegung in der Geschichte der Ständebildung folgt somit stets, wenn die Entwicklung sich vollendet, eine absteigende, ohne daß sie jedoch jemals, soweit wir bisher gesehen haben oder uns denken können, zu dem Ausgangspunkt, der klassenlosen Gesellschaft, zurückkehrt.

Vielleicht dürfte der soeben angedeutete Zusammenhang zwischen weit verschiedenen Formen des Klassenwesens manchem als eine Konstruktion erscheinen, begründet mehr in dem betrachtenden Auge als in den Dingen selbst. In Wirklichkeit steht ja jeder einzelne Fall von Klassen und Klassenwesen als etwas Besonderes da, gleich den Völkern und Gesellschaften selbst, zu denen er gehört. Aber obwohl so auf viele verschiedene Träger zersplittert, ist das Klassenwesen doch im Grunde überall ein und dasselbe auf derselben Kulturstufe. Einen Beweis dafür liefern auch die eigentlichen Kulturvölker und ihre Entwicklung. Diese haben die genannten Phasen in der bestimmten Reihenfolge erlebt. Von dem Naturzustand her, der bei ihnen vor aller Geschichte liegt, sind sie zu der primitiven Klassengesellschaft gelangt, von dieser zur Ständegesellschaft und dann zu der neuen Klassengesellschaft. Die verschiedenen Arten von Klassenwesen sind demnach nur verschiedene Glieder einer und derselben Entwicklungskette. Was den

Blick verwirrt und uns hindert, sofort diesen Zusammenhang zu sehen, sind nicht zum wenigsten die unzähligen Unterbrechungen, die nur in wenigen Fällen die Entwicklung ihr Endstadium erreichen lassen.

Es verhält sich nämlich so, daß die angedeutete Entwicklung des Klassenwesens meistenteils nur stückweise vor sich gegangen ist. Die meisten Völker sind nicht weiter als bis zu der primitiven Gesellschaft gelangt und viele nicht einmal so weit. Andere wiederum, die Halbkulturvölker, haben auf dem Wege der sozialen Differenzierung die nächsthöhere Stufe, die Ständegesellschaft, erreicht und sind dort stehen geblieben. Nur eine geringe Anzahl, die eigentlichen Kulturvölker, sind durch sämtliche Stufen hindurchgegangen und haben die letzte Form sozialer Organisation, die Klassen unserer Tage, erreicht. Die ersten Teile der oben erwähnten Kurve für die Entwicklung des Klassenwesens sind demnach von Völkern ausgefüllt, die nicht weiter gelangt sind und wahrscheinlich auch nicht weiter gelangen werden. Der allgemeine Grund dieser bemerkenswerten Tatsache ist aus den verschiedenen Kulturstufen und dem oben erwähnten Parallelismus zu ersehen. Worauf aber diese wiederum beruhen, oder mit anderen Worten, weshalb ein großer Teil des unzweifelhaft einheitlichen Menschengeschlechts auf dem Standpunkt von Wilden oder einer ähnlichen Stufe verblieben ist, darüber sind die Ansichten geteilt. Wir haben auch keinen Anlaß, hier uns weiter in diese Frage zu vertiefen, sondern beschränken uns auf eine allgemeine Anmerkung darüber [1]).

---

[1]) Natürlich sind der Ursachen dieser weltgeschichtlichen Ungleichheit viele sowohl äußere als innere, aber die tiefste und allgemeinste ist zweifellos verschiedene geistige Begabung. Betreffs der Naturvölker war früher diese Auffassung allgemein. Die Ethnographen unserer Tage (Ratzel, Bahnson u. a.) wollen mehr und mehr ihre Gültigkeit bestreiten. Statt dessen möchten sie den Grund zu der Zurückgebliebenheit dieser Völker in äußeren Verhältnissen sehen. Diese Erklärung ist auch in vielen Fällen ausreichend, so betreffs der in den Polarländern, den Tropen oder den Wüsten Australiens und anderen ungastlichen Gegenden lebenden Menschen. In anderen Fällen ist sie unzulänglich. Die in den gemäßigten Zonen Südafrikas wie auch Amerikas wohnenden Völker gehören teilweise zu den niedrigststehenden unter allen Naturvölkern. Auch kann nicht Isolierung, die nach Wundt die wichtigste Ursache der Zurückgebliebenheit sein soll, als Grund hierbei angeführt werden. Denn auch die niedrigststehenden haben, wie eben Wundt nachweist, Wanderungen ausgeführt oder sind sonst mit anderen Völkern in Berührung getreten. In den genannten und vielen ähnlichen Fällen scheint die Zurückgebliebenheit nur durch natürliche Minderwertigkeit erklärt werden zu können.

Es scheint, als wenn die Ethnographen nicht gebührend die alte Einteilung des menschlichen Intellektes in „Verstand" und „Vernunft" beachteten. Ersterer

Es genügt uns, festgestellt zu haben, daß die Verschiedenheiten in Kultur und Klassenwesen, offenbar unter gegenseitiger Wechselwirkung, stets zusammengehen, und daß eben aus diesem Grunde letzteres so selten seine volle Entwicklung erreicht hat.

Ein anderer Umstand, der die Auffassung des Klassenwesens erschwert hat, ist die obenerwähnte doppelte Bewegung darin, erst aufwärts zu gesteigerten Klassenunterschieden, dann abwärts zu verminderten hin, sowie daß in beiden Fällen die Bewegung mit der Kulturentwicklung Hand in Hand gegangen ist.

Daß Privilegien beseitigt und die sozialen Unterschiede vermindert werden, scheint ja eine Kulturtat zu sein, daß aber auch der gerade Gegensatz, die Entstehung der Unterschiede und die Erteilung von Privilegien, ebenso einen Kulturfortschritt in sich schließen kann, erscheint wohl den meisten heutzutage wunderlich. Und doch ist dem so. Der Übergang vom Naturzustand zur primitiven Klassengesellschaft und von dieser zur Ständegesellschaft geschieht nicht, ohne daß das Klassenwesen auf die genannte Weise entstanden und gewachsen ist. Die aufsteigende Bewegung muß also ebensowohl kulturbringend sein wie die absteigende.

---

dient dazu, Mittel zu finden, um ein Ziel zu erreichen; letzterer sucht die Erklärung d. h. den Grund der Erscheinungen. Der Verstand hat durchweg praktischen Charakter und ist nicht dem Menschen allein eigentümlich. In seinen ersten Anfängen findet er sich tief unten auf der Stufenleiter der Lebewesen und bildet nebst dem Gedächtnis die erste Form intellektueller Lebensäußerung, kommt daher in verschiedenen Graden innerhalb des größeren Teils des Tierreiches vor. Die Vernunft dagegen, die mit überwiegend theoretischem Ziele arbeitet, gehört ausschließlich dem Menschen an.

Die beiden Gaben sind ungleich verteilt nicht nur unter den Angehörigen desselben Volkes, sondern auch im großen zwischen den Völkern und Rassen, wie auch übrigens zwischen Mann und Frau. Doch gilt dies hauptsächlich von der Vernunft und den damit verbundenen höheren Bedürfnissen. Der Verstand oder das Vermögen, Mittel zur Erreichung eines Zieles auszudenken, wird bei den Naturvölkern ungefähr ebenso entwickelt angetroffen, wie bei den höchststehenden Kulturvölkern. Der Naturmensch kann dabei ebenso großen Scharfsinn und ebensolche Schlauheit an den Tag legen wie nur jeder Europäer. Dies ist es, was die Ethnographen dazu verleitet, ihm dieselbe intellektuelle Begabung wie dem Weißen zuzuschreiben. Die Naturvölker sind uns gleichwertig an Verstand, aber in dem Gebrauch der Vernunft oder richtiger vielleicht in den erkenntnistheoretischen Forderungen derselben stehen sie weit zurück. Bei den Völkern der Halbkultur und den verschiedenen Kulturvölkern wiederholt sich diese natürliche Verschiedenheit, obwohl auf einem höheren Plane. Die alte Anschauung, so kräftig von Gobineau und seinen vielen Anhängern verfochten, hat zweifellos sehr viel für sich, falls nur die Übertreibungen darin beseitigt und die verschiedene geographische und geschichtliche Umgebung sowie deren Wirkungen gebührend berücksichtigt werden.

Wie dies zu erklären ist, werden wir später sehen. Das genannte Verhältnis hat aber einer einheitlichen und klaren Vorstellung von der mächtigen Erscheinung hindernd im Wege gestanden.

Als besonders wichtig für die Darstellung derselben ist schließlich zu beachten, daß sie zweimal zu dem letzten Stadium, der modernen Klassengesellschaft, gelangt ist. Das erste Mal geschah es in der Antike. Aber die erreichte Höhe war hier nicht von Bestand. Ein Umschwung trat während des Verfalls der antiken Kultur ein — auch hier also ein Parallelismus zwischen Kultur und Klassenwesen. Ein Rückgang zuerst zur Ständegesellschaft während der späteren Zeit des Kaiserreichs, sodann bis hinab zur primitiven Gesellschaft während und nach den Völkerwanderungen — natürlich mit den Modifikationen, die notwendigerweise durch den verschiedenen Ausgangspunkt — nun nicht von dem Naturzustand, sondern von einer in Auflösung begriffenen Kultur — bedingt sind.

Die Entwicklung bewegte sich in diesem Falle also in einem Kreise. Wird das auch in der Gegenwart oder der nahen Zukunft geschehen? Ein genialer Forscher hat geglaubt, betreffs des politischen Lebens und der politischen Verfassungen der Völker einen solchen Kreislauf feststellen zu können[1]). Dieser politische Umlauf bewegt sich jedoch in weit rascherem Tempo als der soziale Kreislauf, wenn ein solcher wirklich vorhanden ist. Hierüber zu urteilen ist es jedoch zu früh, denn der Fall der Antike war vielleicht einzigdastehend — obzwar die Umwälzungen, die wir jetzt erleben, wohl den Glauben erwecken können, daß eine Wiederholung des Schicksals der Antike bevorsteht. Wie dem auch sei, so scheint die soziale Entwicklung in der zivilisierten Welt noch andauernd sich in abwärtsgehender Linie nach verminderten Klassenunterschieden und allgemeiner Gleichheit hin zu bewegen, ohne daß wir wissen, ob wir das Ende dieses Prozesses schon erreicht haben oder nicht. Es ist aber hier nicht der Ort, diese schicksalsschwere Frage zu erörtern. Wir werden sie später in anderem Zusammenhang berühren.

Die Darstellung der einzelnen Glieder des Klassenwesens, der verschiedenen Gesellschaftsformen, genügt jedoch nicht, um eine volle Einsicht in die mannigfaltige Erscheinung des Klassenwesens

[1]) Rudolf Kjellén, Försök till ett statsformernas naturliga system in „Festskrift till Pontus Fahlbeck", 1915, S. 121 f.

zu gewähren. Man muß zugleich die Übergänge von einer Gesellschaft zu einer anderen wie auch die dabei *wirksamen Kräfte* sehen. Nur hierdurch kommt die Erscheinung in ihrer Gesamtheit zu ihrem Recht und tritt ihre tiefere Bedeutung zutage. Die Zeichnung der einzelnen Gesellschaften, die übrigens wie die ganze Darstellung schematisch werden muß — sie würde sonst zu ungeheurer Breite anschwellen —, wird demnach durch Studien über die genannten Kräfte verbunden und erklärt werden. Während erstere darauf ausgeht, Geschichte zu geben und nichts anderes, versuchen die letzteren außerdem von allgemeinen Gesichtspunkten auf soziologische Weise den Gegenstand zu beleuchten. Daß hierbei Konstruktionen ein gewisser Spielraum gelassen wird, ist klar. Aber auch sie gehören zu der wissenschaftlichen Behandlung einer Sache wie dieser. Soweit sie sich auf subjektive Vorstellungen gründen, fallen sie beim Fortschritt der Wissenschaft weg, haben aber doch ihren Dienst getan, positiv durch neue Anregungen oder negativ, indem sie den Beweis liefern, daß der Weg nicht vorwärts führt.

Gleichwie in Kapitel II außer der geschichtlichen Entstehung der Klassen auch die psychologischen und gesellschaftlichen Bedürfnisse und Kräfte, die dabei mitgewirkt haben, geschildert wurden und dies gleicherweise für die primitive Gesellschaft in Kapitel III geschah, so werden im folgenden die treibenden Kräfte der Entwicklung gleichzeitig mit der Zeichnung der besonderen Gesellschaftstypen, die daraus hervorgehen, nachgewiesen werden. Zunächst ist es also unsere Aufgabe, über die Faktoren zu berichten, die der „aufsteigenden Bewegung" im Klassenwesen zugrunde liegen, sowie über ihr Resultat, die Ständegesellschaft mit ihren Abarten, der Kasten- und der Feudalgesellschaft.

* * *

Die Arbeitsteilung. „Die materialistische Anschauung der Geschichte geht von dem Satz aus, daß die Produktion, und nächst der Produktion, der Austausch ihrer Produkte, die Grundlage aller Gesellschaftsordnung ist; daß in jeder auftretenden Gesellschaft die Verteilung der Produkte, und mit ihr die soziale Gliederung in Klassen oder Stände, sich danach richtet, was und wie produziert und wie das Produzierte ausgetauscht wird. Hiernach sind die letzten Ursachen aller gesellschaftlichen Veränderungen und politischen Umwälzungen zu suchen nicht in den Köpfen der Menschen, in ihrer zunehmenden Einsicht in die ewige Wahrheit und Gerechtigkeit, sondern in Veränderungen der Produktions- und Austauschweise[1])." Die wirtschaftlichen Faktoren bestimmen infolgedessen Religion, Moral und Recht jedes Zeitalters ebensowohl wie alle sozialen und politischen Verhältnisse. Sie bilden die eigentliche und einzige treibende Kraft nicht nur des Klassenwesens, sondern auch aller Kultur. Dies ist die Erklärung, die die sogenannte materialistische Geschichtsauffassung von der Entwicklung der Menschheit gibt.

Daß die ökonomischen Faktoren, soweit sie in Klima, Bodenbeschaffenheit, geographischer Lage usw. bestehen, einen großen und bisweilen allmächtigen Einfluß auf die menschliche Entwicklung ausüben, ist allbekannt und schon früh von Montesquieu, Buckle u. a. ausgesprochen worden. Das Neue, das die materialistische Geschichtsauffassung behauptet, ist, daß die vom Menschen selbst geschaffenen Mittel der Produktion, kurz gesagt die Produktionstechnik, das eigentlich Treibende in dieser Entwicklung ist. Dies ist eine noch größere Übertreibung, als wenn der Klassenkampf zum ganzen Sinn der Geschichte gemacht wird. Wie bedeutsam die Produktionstechnik als Faktor für die Entwicklung auch sein mag, so ist sie doch nur einer neben mehreren anderen, nicht weniger wichtigen. Vor allem aber ist die Produktionstechnik nicht das selbständige Prius, wozu Marx und Engels sie machen wollten. Sie ist selbst eine Folgeerscheinung von etwas anderem, noch größerem. Die Produktionstechnik ist nämlich gänzlich abhängig von der Einsicht und der Kenntnis von der Natur und sich selbst, die der Mensch in jeder Zeitperiode besitzt. Will man daher die vielen die Entwicklung treibenden Kräfte auf eine einzige zurückführen, so ist diese einzige — Wissen und Einsicht. Comte ist mithin auf richtigerer Spur als Marx. Aber auch Comte's Intellektualismus ist unzulänglich. Nur eben die ganze Natur des Menschen muß herangezogen werden, wenn man in einen Brennpunkt die Kräfte sammeln will, durch die er sich seine Welt erbaut hat. Da aber der Mensch all dies nur durch seine Psyche zustande gebracht hat und er sich nur durch sie von den Tieren unterscheidet, so ist es eben sein geistiges Wesen, dessen Bedürfnisse und Gaben, worin man letzthin die innerste treibende Kraft aller Geschichte und aller Kultur zu suchen hat.

---

[1]) Fr. Engels, Herrn Eugen Dührings Umwälzung der Wissenschaft. 2. Aufl., 1886, S. 253.

Nicht zum mindesten das Klassenwesen bestätigt diese Tatsache. Schon sein erster Anfang mit dem Medizinmann-Priester ist eine Äußerung religiöser und intellektueller Bedürfnisse und jeder folgende Schritt auf dem Wege der sozialen Differenzierung ist ein Schritt weiter zur Befriedigung höherer Bedürfnisse hin. Hierbei macht sich nämlich eine ideelle Bewertung von Arbeit und Aufgaben geltend, die dem Menschen angeboren ist, und die im Laufe der Entwicklung eine immer schärfere Ausprägung und Verfeinerung erfährt. Bei allem Lebenden kommt zweifellos ein Wählen betreffs der Dinge, die das Einzelwesen umgeben und seinen Bedürfnissen dienen, vor. Das eine wird genommen und das andere verworfen. Beim Menschen entwickelt sich dieses Wählen zu einer Wertung von Besserem und Schlechterem, Höherem und Niederem, die schließlich all sein Tun und Lassen beherrscht. Die Gründe für diese Wertung sind betreffs Einzelheiten unendlich verschieden je nach Geschmack, Rassenanlage, Kulturstandpunkt usw. Aber in all dieser Mannigfaltigkeit finden sich doch gewisse ständig wiederkehrende Dominanten — um einen in der Vererbungslehre vorkommenden Ausdruck zu gebrauchen. Eine solche ist die höhere Wertschätzung immaterieller Bedürfnisse und Wertgegenstände als materieller. Ein primitiver Zug dieser Wertschätzung findet sich in dem Verlangen des Wilden nach Schmuckgegenständen und anderem, das seinen Schönheitssinn befriedigt. Weit bedeutungsvoller ist es, daß dieselbe Wertschätzung sich in bezug auf Religion und Wissen und Recht und überhaupt alle Kulturbedürfnisse zu erkennen gibt. Diese bereits auf dem Standpunkt des Wilden hervortretende Wertschätzung nimmt um so mehr zu, je weiter empor der Mensch auf der Stufenleiter der Kultur gelangt.

Diese Wertung erhält im Klassenwesen einen ihrer stärksten Ausdrücke. Denn sie ist es, wie bereits oben betont wurde, die der *sozialen Arbeitsteilung* und der darauf gegründeten *Hierarchie mit höheren und niederen Klassen* letzthin zugrunde liegt. Von den Bedürfnissen wird nämlich diese Wertung auf die Arbeit übertragen, die ihrer Befriedigung dient, und ferner von der Arbeit und der Aufgabe auf die, welche dieselben ausführen. Priester und Adel und später auch Bürger werden höher geschätzt als Bauern und die dienenden Klassen, weil die Arbeit und die Aufgaben der ersteren höher geschätzt werden als die des gemeinen Volks. Es könnte scheinen, daß dies eine unrichtige Bewertung ist. Nahrung, Kleider usw. sind die ersten Bedürfnisse des Menschen und sollten daher am wertvollsten erscheinen. In kritischen Zeiten, wo Mangel an diesen wichtigsten Notwendigkeiten des Lebens vorliegt, ist das auch der Fall. Da sinken alle anderen Bedürfnisse und Wertgegenstände, besonders die ideellen, zu nichts herab im Vergleich mit ihnen. Unter gewöhnlichen Verhältnissen aber ist die Auffassung des Menschen eine andere. Religiöse und ethische, intellektuelle und ästhetische Bedürfnisse haben da den Vorrang und mit ihnen die Individuen und Klassen, die den genannten Bedürfnissen genügen. Dies ist der psychologische Grund für die soziale Hierarchie und letzthin für das Klassenwesen selbst. Denn ohnedem wären sicherlich keine Klassen entstanden, noch hätten sie sich, wenn Ansätze dazu mit dem Recht des Stärkeren vorgekommen wären, erhalten können. Das Klassenwesen hat nämlich unter gewissen Formen (in der Kasten- und der Feudalgesellschaft) den Menschen die größten Leiden gebracht, wobei es aussehen kann, als hielte die Gewalt allein es aufrecht. Und in vielen Fällen, wie wenn ein Volk über ein anderes herfällt und es zu seinem Sklaven macht, ist es wohl auch die physische Übermacht, die die sozialen Unterschiede begründet. Befestigen aber diese sich nicht nach einer oder zwei Generationen auf der eben angedeuteten psychischen Grundlage, so wird die Gewaltherrschaft gestürzt und mit derselben ihr Ständewesen. Auf die Gewalt allein kann nie eine Gesellschaftsform auf die Dauer gebaut werden. Es war der moralische Respekt vor den Aufgaben, denen Priester und Adel dienten, der diese Stände aufrecht erhielt, auch wenn sie die breiten Schichten des Volks schlimm bedrückten.

Wenn aber demnach auch diese für die Menschen charakteristische Wertung von höheren und niederen Dingen als die wichtigste der Kräfte zu nennen ist, die die soziale Differenzierung vorwärts getrieben und den Übergang von der primitiven Klassengesellschaft zur Ständegesellschaft veranlaßt haben, so ist sie doch nicht die einzige. Andere erwachsen aus dieser Differenzierung selbst, nachdem sie einmal entstanden, vorausgesetzt natürlich, daß äußere Verhältnisse und die psychischen Anlagen des Volks überhaupt eine Entwicklung über den Naturzustand hinaus zulassen. Eine solche Kraft ist die fortgesetzte Spezialisierung von Arbeit und Aufgaben, oder was man die *technische Arbeitsteilung* nennt.

Nachdem die soziale Arbeitsteilung des Klassenwesens einmal zustande gekommen ist, neigt sie dazu, aus eigener Kraft sich weiter zu entwickeln. Aus den Künsten der Priester wird mit der Zeit ein Kult, und ihre gesammelte Erfahrung wächst zu einem Wissensschatz heran. In dem Maße, wie der Staat an innerer und äußerer Stärke zunimmt, steigen die Forderungen, die an seine Leiter gestellt werden. Vor allem aber nehmen innerhalb der wirtschaftlichen Gewerbe Spezialisierung und Geschicklichkeit zu. Die wirtschaftliche Arbeitsteilung in ihren beiden Momenten, „Gewerbespezialisierung" und „Produktionsspezialisierung", wächst von selbst als eine Frucht der praktischen Zweckmäßigkeit der Arbeit. Hieraus entstehen neue Gewerbe, während die Kunstfertigkeit und die Produktion bei den älteren zunimmt, wodurch Übung und Lehre erforderlich werden, um sie auszuüben. All dies muß auf die Ausüber der verschiedenen Funktionen, Priester, Häuptlinge, Kaufleute und Gewerbetreibende aller Art, zurückwirken. Sie werden je für sich mehr und mehr zu der Spezialität ausgebildet, die der Mensch in der Kulturgesellschaft ihrer Natur gemäß sein soll und sein muß, und ebenso die Klassen. Diese werden in ihrer Eigenart stärker und stärker ausgeprägt mit der Folge, daß die Klassenunterschiede wachsen und die Klassen immer selbständiger einander gegenüber werden.

Aus der eben angedeuteten technischen Spezialisierung folgt schließlich eine mehr persönliche, indem die betreffenden Aufgaben und Arbeiten denen vorbehalten bleiben, die sich ihnen einmal gewidmet haben. Sie werden bei ihren Ausübern *monopolisiert*. Den höheren Klassen bringt ihre Arbeit und ihre Stellung ein höheres Ansehen und große wirtschaftliche Vorteile. Ganz natürlich wachen sie eifrig darüber, daß ihnen bleibt, was sie besitzen, und ebenso, daß nicht allzu viele Neue hinzukommen, die auf dieselben Vorteile Anspruch machen. Die höhere Stellung erzeugt begreiflicherweise bei ihren Inhabern eine Neigung zu Beschränkung und Ausschließung. Und das gleiche ist der Fall bei allen besseren wirtschaftlichen Gewerben. Ein jeder verteidigt das seine und fürchtet Beeinträchtigung durch andere.

Dies gehört indessen mehr der folgenden Periode an, wo die Klassen rechtlich fixiert und zu „Ständen" werden. In der primitiven Gesellschaft sind sie, was die Personenauswahl betrifft, immer noch fließend. Nur die Sache selbst, die soziale Differenzierung, ist vorhanden und wirkt als lebendige Kraft zur weiteren Entwicklung des Klassenwesens und zur Umgestaltung der Gesellschaft überall, wo nicht innere und äußere Hindernisse sich übermächtig dagegen erheben.

Man kann also ohne Übertreibung sagen, daß die Arbeitsteilung die vornehmste treibende Kraft der Kultur und der sozialen Differenzierung ist. Aber sie ist dies nicht nur als technische Spezialisierung und Monopolisierung und noch weniger als die zweckmäßige Teilung der Arbeit in der wirtschaftlichen Produktion, wie die Sache gewöhnlich dargestellt wird. Sie ist es hauptsächlich als verschiedene Wertung der Dinge und dadurch bedingte Gruppierung derjenigen, die sich damit beschäftigen, als psychologischer Faktor also. Vor allem in der Kindheit der Völker hat dieser Faktor eine überwältigende Bedeutung gehabt. Religion und Magie, Sitte und Brauch, die stets stark wertbetont sind, bestimmen in weit höherem Grade als Überlegung und klare Einsicht die Handlungsweise der Menschen auf dieser Entwicklungsstufe und formen ihr ganzes Leben. In diesen psychischen Momenten hat die soziale Differenzierung ihren tiefsten Grund. Auf diese Weise verstanden, ist die Arbeitsteilung wirklich die erste Triebfeder in der weltgeschichtlichen Erscheinung des Klassenwesens. Aber freilich ist sie nicht der einzige Faktor. Andere kommen später zu ihr hinzu. Diese treten jedoch mehr als äußere Anregungen und Stützen auf. Die wichtigsten sind die Vererbung, das Eigentum und das Recht. Wir wollen sie je für sich etwas näher ins Auge fassen.

* * *

Erblichkeit und Erbrecht. Der Mensch ist, was er ist, nur dank Erblichkeit und Erbe. Dies gilt physisch für ihn wie für alles Lebende, dazu aber auch psychisch. Bei Menschen allein kommt nämlich eine doppelte Vererbung vor, eine angeborene und eine selbstbewirkte. Die letztere, mit der wir es hier ausschließlich zu tun haben[1]), beginnt bereits mit der Gabe der Sprache, der Voraussetzung für alle andere menschliche Entwicklung, und umfaßt die ganze Welt, die Menschengedanke und Menschenhand aufgebaut haben, und die wir in dem Worte Kultur zusammenzufassen pflegen. Diese Welt ist nur dadurch entstanden und gewachsen,

---

[1]) Gustav Schmoller, Grundriß der allgemeinen Volkswirtschaftslehre, 1908, 1, S. 430 ff. glaubt, zu den klassenbildenden Faktoren auch physisches Erbe rechnen zu müssen. Wir können diese Auffassung nicht teilen, außer natürlich in den Fällen, wo die Klassen auf Eroberung und Mischung verschiedener Rassen beruhen, oder wo strenge Endogamie innerhalb der Klasse herrscht. Die Beweise für physisches Erbe, die Schmoller auch sonst im Standesgefühl usw. zu finden glaubt, lassen sich aus Erziehung und Umgebung, also als psychisches Erbe erklären.

daß die eine Generation von der anderen die Früchte ihrer Arbeit empfing, bewahrte und weiter vervollkommnete und sie der nächstfolgenden als Erbe hinterließ. Die Kultur ist ein Arbeitsprodukt, dessen innerstes Wesen Wissen und darauf gegründete Fertigkeiten ist. Diese aber vergehen in demselben Augenblick, wo sie nicht mehr vom denkenden und könnenden Menschen ausgeübt werden. Ohne Tradition und Erbe ist daher keine Kultur denkbar. Die größere oder geringere Stärke und die Vollständigkeit dieser Vererbung ist daher ein Maßstab für die Entwicklung und den Standpunkt der Kultur selbst. Der Wilde ist Wilder, vor allem weil Tradition und ererbte Erfahrung so schwach sind. Er hält nichts fest, weshalb jede Generation so gut wie von neuem beginnen muß. Erst wenn die gewonnene Erfahrung angehäuft und bewahrt wird, kann eine Kultur im höheren Sinne entstehen.

Es ist klar, daß bei der grundlegenden Bedeutung, die das psychische Erbe, das Kulturerbe, für den Menschen hat, Erblichkeit und Erbrecht ein mächtiger Faktor in der Organisation der Gesellschaft werden mußten. Hierzu kam als ein kaum weniger bedeutender Faktor die Vererbung der äußeren Dinge, das Eigentum in seinen verschiedenen Formen. Das Erbrecht an das Eigentum ist ebenso alt wie das Eigentum selbst und hat dieselben Umwandlungen wie dieses und seine Besitzer durchgemacht, also vom Mutterrecht zum Vaterrecht, von dem Erbrecht des Stammes, des Geschlechts und der Siedelungsgenossenschaft zu dem der Familie und schließlich dem des Individuums. Die Vererbung des Eigentums bildet gleichfalls ein wichtiges Moment in der Organisation der Gesellschaft. Dies geht aber am besten aus einer Betrachtung des Eigentums selbst hervor, auf das wir noch später zurückkommen.

Die Bedeutung der Vererbung der genannten Kulturwerte zeigt sich zunächst in der Vererbung auch von Aufgaben und Lebensstellungen. Eine solche erscheint vielleicht am frühesten bei den Priestern, zu deren Aufgaben es eben gehörte, all die Kenntnis von verborgenen und anderen Dingen, die der Stamm besaß, zu sammeln und zu bewahren. Der Priester-Medizinmann war die lebende Tradition. In ihm verkörperlichte sich sozusagen das Erbprinzip und erhielt damit seine persönliche Bestätigung. Auch hat es direkt dazu mitgewirkt, aus den einzelnen Priestern einen Stand zu machen, indem jeder, der sich diesem Beruf widmete, bei den Älteren in die Lehre gehen mußte, um persönlich das Erbe von gesammelter Erfahrung und eingewöhnten Riten zu übernehmen, wodurch der Grund zu einer geschlossenen Körperschaft und einem festen Stande auch in den Fällen gelegt wurde, wo das Amt und die Funktion sich nicht innerhalb der Geschlechter vererbten.

Noch mächtiger als betreffs des Priesterstandes hat jedoch das Erbprinzip auf die Ausbildung der übrigen Stände eingewirkt. So war es, wie oben angedeutet wurde, bei der Entstehung des Adels in entscheidender Weise wirksam. Das Bedürfnis des Gemeinschaftsleben nach Leitung ruft überall Häuptlinge und eine Aristokratie hervor. Aber die Umwandlung dieser letzteren in einen Adel ist nicht möglich ohne die Erblichkeit der Würden und der Vergünstigungen. Zunächst war es nur das mit der Häuptlingswürde verbundene höhere Ansehen und das größere Vermögen, das als Erbe auf die Söhne überging. Später traten die Söhne in die Fußspuren der Väter als Inhaber der Ämter selbst, wodurch diese innerhalb der Häuptlingsgeschlechter erblich und als ihr Eigentum betrachtet wurden. Damit ist nicht nur der Adel als erblicher Stand begründet, sondern auch eine der größten Umwandlungen in der politischen und sozialen Organisation der Völker vollzogen. Denn auch wenn ein Königtum entsteht, das diese ursprüngliche Aristokratie beiseite schiebt oder sie ausrottet und die Staatsfunktionen seinen Gefolgsleuten und Beamten überträgt, ist das Prinzip der Erblichkeit von Würden und Ämtern festgelegt und bildet während langer Zeit den leitenden Grundsatz für die Organisation des Staates. Das Königtum ist von Beginn an erblich, und der neue Beamtenadel wird bald dasselbe. Nicht ohne Recht betrachtet daher Herder die „Erbregierungen", die auf die „natürlichen" Regierungsformen der Familie und der gewählten Stammeshäuptlinge folgen, als die größte Umwälzung aller staatlichen Verhältnisse [1]). Auch darin hat er Recht, wenigstens in vielen Fällen, daß die Erblichkeit der Staatsfunktionen die Einleitung bildete zu einem ungezügelten Gewaltregiment, das seinerseits mächtig zur Ständebildung innerhalb des übrigen Volkes beigetragen hat.

Aber die Erblichkeit der Ämter hat nicht nur auf Priester und Adel seine standesbildende Wirkung ausgeübt. Dasselbe war der Fall betreffs der Gewerbetreibenden unter dem gemeinen Volke, wenn auch nicht so streng wie bezüglich der ersteren. Der Sohn erlernte das Gewerbe des Vaters; auf diese Weise

---

[1]) Ideen zur Philosophie der Geschichte der Menschheit. Suphans Ausgabe, 1887, S. 377 ff.

führten vielerorts die Gewerbe zur Entstehung fester sozialer Gruppen, sei es nur als Zünfte oder als wirklicher Stände und in der Kastengesellschaft als Kasten. Dies hat in hohem Grade die Entwicklung der Handwerke und des Kapitals gefördert. Aber es hat auch kräftig zur sozialen Organisation der Gesellschaft beigetragen. Denn auf diese Weise bildete sich der allgemeine Grundsatz aus, der dann mehr und mehr um sich griff, daß jedermann zu seinem Stande geboren wird, wodurch die Klassengliederung des ganzen Volks befestigt wurde.

Hierbei erhalten Erblichkeit und Erbgut eine neue, außerordentlich wirksame Bedeutung, nämlich als Abstammung und Blutsverwandtschaft. Die Vorstellung entsteht, daß gute oder schlechte Eigenschaften mit der Herkunft gegeben sind. Woher diese Vorstellung ursprünglich gekommen ist, ob vom Seelenglauben oder von anderem her, ist nicht leicht zu sagen. Sicher ist nur, daß sie sich so gut wie überall in dem fraglichen Stadium findet, sowie daß sie mächtig zur Umwandlung der Klassen in Stände beigetragen hat. Die Abstammung wird ein innerer Grund der Ständebildung neben den äußeren, die in dem Kulturerbe und seiner Übernahme bestehen. Am stärksten tritt die Herkunft als Grund des Ständewesens betreffs der Niedrigsten und der Höchsten der Gesellschaft hervor. Der Sklave erzeugt Sklaven, die Nachkommen des Häuptlings bilden den hohen Adel. Die persönliche Eigenschaft der *Geburt* wird so an und für sich zu einer Ursache sozialer Unterschiede. In Wirklichkeit ist die Geburt nur eine sekundäre Ursache, veranlaßt durch die gegebene Stellung oder durch bedeutende Taten sowie durch den Glauben, daß dabei bewiesene Eigenschaften sich auf die Nachkommen vererben. Aber durch diesen Glauben wird in der Vorstellungsweise der Menschen das Verhältnis umgekehrt, so daß nun die Geburt bestimmend wird für Stellung und Auftrag. Man ist zu niedrigem oder zu hohem Stande und überhaupt zu seinem Gewerbe und seiner Lebensstellung von vornherein schon infolge der Herkunft bestimmt. Die Geburt ist das einfachste und, wie es scheint, natürlichste Kennzeichen der Menschen geworden, sie sondert sie in Angehörige des hohen und des niederen Adels oder des gemeinen Volkes in verschiedenen Graden; und so wird das physische Erbe — obwohl auf andere Weise, als Schmoller es sich dachte — zu einer nicht weniger wichtigen Grundlage des Ständewesens als das Kulturerbe und bisweilen zu einer noch wichtigeren, vor allem in der Kastengesellschaft.

Die Rolle, die Herder dem Erbprinzip bezüglich der Häuptlingswürde und der politischen Regierung überhaupt zuerteilte, hat in der Abstammung und Geburt ihre Hauptstütze. Im Königtum, das die gegebene Staatsform aller frühen Kulturen ist, wird der Stammbaum der Herrscher gern zu den Göttern hinaufgeführt. Und in diesem Ursprung sehen die Menschen einen Grund für die Herrschaft und das Herrscherrecht selbst.

* * *

Eigentum und Eigentumsrecht. Wir wiesen oben (S. 13) darauf hin, daß die meisten Soziologen und Ökonomen im Eigentum und Eigentumsrecht den eigentlichen Grund der sozialen Unterschiede zu finden geglaubt haben. Wir sahen dort auch, wie unrichtig diese Vorstellung ist. Für die Entstehung des Klassenwesens hat das Eigentum kaum eine Rolle gespielt, jedenfalls eine sehr untergeordnete. Erst im weiteren Verlaufe beginnt seine Bedeutung für die Ständebildung, wird dann aber auch um so größer. Es ist offenbar dieser Umstand, der zu der genannten Auffassung geführt hat. In der Ständegesellschaft gleichwie in der modernen Klassengesellschaft übt das Eigentum zweifellos einen in vielen Fällen entscheidenden Einfluß auf die sozialen Unterschiede aus. In der primitiven Gesellschaft ist dem noch nicht so, und erst beim Übergang zur Ständegesellschaft beginnt das Eigentum eine der treibenden Kräfte in der Entwicklung des Klassenwesens zu werden.

Bevor wir zu schildern versuchen, wie dieser Prozeß sich abgespielt und worin die klassenbildende Rolle des Eigentums bestanden hat, dürften einige Worte über das Eigentum selbst und über das Eigentumsrecht am Platze sein. Seit langem, hauptsächlich aber in neuerer Zeit, sind beide Gegenstand von Studien und Erklärungsversuchen seitens verschiedener Wissensdisziplinen gewesen. Außer der Jurisprudenz, die sich am frühesten damit beschäftigt hat, haben Philosophie, Geschichte, Ökonomie und zuletzt Soziologie und Ethnographie sich hierfür interessiert. Die Fragen, die hierbei hauptsächlich erörtert worden, betreffen den *Grund des Eigentums*, geschichtlich und moralisch, und im Zusammenhang damit seine Entstehung, ferner seine Formen in verschiedenen Zeiten, insbesondere welche von beiden die ursprüngliche gewesen ist, *Privateigentum* oder *Gemeineigentum*.

Zur Erklärung des Eigentums und Eigentumsrechts sind mehrere Theorien aufgestellt worden. Die älteste, die sogenannte

„Okkupationstheorie", welche die römischen Juristen und dann die Naturrechtler vertraten, geht zurück auf den ursprünglichen Erwerb und dadurch bedingten Besitz als die sowohl geschichtliche wie logische Voraussetzung für das Eigentum als Rechtsinstitut. Eine andere, mit dieser rein juridischen nahe verwandte Erklärung gibt die bereits von Hobbes entwickelte „Legaltheorie", nach welcher das Gesetz als Ausdruck der Anerkennung und des Willens der Gesellschaft und des Staates dem Eigentumsrecht und dem Eigentum zugrunde liegt. Seitdem man indessen verschiedenerseits begonnen, Zweifel an der Berechtigung des Privateigentums zu äußern, sind andere Gründe für dasselbe herangezogen worden. So erklärten schon Locke und nach ihm die klassische Wirtschaftslehre „die Arbeit" als Grund des Eigentums. In unserer Zeit und unter dem Einflusse der Kritik, die der Sozialismus an dieser wie an den vorher erwähnten Erklärungen und an der Verteidigung des Privateigentums übte, ist schließlich als Grund desselben „der soziale Nutzen" angeführt worden.

Die letztgenannte Erklärung, die aufgestellt zu haben besonders Adolf Wagners Verdienst ist, läßt uns das Eigentum als Gesellschaftserscheinung vor allem in der Gegenwart und aus moralischem Gesichtspunkt verstehen, ebenso wie die Forderung nach gewissen Beschränkungen des privaten Eigentumsrechts, die gleichzeitig erhoben worden ist. Sie lehrt aber nicht, wie Eigentum und Eigentumsrecht zuerst entstanden sind, oder welches ihr psychologischer Grund ist. Um eine Antwort auf diese Fragen zu erhalten, muß man tiefer graben, als diese und die anderen oben erwähnten Theorien es tun, wenn auch die Okkupationstheorie in gewissen Fällen, wie bei Eroberung oder Kolonisation unbebauten Landes, die volle geschichtliche Erklärung enthalten kann. Der tiefste Grund der Erscheinung des Eigentums gleichwie der meisten anderen Gesellschaftserscheinungen muß nämlich in der Natur des Menschen und den aus ihr fließenden Bedürfnissen gesucht werden.

Aber dieser Hinweis auf die Natur des Menschen darf nicht so geschehen, wie Fichte und andere nach ihm es getan haben. Das Eigentum läßt sich nicht als eine Persönlichkeitsforderung erklären, ohne deren Erfüllung der Mensch nicht volle und ganze Persönlichkeit wäre. Es ist die physische Natur des Menschen, sein Bedürfnis nach Nahrung und Schutz, das im Eigentum und Eigentumsrecht zum Ausdruck kommt.

Wir werden hiermit zu vormenschlichen Verhältnissen zurückgeführt. Die Vorstellung des Besitzes, der die Vorstufe des Eigentums ist, und des Eigentumsrechts, das dessen Vollendung ist, ist eine der wenigen Ideenassoziationen, die der Mensch mit den Tieren gemein hat. Sie wurzelt in dem bei allem Lebenden vorhandenen Bedürfnis nach Unterhalt und angemessenem Ernährungsbezirk und bildet das vielleicht einzige Reale in der so viel mißbrauchten Phrase vom „Kampf ums Dasein". Das Suchen nach Nahrung und der Kampf um sie geben Anlaß zu einer Besitzforderung nicht nur betreffs der eingefangenen Beute, sondern auch betreffs eines bestimmten Jagdbezirks. Diese bereits in der Tierwelt vorkommende Forderung — man könnte sie ein instinktmäßiges Eigentumsgefühl nennen — hat sich beim Menschen zu einer abstrakten Vorstellung von Eigentum und Eigentumsrecht herausgebildet. In diesem Eigentumsgefühl und der daraus fließenden Vorstellung eines Eigentumsrechts haben wir den tiefsten Grund des Eigentums zu suchen. Zur Verwirklichung desselben im Gemeinschaftsleben bedarf es freilich der Anerkennung anderer, diese ist aber nicht das Erste und das Grundlegende darin. Die Anerkennung von Gleichgestellten macht den „Besitz" zum „Eigentum" und zu einem Rechtsinstitut, ist aber nicht dessen Ursprung.

Diese Anerkennung geschieht indessen nicht in der Form einer Art von Übereinkommen oder Sanktion — derlei kommt bei dem primitiven Menschen nicht vor — sondern dadurch, daß das Eigentum und das Eigentumsrecht unter den Schutz der Mächte oder der Götter gestellt werden. Die meisten menschlichen Einrichtungen und Gebräuche aus ältesten Zeiten sind durch religiöse Vorstellungen geheiligt und dadurch befestigt worden. So auch Eigentum und Eigentumsrecht. Bei den Römern waren die Grenzpfähle, die das Grundstück umsäumten, von einer besonderen Gottheit, „Terminus", beschützt. Ähnliches kommt bei allen primitiven Völkern vor. Das Eigentum ist „tabu", und Kränkung des Eigentumsrechts ist Verbrechen gegen die Götter ebensowohl wie gegen den Eigentümer. Diebstahl ist daher auch in unbedeutenden Fällen mit den strengsten Strafen belegt. Noch die schwedischen Landschaftsgesetze schreiben Todesstrafe durch Hängen für den vor, der beim Diebstahl auf frischer Tat ertappt wurde[1]). Es dürfte wahrscheinlich sein, daß diese sonst nicht vorkommende

[1]) Äldre Västgötalagen, Þiuva B. 3; Östgötalagen, Vaþa mal. 32 usw.

Strafe ein Überbleibsel aus der Zeit ist, wo Hängen ein Opfer an Odin zur Sühnung von Kapitalverbrechen bedeutete. Jedenfalls ist die sakrosankte Natur des Eigentums ein Zeugnis von der außerordentlichen Stärke des obenerwähnten Eigentumsgefühls und des Eigentumsrechts, damit auch von deren Ursprünglichkeit.

Nicht nur über den Grund des Eigentums sind indessen verschiedene Ansichten aufgestellt worden. Auch dessen älteste Form ist gegenwärtig Gegenstand verschiedener Auffassung. Während einige und hauptsächlich die Ethnographen meinen, daß dieses „Privateigentum" gewesen sei, erklären andere, vor allem Historiker und Soziologen, daß „Gemeineigentum" die früheste Form des Eigentums gewesen, und daß Privateigentum erst später durch eine Verschärfung des Eigentumsrechts, welche zur Auflösung des Gemeineigentums führte, entstanden sei[1]).

Für unser Teil können wir keiner dieser Ansichten beistimmen, meinen vielmehr, daß beide Arten von Eigentum in allen Stadien vorgekommen sind und noch vorkommen. Wertgegenstände, die nicht zum Haushalt gehören, wie Waffen und Schmuckgegenstände, sind persönliches Eigentum auch auf den niedrigsten Kulturstufen. Dies bestreiten zwar die Gegner der Ursprünglichkeit des Privateigentums, indem sie erklären, daß diese Dinge als Zubehör der Person, nicht aber als ihr Eigentum betrachtet werden. Das eine läßt sich indessen wohl mit dem andern vereinen, und kein Grund liegt vor, so feine Begriffsunterscheidungen beim Naturmenschen vorauszusetzen. Sobald übrigens die Familie — Mann, Ehefrau oder Ehefrauen und Kinder — eine Haushaltseinheit mit eigener Wohnstätte bildet, dürfte diese wohl stets als das Privateigentum derselben betrachtet werden. Auch die bekannte Tatsache, daß Schuldforderungen vorkommen und den Verlust der Freiheit für den Schuldner veranlassen können, deutet auf Privateigentum. Tacitus' Bericht (Germ. 24) davon, wie die Germanen im Spiel ihre Freiheit verlieren konnten, liefert eine gute Illustration hierzu. Und überhaupt dürften Sklaven wie auch Haustiere stets Einzeleigentum sein. Es scheint demnach kein Zweifel darüber herrschen zu können, daß Privateigentum unter den primitivsten Verhältnissen vorhanden ist — auch abgesehen davon, daß

[1]) So zuletzt W. Wundt, Die Gesellschaft II, S. 65 ff., der die Frage in kritischer Opposition besonders gegen L. Dargun, welcher die Priorität des Privateigentums verficht, behandelt hat.

das Fisch- und Jagdgebiet jedes Stammes, obwohl für die Mitglieder des Stammes gemeinsam, doch gegenüber anderen Stämmen als Privateigentum betrachtet werden dürfte. Es wäre auch wunderlich, wenn bei der außerordentlichen Stärke, die das Eigentumsrechtsgefühl bei primitiven Völkern hat, das nicht der Fall wäre. Gleichzeitig aber muß andererseits festgestellt werden, daß bei den Naturvölkern Gemeineigentum die gewöhnlichste Form des Eigentums ist. Innerhalb der Horde und der Großfamilie werden so regelmäßig die Beute beim Jagen und Fischen oder die Früchte anderer Arbeit unter alle Familien oder Mitglieder des Stammes verteilt. Und wenn der Grund und Boden bei fester Niederlassung zuerst in Bewirtschaftung genommen wird, geschieht es wohl stets gemeinsam. Das erste wirkliche Grundeigentum ist Gemeineigentum und seine Bewirtschaftung Gemeinbewirtschaftung. Dies ist es natürlich, was die Auffassung veranlaßt hat, daß ursprünglich kein anderes Eigentum als das gemeinsame vorhanden gewesen sei.

Ebenso allgemein indessen, wie diese Form von Eigentum ist, ebenso allgemein ist es, daß das Gemeineigentum überall, wo eine Entwicklung vom Naturzustand zu höheren Stufen stattfindet, dem Privateigentum weichen muß. Bei den Kulturvölkern bezeichnet somit das Gemeineigentum nur ein Übergangsstadium: Besonders bezüglich des Grund und Bodens ist dies eine wohlbekannte Erscheinung, die den Hauptinhalt der Agrargeschichte dieser Völker ausmacht. Was die Wissenschaft zu erklären hat, ist daher nicht das private Eigentum, denn dieses folgt unmittelbar aus der physischen Natur der Menschen, sondern das Gemeineigentum, das aus dem Gemeinschaftsleben herrührt, und ferner die Auflösung des Gemeineigentums und sein Übergang in Privateigentum.

Wie in den einzelnen Fällen Gemeineigentum zuerst entstanden und dann aufgelöst worden ist, dürfte nun schwerlich festgestellt werden können. Jedenfalls ist es Sache der Ethnographen, dies geschichtlich zu beleuchten. Wir müssen uns auf eine Erklärung mittels allgemeiner Analogien und Schlußfolgerungen beschränken.

Das Gemeineigentum hat vor allen Dingen seinen Grund im gemeinschaftlichen Haushalt. Wo ein solcher vorhanden ist, muß das hauptsächliche Eigentum gemeinsam sein. Dies ist der Fall auf dem Sammlerstandpunkt, wo die Horde eine undifferenzierte Einheit ist, gleichwie gewöhnlich auch in der Großfamilie, wo alle zusammenwohnen und in den meisten Hinsichten gemeinsamen Haushalt haben. Gemeineigentum an Grund und Boden, dem wichtigsten Gegenstande desselben, folgt zunächst aus der gemeinsamen Inbesitznahme durch Eroberung oder auf andere Weise. Das Gemeineigentum findet also seine sehr einfache Erklärung in einem Zusammenwirken verschiedener Art[1]).

Die Auflösung des Gemeineigentums und seine Verwandlung in Privateigentum, die der nächste große Schritt in der Geschichte des Eigentums ist, muß eintreten, wenn die Ursachen, die es hervorgerufen, gemeinsamer Haushalt, aufhören. Und dies

[1]) Als die früheste Form des Gemeineigentums ist auch das „Obereigentum" des Staates (Königs) an dem Gebiet, das die einzelnen innehaben, genannt worden. Ein Gefühl von gemeinsamem Besitz und Eigentumsrecht hieran ist sicherlich stets vorhanden gewesen, aber diese, sozusagen völkerrechtliche Auffassung ist nicht, außer bei der Inbesitznahme selbst und der dabei geschehenden Verteilung des Landes auf die Geschlechter, als Anspruch auf Obereigentum hervorgetreten, wie gewisse Autoren betreffs der Germanen gemeint haben (Karl Lamprecht, Handbuch der Staatswissenschaften, unter „Grundbesitz").

Die Fälle von Obereigentum bei diesen, die wir kennen, wenn ein König fremdes Land und Volk unterwirft und sich dabei den Grund und Boden des gesamten Landes zuspricht, können nicht als Stützen hierfür angeführt werden. Wilhelms des Eroberers Anspruch auf alles Land in England ist offenbar ein Ausdruck der feudalen Anschauungen jener Zeit. Und wenn Harald Hårfager sich den Grundbesitz der norwegischen Bauern aneignete, welche Maßnahme übrigens wahrscheinlich nur auf eine Besteuerung hinauslief, so war das eine zuvor unbekannte Neuerung. Beim Eindringen der Germanen in das römische Reich und ihrer Errichtung neuer Reiche wurde zwar ein Teil des Grund und Bodens in Besitz genommen, ⅓ oder ⅔, den Rest aber durfte die römische Bevölkerung behalten, und von einem Obereigentum an die eine oder die andere Art von Grund und Boden hören wir nichts. Der König hatte seinen großen Anteil am Boden: die Krongüter späterer Zeiten (in Schweden Uppsala öd); aber nicht einmal bei den Franken, wo doch die Königsmacht auf eine Zeit hin unumschränkt wurde und als Erbe der römischen Kaiser ungeheure Domänen erhielt, kannte man einen derartigen Rechtsanspruch. Noch weniger dürfte solches früher der Fall gewesen sein. Caesars bekannte Worte von Flurvereinigungen und Eigentumswechsel bei den Germanen (De bello gallico VI: 22) dahin zu deuten, halten wir mit G. Waitz, Deutsche Verfassungsgeschichte³, 1, S. 99 ff., für durchaus unberechtigt. Wirkliches Gemeineigentum an Grund und Boden kommt nur betreffs der engeren Blutverwandtschaftsgruppe, des Geschlechts oder des Stammes, also in Dorfgenossenschaften und Hundertschaften, vor. So bei den Germanen und wohl überall bei primitiven Völkern und Staatenbildungen.

In morgenländischen patrimonialen Staaten, in Indien und anderswo, dürfte ein Anspruch auf Obereigentum bisweilen sich geltend gemacht haben; aber diese Fälle gehören nicht hierher. Ebensowenig die nicht gerade seltenen Fälle, wo ein eigenmächtiger König Anspruch auf herrenloses Land, von niemand bewirtschaftete Wälder, Ödländereien und Gewässer erhoben hat. So beispielsweise in Dänemark allgemein während des Mittelalters und in Schweden von Gustav Wasa.

geschieht durch die Aussonderung der Familien aus der Menschenhorde als selbständige wirtschaftliche Einheiten, Haushalts- und Arbeitseinheiten. Jede Familie erhält ihren eigenen Wohnsitz, später gleichen Anteil am Ackerlande, obwohl mit jährlichem Wechsel der Anbauteile. So bei den Germanen zu Tacitus' Zeit. Schließlich wird eine feste Verteilung des Ackerbodens selbst vorgenommen, wodurch dieser Privateigentum der Familien wird. Nun sind nur noch Weidegrund, Wald und Wasser als gemeinsames Eigentum übrig. Und dieses Gemeineigentum hat sich bisweilen bis in unsere Zeit hinein erhalten, nicht nur für die Dorfgenossenschaft, sondern auch für die umfassenderen Formen des Territorialverbands, Hundertschaft und Land. Aber auch bezüglich des kultivierten Landes bestehen Züge des ursprünglichen Gemeineigentums noch lange in der Verpflichtung fort, bei Veräußerung das Grundstück dem Familienhaupt zum Kauf anzubieten, wie auch in dem bis in die jüngste Zeit fortlebenden Rückfallsrecht bei Erbgut. Seitdem diese Reste einer älteren Eigentumsordnung weggefallen, findet sich nunmehr nur noch das Erbrecht als Erinnerung an dieselbe.

Die Familie ist, wie wir hieraus ersehen, der Kristallisationspunkt für das private Eigentum, zuerst als Konsumtionseinheit und dann auch als Produktionseinheit. Gleichzeitig aber erhält sie das Gemeineigentum innerhalb ihrer selbst aufrecht. Denn das ist das bemerkenswerte, daß die Familie untrennbar die beiden Formen von Eigentum vereinigt. Nach außen hin anderen Familien und überhaupt der Außenwelt gegenüber ist die Familie Privateigentümer, innerhalb ihrer selbst aber Gemeineigentümer. So ist es gewesen, seitdem die Familie sich aus der größeren Verwandtschaftsgruppe aussonderte, und so ist es noch heute unter der streng durchgeführten Privateigentumsordnung, die jetzt herrscht. Die Gütergemeinschaft der Ehegatten und ihre Unterhaltspflicht sowohl einander als den Kindern gegenüber ist der rechtliche Ausdruck für das Gemeineigentum der Familie in unseren Tagen, während der gemeinsame Haushalt tatsächlich dasselbe verwirklicht. Die verschiedenen Formen des Eigentums vertragen sich also sehr wohl miteinander, obgleich sie einen sehr verschiedenen Platz im Haushalt und im Leben der Menschen auf verschiedenen Kulturstufen einnehmen.

Wenden wir uns nach diesen Bemerkungen über Grund und Formen des Eigentums der Frage zu, die uns hier eigentlich beschäftigt — dem Einfluß des Eigentums auf die Entstehung und Befestigung der sozialen Unterschiede —, so muß festgestellt werden, daß dieser lange gering gewesen ist. Ganz natürlich kann ein solcher Einfluß nicht groß sein, solange das Eigentum selbst unbedeutend ist und hauptsächlich in beweglichen oder leicht vergänglichen Dingen besteht. Erst nachdem der Grund und Boden Wert erhalten hat und im Zusammenhang damit neue Gegenstände des Eigentums in Sklaven und Nutzvieh hinzugekommen sind, kann derselbe größeren Umfang erhalten und eine gesellschaftliche Macht werden. Dies folgt aber nicht so sehr aus dem Anwachsen des Eigentums wie aus den Veränderungen, die an demselben eintreten.

Zunächst ist es die Umwandlung des Gemeineigentums in Privateigentum, die hierbei in Betracht kommt. Der Entstehung des Privateigentums sind ja auch von den Sozialisten, von Rousseau an[1]), alle Übel und alle Mißstände der Gesellschaft zugeschrieben worden. Vor allem sehen sie hierin den Ursprung der sozialen Unterschiede. Sie irren sich jedoch hierin wie überhaupt betreffs der Rolle des Eigentums im vorliegenden Falle. Der Prozeß, durch den das Gemeineigentum aufgelöst und in Privateigentum umgewandelt wurde, hat an und für sich wenig Einfluß auf die sozialen Verhältnisse gehabt. Nur in den Fällen, wo die Aufteilung des Gemeinbodens die Dorfgenossenschaften geschwächt hat oder von einer Konzentration des Eigentums in wenige Hände begleitet gewesen ist, wie während der Zeit des Feudalwesens oder in England im 17. und 18. Jahrhundert, hat die Teilung weitgehende Folgen. Die Aufteilung der Allmenden zu Privateigentum wurde da zum Ruin der Bauern, während die Herrengüter anwuchsen. Diese Fälle gehören indessen ganz anderen Entwicklungsperioden an als den primitiven Zuständen, mit denen wir uns hier beschäftigen, dem Übergang zur Ständegesellschaft. Insofern aber bieten sie doch Analogien dar, als die Anhäufung des Eigentums oder seine Beschränkung auf gewisse Personen unter gleichzeitigem Ausschluß anderer stets bestimmte soziale Wirkungen hat. Nicht die Umwandlung des Gemeineigentums in Privateigentum also, sondern dessen *ungleiche Verteilung*, mit Anhäufung hier

---

[1]) Rousseaus temperamentvolle Schilderung der Entstehung des privaten Grundeigentums (Discours sur l'origine et les fondements de l'inégalité parmi les hommes, 1754, S. 95) ist typisch für die Gesellschaftsanschauung des 18. Jahrhunderts mit ihren Vorstellungen von Vertrag und Übereinkommen als Grund der Gesellschaftseinrichtungen.

und, wichtiger als das, Eigentumslosigkeit dort, hat ständebildend gewirkt. Wie diese Entwicklung betreffs des Eigentums und besonders des Grund und Bodens — es ist vor allem der Grundbesitz, der während dieser frühen Perioden soziale Wirkungen gehabt hat — vor sich gegangen ist, läßt sich nicht immer leicht im einzelnen verfolgen. Im großen dürfte sie jedoch ziemlich klar liegen.

Schon in der primitiven Gesellschaft erhielt der Häuptling für seine Dienste gewisse Vergünstigungen, wie größere Anteile an Beute und Gefangenen. Bedeutung erhielt dies jedoch erst, wenn die Beute aus Anteilen an dem eroberten Lande bestand. Aber auch dann hat der größere Reichtum der wenigen Häuptlinge keine tiefergehenden sozialen Folgen gehabt. Zwar hat er dazu beigetragen, noch mehr ihre Stellung zu befestigen und überhaupt den Adel, der in der Häuptlingschaft seine Wurzel hatte, zu erhöhen. Der Adel aber war lange gering an Zahl, und sein größerer Besitz würde nicht viel für die fortgehende Klassenbildung bedeutet haben, wären nicht andere Faktoren hinzugekommen. Die sozialen Wirkungen des Eigentums sind hauptsächlich in Zusammenhang mit gewissen Massenerscheinungen entstanden, die *eigentumslose Klassen geschaffen haben*, d. h. solche, die nicht am Grund und Boden teilhaben oder nicht als Selbsteigner denselben bewirtschaften. Die wichtigste dieser Massenerscheinungen ist die natürliche Bevölkerungszunahme gewesen.

Die Bevölkerungszunahme, obwohl in älteren Zeiten durch Krankheiten und Kriege stark zurückgehalten, ist die stärkste Triebfeder in der Geschichte der Menschheit gewesen. Viele Naturvölker haben im Laufe der Zeiten gelernt, ihr und ihren Wirkungen zu entgehen. Daher sind diese primitiven „Neumalthusianer" und Kindermörder — denn der Kindermord ist vielleicht die gewöhnlichste Form der Beschränkung der Nachkommenschaft — auch Wilde verblieben. Andere Völker und besonders die künftigen Kulturvölker haben nicht — oder wenigstens erst in einem mehr vorgeschrittenen Stadium — versucht, das Gleichgewicht zwischen Volkszahl und Ernährungsraum durch Beschränkung der ersteren aufrechtzuerhalten, sondern sie haben es mittels Erweiterung des letzteren getan. Die durch die Bevölkerungszunahme veranlaßte Expansion ging auf verschiedene Weise vor sich. Vorzugsweise nahm sie die Form einer Eroberung fremden Landes an. Das Vordringen der Germanen und ihre Kämpfe mit Rom, wie im allgemeinen Völkerwanderungen in früherer und späterer Zeit, sind weltgeschichtliche Äußerungen dieser Expansion. Nicht weniger wirkungsvoll vollzog sie sich auf friedlichem Wege, durch Urbarmachung von Neuland innerhalb des eigenen Gebietes. Aber nur eine gewisse Zeit lang standen diese Auswege offen. In dem Maße, wie sie versperrt wurden, wuchs die Anzahl derer, die keinen Anteil am Grund und Boden hatten und sich daher ihren Unterhalt auf andere Weise suchen mußten. Dies konnte nur durch Aufnahme neuer Gewerbe oder Übergang zu älteren Gewerben minderwertiger Art oder endlich dadurch geschehen, daß man bei anderen in Dienst trat. Es sind vor allem die beiden letztgenannten Auswege, die weitgehende soziale Folgen gehabt haben.

Wie die Entstehung wirtschaftlicher Gewerbe neben den gewöhnlichen Erwerbsquellen des Volks, Ackerbau und Viehzucht, zur Entstehung neuer Klassen innerhalb des gemeinen Volks beigetragen hat, ist oben (S. 57 ff., 100 ff.) angegeben worden. Dort wurde nur das Gewerbe selbst und das Ansehen, das ihm anhaftete, als das in diesem Falle klassenbildende Moment hervorgehoben, was es ja auch zunächst ist. Aber zu diesem primären Grunde sozialer Unterschiede gesellt sich als sekundäre Ursache das Eigentum. Diese Gewerbe eröffnen nämlich die Aussicht auf ein Auskommen ohne Anteil am Grund und Boden. In einigen Fällen, bei den hochgeachteten Gewerben, ist diese Aussicht wohl recht verlockend. Der Handel gewährte frühzeitig seinen Ausübern eine gesicherte Stellung, desgleichen gewisse andere angesehene Gewerbe, wie die des Goldschmieds, des Waffenschmieds u. a. Die meisten anderen Gewerbe waren jedoch gering geachtet und viele als „unrein“ geradezu verabscheut und gewährten infolgedessen ihren Ausübern nur einen elenden Unterhalt. Das gleiche war der Fall bei allen denen, die durch Dienst bei anderen und vor allem bei Grundeigentümern ihr Auskommen suchen mußten. Sie kamen in eine Stellung ähnlich der der Unfreien und bildeten zusammen mit den Ausübern der unreinen Gewerbe ein eigentumsloses Proletariat, die in sozialem Sinne ersten Armen, wie oben bemerkt wurde. Hierdurch ganz besonders hat das Eigentum oder genauer die Eigentumslosigkeit, wenn auch nur als sekundäre Ursache und unter dem Drucke der natürlichen Bevölkerungszunahme, in hohem Grade klassenbildend gewirkt.

Dasselbe ist der Fall, obwohl allerdings auf ganz andere Weise, überall dort, wo ein Volk ein anderes unterjocht und dessen Land in Besitz nimmt. Die Sieger nehmen den Besiegten größere oder kleinere Teile des Grund und Bodens ab oder machen sie zu halbfreien Bebauern desselben. In beiden Fällen tritt eine Deklassierung mit der Eigentumskonfiskation ein. Mehr oder weniger eigentumslose Klassen entstehen, die nur im Dienste der neuen Grundeigentümer oder in anderen, minderwertigen Gewerben ihr Auskommen suchen müssen. Auf diese Weise hat das Eigentum in allen derartigen Staatenbildungen mächtig zur Verschärfung und Befestigung des Klassenwesens beigetragen. Die Geschichte bietet zahllose Beispiele hierfür von Sparta und den germanischen Reichen auf römischem Boden an bis zu vielen heutigen Negerreichen und zuletzt den Japanern in Korea. Die Gewalt war hier wie in allen ähnlichen Fällen die eigentliche Ursache, aber Eigentum und Eigentumslosigkeit bildeten dann den festen Grund für dauernde soziale Unterschiede.

In einem späteren Stadium haben auch ohne Eroberung und äußere Gewalt ähnliche Massenerscheinungen bezüglich der Verteilung des Eigentums stattgefunden und stets mit derselben Wirkung. Im beginnenden Mittelalter, sowohl dem klassischen als dem christlichen, haben die ständigen Kriege und der drückende Kriegsdienst die kleinen Grundbesitzer gezwungen, bei den großen und dem Adel Hilfe zu suchen. Die Hilfe bestand in Vorschüssen oder in Schutz, die zum Verlust des selbständigen Grundbesitzes und gewöhnlich auch der Freiheit führten. Auf diese Weise wurden die Bauern Attikas gleichwie noch mehr die kleinen Grundbesitzer Galliens und des feudalen Europas deklassiert und die sozialen Unterschiede vergrößert und befestigt.

In allen diesen Fällen trat neben der Eigentumslosigkeit bei den einen als Komplement eine Anhäufung des Eigentums bei anderen ein. Die Anhäufung ist nun nicht eine Folge nur des Häuptlingsamts oder gelegentlicher Anführerschaft, woraus, wie erwähnt, große Wirkungen nicht entstehen konnten. Die Anzahl der Häuptlinge und der Häuptlingsfamilien war dazu lange Zeit zu gering. Anders wurde es, als jeder beliebige Grundeigentümer, den die Umstände begünstigten, Inhaber von mehr Anteilen am Grund und Boden der Dorfgenossenschaft werden und so größere Güter bilden konnte. An sie wenden sich die Eigentumslosen und treten in ihren Dienst, um ihren Unterhalt zu finden. So trägt nun die Anhäufung von Grundbesitz, wie vorher die Eigentumslosigkeit, zur Ausbreitung der Klassenunterschiede im Volke bei. Und derselbe Prozeß vollzieht sich bei den Gewerbetreibenden verschiedener Art, indem einige reich, andere arm werden. Diese Wirkungen der ungleichen Verteilung des Eigentums, die das Erbrecht sanktioniert, vollenden den Übergang von der primitiven Klassengesellschaft zur Ständegesellschaft. In dieser wird die eingeleitete Entwicklung nicht nur auf den eben angedeuteten Wegen, sondern auch auf anderen fortgesetzt. Überall dort, wo ein starker Priesterstand und eine Kirche entstehen, wird durch Testament und Geschenke ein großer Teil des festen Eigentums in der „Toten Hand" angehäuft. Hierdurch werden Tausende und aber Tausende grundeigentumslos und sehen sich genötigt, um ihres Unterhalts willen in den Dienst der Tempel und der Kirche als mehr oder weniger Leibeigene zu treten.

In der besonderen Art von Ständegesellschaft, die die Kastengesellschaft darstellt, sind, wie wir unten sehen werden, andere Kräfte wirksamer gewesen als das Eigentum. Überall sonst aber — in Handelsaristokratien, wo das bewegliche Vermögen vorherrscht, ebensowohl wie in den Agrarstaaten — ist eine ungleichmäßige Verteilung des Eigentums eingetreten, die auf die sozialen Unterschiede mächtig zurückgewirkt hat. Die Klassen, die zuvor nur Gewerbestände waren, sind nun zugleich Besitzstände geworden, mit sehr verschiedenen Lebensstellungen und Lebensbedingungen. Der Unterschied zwischen höheren und niederen Klassen, den Arbeit und Aufgaben ergaben, ist zugleich zu einem Unterschied zwischen Reichen und Armen geworden, wodurch die Ungleichheit in hohem Grade verstärkt und der hierarchische Bau der Gesellschaft zur Vollendung gebracht worden ist.

* * *

Das Recht und die Rechtsordnung. Als ein kräftig mitwirkender Faktor zur Ausbildung des Klassenwesens muß schließlich das Recht und die Rechtsordnung genannt werden.

Sitte und Recht bilden die festen Normen für das Gemeinschaftsleben, ohne die ein solches nicht möglich ist. Sie entspringen aus absichtlichen Anpassungen an die Lebensbedingungen, unter denen die Menschen leben, sowie in älterer Zeit auch aus den religiösen Anschauungen, darin einbegriffen alle die Vorstellungen, genauer Wahnvorstellungen, von der Welt und sich selbst, welche die Menschen hegen. Genetisch gesehen ist die Sitte das Primäre, sowohl insofern sie historisch älter als das Recht ist, als auch insofern sie andauernd dessen Grundlage bildet. Das Recht erwächst aus der Sitte in einem primitiven Stadium als deren Vollendung.

Dies geschieht, wenn die Sitte unter den Schutz des Staates gestellt wird und dessen Garantie erhält.

Recht und Rechtsordnung sind nicht vor dem Staat vorhanden, aber auch nicht später. Sie sind gleichzeitig mit ihm. Ein Staat ohne Recht und Rechtsordnung ist ein Gedankenunding. Aber diese können auch nicht ohne den Staat und seine Zwangsmacht gedacht werden. Denn dies ist das Kennzeichen des Rechts im Unterschied von der Sitte, daß hinter ihm als Wächter und Garant die Staatsgewalt oder, in primitiven Stadien, der als Staatsgewalt wirkende Blutsverwandtschaftsverband, das Geschlecht, steht. Sitte und Recht haben auch einen Wächter in der Religion und in der Furcht vor höheren Mächten und Göttern. Der Wille der Götter bildet, wie wir oben gesehen haben, die Grundlage aller Autorität für den Staat und das Recht, ebenso wie für die Sitte. Aber hinzukommt bei dem Recht als Garant in erster Linie, und in den höheren Stadien gewöhnlich als einziger Garant, die Staatsgewalt. Das Recht und die Rechtsordnung haben stets die Zwangsmacht des Staates als Stütze.

Es ist klar, daß die soziale Organisation, die das Klassenwesen bildet, an einem gewissen Punkt ihrer Entwicklung dem Recht unterstellt und zu einer festen sozialen und politischen Rechtsordnung werden mußte. Das geschieht nicht sogleich, wenn diese Organisation beginnt, d. h. bei der ersten Entstehung der Klassen. Priester und auch Adel erwachsen als Naturprodukte, kann man sagen, und ohne daß der Staat sich damit befaßt oder wenigstens sie im Recht fixiert. Trotzdem der Adel seinem Ursprunge nach völlig auf einem staatlichen Bedürfnis, dem Bedürfnis nach Leitung im Kriege und im Frieden, ruht, ist er lange nur eine naturwüchsige Aristokratie ohne rechtliche Anerkennung und rechtliche Heiligung. Und das gleiche gilt für die übrigen Klassen, ausgenommen die Unfreien. Der Unfreie ist, obwohl selbst rechtlos, vom ersten Augenblick an durch das Recht sanktioniert. Mit ihm nehmen die sozialen Unterschiede sofort den Charakter von Rechtsbildungen an. Dies wirkt auf die übrigen Klassen zurück, indem es dazu beiträgt, daß diese allmählich jede für sich auf ähnliche Weise fixiert werden. Hauptsächlich hierdurch hat die Sklaverei so stark zur Entwicklung des Klassenwesens mitgewirkt. Die Rechtlosigkeit der Unfreien ist ein Teil der Rechtsordnung geworden; und das hat zur Folge, daß die übrigen Klassen auch darin eingeordnet werden. Allerdings merkt man nicht viel hiervon bei den sogenannten Naturvölkern, die auf der niedrigsten Stufe der Kultur stehengeblieben sind oder sich nur wenig darüber erhoben haben. Bei ihnen scheinen kaum Priester und noch weniger Adel, auch wenn Sklaven vorhanden sind, rechtliche Anerkennung erhalten zu haben. Aber Ansätze dazu kommen stets vor, und mit jedem Schritt höher hinauf treten diese Ansätze deutlicher hervor, um bereits im Barbareistadium vollanerkanntes Recht zu werden.

Ein solcher, mehr privatrechtlicher Schritt auf diesem Wege ist die obenerwähnte gesetzlich festgelegte verschiedene Wertung der Menschen, das verschiedene „Wergeld". Ein anderer, mehr öffentlich-rechtlicher, besteht darin, daß die Funktionen, die die verschiedenen Stände ausüben, rechtliche Sanktion erhalten. Am deutlichsten zeigt sich dies — abgesehen von den Unfreien — betreffs der zwei höheren Stände, für welche die Aufgabe und die Funktion die ursprüngliche Grundlage bilden. Die Häuptlingswürde wird eine feste Institution, der gewisse Vergünstigungen und Rechte verliehen werden, die nicht allen zuteil werden. Auch der priesterliche Beruf wird mit besonderen Bestimmungen umgeben. Von selbst geht dann dieser Rechtscharakter von den Funktionen auf die persönlichen Inhaber derselben über. Es ist diese Umwandlung, bei der die beiden obenerwähnten Faktoren, die Erblichkeit und das Eigentum, ihre große Bedeutung erhalten.

Bei einer Betrachtung der für die Entwicklung des Klassenwesens wirksamen Kräfte können diese Kräfte so isoliert werden, wie hier geschehen; in Wirklichkeit aber gehören sie untrennbar zusammen. Eigentum und Erblichkeit können nicht gut ohne Recht und Rechtsordnung bestehen, jedenfalls nicht ohne sie die sozialen Wirkungen haben, die ihnen oben zugeschrieben worden sind. Erst wenn die Erblichkeit durch Erbrecht, der Besitz durch Eigentumsrecht gesichert werden, werden beide die Ecksteine in dem sozialen Gebäude, die sie wirklich sind. Funktion und soziale Stellung sind nun mit der Geburt als persönliches Erbteil gegeben, ausgenommen zuweilen für die Priester, deren Funktionen sich oft nicht vererben. Für alle aber wird ihre rechtliche Stellung in Gesellschaft und Staat fixiert. Damit hört die frühere Beweglichkeit und der freie Übergang von einer Klasse zu einer anderen auf. *Die Klassen haben sich in Stände umgewandelt.*

Die Klassenbildung ist hiermit, wenn nicht dem Umfange, so doch dem Prinzip nach fertig. Dies ist das Werk des Rechts. Es faßt gleichsam alle übrigen treibenden Kräfte zusammen und führt sie zu einem bleibenden Resultat. Die Klassen gehen hiernach in die allgemeine Rechtsordnung als die festen Bestandteile des Volkes ein und beginnen auch sich als solche zu fühlen. Der sozialeZusammenschluß durchbricht unbewußt die anderen vorkommenden Formen von Organisation, die der Blutsverwandtschaft und des Territorialverbands. Die soziale Solidarität und die Korporationsidee beginnen aufzukeimen und damit entsteht eine neue treibende Kraft zur fortgesetzten Differenzierung. Man fühlt sich standesmäßig bestimmt, bekommt Standesinteressen und Standesehre usw. Insbesondere die höheren Stände schließen sich so gegen die anderen zusammen und bedienen sich dabei der Staatsgewalt, um ihre Rechte und Vergünstigungen zu befestigen und zu erweitern. Das unbewußte natürliche Wachstum in der Geschichte des Klassenwesens ist ersetzt worden durch absichtliche Bestrebungen, dieses Wachstum zu beschleunigen.

Die aufsteigende Bewegung in der Geschichte des Klassenwesens macht nun binnen kurzer Zeit Riesenschritte — vorausgesetzt natürlich, daß die Kulturentwicklung im ganzen mitgeht, daß also das geistige und das materielle Kapital gleichzeitig mit den Funktionen wächst, die ursprünglich die soziale Arbeitsteilung und die dadurch bedingte Differenzierung veranlaßt haben. Denn geschieht dies nicht, so bleibt das Klassenwesen gewöhnlich unvollendet, auch wenn es eine gewisse rechtliche Festigung erhält, und erreicht nie seine volle Entwicklung. Bei vielen Völkern ist es so gegangen, und sie haben sich wenig über den Naturzustand erhoben. Bei anderen sind die genannten Voraussetzungen vorhanden gewesen oder genauer hat die genannte Wechselwirkung ungestört gewirkt — und dann gelangt die soziale Differenzierung mit ihrer rechtlichen Anerkennung zur vollen Blüte. Die primitive Klassengesellschaft geht in die Ständegesellschaft mit ihren Abarten, der Kastengesellschaft und der Feudalgesellschaft, über. Die Völker sind hiermit aus dem Naturzustande in das Stadium der Barbarei und der Halbkultur oder, was die eigentlichen Kulturvölker betrifft, in ihr Mittelalter eingetreten. Die aufsteigende Bewegung in der Geschichte des Klassenwesens hat ihren Abschluß und ihr Ziel erreicht.

Kapitel V.

Die Kastengesellschaft.

Die Abarten der Ständegesellschaft. — Die Kastengesellschaft. Die primitive Klassengesellschaft geht unter dem Einfluß der Kräfte, die oben erwähnt wurden, zunächst in die Ständegesellschaft über. Durch Erbgang und Eigentum festigen sich die Klassen und grenzen sich gegeneinander ab. Die rechtliche Anerkennung kommt schließlich hinzu, und sie wandeln sich in Stände um. Die Ständegesellschaft folgt demnach auf die primitive Klassengesellschaft als das erste Stadium in der weiteren Entwicklung des Klassenwesens. Sie ist die universelle Form für die Entwicklung der Menschheit über den Naturzustand mit seiner primitiven sozialen Organisation hinaus. Daher wird dieser Gesellschaftszustand zuvörderst bei allen Völkern der Halbkultur, außerdem aber bei sämtlichen Kulturvölkern angetroffen. Bei einigen von diesen besteht er während ihrer ganzen Geschichte fort, bei anderen nur während eines gewissen Teils derselben, ihres Mittelalters.

In einigen Fällen tritt eine Weiterbildung der gewöhnlichen Ständegesellschaft ein zur Kastengesellschaft oder zur Feudalgesellschaft. Beide scheinen indessen Übergangsformen zu sein, die, wenn die Zeit gekommen, zum Typus der Ständegesellschaft zurückkehren. Mit der Feudalgesellschaft ist dies bereits überall geschehen, wo sie aufgetreten ist. Die Kastengesellschaft lebt noch fort in Indien, und wir vermögen nicht zu sagen, wann sie dort ein Ende haben wird; nur die ersten Anzeichen ihrer Umwandlung — unter europäischem Einfluß — machen sich bemerkbar. In der polynesischen Inselwelt dagegen, wo gleichfalls ein Kastenwesen vorhanden gewesen, hat diese Umwandlung bereits stattgefunden.

Diese beiden Abarten des Standeswesens sind den zivilisierten Völkern der Gegenwart ganz fremd. Sie können jedoch nicht in dieser allgemeinen Studie über Klassen und Stände übergangen werden. Die Kastengesellschaft ist, typologisch gesehen, eine der bemerkenswertesten Formen sozialer Organisation, die es gibt. Und die Feudalgesellschaft ist für die meisten der Völker Europas die langwierige Vorbereitung zur Ständegesellschaft der neueren Zeit, dem Ständestaat, gewesen. Wir haben daher allen Grund, diesen untereinander so verschiedenen Typen eine wenn auch flüchtige Schilderung zu widmen. Und wir geben diese Schilderung lieber hier als nach der Ständegesellschaft, obwohl diese letztere geschichtlich wie typologisch ihren Abarten, der Kasten- wie der Feudalgesellschaft, vorausgeht. Es paßt auf diese Weise aber besser, die allgemeine Ständegesellschaft mit der darauf folgenden neuen Klassengesellschaft zusammenzustellen.

Nicht in Europa hat man den eigentümlichen Typus der Kastengesellschaft zu suchen; auch nicht in der Neuen Welt, ungeachtet man bis in die jüngste Zeit hinein geglaubt hat, sie in den alten Reichen der Azteken und der Inkas wiederzufinden. Neuere und richtigere Anschauungen über diese Völker lehren, daß die eigentümliche soziale Organisation, die dort vorhanden war, anders aufgefaßt werden muß, wie groß die Ähnlichkeiten in gewissen Hinsichten auch zu sein scheinen. Man glaubte auch noch bis vor kurzem, daß in dem alten Ägypten ein Kastenwesen geherrscht habe. Aber auch diese Auffassung hat vor der neuesten Forschung nicht standgehalten. Ein klar ausgebildetes Kastenwesen wird nur in Indien angetroffen. Auch in der polynesischen Inselwelt hat ein Ständewesen bestanden, das stark daran erinnerte. Ebenso sind vereinzelte Ansätze dazu in mehreren Negerstaaten und auch anderwärts nachweisbar, wo gewisse Beschäftigungen scharfe Unterschiede schaffen, die sich auf die Nachkommen vererben. Im übrigen glaubt man überall, wo Sklaverei herrscht, einen gewissen Anklang an das Kastenwesen zu finden. Der Sklave wird nämlich stets als eine andere und minderwertige Art von Mensch betrachtet und kann nicht aus eigener Macht seine Stellung ändern. Aber wie sehr all dies auch an die strenge Absonderung des Kastenwesens erinnert, so fehlt ihm doch der charakteristische Zug desselben — die *religiöse Unterlage.* Wie diese zustande gekommen und in soziale Unterschiede oder Kasten umgesetzt worden ist, ist das große Rätsel des fraglichen Ständewesens.

* * *

Entstehung und allgemeiner Charakter des Kastenwesens. In Indien, dem Hauptlande des Kastenwesens, war die primitive Gesellschaft mit ihren ursprünglichen Klassenunterschieden schon in vorgeschichtlicher Zeit in eine Ständegesellschaft von ungefähr derselben Art übergegangen, wie die hellenische oder germanische zu der Zeit es war, als die Umwandlung in ein Kastenwesen begann. Die ältesten heiligen Bücher der Inder, die Veden, wissen noch wenig davon. Dagegen tritt uns in ihnen ein Zustand ähnlich dem der homerischen Zeit in Griechenland entgegen. Unter Königen lebte und kämpfte ein kriegliebender Ritteradel, während die Masse aus freien Bauern bestand. Priester kamen wohl vor, spielten aber noch keine hervortretende Rolle, indem die Familienväter selbst die Hausopfer besorgten. Unter den freien Ariern stand die unterworfene dunkle Urbevölkerung als Diener und Leibeigene. Es ist eine typische Ständegesellschaft in ihrer ersten Gestalt, andauernd mit vielen Zügen der alten Geschlechtsverfassung, die wir hier wahrnehmen. Wie sie dann in den eigentümlichen Gesellschaftstyp umgewandelt worden ist, der in Indien seit der geschichtlichen Zeit, d. h. von etwa 600 v. Chr. an, geherrscht hat, läßt sich nicht mit Sicherheit sagen.

Das für das Kastenwesen Charakteristischste ist sein Zusammenhang mit den religiösen Vorstellungen. In anderen Gesellschaften mit hoch ausgebildetem Klassenwesen pflegt wohl, besonders betreffs der Sklaven, ein göttliches Recht neben dem bürgerlichen als Grund für die sozialen Unterschiede angeführt zu werden. Aber dies geschieht nur, weil das bürgerliche Recht als letzthin auf dem Willen der Götter beruhend betrachtet wird, in welchem alles Recht wie auch alle Moral ihren formellen Grund und ihre Stütze haben. Anders in der Kastengesellschaft. Dort kommt außer diesem allgemeinen Appell an die Religion noch ein ganz besonderer in den Vorstellungen von *rein* und *unrein, höher* und *niedriger* mit dazugehörigen verschiedenen Ritualen hinzu. Es sind diese Vorstellungen und Riten, die in der Kastengesellschaft die sozialen Unterschiede, welche die Entwicklung in gewöhnlicher Weise hervorgerufen hat, befestigen und neue schaffen, je nachdem sie selbst wechseln.

Wie die Vorstellungen von rein und unrein entstanden und mit Dingen, Tieren und Menschen verbunden worden sind, ist, wie oben (S. 59) bemerkt wurde, meistens dunkel. Ansätze zu solchen Vorstellungen finden sich wohl in den meisten Religionen, aber weder ihr Vorkommen noch ihre soziale Anwendung ist, wie man zu glauben geneigt sein möchte, mit einer stärkeren Entwicklung von Religion und Kult gegeben. Nirgends hat wohl die Religion einen größeren Platz im privaten und öffentlichen

Leben der Menschen — abgesehen von den wenigen Fällen von Theokratien — eingenommen als im alten Ägypten und in Babylon gleichwie in den altamerikanischen Staaten, ohne daß dies jedoch derartige soziale Wirkungen gezeitigt hat. Auch Rassenunterschiede können nicht als Ursache der Anwendung dieser Vorstellungen in der Gesellschaft angeführt werden, wenn auch in Indien ethnographische Verschiedenheit im großen und ganzen mit den Kastenunterschieden, besonders reinen und unreinen Kasten, zusammenfällt. Die weitaus meisten Kasten haben jedoch nichts mit Rassenverschiedenheit zu schaffen. Und in Polynesien war das Kastenwesen, das dort vorhanden war, in einer, soviel man weiß, homogenen Bevölkerung erwachsen.

Man muß nach anderen Erklärungsgründen suchen. In einigen wenigen Fällen bietet sich als plausible Erklärung der natürliche Abscheu vor gewissen Arten unreinlicher und schmutzender Arbeit und andererseits die ebenso natürliche Ehrfurcht vor allen zum Kult gehörigen Dingen und Beschäftigungen, sonst aber und in den meisten Fällen scheint nichts als freie Phantasie und Spekulation bestimmend gewesen zu sein. Von den genannten Fällen ausgehend hat man aus freier Hand Reines und Unreines, Höheres und Niederes konstruiert, indem man Dinge und Beschäftigungen in weitestem Umfange unter diese Kategorien einordnete. Sodann übertrugen sich von selbst diese Eigenschaften von den Dingen und Beschäftigungen auf die Menschen, die sich mit ihnen befaßten. Und da die Kinder die Gewerbe der Väter übernahmen, entstanden hierdurch reine und unreine, höhere und niedere Gewerbegruppen und Stände.

Hierzu aber gesellte sich noch eine Umwandlung religiöser Art. Sie kam mit der Ritualisierung, d. h. der Feststellung verschiedener Vorschriften und Riten betreffs Lebensweise und Sitten für jedes Gewerbe und jeden Stand. Hierdurch wurden diese legalisiert, aber nicht wie sonst nach bürgerlichem Gesetz, sondern durch priesterliches (Manus-Gesetze) und durch Sitte; auch wurden sie nicht Stände nach abendländischen Begriffen, sondern eine Art religiöser Bruderschaften, die, wenn die Kaste klein ist, das Aussehen eines Stammes erhalten, und nur, wenn sie groß ist, einem wirklichen Stande ähneln. Das zusammenhaltende Band dabei ist vor allem religiöser Art, nicht so sehr aber gemeinsamer Kult — denn verschiedenes Religionsbekenntnis innerhalb derselben Kaste ist nicht ungewöhnlich — als vielmehr gleiche Riten und alles, was daraus folgt, wie Heirat innerhalb der Kaste sowie

Umgang oder sogenannte Mensualität (Tischgesellschaft) nur mit Mitgliedern derselben Kaste. Und dieses religiöse Element ist so stark, daß es das ursprüngliche Vereinigungsband, das gleiche Gewerbe, überflügelt. Die rituelle Zusammengehörigkeit geht nämlich von diesem auf die Menschen über und bildet fortan eine unauslöschliche Eigenschaft derselben. Das Gewerbe kann so gegen andere vertauscht werden, niemals aber das Ritual und die Kaste. Sie haften der Persönlichkeit wie ein Muttermal an und schwinden nie.

Diese religiöse Legalisierung oder die Ritualisierung war es, die die Stände zu „Kasten" machte. Und sie war, wie wohl auch die phantastische Ausbildung der Reinheits- und Unreinheitsvorstellungen, das Werk der Priester. Ihr Anteil an der Entstehung und Ausbildung des Kastenwesens ist daher außerordentlich groß. Die Priester, die bei den einwandernden Ariern eine mehr untergeordnete Stellung einnahmen und hauptsächlich als Medizinmänner und Wahrsager wirkten, wurden damit, daß ihnen der Opferkult übertragen wurde, „die Kundigen". Auf diesen Wegen erhielten sie Macht über die Gemüter, schufen eine neue Religion und wurden Gesetzgeber sowohl in weltlichen als in geistigen Dingen. Die hinduische Gesellschaft ist wie keine andere auf religiösen Grund gebaut und zwar, genauer bestimmt, auf die drei Grundvorstellungen von: 1. reinen und unreinen Dingen und Beschäftigungen, 2. der Seelenwanderung und 3. dem Gesetz der unentrinnbaren Vergeltung (Karma). Diese drei Lehren sind Früchte der priesterlichen Spekulation; und auf ihnen ruhen letzthin das Kastenwesen und alles andere für indisches Gesellschaftsleben Eigentümliche. Mächtige religiöse Bewegungen, wie die Reformation Buddhas und der Islam, haben wohl bisweilen den indischen Gesellschaftsbau erzittern gemacht, aber den Glauben an diese Lehren haben sie nicht erschüttert, und daher sind sie nach einiger Zeit besiegt und an einen mehr unauffälligen Platz verdrängt worden, während die Verhältnisse zu dem früheren Zustande zurückkehrten. Erst die europäische Zivilisation mit ihren Forderungen nach materieller Gleichheit kann möglicherweise einer Milderung des strengen Kastenwesens den Weg bahnen, aber wenig mehr.

Die rituelle Gemeinschaft ist das wichtigste Charakteristikum des Kastenwesens. Seine andere große Eigentümlichkeit ist, daß die Kasten Geschlechtsgruppen eigentümlicher Art sind. Obwohl ursprünglich an das Gewerbe gebunden, ist das Kastenzeichen auf die Menschen übergegangen, so daß die Kaste nun dem Blute mehr als dem Gewerbe folgt. Die Kaste ist dadurch zu einer Blutsverwandtschaftsgruppe alten Typus geworden, wenn sie es nicht schon vorher gewesen war, wie das wohl oft geschah. Wo die Kasten sehr groß sind — viele Millionen Individuen umfassend —, macht sich dies Verhältnis nicht bemerkbar. Ist die Kaste aber klein, wie das meistens der Fall ist, so tritt es sehr deutlich hervor. Die Kastenmitglieder, die der Regel nach sich nur untereinander verheiraten, halten dann zusammen, bisweilen sogar in gemeinsamem Haushalt, sonst aber wie ein primitiver Stamm oder eine Geschlechtsgruppe mit Gemeinschaftsleben und mit besonderen Sitten und Riten. Das Kastenwesen in Indien bezeichnet hierdurch einen Rückfall in die primitive Gesellschaft der Blutsverwandtschaft unter Anpassung an die stark durchgeführte Arbeitsteilung und Gewerbespezialisierung der entwickelten Ständegesellschaft. In vielen Fällen ist auch der Zusammenhang zwischen Stamm und Kaste andauernd wahrnehmbar. Die englischen Volkszählungen unterschieden so zwischen „tribal castes“ und „professional castes“. Die ersteren sind hinduisierte Stämme, ursprünglich außerhalb des Kastenwesens stehend, die in dieses dadurch eingefügt worden sind, daß sie eigene Riten annahmen und ihren Platz in der sozialen Hierarchie unter den alten gewerblichen Kasten erhielten. Diese wiederum haben sich durch strenge Endogamie in wirkliche Geschlechtsgruppen umgewandelt, die sich als solche fühlen, auch wenn sie nicht mehr dasselbe Gewerbe ausüben.

Dieser Charakter als primitive Geschlechtsgruppe oder Stamm hat eine weitere Befestigung erfahren durch die innere Organisation, welche die meisten Kasten angenommen haben. Sie haben so einen Vorsteher, oft erblich einer bestimmten Familie angehörend, einen Rat sowie eine die ganze Kaste umfassende Gemeinde. Durch diese Organe werden die Kastenzusammengehörigkeit aufrechterhalten, die Riten überwacht und ihre Übertretung bestraft. Verschiedene Autoren haben sich hierdurch verleiten lassen, in dem Geschlecht oder dem Stamm den Ursprung des ganzen Kastenwesens zu suchen. Dies heißt aber ganz sicher die Verhältnisse umkehren, außer was die eben erwähnten tribal castes betrifft. Die angedeutete Organisation ist eine Folge der Umwandlung in Kasten und der Verpflichtungen gewesen, die sie auferlegte. Die rituelle Gemeinschaft ist das Primäre, die an die Geschlechtsverfassung erinnernde Organisation eine sekundäre Folge. —

Andere Versuche, die Kasten als umgebildete Gilden oder Zünfte zu deuten, haben noch weniger Berechtigung. Das Kastenwesen war völlig ausgebildet, lange bevor die in den Städten erstandenen Gilden vorhanden waren.

Es ist indessen diese wunderbare Mischung von verschiedenen Gesellschaftstypen (Stand und Stamm), die den Betrachter verwirrt und es so schwer macht, mit dem Kastenwesen Indiens zurechtzukommen. Die verschiedenen Prinzipien durchkreuzen einander — die soziale Gemeinschaft, die Gewerbszusammengehörigkeit und die Verwandtschaft —, dahinter aber liegen als zusammenhaltendes Band die Religion und ihre Vorschriften. Die sozialen Unterschiede in Indien wie überall, wo es Kasten gibt, haben religiöse Sanktion. Das ist ihr Grundcharakter und ihre Stärke[1]).

* * *

Die Anzahl der Kasten und ihre gegenseitige Stellung. Ursprünglich waren die Stände bei den Völkern, bei denen ein Kastenwesen zur Ausbildung gekommen ist, die vier gewöhnlichen: Priester, Adel, Gemeinfreie (Bauern) und Diener. In Polynesien, wo nur ein unvollkommenes Kastenwesen sich ausgebildet hatte, ist die Entwicklung bei dieser ursprünglichen Ständebildung stehengeblieben, dafür aber ist sie zu einer unglaublichen Schärfe getrieben worden. Kaum irgendwo sind die sozialen Unterschiede größer und schreiender gewesen, als in diesen paradiesischen Gefilden[2]).

In Indien dagegen, dem Hauptlande des Kastenwesens, ist die alte Vierständeeinteilung in den unzähligen neuen sozialen Bildungen völlig aufgegangen. Schon frühzeitig spezialisierten sich die vier großen Kasten nach den Forderungen der Kulturentwicklung und der zunehmenden Arbeitsteilung. Die Brahmanen

---

[1]) „La caste est en son fond une institution religieuse" — sagt an einer Stelle C. Bouglé, Essais sur le régime des Castes, 1908, S. 89, völlig treffend. Aber die unbestimmte Charakteristik als ursprüngliche Stämme (tribus), die er im übrigen von den Kasten gibt, stimmt nicht hierzu. Im Grunde dieselbe Auffassung, nur mit der Variante, daß der Ursprung die arische Familie und ihre Bräuche in bezug auf Heirat usw. sind, sprach klar und deutlich bereits Emile Senart in seiner bekannten Arbeit, Les Castes dans l'Inde, 1896, aus. — Man braucht jedoch nur an die großen Kasten und vor allem an die Brahmanen zu denken, um zu finden, daß nicht die kleine Blutsverwandtschaftsgruppe, sondern die Klasse oder der Stand der Anfang sein muß. Diese sind auch in frühester Zeit mit dem Gewerbe zusammengefallen. Hinzugekommen ist dann der Reinheits- und Unreinheitscharakter; und so hat die gewerbliche Spezialisierung, stets begleitet von diesem Charakter, die unzähligen Kasten erzeugt.

[2]) Waitz und Gerland, Anthropologie der Naturvölker, 1859—72, V.

übernahmen so neben ihrem priesterlichen Geschäft alle Schreiberarbeit gleichwie vieles andere, was große Reinheit erforderte. Die Kshatriyas wurden zu einem Grundbesitzeradel und zu Kriegern. Aus den Vayshias ging u. a. der Handelsstand hervor, und den Sudras, die ursprünglich außerhalb des gesetzmäßigen Kastenwesens standen, wurden die notwendigen Handwerke innerhalb der Dorfgenossenschaften sowie alle niederen oder unreinen Beschäftigungen überlassen. Von hier aus ging dann die Spezialisierung immer weiter fort in dem Maße, wie Städte und große Reiche entstanden und die Kultur wuchs, bis alles ein großes Chaos von Gewerben und Kasten geworden war. Während von den alten Kasten nur die Brahmanen, obwohl auch sie in eine Menge verschiedener Kasten aufgeteilt, sich einigermaßen erhalten haben, ist bei den anderen und besonders den zwei niedrigsten, den Vayshias und den Sudras, eine Auflösung in eine Unzahl neuer Gruppen eingetreten. Man zählte so zu Beginn des Jahrhunderts mehr als 2300 Kasten in Indien, und neue entstehen fortgesetzt durch Abzweigung aus den bestehenden[1]).

Die Abstufung zwischen Höherem und Niederem, die allem Klassenwesen eigen ist, ist durch die religiösen Riten in hohem Grade verstärkt worden. Am höchsten in der Rangskala stehen die Brahmanen. Als Ausüber der Opferhandlungen stehen sie den Göttern nahe und werden halb als solche betrachtet. Auch in anderen Beschäftigungen bewahren sie vieles von ihrer ursprünglichen Hoheit. Vor allem bilden sie den Punkt, von dem aller Rang ausgeht, und um den die anderen sich in unzähligen Graden, oft miteinander um den Vorrang kämpfend, scharen. Auch abgesehen von den Brahmanen gibt es demnach eine vollständige Hierarchie in dem gegenseitigen Verhältnis der Kasten, wobei natürlich der Unterschied zwischen Reinen — den zweimal Geborenen nach brahmanischer Terminologie — und den anderen, Unreinen, die bedeutsamste Scheidegrenze ausmacht, bedeutsamer sogar als die, welche die Unfreiheit mit sich zu bringen scheint. Doch bedeutet dies nicht eine rechtliche Über- und Unterordnung, wie sie in der Feudal- oder auch Ständegesellschaft zwischen

---

[1]) In der Zusammenfassung der Volkszählung von 1901, die Sir Athelstane Baines gegeben hat, wird die Bevölkerung unter 45 Hauptgruppen in 542 Hauptkasten aufgeführt, die sich dann auf eine Menge Unterkasten verteilen: Ethnographie (Castes and Tribes); Grundriß der indo-arischen Philologie und Altertumskunde, II, 5, 1912. — Ein einheimischer Autor, Shridar v. Ketkar, The history of Caste in India, 1909, berechnet die Anzahl der Kasten auf etwa 3000.

höheren und niederen Ständen vorkommt. Die Kasten sind unabhängig voneinander gleich den Gewerben. In Übereinstimmung hiermit ist auch die Sklaverei wenig ausgebreitet. In älterer Zeit war sie gewöhnlicher; und ganze Kasten gab es, die leibeigene Ackerbauer waren. Dank der Zugehörigkeit zu seiner Kaste war jedoch der Unfreie nicht so rechtlos hier wie in der übrigen Ständegesellschaft. Gegenwärtig kommen — dem von den Engländern erlassenen Gesetz zuwider — sowohl Haussklaven als auch Leibeigene bei den großen Grundbesitzern (Raiputi-Kshatriyas) vor, obwohl in geringer Anzahl, und wie es scheint, meistens aus freiem Willen, indem Arme gewisser Kasten sich zu solcher Arbeit verkaufen. Die Masse des Volks ist indessen frei, aber unrein als unreinen Kasten angehörig, und steht infolgedessen sehr niedrig. Zwischen Reinen und Unreinen besteht nämlich ein unüberwindlicher Abgrund, über den keine Brücke führt. Nicht zum wenigsten die körperliche Berührung mit einem Unreinen wird vermieden und veranlaßt, wenn sie stattgefunden hat, bestimmte Reinigungszeremonien.

Im übrigen unterscheiden sich die Kasten voneinander außer durch das Gewerbe, das andauernd in vielen Fällen das äußere Unterscheidungsmerkmal ist, durch Verschiedenheit der religiösen Gebräuche, der Lebensweise usw. Auch Ungleichheit in bürgerlich-rechtlicher Hinsicht ist gewöhnlich. Als allgemeine Regel herrscht Heirat innerhalb der Kaste, aber außerhalb der näheren Verwandtschaft. Dies hindert jedoch nicht, daß Heiraten zwischen Personen, die verschiedenen, aber nahestehenden Kasten angehören, vorkommen können, und auch nicht, daß ein Mann von höherer Kaste eine Frau aus einer niederen heiratet, zumal als zweite oder dritte Ehefrau. Die Kinder folgen jedoch der Kaste der Mutter, falls sie nicht, wie es bisweilen geschieht, zu einer noch niedrigeren herabsinken. Dagegen ist Übergang von einer niederen Kaste zu einer höheren unmöglich. Dies ist eine von den Eigentümlichkeiten des Kastenwesens. Statt dessen können ziemlich leicht neue Kasten durch Abzweigungen aus den vorhandenen entstehen, teils aus religiösen Gründen (Sektenbildungen) oder durch Spezialisierung der Gewerbe oder Verlegung des Wohnsitzes an einen anderen Ort oder endlich dadurch, daß Personen aus ihrer Kaste ausgestoßen und außerhalb der geordneten Gesellschaft als kastenlos gestellt werden. Aber diese sogenannten Kastenlosen, deren es, wie man behauptet, über 50 Millionen in Indien geben soll, bilden in Wirklichkeit Kasten gleich den anderen.

* * *

Die Kasten als soziale Stände. Nicht nur ihrem Ursprung und ihren Grundzügen nach ist die Kastengesellschaft in Indien ganz verschieden von der gewöhnlichen Ständegesellschaft. Während in dieser die Stände eine bestimmte Stellung zum Staate einnehmen und meistens politische Mächte sind, die untereinander oder mit den Fürsten um Einfluß und Macht kämpfen, ist derartiges den Kasten fremd. Wohl kamen während der Zeit der Selbständigkeit Indiens oftmals Streitigkeiten zwischen den Kasten oder zwischen ihnen und den Fürsten vor, meistens aber handelte es sich um Rangverhältnisse oder Religionsstreitigkeiten und ähnliche Dinge. Die unzähligen Aufstände gegen fremde Unterdrücker, mohammedanische und andere, die vorgekommen sind, haben regelmäßig ihre Wurzel in religiösen Zwistigkeiten gehabt. So hatte der große Seapoyaufstand 1857 seinen Anlaß zunächst in der Einführung neuer Patronen, die mit Fett von Tieren bestrichen waren, welche heilig sind, wie die Kuh, oder unrein, wie das Schwein. Ein Kampf um die politische Macht innerhalb des Staates war dagegen unbekannt, wenn auch während gewisser Zeiten eine starke Rivalität in bezug auf Macht und Ansehen zwischen Brahmanen und dem Kshatriyaadel geherrscht hat.

Aber der Unterschied zwischen Kasten und Ständen beschränkt sich nicht hierauf. Wie wir gesehen haben, hat alles Klassenwesen seine Wurzel in gewissen sozialen Bedürfnissen und Aufgaben. In einem späteren Stadium kommen die Eigentumsverhältnisse als ein klassenbildender Faktor hinzu. Diese beiden, die Funktion und das Eigentum, bilden die Grundlagen, auf denen das vollentwickelte Klassenwesen ruht. Aber sie machen sich bei den verschiedenen Typen von Klassenwesen, die vorhanden sind, nicht in gleichem Maße geltend. Bei dem einen überwiegt die eine, bei einem andern die andere, während bei einem dritten beide ungefähr gleich stark hervortreten.

Das Kastenwesen zeichnet sich also vor jedem anderen Klassenwesen durch seinen *funktionellen* Charakter aus. Die Kasten repräsentierten ursprünglich je für sich bestimmte Aufgaben. Jede Kaste hatte ihre Funktion und ihre Lebensaufgabe, außer in den Fällen, wo die Kaste aus umgewandelten Stämmen hervorgegangen war (tribal castes) und noch heute mehr eine Geschlechtsgruppe als ein Stand ist. Im übrigen aber ist das Gewerbe in den Augen der Menschen andauernd der innere Grund des Kastenwesens und seine raison d'être. Nur hieraus erklärt es sich auch, daß die Kasten so zahlreich geworden sind. Jede soziale Aufgabe hat Anlaß zur

Entstehung einer Kaste gegeben, und die Berufsspezialisierung ist in Indien sehr groß. Indessen hat sich besonders in jüngerer Zeit, wie oben erwähnt wurde, der Zusammenhang zwischen Beruf und Kaste in vielen Fällen gelöst. Die größeren Kasten haben sich auf viele Berufe verteilt unter Anpassung an die örtlichen Verhältnisse, unter denen sie in zerstreuten Gruppen leben. Und einzelne können die verschiedensten Stellungen einnehmen. So ist es vorgekommen, daß ein despotischer Herrscher einen Sudra mit den höchsten Ämtern des Staates bekleidet hat, ein Fall analog den nicht seltenen Erhöhungen von Sklaven und Leibeigenen, die überall in Despotien stattfinden können. Bedeutungsvoller ist, daß Sudras gegenwärtig als Kaufleute oder in anderen höheren Stellungen auftreten können, gleichwie umgekehrt Brahmanen und Kshatriyas viele geringere Gewerbe ausüben, nur nicht unreine. Alles dies bedeutet aber Abweichungen vom Normalen und wird auch als solche betrachtet [1]). Gewöhnlich pflegt auch ein Wechsel des Gewerbes nicht individuell, sondern gruppenweise vorzukommen, und er wird dann geduldet, als eine durch die Umstände gebotene Notwendigkeit. Nirgends haben indessen der Beruf und die soziale Aufgabe die Menschen so sehr in Fesseln geschlagen wie in Indien. Dies, ein Charakteristikum für dieses Standeswesen, ist das Werk der religiösen Ideen.

Eine Folge des eben angeführten Verhältnisses ist es, daß die zweite große Ursache zur Klassenbildung bei den Halbkultur- und Kulturvölkern, das Eigentum, in diesem Kastenwesen sich wenig zu erkennen gibt. Zwar sind die unreinen und im allgemeinen die niederen Kasten zugleich arm, dies ist aber zunächst eine Folge der geringen Ertragsfähigkeit der betreffenden Gewerbe. Unbemittelte gibt es auch in den höheren Kasten, und ein sehr großer Teil der obersten Kaste, der der Brahmanen, besitzt überhaupt kein Eigentum, sondern lebt von Geschenken und Almosen. Die meisten Berufsbettler in Indien, und deren Zahl ist groß, dürften der Kaste der Priester angehören. Man kann keinen deutlicheren Beweis für die untergeordnete Rolle verlangen, die das Eigentum in dem Standeswesen dieses Landes spielt.

In Polynesien und überall sonst, wo ein Kastenwesen bestanden hat, war dem nicht so. Dort besaßen die höheren Kasten und ganz besonders der Fürst und sein Geschlecht, sowie die Häuptlinge (der Adel), das meiste Eigentum und vor allem den Grund und Boden. Das bei diesen Völkern ausgebildete Tabu-

---

[1]) C. Bouglé, „Si, en fait, les changements de métiers ne sont pas rares, ils restent en droit illicites et comme scandaleux“ (a. a. O., S. 20).

system, auf dem das Kastenwesen hier ruhte, scheint in erster Linie politischen Zwecken gedient zu haben, nämlich die Macht des Fürsten und des Adels aufrechtzuerhalten und ihnen das Eigentum zu sichern. Das Eigentum spielte hier als Machtmittel eine dominierende Rolle, obwohl unter dem Deckmantel der Religion, soviel man sehen kann, und wirkte daher ganz anders auf die sozialen Unterschiede ein als in Indien, wo das nicht der Fall war.

Der eben angedeutete Charakter des indischen Kastenwesens stellt es, theoretisch gesehen, hoch. Die soziale Funktion, die *allgemeine* Bedeutung hat, nicht das Eigentum, das zunächst den Interessen *einzelner* dient, bildet die hauptsächliche Grundlage der sozialen Unterschiede. Dies bedeutet indessen wenig gegenüber den Fehlern, die demselben anhaften, und von denen die schlimmsten der religiöse Grundzug und die Unreinheitsvorstellungen sind, die die Menschen wie nichts anderes einander fremd machen und von Geburt an ihnen Fesseln anlegen. Da kein Übergang von einer Kaste zur anderen möglich ist, ausgenommen als Deklassierung, so sind die Individuen Leibeigene innerhalb ihrer Kaste. Außer dem Zwang, den dies ihnen auferlegt, und der nach europäischen Begriffen als unerträglich gefühlt werden müßte, bildet es ein schweres Hindernis für alle höhere Entwicklung. Die arische Bevölkerung Indiens, die in so vielen Hinsichten eine hohe Begabung bekundet, ist infolge dieses Charakters des Kastenwesens bisher auf der Stufe der Halbkultur stehengeblieben und dürfte, solange dies Verhältnis fortbesteht, auf ihr verbleiben.

Eine Änderung des Verhältnisses ist aber unmöglich, solange die oben (S. 126) erwähnten drei Grundvorstellungen die Gemüter und das Glaubensleben beherrschen. Nach ihnen wird ein jeder in seine Kaste und seine Lebensstellung geboren zufolge der Handlungen, die er in einem vorhergehenden Leben ausgeführt hat. Und nur wenn er streng die Riten und Vorschriften, die ihm mit seiner Kaste gegeben sind, erfüllt, kann er die Hoffnung hegen, in der nächstfolgenden Inkarnation eine höhere Lebensform zu erreichen oder der Gefahr zu entgehen, zu einer niedrigeren herabzusinken. Dies macht das Kastenritual zu der wichtigsten Lebensaufgabe. Opposition gegen dasselbe und das Kastenwesen überhaupt wäre Aufruhr gegen die Weltordnung. Der rechtgläubige Hindu ist widerstandslos nicht nur an das Schicksal, sondern auch an das seltsame Standeswesen gebunden, das, ausgehend von der altarischen Ständegesellschaft, durch priesterliche Spekulation und religiösen Einfluß unter der Sonne Indiens erstanden ist.

Kapitel VI.

Die Feudalgesellschaft.

Das Vorkommen und die allgemeinen Voraussetzungen des Feudalismus. Wo die Entwicklung über die primitive Klassengesellschaft hinausgeführt hat, sind meistens Ansätze zu einer feudalen Gesellschaftsordnung vorhanden gewesen. Sie ist den Halbkultur- und den Kulturvölkern während ihres Mittelalters eigen. Aber sie ist nicht überall von derselben Art. In einigen Fällen geht eine Art Feudalwesen unmittelbar aus der primitiven Klassengesellschaft oder aus noch älteren Gesellschaftsformen hervor, in anderen stellt es eine Weiterbildung der Ständegesellschaft dar. Das Endresultat kann dem Betrachter recht gleich erscheinen, und hochverdiente Forscher haben ohne weiteres die beiden Arten als eins aufgefaßt. Dem ist aber nicht so.

Bei den keltischen Völkern, auf Irland und in Schottland, wahrscheinlich auch in Japan, ist eine feudale Gesellschaftsform aus der Geschlechtsverfassung hervorgegangen. Die patriarchalische Ordnung mit einem Oberhaupt der Geschlechtsmitglieder, zugleich höchstem Verwalter des Grundbesitzes, kann zu einer feudalähnlichen Herrschaft führen. Der Geschlechtsstaat enthält eine Mischung von Monarchie und Aristokratie, aber beschränkt auf die Blutverwandtschaftsgruppe oder wenigstens unter strenger Festhaltung an dem Prinzip des Verwandtschaftsbandes, wodurch keine großen Reiche entstehen, sondern nur eine Mehrzahl kleiner Gaue mit einem mehr nominellen als wirklichen Oberkönig. Von außen betrachtet, sieht das Ganze aus wie ein aristokratisches Staatssystem von feudalem Typus. Auch in der Macht des Klansoberhaupts über die Klansmitglieder und vielleicht am allermeisten über den Grundbesitz, findet sich vieles, was an das feudale Recht erinnert. Maine und nach ihm Fustel de Coulanges haben diese keltischen Verhältnisse als völlig gleichwertig mit dem französischen Feudalwesen aufgefaßt. Aber sowohl die innere Struktur der beiden Gesellschaften als auch vor allem der Ausgangspunkt sind verschieden in dem einen und in dem anderen Falle.

Eine andere Art von patriarchalischem Feudalwesen war die Gesellschaftsform, die unter Mischung mit orientalischem Despotismus in Iran unter den Parthern und später in dem neupersischen Reiche aufkam. Dort bestand, neben einem reich ausgebildeten Standeswesen auf bureaukratischer Grundlage, eine alte feudale Geschlechtsverfassung, während ein Großkönig von gewöhnlichem asiatischen Schlage an der Spitze des Ganzen stand. Feudale Gesellschaftsform mit selbständigen Herren und leibeigenen Bauern, wie das der Grundtypus ist, ist also auf vielerlei Art und in mannigfacher Gestalt zur Ausbildung gekommen. Bei der kurzen Übersicht über die sozialen Unterschiede, die wir hier geben wollen, können wir uns nur mit der in der Ständegesellschaft und in größeren Reichen auftretenden Form des Feudalismus beschäftigen, der einzigen, die weltgeschichtliche Bedeutung gehabt hat.

Fälle dieses echten Feudalismus scheinen mehrorts in den großen Reichen der alten Welt vorgekommen zu sein. So trat während der Zeit der sechsten Dynastie (von 2530 v. Chr. an) in Ägypten ein feudalähnlicher Zustand ein, wobei das Land unter Kleinfürsten verteilt war, die nur nominell dem Pharao unterstanden. Ungefähr dasselbe fand in China zur Zeit der Tschou-Dynastie (1122—249 v. Chr.) statt. Und Ansätze zu etwas Ähnlichem kamen wohl in den meisten asiatischen Despotien während ihrer Verfallsperiode vor, sowohl in Medien als auch in Babylon und selbst im Perserreiche. Diese sämtlichen Fälle stellen jedoch nur unvollkommene Formen von Feudalismus dar. Sie bezeichnen eher ein erstes Stadium desselben, den Zerfall eines großen Reiches, als die Entstehung einer neuen, aristokratischen Gesellschaft aus den Trümmern desselben. Nur in Europa hat das Feudalwesen seine volle Entwicklung erreicht und durch Jahrhunderte hin die feste Gesellschaftsordnung gebildet.

Nicht alle Völker Europas haben dieses Stadium erlebt, aber die meisten und größten. Sämtliche Staaten, die auf den Ruinen des weströmischen Reiches erwuchsen, haben es durchgemacht. In einem Teil derselben, wie in England, Spanien und Italien, hat das Feudalwesen nicht in politischer Hinsicht, d. h. der Staatsgewalt gegenüber, vollständig gesiegt, indem die Krone nach der normannischen Eroberung in England eine mehr als nominelle Oberhoheit aufrechterhielt, während in Spanien der Kampf gegen die Mauren, in Italien die emporblühenden Städte der Übermacht des Adels ein Ziel setzten. In sozialer Hinsicht, d. h. in bezug auf die übrigen Stände, sind auch diese Länder vom Feudalismus durchdrungen worden, wenn auch nicht so vollständig und typisch wie Frankreich und Deutschland, wo Staat und Gesellschaft ganz in diesem System aufgingen. Auch im oströmischen Reich bildete sich unter Einflüssen von Westeuropa her im 9. und 10. Jahrhundert ein Zustand heraus, der stark an das Feudalwesen erinnert.

Sieht man also von der slavischen Welt ab, die vor dem Mongoleneinfall auf einer sogar für die Feudalgesellschaft zu niedrigen Kulturstufe stand, so war es nur das nördliche Europa oder genauer die skandinavische Halbinsel — denn auch in Dänemark wurden die niederen Schichten der Bevölkerung vielfach auf feudale Weise gebunden — die dem Feudalwesen entging. Zwar fehlte es auch in Schweden — Norwegen ist nicht mitzurechnen, da es unter dem Drucke der Alleinherrschaft Harald Hårfagers und der späteren inneren Streitigkeiten seinen Adel verlor — nicht an Versuchen, nach deutschem Muster eine feudale Ordnung einzuführen; und wohl siegte die Aristokratie über das Königtum mit der Einführung und Befestigung des Wahlreiches im 14. Jahrhundert. Aber die feudale Auffassung von der öffentlichen Obrigkeit und dem Staate vermochte hier nie durchzudringen; auch gelang es den Großen trotz guten Willens nicht, die übrigen Volksklassen unter ihr Joch zu bringen. Mit diesen Ausnahmen und Einschränkungen herrschte der Feudalismus in Europa während des größeren Teils des Mittelalters.

Überblickt man die sämtlichen Fälle von echtem Feudalwesen, unvollendete oder vollendete, die die Geschichte kennt, so findet man, daß die allgemeinen Voraussetzungen für diese bemerkenswerte Form von Ständegesellschaft überall dieselben gewesen sind. Ein Feudalwesen entsteht nur dort, wo ein großes, von der Krone ausgehendes Verwaltungswesen vorhanden und das Land also in größere und kleinere Bezirke mit je ihrem königlichen Beamten an der Spitze geteilt ist. Ferner scheint es nur einzutreten, wo eine allgemeine Auflösung des Staates und Staatswesens stattfindet, sei es, daß diese eine Folge der Schwäche und Entartung des Herrscherhauses oder des Eindringens fremder, niedriger stehender Völker ist. Die wichtigste Voraussetzung ist jedoch stets eine aristokratische Gesellschaftsform, wo der Grundbesitz zu großen Gütern vereinigt und ein großer Teil der Bevölkerung in abhängige Stellung von ihnen geraten ist. Das Feudalwesen geht also stets von der Ständegesellschaft aus und ist im Grunde eine Abart davon, aber nur in einem großen Staatswesen, das sich in Auflösung befindet, kann diese Abart entstehen und blühen.

* * *

Grundlage und allgemeiner Charakter der europäischen Feudalgesellschaft. Wie die Kastengesellschaft das eine Extrem der Ständegesellschaft bezeichnet, so die Feudalgesellschaft das andere. Sie unterscheiden sich auch voneinander in allem außer in gewissen Fällen betreffs der Stellung des niederen Volks. So ist bereits das äußere Vorkommen sehr verschieden. Das Kastenwesen ist nicht an den Staat gebunden oder durch dessen Gebiet begrenzt, während das Feudalwesen stets mit dem Reiche verwachsen und rechtlich auf dasselbe beschränkt ist, auch wenn es gleichartig in mehreren solchen vorkommt. Dies hängt wiederum mit der verschiedenen Grundlage beider zusammen. Die Grundlage der Kastengesellschaft bilden, wie wir wissen, die Gebote der Religion, die bei vielen Völkern und Staaten in gleicher Weise Geltung haben können. Die Feudalgesellschaft dagegen ist aufgebaut auf die militärische Organisation und die allgemeine Verwaltung, die stets eins mit ihrem Staatswesen sind. Nicht geringere Verschiedenheiten herrschen im Innern zwischen diesen beiden Gesellschaftsformen.

Der für das Kastenwesen kennzeichnendste Zug ist seine Hervorhebung der Aufgabe, d. h. des Berufs, als Quelle der sozialen Unterschiede zwischen den Menschen. Es erreicht in dieser Hinsicht den Höhepunkt alles Klassenwesens, indem die gesellschaftlichen Aufgaben die Klassenunterschiede nicht nur im großen begründen, sondern bis in die kleinsten Berufsspezialitäten hinein und stets ohne Rücksicht auf das Eigentum. Die ungleiche Verteilung des Eigentums tritt hier ganz zurück. Sie ist nur vorhanden als ein unvermeidlicher, aber nicht beabsichtigter oder bestimmender Faktor. Die Feudalgesellschaft zeigt ein ganz entgegengesetztes Bild. In ihr ist der erste Grund der Klassenunterschiede, die staatliche und soziale Aufgabe, zwar nicht völlig verschwunden. Die Priester haben ihre spezielle Aufgabe als Hüter der Religion, obwohl nur die niederen Grade der Priester und Mönche dadurch ihr Gepräge erhalten. Ebenso hat der Adel seine ihm durch die Geburt gegebene Aufgabe in der Verteidigung des Landes und im Kriegshandwerk, während das übrige Volk auf die wirtschaftliche Arbeit angewiesen ist. Die soziale Arbeitsteilung, die hier vorkommt, und das darauf gegründete Ständewesen können daher treffend mit den deutschen Ausdrücken „Wehrstand“ und „Nährstand“ angegeben werden. Die geistige und weltliche Aristokratie hat den Krieg und die öffentlichen Angelegenheiten zu besorgen, die Masse des Volks die Gewerbe und die Arbeit. Aber diese Arbeitsteilung dient weit weniger dem Wohle der Allgemeinheit als dem Nutzen der einzelnen, die Krieg führen und regieren und administrieren hauptsächlich zur Förderung ihrer eigenen Interessen. Die sozialen Aufgaben treten hinter den sie begleitenden Wirkungen zurück, vor allem betreffs des *Eigentums*. In keiner Gesellschaft sind die Klassenunterschiede so an dasselbe gebunden, wie in der Feudalgesellschaft. Die modernen Autoren, die in dem Eigentum und seiner Verteilung die eigentliche Grundlage des Klassenwesens suchen, haben in dieser Gesellschaft das charakteristische Bild eines solchen Zustandes. Und dieses Bild weist nur noch wenige Züge von Kultur und höherem Gesellschaftsleben auf.

Unzweifelhaft ist die Anhäufung des Eigentums in gewissen Händen eine auf allen Kulturstufen notwendige Voraussetzung für Kultur und Fortschritt. Eine gleiche Verteilung desselben auf alle bedeutet den Verbrauch des Ertrages von einem Tage zu dem andern. Aber ohne einen Überschuß und gespartes Kapital gibt es keine Möglichkeit, über die Bedürfnisse des Augenblicks hinauszukommen und neue zu schaffen mit höherem Ziele als dem des unmittelbaren Unterhalts. Die Konzentration des Eigentums, d. h. des Grundbesitzes — denn dieser war zu jener Zeit das einzige produktive Eigentum außer der Arbeitskraft — zu großen Gütern war daher eine Kulturnotwendigkeit, gleichzeitig wie sie ein Privatinteresse darstellte. Die Vereinigung des Grundbesitzes zu Latifundien war Jahrhunderte hindurch im römischen Kaiserreiche vor sich gegangen, obwohl mehr als eine Äußerung des Verfalls denn als Grundlage eines neuen Gesellschaftsbaues. Diese Erscheinung breitete sich während der Stürme der Völkerwanderungen wie auch in den neuen germanischen Reichen noch mehr aus. Die allgemeine Unsicherheit zwang die Bauern, bei einem großen Nachbarn, besonders Kirchen und Klöstern, sonst aber bei einem weltlichen Großen, Schutz zu suchen. Zu Karls des Großen Zeit geschah das gleiche, um dem Heerbann und der drückenden Thingspflicht zu entgehen. Aber so notwendig diese Konzentration des Eigentums war, um einige Trümmer der antiken Kultur vor völligem Untergang zu bewahren und höhere Bedürfnisse und den Sinn für Kultur zu fördern, so hatte sie doch andererseits eine Rückwirkung der durchgreifendsten Art auf das Klassenwesen. Die Menschen gingen mit dem Grund und Boden mit und gerieten in Abhängigkeit von dessen Eigentümern. Und so wuchs mit den großen Gütern die allgemeine Unfreiheit der großen Masse des Volks.

Dies wurde die Grundlage für die feudale Gesellschaft in ihrer einen, unteren Schicht.

Zwischen den Herren dagegen, sowohl untereinander als im Verhältnis zur Staatsgewalt, herrschte ein anderes Verhältnis, in welchem das Eigentum wohl eine große Rolle spielte, eine nicht geringere aber das Heerwesen. Um den Angriffen der Sarazenen und der Ungarn zu begegnen, mußte eine Reiterei aufgestellt werden. Zu diesem Zwecke zog Karl Martell einen beträchtlichen Teil der früher an Kirchen und Klöster weggeschenkten Domänen ein und verteilte diese als beneficia (Lehen) gegen Reiterdienst. Die weltlichen Großen versäumten nicht, sich dies zunutze zu machen, damit wirklich die Aufgabe erfüllend, die ihnen zunächst oblag, die Verteidigung des Reichs.

Hierdurch wurde jedoch ihre Stellung legalisiert, und sie wurden ein rechtlich anerkannter Adelsstand. Reiterdienst hat stets diese soziale Wirkung gehabt, wie wir das aus anderen Ländern und Zeiten kennen, so im alten Athen und später in Dänemark und Schweden, wo ein wirklicher Adel erst mit dem auf Steuerfreiheit gegründeten „Rustdienst" aufkam. Im fränkischen Reiche vollzog sich der Prozeß auf dieselbe Weise, nur mit den Abweichungen, die einerseits durch das vorhandene Latifundiensystem und andererseits durch die Erinnerungen an die germanische Gefolgschaft, wie sie dort in den fränkischen „Antrustionen" mit ihrem Fidelitätsverhältnis fortlebten, bedingt waren.

Auf diese Weise bildete sich die obere Schicht der feudalen Gesellschaft heraus, auf Eigentum und besonders militärische Organisation gebaut.

Mit den angeführten konstitutiven Elementen ist das Feudalwesen als Rechtsinstitut und als Ständewesen geschichtlich erklärt. Nicht aber ist damit die feudale Gesellschafts- und Staatsform, „der Lehnsstaat" in seinem ganzen Umfange nach Entstehung und Bedeutung klargestellt. Die strittige Frage nach der Entstehung derselben können wir nur im Vorbeigehen berühren[1]).

[1]) Betreffs der Entstehung und Entwicklung der feudalen Gesellschafts- und Staatsform in Europa gehen die Meinungen immer noch auseinander, indem

Ebenso seien nur einige weitere Worte über seinen allgemeinen Charakter hinzugefügt.

Das feudale Ständewesen teilte Gesellschaft und Staat in zwei scharf geschiedene, aber innerlich verbundene Hälften oder Schichten, die eine über der anderen, mit ganz verschiedenem Recht, privatem und öffentlichem. Die untere ruhte auf Hausherrngewalt (Seniorat) und Unfreiheit, die obere auf Belehnung (Benifizialwesen) und freie Anstellung unter Treupflicht (Vasallität). In beiden Fällen herrschte eine Vermengung öffentlichen und privaten Rechts, aber jeweils auf verschiedene Weise. In der unteren Welt waren die privaten Rechtsverhältnisse verwandelt in öffentlich-rechtliche. Derartiges ist jedoch allgemein der Fall, wo Sklaverei und Unfreiheit herrschen. Der Herr ist nicht nur Hausherr, sondern zu-

---

einige, die „Romanisten", ihre Grundlage in privatrechtlichen römischen Institutionen, andere die „Germanisten", überwiegend in öffentlich-rechtlichen germanischen Bräuchen suchen. Als typischer Vertreter der ersteren Richtung sei Fustel de Coulanges (Histoire des Institutions politiques de l'ancienne France, 1875—92, V. u. VI: Les origines du système féodal), der letzteren H. Brunner (Deutsche Rechtsgeschichte, 1887—92, I. u. II) genannt.

Jede der beiden Richtungen erklärt je eine der obengenannten zwei Schichten der feudalen Gesellschaft, keine von ihnen aber das Ganze, auch nicht beide Richtungen zusammen. Denn andauernd unbeantwortet bleibt die kardinale Frage: Wie soll man die Erblichkeit der Ämter und somit die Umwandlung des öffentlichen Rechts in Privatrecht erklären?

Dem römischen Staatsrecht, das nie zur Erblichkeit des Imperiums gelangen konnte, wie sehr auch die Wohlfahrt des Reichs und orientalische Vorbilder dazu einzuladen schienen, war sie fremd. Und noch mehr der Kirche, der anderen Macht, die in so vielen Fällen den Bestrebungen der Zeit Form und Richtung gab, und innerhalb welcher die Ämter stets öffentlich rechtlich blieben, besetzt durch Wahl oder Ernennung. Nur bei dem fränkischen Königtum finden wir privates Eigentumsrecht und Erblichkeit als unbestrittenen Rechtsgrundsatz bezüglich des Reiches, d. h. der Königswürde. Es ist unzweifelhaft, daß hiervon das Prinzip auch betreffs der Ämter sich herleitet. Das Königsrecht ist ein Vorbild gewesen, das die Beamten, alle jene Herzöge, Grafen, Vizegrafen usw. nachzuahmen gesucht haben, was ihnen denn auch während der allgemeinen Auflösung gelungen ist. Trades Erklärung des Feudalwesens wie auch übrigens alles anderen durch „Imitation" kann nicht so akzeptiert werden, wie er sie anwendet — auf den Fidelitätseid der Antrustionen als allgemeines Vorbild für das Lehnswesen (Les Lois de l'Imitation, 1905, S. 260 ff.). Aber in diesem wichtigen Punkte dürfte die Erklärung zutreffen. Die Erblichkeit der Ämter und damit die Umwandlung des öffentlichen Rechts in Privatrecht ist eine Nachbildung des Rechtes des Königtums und hat somit letzthin ihre Wurzel in germanischer Rechtsanschauung. Denn nach dieser war die Königswürde erblich innerhalb des Geschlechts, obwohl bisweilen mit gewissen durch die Reichseinheit bedingten Grenzen.

gleich Souverän über seine Untergebenen. Sie gehören ihm als sein patrimonium. In der oberen Welt herrschte ein ganz umgekehrtes Verhältnis. Das öffentliche Recht war hier Privatrecht geworden, indem Staatsgewalt zu privatem Eigentum geworden war. Die staatliche Souveränität war in eine Art gegenseitiges Vertragsrecht umgewandelt, das als Widerstandsrecht sich sogar zum Rechte, Könige abzusetzen, steigern konnte. Dies kommt nur im Feudalstaat vor und ist dessen kennzeichnendster Zug. Er, zusammen freilich mit dem Patrimonialrecht, war es auch hauptsächlich, der die harten Urteile über ihn hervorgerufen hat, die zu allen Zeiten laut geworden sind und noch heute darüber gefällt werden. Das Lehnswesen ist die unvollkommenste Staatsform, die sich überhaupt denken läßt, erklärte Paul Roth, einer derjenigen, die am frühesten sein Wesen aufgedeckt haben[1]).

* * *

Die Stände in der Feudalgesellschaft. Aus der Ferne und im großen gesehen scheinen nur zwei Stände in der feudalen Gesellschaft sich voneinander abzuheben; Herren und Untergebene, Freie und Unfreie. Geht man den Dingen näher, so findet man, daß die beiden Gruppen in mehrere zerfallen, gleichwie, daß auch andere Stände als diese beiden hauptsächlich hervortretenden vorkommen. Staatsbürgerlich anerkannt war jedoch nur der Herrenstand, hier wie anderwärts aus einem weltlichen und einem geistlichen Stand bestehend, dem Adel und der Priesterschaft, die somit die einzigen politisch berechtigten Stände in der Feudalgesellschaft waren.

Der *Adel* ist wie überall in der Halbkultur zunächst ein Kriegeradel, aber in vielleicht noch höherem Grade ein Grundbesitzadel. Indessen ist das Kriegsgewerbe seine eigentliche Aufgabe, von ihm leitet er seine Entstehung her, und von ihm hat er sein wichtigstes Kennzeichen. Das Heerwesen, das im beginnenden Mittelalter vor allem eine Reiterei verlangte, wozu der allgemeine Heerbann und die Gemeinfreien sich nicht eigneten, ruhte auf diese Weise auf denen, die die Bürde des Reiterdienstes auf sich nehmen konnten. Dies vermochten nur die größeren Grundbesitzer, die also mit ihren Leuten die Kriegsscharen bildeten, die für das Reich, solange ein solches bestand, und dann für den Lehnsherrn oder für eigene Rechnung in den

[1]) Geschichte des Benefizialwesens, 1850, S. 106.

Kampf zogen. Zu dieser für allen Adel älterer Zeiten gewöhnlichen Lebensaufgabe kam natürlich auch die Beschäftigung mit den Staats- und anderen öffentlichen Angelegenheiten. Hier aber offenbart sich der große Unterschied zwischen dem feudalen und anderem Adel.

Der Feudaladel war nicht ein Beamtenadel, teilnehmend an der Reichsregierung auf dieselbe Weise, wie es sonst gewöhnlich der Fall ist; er war selbst souverän, jeder Adlige innerhalb seines Gebiets. Dies war das vornehmste Kennzeichen des Adelsstandes in der Feudalgesellschaft. Er bestand aus einer Reihe von Souveränen, zwar nicht völlig unabhängig, weder nach oben noch nach unten hin, aber doch nur aus eigenem freien Willen durch Verpflichtungen irgendwelcher Art gebunden. Der Feudalherr war Regierender innerhalb seines Gebietes und übte als solcher die rechtsprechende und gesetzgebende Obrigkeit aus, aber nicht allein, sondern in Gemeinschaft mit seinen Vasallen. Und diese ihrerseits taten dasselbe innerhalb ihrer kleineren Gebiete bis hinab zu dem Boden der Gesellschaft, wo es keine lehnspflichtigen Vasallen weiter gab, sondern nur mehr oder weniger unfreie Untergebene. In umgekehrter Folge hatte jeder Lehnsmann seinen Herrn über sich, von dem er sein Lehen empfing, und dessen Gefolgsmann er also mit bestimmten Verpflichtungen war, bis hinauf zu den obersten und größten, den sogenannten Kronvasallen, die keinen anderen über sich hatten als den König, der freilich in Frankreich zur Zeit der Vollendung des Feudalwesens unter den Capetingern mehr nominell als wirklich oberster Lehnsherr war.

Der Adelstand in der Feudalgesellschaft war also zusammengesetzt aus teils nebengeordneten, teils über- und untergeordneten Herrschern in vielen Graden. Zu oberst stehen Herzöge, Markgrafen und Grafen und unter diesen, bisweilen aber auch ihnen in der feudalen Hierarchie gleichgestellt, Vicomtes und Barone usw. Eine strenge Rangordnung gab es jedoch nicht, indem jeder „Lehnsberechtigte" adlig und dadurch allen anderen ebenbürtig war, aber die sehr verschiedenen Machtmittel wiesen doch einem jeden seinen Platz in dieser Hierarchie an. Neben dem eigentlichen Lehnsadel gab es mehrere niedrigere Klassen, wie Seigneurs, Ministerialen, Knappen (Valvassoren). Diese bildeten die feudale Beamtenklasse in verschiedenen Graden und waren die nächsten Vertrauensleute und Gehilfen der Lehnsherren als Richter über die niedere Bevölkerung, Aufseher über die Gutsverwaltung, den Stall und die Küche, Diensthabende am Hofe des Lehnsherrn usw. Sämtlich gehörten sie dem herrschenden Stande an und wurden ganz oder halb zum Adel gerechnet, obwohl die Niedrigsten unter ihnen gewöhnlich aus den Reihen der Unfreien hervorgegangen waren.

Neben dem lehnsmäßigen Adel entstand durch Einfluß religiöser und schwärmerischer Strömungen während der Zeit der Kreuzzüge ein freier Adelsstand in den „Rittern", die nur für und von ihrem Schwert lebten. Ein Teil von diesen bildet eine feste Organisation in den Ritterorden, die dann eine große politische und kolonisatorische Rolle gespielt haben. Die übrigen sanken allmählich zu einem adligen Proletariat herab ohne Lehen, vielleicht aber mit einer Burg, nur vom Solddienst und vom Raube lebend. Aus ihnen entstand die freie Ritterschaft des späteren Mittelalters, als Raubritter eine der schlimmsten Landplagen jener Zeit.

Der *geistliche Herrenstand, die Priesterschaft,* war nach Ursprung und Aufgabe von dem Adelsstande so verschieden wie nur möglich. Er war nicht erblich wie dieser, sondern ein Beamtenstand, der sich durch Ernennung und Wahl, Mann für Mann, rekrutierte. Und seine Aufgabe als Hüter der christlichen Religion war Friede, nicht Kampf. Aber dennoch waren Priesterschaft und Adel als herrschende Stände in der Feudalgesellschaft kaum voneinander zu unterscheiden. Schon während des letzten Jahrhunderts des römischen Kaisertums waren die Priester zu in sich geschlossenem Stande mit großen weltlichen Interessen und bedeutender Macht und Autorität geworden. Diese Entwicklung ging bei der Errichtung der neuen germanischen Reiche fort, wo Bischof und Geistliche die einzige Obrigkeit waren, die in der allgemeinen Auflösung aufrecht stand, den Besiegten Schutz gewährend und den Siegern Respekt einflößend. Sowohl die standesmäßige Zusammengehörigkeit als auch die äußeren und inneren Machtmittel wuchsen hierbei ungeheuer. Dann wirkten viele verschiedene Kräfte und Bestrebungen zusammen, um aus der katholischen Geistlichkeit einen feudalen Herrenstand mit seltener Macht und Ansehen zu machen. Diese Umwandlung der Geistlichkeit und der Kirche in weltliche Mächte ist eine der bemerkenswertesten Erscheinungen während des christlichen Mittelalters.

Als bedeutsamste unter den Kräften, die hierzu mitgewirkt haben — außer natürlich der ursprünglichen Aufgabe, Religion und Kult zu handhaben — sei die Schaffung eines besonderen Gesetzes für die Geistlichen, „das kanonische Recht", genannt. Von einem geringen Anfang während der ersten Jahrhunderte aus, Bezug habend nur auf die inneren Verhältnisse der Christen, entwickelte sich die Gesetzgebung auf Synoden und durch die Dekrete der Bischöfe zu einem alles umfassenden Gesetz für Geistliche und Gemeinden. Dadurch wurden die Geistlichen von der bürgerlichen Gesellschaft emanzipiert, während gleichzeitig diese, was die Religion anbelangt, der geistlichen Oberhoheit unterstellt wurde. Diese Gesetzgebung, unterstützt durch Fälschungen, wie die pseudo-isidorischen Dekretalien während der zweiten Hälfte des 9. Jahrhunderts, diente auch dazu, der Kirche eine streng autokratische Verfassung zu geben. Die Bestrebungen der Bischöfe und der Könige, eine bischöfliche bzw. nationale Dezentralisation aufrechtzuerhalten, mußten den Ansprüchen der Päpste auf die Einheit der Kirche und apostolische Macht weichen. Nachdem die Bischöfe im neunten Jahrhundert sich unter Rom hatten beugen müssen, vollendete die gregorianische Gesetzgebung (1073—1085) betreffs der Besetzung der Ämter durch hauptsächlich kirchliche Behörden sowie des Zölibats diese Konsolidierung. Die Kirche war nun ein Reich für sich, neben der weltlichen Macht oder ihren Ansprüchen nach über ihr, und die Geistlichkeit ein Stand, geschieden von allen anderen durch eigenes Gesetz und selbständige Stellung in Gesellschaft und Staat.

Hand in Hand mit dieser inneren Entwicklung ging eine ähnliche bezüglich der äußeren Stellung des geistlichen Standes fort. Sie kann in Kürze bezeichnet werden als dessen Feudalisierung, nach unten sowohl als nach oben hin. Nach unten hin, dem niederen Volke gegenüber, geschah dies in Zusammenhang mit dem Erwerb des ungeheuern Grundbesitzes, der der Kirche zuteil wurde. Vieles davon waren Geschenke, durch die die Könige und die Großen sich die Vergebung ihrer Sünden und die Seligkeit erkaufen wollten. Ungeheuer viel aber kam von den kleinen Leuten her, die durch Überlassung ihres Eigentums an die Kirche gemäß dem sog. Prekarienrecht sich Leben und Gut zu sichern suchten. Alle aber, die unter die Herrschaft der Kirche gerieten, wurden an die Scholle gefesselt und verloren ihre Freiheit auf feudalistische Weise. Gleichzeitig gewann die Kirche nach oben hin, der Krone gegenüber, dieselbe Selbständigkeit und dieselbe Stellung, wie sie der Adel erstrebte. Vor allem forderte und erlangte sie Immunität für eigenes und der Untergebenen Gut und Eigentum. Sodann empfingen die Geistlichen Lehen von der Krone oder von Großen. Sie wurden hierdurch in die feudale Hierarchie als Lehnsherren und Vasallen eingegliedert und nahmen in allen Beziehungen die Gebräuche und Sitten der weltlichen Herren an.

Aber obwohl die Geistlichen sich so in das herrschende Feudalsystem eingliederten, gingen sie doch nicht ganz darin auf, sondern nahmen stets eine Stellung außerhalb und oberhalb desselben ein. Es geschah dies einesteils durch die Teilnahme an Staat und Reichsregierung, die sie frühzeitig erhielten. Und der Anlaß dazu war nicht zum wenigsten ihre Eigenschaft als Gelehrte und als in administrativen Dingen erfahrene Männer. Nur die Geistlichen waren des Lesens und Schreibens kundig, obwohl es während der finstersten Jahrhunderte des Mittelalters durchaus nicht immer damit so wohl bestellt war. Dies machte sie zu selbstverständlichen Mitgliedern aller Reichs- und anderen Versammlungen, die eine schriftliche Abfassung von Beschlüssen und Entscheiden erforderten. Erzbischöfe und Bischöfe wurden die ersten im Rate der Könige als Kanzler und Beisitzer. Auch auf andere Weise erhielten sie Teil an der Staatsgewalt und Verwaltung, besonders durch die Übertragung des Grafenamts auf die Bischöfe. Eine derartige Übertragung war gewöhnlich nicht nur in Italien, wo es für Karl den Großen galt, die Eroberung zu sichern, sondern auch anderwärts, sowohl damals als später. Indessen herrschte in dieser Beziehung beträchtliche Verschiedenheit zwischen verschiedenen Ländern, je nachdem die Staatsgewalt sich auflöste, wie in Frankreich nach Karls des Großen Tode, oder mit Kraft gewahrt wurde, wie in England unter Wilhelm dem Eroberer und seinen Söhnen. In diesem Lande erlangte die Geistlichkeit nicht denselben Einfluß wie auf dem Festlande. Dazu trug wohl auch bei, daß die meisten Kirchen seit der angelsächsischen Zeit Patronatskirchen waren, wodurch der König oder weltliche Große in vielen Fällen das Verfügungsrecht über die Ämter und Einkünfte der Kirche erhielten. Aber ihre eigene Stellung als selbständiger und mächtiger Stand erhielt die Geistlichkeit hier wie anderwärts aufrecht und konnte daher nicht dazu vermocht werden, am Parlament teilzunehmen, sondern bildete in der „Convocation“ ihre eigene Vertretung.

Einen anderen Grund dazu, daß die Geistlichen über der weltlichen Gesellschaft standen oder zu stehen vermeinten, gab ihre Stellung als Vertreter der Kirche. Die Kirche war eine Gemeinschaft höherer Ordnung als die weltlichen Staaten — qualitativ als das Reich Christi auf Erden und quantitativ, indem sie alle diese umfaßte. Ihre Diener und gleichzeitig Leiter mußten daher höher stehen als alle anderen Stände — in mittelalterlichen Urkunden werden auch stets die Prälaten vor anderen Großen aufgeführt — und im Prinzip auch über allen weltlichen Behörden. Diese ideellen Machtfaktoren hätten jedoch nicht die Stellung der Kirche und der Geistlichkeit gesichert, wären nicht zudem mehr reale Machtmittel in den ungeheuren Reichtümern vorhanden gewesen, die in der „toten Hand" gesammelt worden waren. Schon während der späteren Zeit des römischen Kaisertums war die Kirche nächst dem Fiskus der größte Grundeigentümer geworden. Gegen Ende des siebenten Jahrhunderts dürfte ihr Grundbesitz in Gallien ein Drittel des gesamten Grund und Bodens umfaßt haben[1]. Zwar nahmen die ersten Karolinger eingreifende Reduktionen vor. Aber die Kirche blieb doch unermeßlich reich und gewann übrigens bald wieder, was sie hatte abgeben müssen, und mehr dazu. Auch dies ist ein für die Geistlichen in der Feudalgesellschaft charakteristischer Zug. Sie bildeten nicht nur den vornehmsten und mächtigsten Stand, sondern auch den reichsten.

Zum geistlichen Stande gehörten schließlich auch die Männer und Frauen des reinen Lebens, Mönche und Nonnen, die jedoch nicht immer ihres Namens sich würdig erwiesen. Sie waren organisiert in Orden mit festem Halt in den Klöstern. Außer ihrer ursprünglichen Aufgabe, frommen Gemütern eine wohlerwünschte Zuflucht vor der Welt in stürmischen Zeiten zu bieten, gewährten diese Einrichtungen der Kultur, die noch vorhanden war, eine Freistatt. Insbesondere die Benediktiner haben in dieser Hinsicht der Menschheit große Dienste als Förderer von Gartenbau und anderer Bodenkultur, vor allem aber als Sammler, Bewahrer und Abschreiber antiker Manuskripte geleistet. Die später zu Beginn des 13. Jahrhunderts gestifteten Bettelorden, Dominikaner und Augustiner verschiedener Art, dienten ganz anderen Zwecken. Sie lebten zumeist unter dem Volke und wurden dessen Lehrer, damit eine der großen Aufgaben des geistlichen Standes erfüllend. Aber der Unterricht, den sie erteilten, bezweckte nicht Aufklärung, sondern Festhalten des Volks in der rohen Gottesverehrung und im Aberglauben jener Zeit sowie im Gehorsam gegenüber der

[1]) P. Roth, a. a. O., S. 249.

Kirche. Diese Mönche bildeten die Miliz des Papsttums zur Aufrechterhaltung der Macht über die Seelen — der tiefsten Grundlage für die Herrschaft der Kirche und der Geistlichkeit — und zur Bekämpfung der schon während der Zeit der Kreuzzüge aufflammenden sektiererischen Bewegungen (Albigenser 1209 u. a.). Der Franziskanerorden, nach der Absicht seines Stifters Franciscus von Assisi zur Nachfolge Christi in Armut bestimmt, nahm nach und nach denselben Charakter wie die andern Orden dieser Art an.

Neben diesen beiden Ständen, dem Adel und der Geistlichkeit, gab es nicht viele *Freie* in der feudalen Gesellschaft. Eine Kategorie von solchen waren die königlichen Beamten Aber sie waren lange unbedeutend an Zahl wie an Wirksamkeit. Später wurden die königlichen Domänenverwalter (prévôts und baillis) und die Juristen der Krone (Legisten) die Werkzeuge, mit denen die Staatsgewalt in Frankreich, der Hochburg des Feudalismus, die Arbeit für ihre Wiederaufrichtung begann. Während der Glanzzeit der Feudalgesellschaft waren sie nicht mehr geachtet als die Beamten der großen Vasallen. Gewöhnlich stammten sie aus den niederen Volksschichten her mit Unfreiheit der einen oder anderen Art als Muttermal.

Eine weitere Gruppe von Freien, obwohl gering an Zahl und wenig angesehen, bestand aus Kaufleuten und anderen vornehmeren Bürgern in den Städten Südfrankreichs und Italiens. In ihnen lebten gewisse Reste der alten Munizipalverwaltung fort und unter dem Schutze derselben eine geringe Zahl freier Bürger. Die Städte unterstanden im übrigen dem Landrecht, d. h. sie hatten einen oder mehrere Herren, denen sie auf feudalistische Weise zugehörten. Die Mehrzahl ihrer Einwohner, Handwerker und andere, waren dadurch wenig besser gestellt als die unfreien Handwerker, die auf den Gütern des Adels lebten.

Auch unter der Landbevölkerung fanden sich spärliche Reste der alten Bauernfreiheit — in Nordfriesland und den schweizerischen Alpenländern. Aber überall sonst, in dem Maße, wie die feudale Ordnung sich von Frankreich und Italien aus über Deutschland und noch weiterhin ausbreitete, wurden die Bauern, d. h. die große Masse des Volkes, unfrei.

Die *Unfreiheit* war nicht von einer Art, sondern in vielen verschiedenen Graden nach dem Ursprung und nach dem Gewerbe abgestuft. Sowohl auf germanischer Seite als auf römischer gab es mehrere Arten von Unfreien: wirkliche Sklaven, Leibeigene verschiedener Kategorien und halbfreie Freigelassene. Jede Gruppe lebte fort und rekrutierte sich durch Erbschaft. Nach und nach verschmolzen jedoch die verschiedenen Gruppen zu einer ziemlich gleichartigen Masse. Die wie Haustiere betrachteten Sklaven verschwanden außer in Italien, wo gefangene Sarazenen bis in späte Zeiten hinein in Sklavendienst gehalten wurden. Dies ist die bedeutsamste zivilisatorische Tat der christlichen Kirche in jenen Zeiten. Die Leibeigenen (Coloni, Liten, Aldier usw.), die die größte Schicht in der Masse des Volks ausmachten, hatten eine bessere rechtliche Stellung als die Sklaven, trugen aber doch den Stempel der Unfreiheit an sich. Die meisten waren an die Scholle, die sie bebauten, oder als Diener an das Haus und die Person ihres Herrn gebunden. Freie, die sich und das Ihre freiwillig der Kirche oder einem Großen hingegeben hatten, nahmen eine gesicherte rechtliche Stellung wenigstens in der ersten Generation ein; gewöhnlich wurden sie jedoch bald auf ein niedrigeres Niveau herabgedrückt. Und da gleichzeitig die Lage der Schlechtestgestellten etwas verbessert wurde, so trat eine Ausgleichung ein, so daß schließlich Arbeit und Dienst hauptsächlich für die Unterschiede maßgebend wurden, die andauernd bei dem „vilain peuple", wie das gemeine Volk genannt wurde, vorhanden waren. Einige waren persönliche Diener in verschiedenen Graden, andere Handwerker, die große Masse Bauern und Landarbeiter.

Die verschiedene Anstellung hatte verschiedene Lebensbedingungen und wohl auch in gewissem Grade verschiedene rechtliche Stellung zur Folge, der Hauptsache nach war diese aber für alle dieselbe. Der gemeine Mann entbehrte des staatlichen Bürgerrechts. Er war der Untertan seines Lehnsherrn, stand unter seiner Gerichtsbarkeit und mußte die Steuern und Lasten tragen, die jener ihm aufzuerlegen für gut befand. Aber nicht genug hiermit, er entbehrte in großem Umfange auch persönlicher Freiheit (Reisefreiheit, Recht sich zu verheiraten usw.) und konnte im allgemeinen nicht Grundbesitz von nennenswerter Bedeutung haben. Zum Entgelt für all dies hatte er, wenn nicht juridisches, so doch moralisches Recht, gegen fremde Vergewaltigung Schutz zu erhalten, sowie ein kärgliches, gewöhnlich allzu kärgliches Auskommen. Diejenigen, die sich freiwillig unter einen Schutzherrn begeben und diesem ihren Grundbesitz überlassen hatten, hatten es wohl meistens erträglicher, indem die Verpflichtungen ein für allemal bestimmt waren. Aber volle Sicherheit gegen willkürliche Behandlung gewährte auch dies nicht. Denn ein gegenseitiges Treu- und Schutzverhältnis, ähnlich dem, das zwischen dem Lehnsherrn und seinen Vasallen bestand, war nicht vorhanden. Der gemeine Mann war gegenüber seinem Herrn im großen und ganzen rechtlos.

Indessen bestand kein solcher Abgrund zwischen den Ständen in der Feudalgesellschaft wie zwischen den Kasten in der Kastengesellschaft. Zwar war ein jeder zu seinem Stande und den verschiedenen Rechtsstellungen, die dieser besaß, geboren. Aber ein Übergang von einem niedrigeren zu einem höheren Stande war nicht ausgeschlossen. Im Gegenteil fand sich in der Lehnsgesellschaft neben der abwärtsgehenden Massenbewegung, die die Bauern zu Leibeigenen machte, eine ziemlich starke aufsteigende. Die höheren Stände rekrutierten sich ununterbrochen aus den Reihen der Unfreien oder Halbfreien, die in bestimmter Ordnung durch Freilassung und Anstellung die soziale Stufenleiter emporstiegen. Innerhalb der Kirche war dies prinzipiell festgelegt. Und bei dem Adel war es das Bedürfnis nach Kriegern und nach anderen Dienstleistungen, das ständig neue Leute heranführte — als Ministerialen, Knappen usw. Aber dieser aufsteigende soziale Umsatz war stets individuell, er vollzog sich von Fall zu Fall und übte keinen Einfluß auf die gegenseitige Stellung der Stände aus. Ober- und Unterklasse standen im Souveränitäts- und Untertanenverhältnis zueinander. Dies ist, wie wir gesehen haben, der vielleicht charakteristischste Zug der Feudalgesellschaft.

Wie die Kastengesellschaft in letzter Linie ihr Gepräge durch die Religion erhält, so die Lehnsgesellschaft durch Staat und Staatsgewalt. Aber nicht die Stärke dieser, sondern vielmehr ihre Schwäche ist die Ursache hiervon. Die Staatsgewalt ist nicht in einer Hand gesammelt, sondern auf tausend verteilt. Gleichwohl ist es das Bedürfnis des Staatslebens nach militärischer Verteidigung sowie nach Festigkeit und Ordnung, das während einer Periode allgemeiner Auflösung hierin eine Stütze zu finden versucht. Wahrscheinlich stellte das Feudalwesen den einzig möglichen Weg aus dem Chaos heraus dar, das der Zusammensturz der alten Welt und das Eindringen der barbarischen neuen Völker hervorgerufen hatte. Die Übernahme des Kulturerbes der Antike seitens dieser Völker verlangte eine Erziehung derselben, wie sie nur die strenge Schule des Feudalwesens geben konnte. Sie wurde wohl härter, als es nötig gewesen wäre, dank den dabei wie immer wirksamen privaten Interessen. Aber die Kulturentwicklung geht meistens nicht auf

Rosen daher; in diesem Falle war der Weg mehr als sonst mit Dornen bestreut. Keine Gesellschaftsform, die überhaupt diesen Namen erhalten kann, dürfte den Menschen größere Leiden als das Feudalwesen gebracht haben. Keine ist auch, wie Guizot bemerkt[1]), von den Völkern, die sie durchgemacht haben, so tief gehaßt worden. Und dieser Haß hat tiefgehende Folgen gehabt, vor allem in Frankreich, dem Prototyp dieser Gesellschaft.

So wahr dies ist, darf man jedoch nicht, unter Beachtung allein der Auflösung, den Feudalismus ausschließlich als eine Verfallsperiode auffassen, wie das zumeist geschieht. Er bezeichnet zweifellos, besonders im Vergleich mit dem wohlgeordneten Reiche Karl des Großen, Verfall und Anarchie, aber die Anarchie nahm bald bestimmte Formen an, wobei der Grund zu einer neuen Gesellschaft gelegt wurde, einer kaum weniger stabilen als die, welche sie ablöste. Der Feudalismus ist während nahezu eines halben Jahrtausends die herrschende Staats- und Gesellschaftsform bei den hervorragendsten Kulturvölkern Europas gewesen. Am wichtigsten war jedoch, daß er in sich gewisse Tendenzen und Kräfte trug, aus denen die spätere Ständegesellschaft und schließlich die europäische Freiheit erwachsen sollten. Der feudale Partikularismus gebar das Recht zum Widerstand und die Forderung nach Selbständigkeit, zwei Grundsätze, aus denen das Gebäude der neuen Klassengesellschaft erwuchs.

[1]) Histoire de la civilisation en Europe. Quatrième Leçon.

Kapitel VII.

Die gewöhnliche Ständegesellschaft.

Allgemeiner Charakter der Ständegesellschaft. Während in der primitiven Klassengesellschaft alle oberhalb des Sklaven Stehenden rechtlich gleichgestellt sind, herrschen in der Ständegesellschaft auch zwischen den Freien große rechtliche Verschiedenheiten. Die tatsächlichen Unterschiede in der äußeren Stellung, die bereits in der primitiven Gesellschaft vorzukommen pflegen, sind hier in gesetzlich festgestellte verwandelt worden. Die soziale Organisation hat staatliche Sanktion erhalten. Dies ist die erste nota characteristica der Ständegesellschaft, das Kennzeichen der Stände im Unterschied von den Klassen.

Was so gesetzlich festgelegt worden, sind in erster Linie die verschiedenen Funktionen, die ursprünglich die sozialen Unterschiede hervorgebracht haben. Alle staatlichen und sozialen Aufgaben von irgendwelcher Bedeutung werden bei bestimmten Personen und Geschlechtern monopolisiert. Der Adel wird laut Gesetz zugleich Leiter, Verteidiger und Diener des Staates, die Geistlichkeit auf dieselbe Weise Hüter der Religion und des Kults. Auch Kaufleute, Handwerker und Bauern werden in gesetzmäßiger Weise an ihre Aufgaben gebunden. Zünfte werden gebildet und erhalten gleich den Dorfgenossenschaften rechtliche Sanktion. Die Unfreien waren bereits in der primitiven Klassengesellschaft dem Gesetz unterworfen, dies wird nun genauer geregelt, verschieden für die verschiedenen Arten von Unfreiheit.

An diese Festlegung von Funktionen und Pflichten gegen die Allgemeinheit schließt sich eine nicht weniger bedeutungsvolle Feststellung von Vergünstigungen und Rechten für die einzelnen. Hauptsächlich hierdurch entsteht die große äußere Verschiedenheit zwischen den Ständen. Diese Verschiedenheit betrifft ebensosehr das öffentliche Recht wie das Privatrecht. Die höheren Stände, Adel und Geistlichkeit, erhalten unter Ausschließung anderer Teil an der Regierung des Staates, wenn sie nicht — wie es bisweilen vorkommt — dieselbe gänzlich innehaben. Die meisten Ämter und besonders die höheren bleiben diesen Ständen vorbehalten. Auch der Reiterdienst beim Kriegsheere bildet ein Sonderrecht des Adels. All dies ist indessen eine Folge der Funktionen, aus denen Adel und Geistlichkeit entstanden sind. Aber die Ausübung der Funktion ist nun eine Quelle großer Vergünstigungen geworden. So sind diesen Ständen vom Staate „Privilegien" erteilt worden, bestehend teils in besonderer Jurisdiktion und Steuerfreiheit für sich und ihr Eigentum, teils in gewissen Hoheitsrechten über die ihnen Unterstehenden, wie Besteuerungsrecht und oft auch Gerichtsbarkeit. Es sind äußerst umfassende öffentlich-rechtliche Vergünstigungen, wodurch die beiden ersten Stände sich über die Masse des Volks erheben.

Die gesetzlich festgelegte Verschiedenheit zwischen den Ständen beschränkt sich indessen nicht auf das Gebiet des öffentlichen Rechts. Sie tritt vielleicht noch früher in den privaten Rechtsverhältnissen hervor. Eine Äußerung hiervon, die sich bereits in der primitiven Klassengesellschaft zu erkennen gibt, betrifft das Wergeld. Dieses wird verschieden für die verschiedenen Gesellschaftsklassen festgesetzt, wie schon oben (S. 86) dargelegt wurde. Wahrscheinlich ist der Anfang hierzu in der niedrigeren Entschädigung zu suchen, die für die Tötung des Sklaven eines anderen entrichtet wurde. Danach wird eine solche Abstufung allgemein auch unter den Freien. Aber auch auf andere Weise wird die ursprüngliche Gleichheit vor dem Gesetz durchbrochen. Es entstehen besondere Rechte — am frühesten für die niedrigsten Stände, danach für Adel und Geistlichkeit, zuletzt für die Bürger der Städte und die Handwerker. Neben dem allgemeinen (Bauern-) Gesetz werden besondere Rechtsbestimmungen für die anderen Stände sowohl im Strafrecht wie auf den verschiedenen Gebieten des Zivilrechts eingeführt. Sie erhalten so verschiedenes Ehe(güter)recht, verschiedenes Erbrecht, verschiedenes Eigentumsrecht usw.

Aus dieser Legalisierung des Klassenwesens und dem besseren Recht der höheren Stände folgen andere für die Ständegesellschaft charakteristische Züge.

Vor allem sei darunter erwähnt die mit der Geburt gegebene Stellung im Staate und in der Gesellschaft. Ein jeder wird zu seinem Stande geboren und ist das Leben hindurch daran gebunden, jedoch nur im großen und als allgemeine Regel. In einzelnen Fällen kann nämlich ein Übergang von niederem zu höherem Stande stattfinden. Ein solches Emporrücken geschieht aber nicht durch eigene Arbeit und frei, sondern nur durch Autorisation anderer. Der Monarch kann einen Nichtadligen in den adligen Stand oder ein hoher Herr einen Untergeordneten in bessere Stellung erheben. Dasselbe ist in noch höherem Grade innerhalb der Geistlichkeit und der Kirche der Fall, die sich gewöhnlich ständig durch Aufnahme neuer Mitglieder, oft aus niederen Ständen, rekrutieren. Auch der Zutritt zu Zünften und zum Meisterstande hängt von der Erlaubnis und Mitwirkung von Kollegen ab. Schließlich kann der Unfreie freigelassen und damit in einen höheren Stand versetzt werden. Alles aber geschieht von anderen und durch andere. Die Standeszirkulation ist nicht frei, sondern hängt von dem guten Willen Höherstehender ab. Eine natürliche Folge hiervon ist, daß die Gewerbe sich regelmäßig vererben und demnach sich aus ihrer eigenen Volksklasse rekrutieren. Niemals aber herrscht dieselbe Gebundenheit in dieser Beziehung wie in der Kastengesellschaft. Denn bürgerliches Gesetz, nicht das Gebot der Religion, stellt einen jeden auf seinen Platz im Leben. Menschliches Gesetz, nicht göttliches, drückt den sozialen Stempel auf; daher ist dieser nicht unauslöschlich, sondern kann geändert werden, leichter auch als in der Feudalgesellschaft.

Eine andere, nicht weniger bedeutungsvolle Folge der Rechtsordnung der Ständegesellschaft ist, daß das Eigentum sich bei den höheren Ständen anhäuft. Wo Ackerbau das Hauptgewerbe ist, gelangt der größte Teil des Bodens in die Hände des Adels und der Geistlichen (der Tempel oder der Kirche). Bilden Handel und Industrie die wichtigsten Erwerbszweige, wie in Phönizien, so geht es auf dieselbe Weise mit dem beweglichen Vermögen. Sonst sammelt sich dieses, wie in dem mittelalterlichen Europa, bei den Kaufleuten und Bürgern der Städte an. Die Bauern und das gemeine Volk bleiben, wenn nicht eigentumslos, so doch in dieser Beziehung sehr spärlich bedacht. Oft erhält auch der Bauernbesitz, beschwert mit Steuern und anderen Leistungen, eine andere rechtliche Natur als der Grundbesitz des Adels, der davon befreit ist. Es bildet sich steuerpflichtiger und steuerfreier Grundbesitz mehrerer Arten heraus. Unter allen Umständen müssen die Bauern einen großen Teil des Bodenertrages an die Krone abgeben und geraten dadurch in Armut. Die Gesellschaft teilt sich in eine geringe Anzahl Reicher und eine große Masse Armer. Zu dieser Masse gehören nun nicht nur die Ausüber verachteter Gewerbe und Deklassierte, wie in der primitiven Klassengesellschaft, sondern auch ein großer Teil der übrigen Bevölkerung, sowohl Grundbesitzer als Nichtgrundbesitzer.

Vor allem herrscht eine derartige ungleiche Eigentumsverteilung in den Fällen, wo die Ständegesellschaft zunächst aus dem Feudalismus hervorgegangen ist. In diesem gab es so gut wie keinen freien Grundbesitz, und die Handwerker waren Hörige auf den Gütern des Adels. Die Ständegesellschaft im größeren Teile von Europa ist aus diesem Zustande hervorgegangen und hat erst nach und nach ihn überwinden können. Daher war bis zum Ende des 18. Jahrhunderts und noch länger in vielen Ländern der Grundbesitz der Bauern unfrei und sie selber mehr oder weniger an ihn gebunden.

Auch in einer anderen Hinsicht zeigt die Ständegesellschaft einen Zug des Feudalismus, nämlich betreffs des gegenseitigen Verhältnisses zwischen höheren und niederen Ständen. In der Feudalgesellschaft war dieses Verhältnis durch staatsrechtliche Über- und Unterordnung charakterisiert. Die leibeigenen Bauern gleichwie das Gesinde standen im Untertanenverhältnis zu ihren Herren. Dieser Zustand lebte lange in den Ländern fort, wo ein Feudalwesen der späteren Ständegesellschaft vorausgegangen war. Aber auch wo das nicht der Fall war, wie in den Ländern des Ostens, fand sich manches von diesem Verhältnis, besonders betreffs Pächter und Zinsbauern auf den Gütern des Adels sowie betreffs ihres Gesindes. Eine gewisse Gerichtsbarkeit über die Untergebenen stand so dem Adel ziemlich allgemein zu. Und überall, wo der Adel das Steuerrecht der Krone über die Bauern erhielt, waren diese an Freiheit und Eigentum bedroht.

Um die ungeheure Umgestaltung, die die eben angedeuteten Verhältnisse in sich schließen, recht zu erfassen, möge man in Gedanken sie mit den entsprechenden innerhalb der primitiven Klassengesellschaft zusammenstellen. Man tut es am besten durch einen Vergleich in bezug auf Heeresverfassung und auf Wirtschaftsordnung. Während in der primitiven Gesellschaft die Gesamtheit des Volks sich zur Kriegsversammlung und zum Kriege geschlechterweise oder nach Hundertschaften geordnet zusammenfand, wurden in der Ständegesellschaft die Heere von den Großen mit je ihrem Gefolge, meistens zu Pferde, gebildet. Und das gleiche gilt für das Grundeigentum. Während in der älteren Gesellschaft Niederlassung und Bewirtschaftung des Grund und Bodens nach Dorfgenossenschaften mit gleicher Verteilung der Parzellen geschah, war in der späteren diese Ordnung allgemein durch das Großgut mit seiner Anhäufung mehrerer Parzellen in einer Hand und oft mit einheitlicher Bewirtschaftung durchbrochen worden. Es sind demnach sehr verschiedene Gesellschaftsbilder, die sich uns darbieten. In dem einen Falle primitive Gleichheit — außer betreffs Sklaven und Minderwertiger verschiedener Art, die auch auf frühen Stufen der Gesellschaftsentwicklung in untergeordneter Stellung vorkommen —, in anderen durchgehends Über- und Unterordnung innerhalb großer Teile des Volks. Dasselbe Verhältnis finden wir schließlich bei der Bevölkerung der Städte und im Bürgerstande wieder. Auch dort sind die Stände in über- und untergeordnete geteilt — die ersteren als Grundeigentümer, Kaufleute und Handwerker, die letzteren als Handarbeiter, Gesellen, Lehrlinge und gewöhnliche Arbeiter.

Überall dieselbe Erscheinung. Die ursprüngliche Klassendifferenzierung nach den sozialen Aufgaben hat sich zu einem persönlichen Verhältnis von Über- und Unterordnung zwischen den Ständen entwickelt. Dies ist neben der Legalisierung der sozialen Unterschiede das wichtigste Kennzeichen und die besondere Eigenart der Ständegesellschaft. Sie sind in den Augen der Jetztzeit nichts weniger als ansprechend. Aber für die Entwicklung der Kultur ist diese Organisation der Menschen eine Notwendigkeit gewesen. Denn sie bedeutet eine Arbeitsorganisation, ohne die der Ertrag der Arbeit gering geblieben und kein Überschuß über den täglichen Verbrauch entstanden wäre — das eine wie das andere unerläßliche Voraussetzungen für den Fortschritt der Kultur. Die Organisation selbst bezeichnet auch an und für sich einen bedeutenden Fortschritt gegenüber den wenigen und gleichartigen Relationen der primitiven Gesellschaft. Die Menschen erreichen in der Ständegesellschaft in weit höherem Grade jene Anpassung an das Zusammenleben, „Vergesellschaftung", die eines der Ziele der Kultur zu sein scheint.

Dies ist in großen Zügen die gewöhnliche Ständegesellschaft. Sie ist indessen nicht einheitlicher Art. Man findet davon, besonders in Europa, drei deutlich verschiedene Typen, je nach dem verschiedenen Ursprung und dem verschiedenen Zusammenhang mit dem Feudalismus. In den Fällen, wo die Ständegesellschaft zunächst aus dem letzteren entstanden ist, erscheint sie in mehreren verschiedenen Gestalten, wie wir später sehen werden. Ein anderer Typus von Ständegesellschaft, mehr einheitlicher Art, ist der auf Eroberung beruhende, wenn ein Volk sich ein anderes unterjocht und die Gesellschaft auf dieser Grundlage sich herausbildet. Ein dritter Typus ist unmittelbar aus der primitiven Klassengesellschaft durch natürliches inneres Wachstum hervorgegangen. Wir werden im folgenden versuchen, jeden Typus für sich kurz zu beschreiben.

Vorher aber möge eine allgemeine Übersicht über das Vorkommen der Ständegesellschaft in älterer Zeit hier Platz finden.

* * *

Die Ständegesellschaft in älterer Zeit. Die Ständegesellschaft ist, oberhalb des Naturstadiums, universal, wurde oben gesagt. Sie tritt uns im Beginn der Geschichte entgegen in Ägypten und Westasien. Und überall zeigt sie ungefähr dieselben Züge. Schon im ältesten ägyptischen Reiche scheinen die Stände völlig fertig und so organisiert zu sein, wie sie es dann mehr als 3000 Jahre hindurch im Lande der Pharaonen blieben. Neben einem mächtigen Priesterstand fand sich ein zahlreicher Beamtenstand, die Schreiber, deren höhere Grade nebst dem Kriegerstande den Adel bildeten. In Zeiten, wo der Pharao mit unbeschränkter Macht herrschte, wie während der Periode der vierten Dynastie, wurde dieser Adel in Schach gehalten. Sonst aber bildete er eine mächtige Bureaukratie, reich an Grund- und sonstigem Besitz, und eine Zeitlang selbständig bis zum Feudalismus. Gewerbetreibende verschiedener Art, Kaufleute, Bildhauer und andere Handwerker, bildeten eine Art Mittelstand. Darunter standen die, wie es scheint, leibeigenen Bauern sowie zuletzt die Sklaven. Man hat lange mit Unrecht geglaubt, daß die Stände in dem alten Ägypten als unbewegliche Kasten anzusehen seien. Sie entbehrten der religiösen Sanktion des Kastenwesens und banden auch nicht die Menschen so wie dieses an die Gewerbe. Eine Ständezirkulation war unter den Freien nicht selten, wenn auch hier wie überall in der Ständegesellschaft die Söhne meistens dem Beruf des Vaters folgten.

Bei den Sumerern wie auch später bei den Babyloniern herrschte ungefähr derselbe Zustand. Das Gesetz Hammurabis läßt uns so einen Priesterstand (den Tempel) und einen Beamten- und Kriegerstand (den Hof) sowie ferner freie Gewerbetreibende, wie Ärzte, Kaufleute, Schiffer u. a., möglicherweise auch freie Bauern konstatieren. Die Hauptmasse der Bauern scheint jedoch leibeigen oder jedenfalls abhängig gewesen zu sein. An letzter Stelle in der sozialen Kette befand sich, wie natürlich, ein zahlreicher Sklavenstand. Diese soziale Organisation überlebte alle die politischen Stürme mit Fall und Entstehung von Reichen, die über diese Länder hingingen. Mit Assyriern und Persern kamen Erobervölker, die einen Kriegeradel neben den Beamten bildeten; im übrigen aber blieb das Ständewesen unverändert bis zur Zeit Alexanders und im Grunde auch fernerhin. Alle die großen, westasiatischen Reiche, jüngere wie ältere, weisen in dieser Beziehung ein und denselben Typus auf, bis der Islam kam und der Despotie ein religiöses Gepräge gab, das die soziale Organisation stark beeinflußt hat. Derselben Art waren die in China und Japan entstandenen Reiche, wie große Verschiedenheiten sie sowohl unter sich wie gegen die Völker Westasiens zeigen. Sie gehören aber einem anderen Kulturkreis an und werden von uns nur vorübergehend und in anderem Zusammenhang berührt.

Als Nachbarn der großen Völker und Reiche im Westen lebten eine Menge kleinerer, die sich zumeist auf dem Standpunkte des Stammeslebens befanden, aber unter Königen und mit einem gewöhnlich stark entwickelten Priestertum. Während des Kampfes der grossen Völker um das Mittelmeergebiet sind alle diese kleineren untergegangen, ohne eine Spur zu hinterlassen, ausgenommen eines — das jüdische Volk, das dagegen die größte Bedeutung für alle Zeiten erlangt hat. Religion und Moral sind die Gebiete, auf denen die Juden bahnbrechend gewirkt haben. Sie sind aber einzig dastehend auch in politischer und sozialer Hinsicht und bilden so einen eigenen Typus, der einige Worte verdient.

Nach jahrhundertelangem Hirtenleben mit abwechselnder Wanderung und fester Ansiedelung drangen die Juden in Kanaan ein und gründeten dort einen Staat, der jedoch lange außerordentlich locker zusammengefügt war. Jeder Stamm lebte für sich ohne eine andere Regierung als die Ältesten und die Priester, sowie in Zeiten der Not einzelne Helden (Sofeten, Richter), gewöhnlich auch sie Priester. Volksversammluugen als höchste Obrigkeit gab es nicht, auch kein gemeinsames Oberhaupt für sämtliche Stämme. Die zusammenhaltenden Bande waren die El- und Jahwe-Verehrung, das Gesetz Mose und die Priester. Einflüsse seitens der umwohnenden Völker führten etwa 1100 v. Chr. zur Errichtung des Königtums, denn „die Juden wollten anderen Völkern gleich sein und einen König über sich als Richter und Heerführer haben" (1. Sam. 8). Die Staatsform wurde nun eine ziemlich unvermittelte Mischung von orientalischer Despotie und alter priesterlicher Stammesverfassung. Der bemerkenswerte Dialog zwischen Samuel und den Ältesten in dem angeführten Kapitel gibt ein sprechendes Bild von den beiden Gegensätzen, die dann, solange die Reiche Israel und Juda bestanden, einander zu bekämpfen fortfuhren. Erst nachdem die Juden aus der Gefangenschaft nach Jerusalem zurückgekehrt waren und das Reich der Väter wieder errichtet hatten, wurde die Verschmelzung zwischen den verschiedenen Elementen vollendet, obwohl nun unter starkem Übergewicht des Priestertums. Eine wirkliche Theokratie entstand mit dem Hohenpriester als geistlichem und weltlichem Herrscher an der Spitze des aus den höheren Priestern zusammengesetzten Rates, andauernd aber unter Jahve und dem nun in ein Ritualgesetz umgewandelten Gesetz Mose als höchster Autorität. Äußere Bedrückung durch den Herrscher Syriens (Antiochus Epiphanes) rief schließlich einen Aufstand hervor, der für kurze Zeit zu einem mehr weltlichen Königtum unter den Makkabäern 166—63 v. Chr.) führte, worauf der jüdische Kleinstaat wie alle anderen in dem weltumfassenden Rom aufging.

Ebenso seltsam wie die staatlichen Verhältnisse waren auch die sozialen. Einen Adel gab es nicht. Die Ältesten und die Stammesfürsten bildeten keinen solchen. Erst mit dem Königtum kamen Beamte und Heerführer, die als eine Art Dienstadel betrachtet werden können mit der Gelegenheit, Reichtümer zu sammeln, aber ohne erhebliches höheres Recht. Nur die Priester bildeten einen von dem übrigen Volke scharf geschiedenen Stand. Sie waren, wie es später hieß, vom Stamme Levi, und ihnen gehörten besondere Städte eigentümlich zu, im übrigen aber hatten sie keinen Anteil am Grund und Boden, sondern erhielten ihren Unterhalt von dem übrigen Volke durch Opfergaben und Zehnten. Während der Zeit der Könige teilten sich die Priester in einen höheren Stand, die Nachkommen Zadoks in Jerusalem, und einen niederen, die ringsum im Lande wohnenden Leviten. Gleichzeitig entstand eine Art freier Priesterschaft in den Propheten, die man den Schamanen, aber kaum mit Recht, gleichgestellt hat. Die Propheten waren nicht nur Visionäre, wie die Schamanen, sondern vor allem Lehrer des Volks und Verkünder eines erhabeneren Gottesglaubens und einer reineren Moral, als es die Nachbarvölker und überhaupt die ganze Welt vor Jesus von Nazareth, der auch ein Sohn Judas war, gekannt haben.

Außer den genannten Ständen gab es nur Bauern, die den größten Teil des Grund und Bodens innegehabt zu haben scheinen

— Latifundien werden nie erwähnt — und eine wahrscheinlich recht zahlreiche dienende Bevölkerung. Der Handel war sehr wenig entwickelt und das Handwerk wenig mehr, obwohl das Volk der Hauptsache nach in befestigten Dörfern und Städten lebte. Die Diener waren verschiedener Art, freie und unfreie, die letzteren wieder in zwei Gruppen geteilt: solche, die wegen einer Schuld ihre Freiheit verloren hatten, aber nur auf sechs Jahre, und solche, die ständig in Sklaverei verblieben. Die ersteren waren Landsleute, die letzteren unterworfene Ureinwohner und im Krieg erbeutete Gefangene.

Dies war in kurzen Zügen die wunderliche Staats- und Gesellschaftsform des jüdischen Volkes, ein Mittelding zwischen der primitiven Gesellschaft und der vollausgebildeten Ständegesellschaft.

Der griechisch-römische Völkerkreis, der eine ganz andere staatliche Entwicklung als der Orient hat, weist auch eine recht verschiedene soziale Organisation auf. Das historische Hellas war das Resultat der Völkerwanderungen, die gegen Ende des zweiten Jahrtausends vor unserer Zeitrechnung stattfanden, als Dorier und andere Stämme über ein älteres, verhältnismäßig hochentwickeltes Staatswesen mit reicher Kultur (das mykenische) hereinbrachen und es unterjochten, ungefähr wie die Germanen 1500 Jahre später in das römische Reich eindrangen. Die Einwandernden befanden sich im frühen Stadium der Stammesverfassung. Aber nachdem sie einmal sich fest angesiedelt hatten, zerfielen sie in eine Masse Kleinstaaten mit je einem König an der Spitze. Solange dieses Volkskönigtum besteht, sind die sozialen Unterschiede, abgesehen natürlich von den Sklaven, nicht allzu groß. Ein streitsüchtiger, an Grundbesitz und Herden reicher Adel, Bauern und Tagelöhner bildeten die Hauptbestandteile des Volks zur Zeit des homerischen Königtums. Eine Priesterschaft als besonderer Stand ist wegen des Ahnenkults kaum vorhanden, nur einzelne im Dienst der Heiligtümer stehende Opferpriester sowie Zeichendeuter und Wahrsager. In Rom erwuchs im Kampfe mit den umgebenden Völkern, Etruskern und stammverwandten Latinern, ein trotz einzelner Abweichungen gleichartiges Staatswesen.

Wenn dann das Königtum von dem emporstrebenden Adel allmählich verdrängt oder gewaltsam gestürzt worden ist und dieser alle staatlichen Funktionen übernommen hat, nehmen die sozialen

Unterschiede zu, und es vollzieht sich der Übergang in gesetzlich festgelegte Stände. In den griechischen Staaten werden die verschuldeten Bauern Hörige des Adels, in Rom desgleichen die Klienten. Ein weiteres Volkselement bildeten hier die Plebejer, deren Herkunft ungewiß ist. Sie besaßen persönliche Freiheit, hatten aber keinen Anteil an der Staatsregierung, die vollständig in den Händen der Patrizier, d. h. des grundbesitzenden, in Geschlechtern gruppierten Adels, lag. Ein anderer Unterschied betraf die Priester, die trotz des Ahnenkults eine ziemlich bedeutende Stellung in Rom als Diener des Staates einnahmen. Sonst aber war der griechische und der italische Stadtstaat von demselben Typus — auf die Geschlechtsverfassung begründete Adelsrepubliken. Die hieraus erwachsene Ständegesellschaft war indessen in Griechenland von kurzer Dauer, ausgenommen in Sparta, wo der Staat vollständig auf Eroberung aufgebaut war und durch eine kastenartige Gruppierung von Siegern und Besiegten in verschiedenen Graden aufrechterhalten wurde. In den übrigen griechischen Staaten unterlag bald die aristokratische Staatsform der vorstürmenden Demokratie und damit auch die Ständegesellschaft. In Rom erhielt sich diese länger und lebte unter demokratischen Formen bis weit in die spätere Zeit der Republik hinein fort, worauf wir noch später Gelegenheit haben werden zurückzukommen.

Bei anderen Völkern des klassischen Altertums, Phöniziern und Karthagern, Etruskern, Galliern u. a., herrschte überall ein stark ausgebildetes Ständewesen, verschieden, was Erwerbszweige und Reichtum betrifft, in den semitischen Handelsaristokratien und in den italischen und gallischen Agrarstaaten, sonst aber ziemlich gleichartig. Ein mächtiger und selbstherrlicher Adel, auch dort, wo das Königtum noch fortlebte, wie bei den Etruskern, ein einflußreicher Priesterstand, wie vor allem bei den Galliern (Druiden), arme und zumeist leibeigene Bauern, halbfreie Klienten und Diener in großen Scharen sowie schließlich Sklaven — dies war der Gesellschaftsbau bei den genannten Völkern, da sie in das Licht der Geschichte treten. Durch die römische Eroberung wurde dieser Bau auf verschiedene Weise erschüttert. Am wichtigsten war, daß die nationale Ständegesellschaaft nach römischem Zuschnitt zunächst in eine Art Klassengesellschaft umgebildet wurde, natürlich unter Beibehaltung hier und da älterer Züge, aber gleichsam auf einem niedrigen Plan.

Da alle Untertanen waren („peregrini" in verschiedenen Graden), mit geringerem Recht als das herrschende Römervolk, so bildeten sie sozial und politisch eine oder mehrere niedere Bevölkerungsschichten im Staate. Diese äußeren und unechten Klassenunterschiede (siehe oben S. 49) hörten indessen auf in dem Maße, wie die Mitglieder dieser niederen Schichten des römischen Bürgerrechts (civitas) teilhaftig wurden, also zuletzt unter Caracalla (211—217 n. Chr.). Es bildete sich nunmehr ein neues Ständewesen und eine neue Ständegesellschaft in dem rechtlich unifizierten römischen Reiche heraus. Ein erblicher Adel, hervorgegangen aus höherem Staatsdienst und Grundbesitz, entsteht in den Senatoren. Niedere Funktionäre in Staat und Kommune wie auch die ganze Masse von Gewerbetreibenden und Ackerbauern werden wieder als eine Art Leibeigene an ihre betreffenden Berufe gebunden, und eine kastenähnliche Organisation der Gesellschaft steht im Begriff, sich herauszukristallisieren, als das Erdbeben der Völkerwanderungen einsetzt, neue Reiche und neue Ständebildungen nach sich ziehend.

Wie die gewaltige Völkerwanderung damit endete, daß auf den Ruinen der römischen Gesellschaft eine neue Ständegesellschaft in ihrer extremsten Form als Feudalgesellschaft erstand, ist oben bereits erwähnt worden. Außerhalb des karolingischen Reiches, dort, wo das Feudalwesen nicht hingelangte oder wo es sich nur teilweise zu erkennen gab, erwuchs gleichfalls eine Ständegesellschaft. Im Osten war das bereits geschehen, als nach der Teilung des römischen Reiches die kastenähnliche Arbeitsorganisation, die Diocletian und seine Nachfolger eingeführt hatten, sich auflöste und man zu dem gewöhnlichen Ständewesen zurückkehrte. Die enge Verbindung mit dem Orient gab jedoch diesem ein orientalisches Gepräge. Auch die Züge von Feudalismus, die zeitweise in Byzanz vorkamen, waren ebensosehr asiatischen (neupersischen und armenischen) wie abendländischen Ursprungs (von den Kreuzzügen her). Es war im Grunde die alte Ständegesellschaft des Orients, die in dem byzantinischen Kaisertum wiedererstand und dort ebensolange wie dieses selbst fortlebte.

In dem übrigen Europa entwickelten sich teils aus der Feudalgesellschaft, teils direkt aus der primitiven Klassengesellschaft neue Arten von Ständegesellschaft. Wie dies geschehen, werden wir in den folgenden Abschnitten näher betrachten.

* * *

Die verschiedenen Entstehungsweisen der europäischen Ständegesellschaft. Die europäische Ständegesellschaft ist nicht durchweg gleichartig, wurde oben gesagt. Doch gilt diese Ungleichartigkeit hauptsächlich nur für den Beginn, die Entstehung. Im weiteren Verlaufe nähern sich die verschiedenen Typen einander so, daß gegen das Ende des Mittelalters wenig Unterschied zwischen ihnen besteht außer betreffs der Unfreiheit. In bezug auf diese bestehen beträchtliche Verschiedenheiten bis zum Ende der Ständegesellschaft und der Entstehung der neuen Klassengesellschaft während des 18. Jahrhunderts und in einigen Ländern noch länger fort. Im übrigen aber ist die Ständegesellschaft, nachdem sie einmal ihre volle Entwicklung erreicht hat, überall gleicher Art. Zu den zwei höheren Ständen, Geistlichkeit und Adel, treten als neugebildeter Stand die „Bürger" hinzu. Weiter unten stehen seit alters die Bauern sowie zuletzt Diener und Arbeiter, zusammen die große Masse des Volkes ausmachend. Alle sind zudem in mehrere Gruppen geteilt mit je ihren gesetzlich festgelegten Rechten, Privilegien und Pflichten.

Nur die Entstehung der Ständegesellschaft ist verschieden in verschiedenen Ländern, aber hier sind auch die Verschiedenheiten um so größer. Man kann daher mit Fug von drei Typen sprechen, die sich auch geographisch ziemlich gut auf Süd-, Mittel- und Nordeuropa verteilen. Ihre verschiedenen Grundcharaktere ergeben sich aus der vorhergehenden Einteilung: „die aus dem Feudalismus entstandene Ständegesellschaft", „die auf Eroberung gegründete" und „die eigenwüchsige Ständegesellschaft". Wir wollen nun jeden Typ oder genauer jede Entstehungsweise für sich zu beschreiben versuchen, denn der Typunterschied betrifft, wie gesagt, allein die Entstehung. Aber schon hier sei bemerkt, daß diese Aufgabe sich sehr verschieden für die verschiedenen Arten stellt. Während sie für die zwei letzteren sehr leicht ist, indem die Entstehung hier ganz natürlich zu sein scheint, bietet sie im erstgenannten Falle ziemlich große Schwierigkeiten dar. Daß bei einer Eroberung, wenn ein Volk über ein anderes herfällt und es unterjocht, eine Umlagerung von früher vorhandenen und hinzugekommenen Volksschichten stattfindet und dabei neue Stände entstehen können, ist so gut wie selbstverständlich. Ebenso ist es nicht schwer zu verstehen, wie eine innere Entwicklung von der primitiven Klassengesellschaft zur Ständegesellschaft durch das Aufsteigen einiger zu führenden und machtvollen Stellungen vor sich gehen kann — die Bedürfnisse des Zusammenlebens und des Staates verlangen dies — wobei von selbst die übrigen Teile des Volkes auf niedrigerem Standpunkt verbleiben und so, dank dem Erbrecht, höhere und niedere Stände entstehen.

Betreffs der aus der Feudalgesellschaft hervorgegangenen Ständegesellschaft ist der Verlauf weit verwickelter. Die Feudalgesellschaft war vorher eine Ständegesellschaft, obwohl eigener Art. Es gilt somit eigentlich nur zu erklären, wie die Umwandlung der feudalen Ständegesellschaft in die gewöhnliche stattgefunden hat. Eben hierin aber liegt die Schwierigkeit. Es hat der geschichtlichen Forschung viel Zeit und Mühe gekostet, die Entstehung und das Wesen des Feudalismus zu verstehen. Es ist daher nicht verwunderlich, daß auch die Erklärung der Umwandlung desselben in eine neue Ständegesellschaft viele Probleme enthält, welche Schwierigkeiten darbieten oder noch immer ihrer Lösung harren. Der vorliegende Versuch erhebt auch nicht den Anspruch, die richtige Lösung in allen Fällen gefunden zu haben. Wir können uns auch hier in diese umstrittenen Fragen nicht sonderlich vertiefen. Der ganze Plan und die Anlage dieser Arbeit verbieten es. Eine kurze Darstellung darf jedoch nicht fehlen.

I.

Die aus dem Feudalismus entstandene Ständegesellschaft. Es möchte auf den ersten Blick hin den Anschein haben, als wenn die Aufgabe nicht so schwer wäre. Man sieht die großen Neuerungen, die bereits während der Feudalzeit entstehen und zu vollendeten Tatsachen werden — „die aufwachsenden Städte“ und in ihnen „die Zünfte“ und „die neuen Stände“ sowie „die Renaissance des Königtums“. Diese vier Tatsachen, könnte es scheinen, erklären zur Genüge die Umwandlung der Feudalgesellschaft in eine gewöhnliche Ständegesellschaft. Von außen gesehen, ist das auch der Fall. Man kann aber auch weiter gehen und nach der Erklärung jeder dieser großen Neuerungen fragen. Von ihnen bedarf jedoch das Königtum und seine Renaissance keine besondere Beschreibung. Die Geschichte und die Ursachen des Aufblühens des Königtums im 15. und 16. Jahrhundert sind allgemein bekannt. Die anderen oben erwähnten Faktoren der Entwicklung müssen indessen näher, obwohl in größter Kürze, betrachtet werden. Denn sie waren es vor allem, die den feudalen, auf patrimonialem und vertragsmäßigem Grunde gebauten Staat (vgl. oben S. 141) in den einheitlichen modernen Staatstypus umwandelten.

Die Umbildung der Feudalgesellschaft in eine gewöhnliche Ständegesellschaft fällt also mit der Wiederauferstehung des

Staates zusammen. Aber diese Auferstehung ging nicht gleichförmig und einheitlich vor sich. Es war nicht das Königtum, von dem aus die Renaissance des Staates sich am frühesten zu erkennen gab. Das Königtum in Frankreich, der Prototyp der feudalen Staatsform, war lange nach dem Untergang der Karolinger wenig mehr als ein Name und eine Erinnerung, die freilich später die Macht werden sollte, die die große politische und soziale Umwälzung vollendete, dies aber erst, nachdem ein neuer Helfer im Kampfe gegen den feudalen Staat in den Städten erstanden war.

Die mittelalterlichen Städte. Der Stadtstaat. Zwar waren auch die Städte, die aus alter Zeit her vorhanden waren oder nun angelegt wurden, in das feudale System eingeordnet und unterstanden je einem oder mehreren Herren, meistens einem Bischof. Aber schon bevor es ihnen gelang, sich von dieser Vormundschaft zu befreien, was am frühesten bei den Städten in Italien und den „communes" in Frankreich geschah, hatten sie eine feindliche Haltung gegen diese ihre geistlichen und weltlichen Herren eingenommen. Die Städte waren als Volksgemeinden von Natur und prinzipiell Gegner der patrimonialen Rechtsordnung. Die Städte waren es so, in denen der Kampf gegen dieses Staatswesen am frühesten entbrannte und zu dauernden Ergebnissen führte. Die Aufhebung des Patrimonialstaats innerhalb des Weichbildes der Städte und die Wiederauferstehung des souveränen Staatsgedankens innerhalb dieser Gebiete, ob sie nun völlig selbständig wurden, wie in Italien, oder sich bald unter die Königsmacht beugen mußten, wie in Frankreich, bezeichneten den Beginn der staatlichen Neugestaltung.

Die Städte sind die bemerkenswerteste Neuschöpfung des europäischen Mittelalters und in ihrer politischen und sozialen Vollendung in dem „Stadtstaat" ein Wunder für alle Zeiten. Die Staaten der Antike waren gleichfalls Stadtstaaten, aber auf ganz anderer Grundlage. Sie waren von Anfang an selbständige, zumeist durch Auswanderung entstandene Kolonien. Die während des Mittelalters wiederauferstandenen oder neuangelegten Städte sollten dagegen Schutz gegen äußere und innere Gewalt gewähren. Die Verheerungen der Ungarn und Sarazenen während des 8. und 9. Jahrhunderts zwangen die Menschen, hinter Mauern ihre Rettung zu suchen. Dies führte zur Entstehung der Städte als selbständige

Staatswesen. Die Mauern der Städte wurden ein Schutz auch im Kampfe gegen Adel und Bischöfe und überhaupt gegen den patrimonialen Staat und für die bürgerliche Freiheit. So ist in ihnen zuerst der Grund zum modernen Staate gelegt worden.

Nicht nur durch ihr Staatswesen und die darin hervortretenden Rechtsgrundsätze haben indessen die mittelalterlichen Städte ihre weltgeschichtliche Mission ausgeübt. Auch auf anderen Gebieten als dem politischen haben sie schöpferisch gewirkt wie wohl nichts anderes. Die meisten Städte erreichten nie politische Selbständigkeit und waren nur Nachbildungen der großen Freistädte, aber auch als solche sind sie Leuchtfeuer gewesen, von denen das Licht in das mittelalterliche Dunkel hinausgegangen ist. Es sind indessen nicht das Wachstum der Kultur und die von den größeren Städten geschaffenen Denkwürdigkeiten mannigfacher Art, bei denen wir hier zu verweilen haben. Es sind die in ihnen hervorgebrachte Rechtsordnung und die neuen sozialen Einrichtungen, mit denen wir uns weiter beschäftigen wollen. Diese Neuerungen waren in erster Linie „das Zunftwesen" und „die neuen Stände".

Ein Zunftwesen hat es so gut wie überall in der Ständegesellschaft gegeben, nirgends aber so durchgeführt und so fest organisiert, wie dies während des europäischen Mittelalters der Fall war — ohne jedoch eine Zwangsorganisation zu sein wie die im späteren römischen Kaiserreich vorkommende. Dort waren die Menschen als Leibeigene an Berufe und Aufgaben gebunden. Das war im europäischen Mittelalter nicht der Fall. Aber dennoch war die Gesellschaft bis in die kleinsten Einzelheiten organisiert und geregelt. Wie war dies zugegangen, und welches waren die treibenden Kräfte dabei?

Die Zwangsorganisation des Kaiserreichs war zu einer unerträglichen Last geworden, die man in demselben Augenblick abschüttelte, als die kaiserliche Administration mit dem Einbruch der Barbaren und den von ihnen errichteten neuen Reichen aufgelöst wurde. Die Städte, die die Mittelpunkte dieser Administration gewesen waren, wurden nun gemieden, und die Bevölkerung wanderte aus auf das flache Land und die großen Güter, wo die Unfreiheit und Abhängigkeit weniger drückend waren. Wahrscheinlich ist es, daß auch hier gewisse Erinnerungen an eine zunftmäßige Organisation sich unter den Handwerkern, welche die Güter brauchten, erhielten, davon wissen wir aber sehr wenig. Im fränkischen Reiche ist von einem Zunftwesen wenig zu verspüren und noch weniger während der dann einsetzenden Feudalzeit, als auch die Städte unter die Botmäßigkeit der feudalen Herren kamen und zu Lehen wurden.

Wie die Städte zu neuem Leben erstanden, ist oben angedeutet worden. Wie aber innerhalb derselben eine neue, eigenwüchsige und freie Organisation in Zünften entstanden ist, können wir nur vermutungsweise und auf Grund allgemeiner Schlußfolgerungen sagen. Ohne weiteres können wir so notgedrungene Selbstversorgung als die erste und mächtigste Ursache dieser Neugestaltung annehmen. Die Städte waren in der Feudalgesellschaft isoliert und auf sich selbst angewiesen nicht nur hinsichtlich ihrer Verteidigung, sondern lange auch hinsichtlich ihres Lebensunterhalts. Jede Stadt mit ihrem Gebiet bildete eine Autarchie oder jedenfalls einen „geschlossenen Handelsstaat". Der Handel war jedoch gering und voller Gefahren. Selbstversorgung durch eigene Arbeit war daher die natürliche Grundlage für ihr Leben und ihren Bestand. Dies rief alle die Gewerbe und Handwerke hervor, die für den Lebensunterhalt notwendig waren, und für die sich ein Markt fand. Aber der Markt war begrenzt und des weiteren konstant, denn er war hauptsächlich auf die eigenen Einwohner der Stadt beschränkt. Hieraus folgte wiederum die Notwendigkeit, ihn so zu regeln, daß Angebot und Nachfrage, Erzeugung und Verbrauch, einander entsprachen. Sonst hätten sich bald Mangel, bald Überfluß und damit Krisen einstellen müssen.

Aus diesen mit den äußeren Bedingungen der Städte gegebenen Verhältnissen folgte dann von selbst die innere Organisation: die Zusammenschließung der Gewerbe zu Zünften, d. h. Korporationen mit je ihren Arbeitsaufgaben, ferner die Feststellung der Anzahl nicht nur der Meister, sondern auch der Arbeiter, Gesellen und Lehrlinge. Da aber auf diese Weise aller wirksame Wettbewerb zwischen den Meistern ausgeschlossen war und so eine Garantie für gute Arbeit fehlte, mußte öffentliche Kontrolle als Ersatz hierfür hinzukommen. Alle Waren und Erzeugnisse mußten bestimmten Standardforderungen genügen. Taten sie es nicht, so wurden sie kassiert, und der Meister konnte zudem eine Geldstrafe zu zahlen haben. Nur auf diese Weise wurden die Interessen aller geschützt, die der Verbraucher sowohl, wie die der Erzeuger, und die Stadt wurde eine in sich geschlossene Arbeitsorganisation, ohne jedoch eine Zwangsorganisation zu sein wie die römische. Denn niemand wurde gezwungen, in eine Zunft einzutreten oder darin zu verbleiben. In diesem für den einzelnen entscheidenden Punkte herrschte volle Freiheit. Nur mußte ein jeder, der als Bürger ein Gewerbe zu betreiben wünschte, der Zunft angehören und sich der Ordnung und den Bestimmungen unterwerfen, die für diese festgesetzt waren.

Das mittelalterliche Zunftwesen war, wie wir hieraus ersehen, ein wunderliches Gemisch von Freiheit und Zwang, zugleich aber eine in ihrer Art, man kann gut sagen, vollendete Schöpfung, denn es entsprach seiner Aufgabe in der wahrscheinlich zweckmäßigsten Weise, wie es unter den gegebenen Verhältnissen möglich war. Dies hatte es nicht so sehr planmäßiger Organisation als vielmehr spontanem Wachstum unter äußerem Zwang zu verdanken. Die Städte waren je für sich von der ihnen feindlichen und ursprünglich übermächtigen Feudalgesellschaft umgeben. Unter der Reaktion gegen diesen Druck erwuchsen von selbst alle die Einrichtungen, die zusammen das Zunftwesen bildeten. Das Zunftwesen war also in Wirklichkeit eine Frucht des Feudalismus, wenn auch indirekt und als Selbstverteidigung. Hiergegen kann nicht eingewendet werden, daß es ein Zunftwesen auch in den Städten und Ländern gegeben hat, die nicht den Feudalismus gekannt haben. Denn nachdem Zünfte einmal entstanden waren, wurden sie überall nachgebildet, wo es Städte gab, und sie bildeten während der Blütezeit des Mittelalters und noch lange danach eine universale Form des Erwerbslebens und Stadtlebens.

Das Ständewesen in den Städten. Eine für die Städte charakteristische Eigentümlichkeit, kaum weniger bemerkenswert als das Zunftwesen, war das Ständewesen, das sich dort entwickelte. Der erste bezeichnende Zug darin war, daß alle, auch die Niedrigststehenden, freie Männer waren. „Stadtluft macht frei", hieß es zum nicht geringen Ärgernis der umwohnenden adeligen und geistlichen Herren, aus deren Gewalt sich mancher Leibeigene in die nächste Stadt flüchtete. Oberhalb dieses niedersten Standes von Dienern und anderen nicht Festangesessenen befand sich die in Zünften eingeschriebene arbeitende Bevölkerung: Lehrlinge, Gesellen und Meister. Zunächst waren diese Gruppen beweglich, indem ein jeder der Reihe nach zur Meisterschaft aufsteigen konnte. Auf die Dauer aber war dies nicht möglich. Schon die zunehmende Bevölkerungsmenge verbot es. Nun wurden die Meister ein Stand für sich, oberhalb der Lehrlinge und Gesellen.

Eine Stufe höher in der sozialen Rangskala standen die Kaufleute, auch sie meistens geteilt in „kleinere Krämer“ und „Großkaufleute“, letztere in Gilden zusammengeschlossen. Hieraus erwuchs schließlich eine auf Reichtum gegründete Aristokratie, die allmählich ein wirklicher Adel wurde, Stadtadel und patrizische Geschlechter. Außer diesen Erwerbsständen gab es natürlich Geistliche und einen Beamtenstand für die Rechtspflege und Verwaltung. Die höchste Regierung in der Stadt wurde von den Patriziern ausgeübt, solange die Macht in ihren Händen verblieb. Später ging sie in den Freistädten (dem Stadtstaat) an das niedere Volk über, wie wir unten sehen werden. Unter der Stadtbevölkerung, den Bürgern, befand sich gewöhnlich auch eine geringere Anzahl Angehöriger des alten Feudaladels. Sie wohnten in besonderen Quartieren und bildeten einen Stand für sich, der oft mit den anderen in Fehde lebte.

Dies war ein Ständewesen sehr verschieden von dem, das in der umgebenden Feudalgesellschaft vorkam. Während in diesem die Hauptmasse der Bevölkerung unfrei war und die meisten, nicht nur die Herren, sondern auch mancher Diener, sich dem Kriegsgewerbe widmeten, waren die Einwohner der Städte, wie erwähnt, frei, und nur vorübergehend, wenn es galt, Heim und Freiheit zu schützen, griffen sie zu den Waffen und rückten aus gegen den Feind. Später, als die Städte durch Handwerk und Handel reich geworden waren, überließen sie ihre Verteidigung Söldnertruppen, indem sie selbst sich nur mit ökonomischer Arbeit, Handwerk, Handel und Geldgeschäften, abgaben. Die bürgerliche Tätigkeit war ebenso einseitig auf *Erwerb* wie die des Adels auf *Krieg* gerichtet. Zwischen Bürgern und Adel bestand keine Zusammengehörigkeit, nur ein natürlicher Gegensatz. Sie waren nichtsdestoweniger auf einander für den Lebensunterhalt angewiesen, und der Handel war dabei der Vermittler. Zwischen Land und Stadt entstand so eine Wechselwirkung, die allmählich den Gegensatz milderte und auf verschiedene Weise dazu beitrug, die ältere Gesellschaft zu untergraben und der neuen den Weg zu bahnen.

Auf zweierlei Weise geschah dies. Die eine war die rein äußere Zerstückelung und Verminderung der Feudalgesellschaft. In dem Maße, wie die Anzahl der Städte zunahm und ihre Gebiete wuchsen, erfuhr das Land, das feudalem Recht unterstand, eine Einschränkung. Hierzu hat die Königsmacht noch kräftiger als die Städte durch Einziehung von Lehen und Umwandlung derselben in Krongüter beigetragen. Philipp der Schöne und Ludwig XI. haben auf diese Weise den Untergang der Feudalgesellschaft mächtig gefördert.

Aber nicht nur durch äußere Einschränkung, sondern auch durch eine innere Verschmelzung haben die Städte zur Umwandlung der Feudalgesellschaft in eine gewöhnliche Ständegesellschaft beigetragen. Das geschah durch die Vereinigung der Bürger mit den beiden höheren Ständen gegen die Königsmacht in dem „Ständestaat".

Der Ständestaat ist die andere große Neuschöpfung des Mittelalters, nicht minder bedeutungsvoll als die Städte und die in diesen entstandenen Zünfte und neuen Stände, die die Voraussetzung für ihn sind. Wir wollen in kurzem auch über ihn, seine Entstehung und Organisation, zu berichten versuchen.

Die feudale Gesellschaft in ihrer ursprünglichen und typischen Gestalt kannte eigentlich nur drei große Gesellschaftsmächte — *Kirche, Adel* und *Königtum.* Diese drei bildeten sowohl als Volkselemente wie als Institutionen die bedeutendsten lebendigen Kräfte des Mittelalters. Später, vom 10. Jahrhundert an, kamen die *Städte* als ein neuer Machtfaktor hinzu, zunächst gering geachtet, bald aber mit den andern in Wettbewerb tretend. Unterhalb dieser befand sich das gemeine Volk, die große, außerhalb der Städte unfreie Masse, von deren Arbeit die anderen lebten, die aber einer anerkannten rechtlichen Stellung entbehrte.

Von diesem Beginn schreitet dann die staatliche und soziale Umwandlung der Feudalgesellschaft zur gewöhnlichen Ständegesellschaft fort, unter und durch ständigen Kampf um Macht und Herrschaft. Die Menschen des Mittelalters liebten den Kampf um des Kampfes willen. Zudem waren die Interessen durchweg einander widerstreitend. Die ursprünglich Machthabenden, Adel und Bischöfe, stritten sich um Territorien und Herrschaften, während die neuaufkommenden Städte um die Anerkennung von Freiheiten und Gerechtsamen (constitutiones und chartae) kämpften. Und das Königtum, das geschichtlich und theoretisch über ihnen allen stand, tatsächlich aber lange Zeiten hindurch hinter den Großen an Macht zurückstand, lag auch in ständigem Kampf mit diesen, um zurückzugewinnen, was es verloren hatte.

Der Ausgang des Kampfes wechselte mit Sieg und Niederlage, bald für den einen, bald für den andern. Allmählich aber kristallisierten sich aus dem Kampfe gewisse mehr dauernde Resultate heraus. Am frühesten erreichten die Städte in Italien ihre Ziele. Viele von ihnen wurden unabhängige und mächtige Staaten, die auch im Innern eine merkwürdige Entwicklung durchmachten. Sie wurden freie Republiken, die sowohl politisch als sozial Jahrhunderte ihrer Zeit vorauseilten. So entwickelte sich in den Stadtstaaten nicht nur in Italien, sondern bald auch in den Niederlanden und in Deutschland eine extreme Demokratie, und es entstanden Ständeverhältnisse, die, außer betreffs des Zunftwesens, sich in hohem Grade dem Klassenwesen der Gegenwart näherten. Diese Frühreife war jedoch durchaus lokal und dauerte übrigens nicht allzu lange. Schon vor dem Ende des Mittelalters hatten die Könige und Fürsten die Macht wieder an sich genommen, die sie früher innegehabt und in den übrigen Ländern nie so verloren hatten, wie es in Italien der Fall gewesen war. Hierbei kam es nach und nach zu einer Einigung zwischen den übrigen Gesellschaftsmächten, die sich in ihrer Selbständigkeit bedroht sahen. Geistliche, Adel und Bürger vereinigten sich gegen die Königs- und Fürstenmacht, und dadurch entstand der Ständestaat.

Überall in den ursprünglich feudalen Staaten, in den spanischen Reichen, in Frankreich, Deutschland und England, entwickelte sich diese neue Staatsform. Sie ward nicht allerorts die gleiche. In Deutschland waren es das Kaisertum und das daraus folgende Wahlreich, in England die normannische Eroberung und ihre Folgen, die dieser Staatsbildung ein eigenes Gepräge gaben, überall aber war doch die Organisation im Grunde dieselbe. Der Ständestaat bestand aus drei anerkannten Ständen: *Geistlichkeit, Adel* und *Bürgerschaft.* Von diesen waren die Geistlichen durch ihre Ämter und die Bürger durch ihre Zünfte sozusagen von Natur zu korporativen Ständen geschaffen. Dem Adel fiel es wohl am schwersten, seine Natur zu ändern. Er bestand aus Herren und Vasallen auf feudalistische Weise und konnte sich nur nach einem inneren Auflösungsprozeß in einen Reichsstand umwandeln, zusammengesetzt aus einer geringen Anzahl großer Fürsten und einer Menge kleiner Herren. Widerstrebend fügten sie sich in ihre neue Stellung, das „Recht zum Widerstand“ geltend machend, auf das sie erst allmählich zugunsten des souveränen Königtums verzichten mußten.

Als dies im 13. und 14. Jahrhundert geschah, war die Umwandlung in diesen Ländern fertig. Die feudale Gesellschaft war nun in eine neue Ständegesellschaft mit ihrer staatsrechtlichen Ausformung im Ständestaat umgewandelt worden. Dieser mit seinen privilegierten Ständen und seinem dualistischen Gegensatz zwischen rex und regnum mußte später nach jahrhundertelanger, oft mühsamer Entwicklung dem konstitutionellen oder mancherorts demokratischen Staate weichen. Gleichzeitig hiermit begann der Übergang der Ständegesellschaft in die moderne Klassengesellschaft, der im 17. und 18. Jahrhundert sich allmählich vollzog.

II.

Die Entstehung der Ständegesellschaft durch Eroberung. Ohne in den Fehler einer Überschätzung der Bedeutung des Krieges und der Eroberung für das Leben der Völker und die Gesellschaftsentwicklung zu verfallen, den gewisse Autoren (vor allem Gumplovicz) begehen, muß doch zugegeben werden, daß in vielen Fällen dies der Weg gewesen ist, auf dem eine Ständegesellschaft entstanden ist. Ein Volk fällt über ein anderes her, bemächtigt sich ganz oder teilweise seines Gebiets und macht die Besiegten, wenn nicht zu Sklaven, wie es freilich oft geschehen, so doch zu niederen Ständen verschiedener Art.

Das geschichtlich bekannteste Beispiel hierfür ist Sparta. Beginn und Verlauf der Entstehung des lazedämonischen Staates verlieren sich in die nebelhaften Anfänge der geschichtlichen Zeit, das Endergebnis aber, die spartanische Gesellschaft, kennen wir ziemlich gut. Sie ist mit ihrer in drei Teile zerfallenden Bevölkerung — das eigentliche Staatsvolk, die Spartiaten, in der Stadt wie in einem Lager zusammenwohnend, die gewerbetreibenden Periöken, persönlich frei, aber ohne Bürgerrecht, und die Heloten, an die Scholle gebundene Leibeigene, wohl zum größten Teil besiegte Ureinwohner — in ihrer Art einzigdastehend. Gesellschaft und Ständewesen waren hier vollständig dem Staate untergeordnet, und dieser war ausschließlich für den Krieg und den nötigen Unterhalt organisiert. Etwas Ähnliches ist wohl nie vorgekommen außer in den Reichen der Azteken und der Inkas in der Neuen Welt, die, wie es scheint, auf der gleichen Grundlage aufgebaut gewesen sind und ein gleichartiges Ständewesen besessen haben, nur daß es dort einen mächtigen Priesterstand gab, wozu in Sparta wie überhaupt bei den Hellenen kein Gegenstück vorhanden war. Charakteristisch für diese Ständegesellschaften war ferner der kastenähnliche Unterschied zwischen den Ständen

Es sind dies Eigentümlichkeiten, die unseres Wissens nirgends anders angetroffen werden.

Freilich aber ist unsere Kenntnis von der geschichtlichen Entstehung der Ständegesellschaft ziemlich beschränkt. Wie sie in den großen Reichen Asiens und unzähligen anderen sich ursprünglich entwickelt hat, ist uns wenig oder garnicht bekannt.

Erst in dem Europa der neueren Zeit und zunächst in den auf Roms Ruinen erwachsenen germanischen Reichen können wir das Zustandekommen der Ständegesellschaft genauer verfolgen. Und das geschah, wie wir wissen, auf dem Wege des Krieges. Aber auch hier sehen wir dies nur in seinem ersten Ansatze, denn im weiteren Verlaufe war es nicht die gewöhnliche Ständegesellschaft, sondern ihre Abart, die Feudalgesellschaft, die zur Ausbildung kam. Die natürliche Rückwirkung von den Besiegten auf die Sieger war im römischen Reiche so stark, daß das Ständewesen der ersteren die Oberhand behielt, dank dem Zusatz germanischer Elemente und anderen hinzukommenden Umständen aber in den Feudalismus überging. In verschiedenen Fällen sind indessen anderwärts in Europa, außerhalb der Grenzen des römischen Reichs, Ständegesellschaften zur Entwicklung gekommen, die, wenn auch nicht ohne Beeinflussung durch Feudalismus, doch nicht aus ihm entstanden sind. An sie haben wir uns zu halten, um eine nähere Vorstellung von den durch Eroberung gegründeten wie von den auf friedlichem Wege erwachsenen Ständegesellschaften zu erhalten[1]. Wir werden uns zunächst den ersteren, allgemein bekannten und in vielen Fällen vorkommenden zuwenden.

In den Reichen, die von einwandernden Sachsen, Angeln u. a. in England errichtet wurden, dürfte zumeist die ursprüngliche Bevölkerung, die Briten, ausgerottet oder vertrieben worden sein. Was von ihr übrigblieb oder gefangen genommen wurde, fiel der Sklaverei anheim. Damit war die unterste Schicht in der neuen Gesellschaft gegründet. Später setzte eine innere Entwicklung ein, die innerhalb der siegenden, schon zuvor in zwei oder drei Klassen (ethelinge, frilingi und lazzi) geteilten Völker die Ständebildung auf Grund von Landbesitz und Dienst — Dienst

---

[1]) Eine vortreffliche geschichtliche Darstellung von der Entstehung und Entwicklung der Stände in Europa während des Mittelalters, obwohl ohne Unterscheidung von Feudalgesellschaft und gewöhnlicher Ständegesellschaft, findet sich bei Kurt Breysig, Kulturgeschichte der Neuzeit, II, 1901.

bei den Königen und bei den größeren Grundeigentümern — fortsetzte. So entstanden die Stände, außer und neben der christlichen Priesterschaft, wie sie die angelsächsischen Gesetze erwähnen: „eorl", der reiche und mächtige Häuptling, „thegn", der Beamte und Dienstmann, „ceorl", der Gemeinfreie, sowie „theow", der Unfreie der einen oder anderen Art. Die grundlegende Über- und Unterordnung der Eroberung trat also in diesem Falle bald zurück vor den inneren ständebildenden Kräften, Dienst und Eigentum. Später wiederholte sich derselbe Prozeß mit gewissen Abänderungen, als die Normannen unter Wilhelm dem Eroberer im Jahre 1066 sich das Reich der Angelsachsen unterwarfen. Eine Deklassierung fand betreffs der Angelsachsen statt, indem die Normannen, mit der Einführung eines moderierten Feudalwesens, den Adel des neuen Reiches bildeten. Sodann verschmolzen die verschiedenen Volkselemente rasch miteinander, und die Gesellschaft organisierte sich ungefähr wie in den kontinentalen Ständestaaten mit drei höheren Ständen sowie mehr oder minder Unfreien.

Dies sind aber allbekannte Dinge, die hier keiner weiteren Ausführung bedürfen. Und das gleiche gilt für alle anderen auf Eroberung gegründete Staaten und Gesellschaften in Europa. Nur einige kurze Bemerkungen über die wichtigsten mögen hier Platz finden.

Ein typisches Reich dieser Art war das, welches die Magyaren in Ungarn errichteten. Hier wurde die ganze Gesellschaft auf Erobererweise in Herren und an die Scholle gebundene Unterjochte geordnet. Und diese Ordnung erhielt sich bis in die jüngste Zeit hinein. Politisch bildeten die Sieger das Volk des neuen Staates gleichwie der Adel im Feudalstaate, und sozial waren sie der Adelsstand. Die übrigen Einwohner des Landes, wie sie die Masse des Volkes bildeten, wurden unfreie Ackerbauer, Diener usw. Hierzu kamen wie anderwärts in Europa die Priester als ein durch äußeren Einfluß gebildeter Stand. Schließlich fanden sich Kaufleute und Bürger ein in dem Maße, wie Städte heranwuchsen. Zumeist waren dies eingewanderte Deutsche und Juden.

Oberflächlich betrachtet, kann es aussehen, als wenn diese Ständegesellschaft identisch wäre mit der Feudalgesellschaft eben jener Zeit. Aber nur betreffs der unfreien Masse des Volks herrschte wirkliche Übereinstimmung, wie freilich auch darin, daß nur der Adel das eigentliche Staatsvolk bildete. Im übrigen bestanden beträchtliche Verschiedenheiten. Rassenverschiedenheit war hier ein Unterscheidungsmerkmal zwischen dem herrschenden Stande und den anderen. Die Herren waren die lange als Reitervolk auftretenden, später zu Gutsbesitzern werdenden Magyaren; die große dienende Masse waren Sklaven. Die Theorie von dem Adel als einer fremden Rasse, die Land und Volk sich unterworfen hat, besitzt also in diesem Falle ihre volle Gültigkeit. Später trat auch hier Volksmischung sowie innerhalb der Magyaren selbst eine natürliche Teilung in höheren und niederen Adel nach Amt und Grundbesitz ein. Dies geschah jedoch erst, nachdem während des 10. Jahrhunderts die Magyaren zu fester Niederlassung übergegangen und das Heerkönigtum in ein durch die mächtige weltliche und geistliche Aristokratie beschränktes Wahlkönigtum umgewandelt worden war. So entstand ohne vorausgehende feudale Gesellschaftsform ein Staatswesen mit einem Reichstag und zwei Ständen, Magnaten und niederem Adel, das stark an den „Ständestaat" des Abendlandes erinnerte. Noch mehr aber bestehen Züge fort, die auf die Entstehung des Staates und der Gesellschaft durch Eroberung zurückweisen.

Eine andere Ständegesellschaft, die zu großem Teil auf Eroberung und Krieg aufgebaut wurde, war die Polens. Aber sowohl der Beginn als der spätere Verlauf waren hier ganz anders. Hier war es nicht ein fremdes Volk, das in das Gebiet eines anderen einfiel und es unterjochte, sondern der eine Fürst unterwarf sich andere. Die Polen lebten ursprünglich in viele kleine Fürstentümer geteilt. Eines von diesen unter dem Geschlecht der Piasten (900—1370) errang die Oberherrschaft über die anderen. Auf diese Weise entstand unter jahrhundertelangen Kämpfen ein großes Reich, oft durch Erbteilungen zerfallen, aber durch Krieg wiedervereint. Während dieser Kämpfe und Eroberungen versank die Landbevölkerung in Abhängigkeit und meistens in wirkliche Leibeigenschaft, indem zugleich als Grundeigentümer — neben der frühzeitig entwickelten geistlichen Aristokratie — ein Kriegeradel sich herausbildete. Dank den lebhaften Verbindungen mit Böhmen und Deutschland fanden in gewissem Umfange feudale Institutionen Eingang, besonders bezüglich des Verhältnisses zwischen der Krone und den von dieser eingesetzten Statthaltern in den Provinzen (den Starosten). Gleichzeitig aber wirkte die nahe Berührung mit Ungarn, so daß der Hauptsache nach die gleiche Gesellschaftsform in dem einen wie in dem andern Lande entstand. Auch der polnische Staat erhielt so seinen Reichstag und erinnert daher recht sehr an den „Ständestaat" in Westeuropa. Aber nur der

Adel nebst der Geistlichkeit war hier wie in Ungarn das am Staatsleben teilnehmende Volk. Bürger wie überhaupt Städte waren nicht vorhanden, außer in den Gebieten, die der Deutsche Orden kolonisiert hat. Jedenfalls wurden sie von dem Adel in den Hintergrund gedrängt. Die übrigen Freien waren die zur Förderung der Landwirtschaft ins Land gerufenen Deutschen. Die Masse des Volks bestand aus unfreien Bauern und Dienern. Und dies nicht zum wenigsten verleiht der Ständegesellschaft Polens das Aussehen eines auf Eroberung gegründeten Staates.

Auch in Rußland erwuchs eine Ständegesellschaft von gemischtem Typus. Es waren schwedische Wikinger, Rurik und andere, die zuerst ein geordnetes Staatswesen unter den in vielen Stämmen lebenden und sich gegenseitig bekämpfenden Slaven und Finnen im mittleren Rußland (v. J. 862 an) zustande brachten. Sie waren an Zahl zu gering, um die einheimische Bevölkerung zu unterwerfen und unter ihnen ein eigenes Reich zu errichten. Aber sie und ihre Nachkommen behielten die Regierung in ihrer Hand und wurden ein Adelsstand, „die Bojaren". Mit der Bekehrung zum Christentum kamen orthodoxe Priester, die binnen kurzem sich zu einer mächtigen Hierarchie nach byzantinischem Muster organisierten. Adel und Priester waren jedoch nicht alleinherrschend. Dank dem lebhaften Handel waren bedeutende Städte um die von den Nordmannen (Warägern) errichteten Handelsplätze herum erstanden, deren Bürgerschaft Bojaren wie Bischöfen die Stange hielt und in einem Falle (Holmgård, das spätere Nowgorod) sogar ein freies Staatswesen gründete. Die übrige Masse bestand aus freien Bauern, die in Dorfgenossenschaften wohnten und teilweise sich selbst regierten.

Man kann diese Ständegesellschaft nicht ganz von selbst erwachsen nennen, in Anbetracht der starken Einflüsse, die von auswärts her sich geltend machten. Aber sie sieht auch nicht wie eine durch Eroberung gebildete Gesellschaftsform aus. Dieses Aussehen erhielt sie erst später infolge der inneren und äußeren Stürme, denen Rußland ausgesetzt war. Die vielen von den Warägern gebildeten kleinen Reiche lagen gleich den polnischen unablässig in Streit miteinander. Eine Ursache dessen war hier wie dort das Streben der Großfürsten eines derselben (Kiew), die vielen Reiche zu einem zu vereinigen. Daneben aber auch ganz entgegengesetzte Tendenzen, hervorgerufen durch Erbauseinandersetzungen mit dadurch bedingten Teilungen, auf nordische Weise zwischen Brüdern. Diese inneren Streitigkeiten schadeten weder dem Adel noch der Geistlichkeit; aber die Bürger und noch mehr die Bauern litten darunter, ohne jedoch, soviel man sehen kann, zunächst noch ihre Freiheit zu verlieren. Es war der von außen her kommende Sturm, der in entscheidenderer Weise der russischen Gesellschaft das Gepräge der Eroberung aufdrückte. Unter die von den Tataren 1238 errichtete Herrschaft mußten alle sich beugen. Und obgleich die Sieger sich nicht mit den Besiegten vermischten, sondern für sich in einem Hordenlager (die Goldne Horde) lebten, so erhielt doch im Laufe der 200 Jahre, während der diese Herrschaft bestand, die Gesellschaft einen Zug von Unterwerfung, der dann bestehen blieb und direkt zu der moskowitischen Alleinherrschaft führte (v. J. 1480 an), in welcher die Gesellschaft ganz der Staatsgewalt unterworfen und das Ständewesen danach umgebildet wurde.

Der grundbesitzende Adel, höherer und niederer, wurde zum Kriegsdienst gezwungen und bildete fortan einen Dienstadel; die Bürger der Städte wurden mit Handel und Gewerben unter ein Polizeiregiment gestellt, und die Bauern, die Bewirtschafter des Grund und Bodens, wurden an denselben gebunden teils als Leibeigene unter dem Adel, der Kirche und der Krone, teils als Dorfgenossenschaften (Mir) unter den Steuerbehörden. Nur die Geistlichen und die Kirche behielten, trotz der formellen Unterwerfung unter den Zaren, ihre Selbständigkeit als Verwalter der Religion.

Außer diesen hat es mehrere andere auf Eroberung gegründete Gesellschaften in Europa gegeben. Ein besonders berüchtigtes war das Staatswesen, das die Schwertritter und der Deutsche Orden zu Beginn des 13. Jahrhunderts in den Ostseeprovinzen zur Bekehrung der Heiden und zu eigenem Gewinn errichteten. Deutsche Kolonisten bevölkerten die Städte und erhielten den Grund und Boden, der den unterworfenen Völkern, Liven, Letten, Preußen u. a., abgenommen worden war, welch letztere Leibeigene wurden. Über die Art dieser Gesellschaft geben zur Genüge die Worte Auskunft, mit denen ein Autor die Herrschaft in Livland charakterisiert — „für den Adel ein Himmelreich, für die Geistlichen ein Paradies, für die Ausländer eine Goldgrube und für die Bauern eine Hölle"[1]).

Ebenso reine Erobererstaaten waren die innerhalb des Byzantinischen Kaiserreichs von Serben, Bulgaren und zuletzt von

[1]) Kelch, Geschichte von Liefland, S. 115 nach W. Roscher, Politik, 1892, S. 126.

Türken gegründeten Reiche. Die erstgenannten nahmen bald viele Züge von den unterjochten höherstehenden Völkern an, nicht zum wenigsten bezüglich des Ständewesens. Die Türken blieben bis in unsere Zeit hinein ein typisches Krieger- und Herrenvolk, allerdings ohne die Besiegten hart zu bedrücken oder unmilde zu behandeln. Aber die Ständeverhältnisse wichen beträchtlich von den in derartigen Staaten sonst gewöhnlichen ab, indem nicht nur die besiegten Völker, sondern alle rechtlich in gleicher Weise dem alleinherrschenden Sultan unterstanden. Daher bildete sich kein Adel heraus, sondern nur eine Beamtenaristokratie und Rangklassen, die nebst später entstehenden großen Grundbesitzern (Rahjas) den weltlichen Herrenstand ausmachten, während die zahlreichen, hierarchisch organisierten Priester und Richter den geistlichen Stand bildeten.

III.

Die eigenwüchsige Ständegesellschaft. Schweden. Nur in einer Ecke von Europa erwuchs aus der primitiven Klassengesellschaft auf natürlichem Wege ohne äußere Gewalt, wenn auch nicht ohne fremden Einfluß, eine gewöhnliche Ständegesellschaft. Es geschah das in dem skandinavischen Norden, wahrscheinlich der Urheimat der Germanen, sicher aber dem Gebiet, wo sie von einer Mischung mit anderen Völkern am wenigsten betroffen worden sind. Aber auch in den drei Ländern, die der Norden geographisch und politisch sich geteilt hat, war die Entwicklung nicht gleich oder gleichwertig.

In Dänemark, dem nächsten Nachbarn Deutschlands, scheint zwar der Übergang von primitiver Klassengesellschaft zu mittelalterlichem Ständewesen durch natürliches Wachstum geschehen zu sein, ohne gewaltsame äußere oder innere Umstürze. Aber das einheimische Lehnswesen, das hier aus der königlichen Administration und dem neuen Kriegsdienst erwuchs, führte zur Entstehung eines Adels, der mehr und mehr die niedere Bevölkerung herabdrückte. Schon vorher hatten die katholischen Geistlichen große Macht erlangt und waren ein Herrenstand geworden, der mit Lust und Liebe an den Kämpfen jener Zeit auf echt feudale Weise teilnahm[1]) und kräftig zur Deklassierung der Bauern bei-

[1]) Als bezeichnendes Beispiel hierfür sei angeführt, daß in der bekannten Schlacht bei Fotevik in Schonen, Pfingsten 1134, wo die Könige Nils und Erik um die Krone kämpften, nicht weniger als 60 Geistliche und 5 Bischöfe fielen und ein 6. Bischof verwundet wurde. Wie viele die teilnehmenden Prälaten insgesamt gewesen, wissen wir nicht. (Danmarks Riges Historie, von Joh. Steenstrup u. a., I, S. 547.)

trug. Nach der Zeit der Waldemare (v. J. 1241 an) kam so die Masse der Bauern unter geistliche und weltliche Große als „Fästebauern", wodurch sie in einem großen Teile des Landes in eine Art beschränkter Leibeigenschaft („vornedskab") gerieten, was der Gesellschaft einen starken Anstrich von feudaler Organisation gab.

In Norwegen wiederum wurde die ruhige Entwicklung zuerst durch Harald Harfagers gewaltsame Unterwerfung sämtlicher Kleinreiche (860—872) und die damit verbundene Ausrottung des alten Herseadels gestört. Und dasselbe Schicksal wie dieser alte Adel erfuhr die aus dem Königsdienst hervorgegangene Lendermanna-Aristokratie während der späteren ständigen Thronstreitigkeiten, so daß es bereits vor dem Ende des Mittelalters — genauer vom Jahre 1308 an, wo Håkan Hålägg die Lehen einzog und die Lendermannawürde aufhob — keinen wirklichen Adel mehr in Norwegen gab und das Land daher seine Selbständigkeit verlor.

Nur in Schweden ist die Umbildung der primitiven Klassengesellschaft zur Ständegesellschaft ungestört von verrückenden äußeren und inneren Umständen zum Abschluß gelangt. Nur hier ist, allerdings unter Annahme des christlichen Kults und der Kultur anderer, mehr vorgeschrittener Völker, aus der ursprünglichen germanischen Klassengesellschaft eine Ständegesellschaft in typischer Reinheit erwachsen. Daher bietet Schweden, trotz der Dürftigkeit der Quellen für ältere Zeit, wie wohl kein anderes Land ein klares und deutliches Bild von dieser Entwicklung. Wir wollen darum etwas ausführlicher die Umwandlung der primitiven Klassen in Stände sowie die Entstehung neuer Stände in diesem Lande betrachten. Man erhält hierdurch einen Einblick, wie diese soziale Umwandlung auf friedlichem Wege und aus eigenem Antrieb vor sich gehen konnte, ein Prozeß, der sich uns anderswo nicht darbietet.

Die oben in Kapitel I angeführte Sage von der Entstehung der Stände gibt treffend, wenn auch nur in großen Zügen, die primitiven Klassen im Norden wieder. Der Jarl ist der reiche und aus vornehmem Geschlecht stammende Häuptling, der Karl entspricht den Bauern, dem Kern des Volkes, der Träl den im Kriege erbeuteten Sklaven und ihren Nachkommen. Es fehlen hier ein Priesterstand und besondere Gewerbetreibende. Zweifellos fanden sich sowohl Priester[1]) als auch gewisse hochgeachtete Gewerbetreibende (Waffenschmiede und Barden), ihre Zahl aber war gering und die letztgenannten zumeist gleichzeitig Bauern. Dagegen gab es mehrere niedere Klassen unter den Freien. Die zumeist im 13. Jahrhundert aufgezeichneten Landschaftsgesetze wie auch das auf sie gegründete Allgemeine Landgesetz (Magnus Eriksson's Landgesetz aus der Zeit um 1347), die in diesen Fällen weit ältere Zustände widerspiegeln, geben hierüber Auskunft.

Wir wollen zunächst diesen unteren Schichten der Gesellschaft unsere Aufmerksamkeit widmen, da sie es ja sind, von denen die Umbildung von primitiven Klassen in Stände ihren Anfang nimmt. Auch sind sie es, die am frühesten in den Gesetzen ihr besonderes, von dem allgemeinen Bauerngesetz abweichendes Recht festgestellt erhalten.

Unterhalb der auf eigenem Grund und Boden sitzenden Odalbauern gab es demnach „Allmendebauern", die ein Stück von dem Gemeinland für eigene Nutzung urbar gemacht hatten und daher es mit geringerem Recht innehatten, ferner Pachtbauern, „landbor", die gegen Abgabe fremdes Land bewirtschafteten, „brytar", die allgemein vorkommende Verwalter waren, schließlich Dienstboten und Kötner und allerhand fahrendes Volk. Diese ganze Masse von minderwertigen Freien war auf die oben in Kapitel II, 3 erwähnte Weise entstanden. Neben der allgemeinen Bevölkerungszunahme waren eigene Minderwertigkeit der einen oder anderen Art sowie Gewalttaten, die den Ausschluß aus Geschlecht und Gemeinde veranlaßten, die hauptsächlichen Quellen dieser ziemlich zahlreichen Klassen. Auch rekrutierten sie sich durch Freilassung von Sklaven, wenn der Freigelassene nicht in das Geschlecht des Freilassers aufgenommen wurde. Diese niederen Volkselemente bildeten Stände, d. h. rechtlich fixierte Klassen, gleich den Sklaven, lange bevor die Ständebildung innerhalb der höheren Schichten des Volks, unter Bauern und Herren, vollendet war. Die alten Gesetze regelten so sehr eingehend die Stellung

---

[1]) Für Norwegen und Island wissen wir, daß der „Herse", dem Stammeshäuptling der primitiven Klassengesellschaft entsprechend, zugleich „Gode", Priester für ein Gebiet war. In Schweden ist nichts hiervon zu bemerken. Dagegen berichtet Adam von Bremen (Hist. eccl. IV, 27), daß bei dem Tempel in Uppsala Priester Opfer verrichteten, und das gleiche wird wohl bei den vielen anderen Tempeln der Fall gewesen sein, die, den Ortsnamen nach zu urteilen, in heidnischer Zeit vorhanden gewesen sind. Eine besondere Priesterschaft ist demnach bei den Schweden wie bei den südlicheren Germanen (Tacitus, Germania, 7,10), vorgekommen, obwohl die Spuren davon verwischt sind.

sowohl des Pachtbauers als des Verwalters und ebenso des Gesindes. Und betreffs des fahrenden Volkes schreibt das Allgemeine Landgesetz (BB. XIV) vor, daß ein jeder, der nicht drei Mark Vermögen besäße, verpflichtet sein sollte, einen Dienst anzunehmen. Als Beweis dafür, daß die Gesetze sich auch mit diesem Teil der Bevölkerung befaßten, sei ferner an das „Lekare"-Recht im Västgötagesetz erinnert, wo in höhnischer Weise Vorschriften über die wandernden Spielleute gegeben werden. Obwohl diese und ähnliche Vorschriften nur privatrechtlicher Natur waren, so bestimmten sie doch die ganze Stellung dieser Volkselemente in Gesellschaft und Staat und machten sie zu festen Ständen unterhalb der vollberechtigten Männer, der freigeborenen und auf eigener Scholle sitzenden Bauern.

Die eigentliche Sklaverei, die in der primitiven Klassengesellschaft in Schweden wie anderwärts ursprünglich war, hörte mit dem Übergang zur Ständegesellschaft auf. Sie wird als ein noch gewöhnliches Rechtsinstitut in den Landschaftsgesetzen erwähnt, mehrere Bestimmungen aber deuten darauf hin, daß sie im Schwinden begriffen ist. So wurde nach dem Gottlandsgesetz (aus dem Ende des 13. Jahrh.) der Sklave („träl") nach einer gewissen Anzahl von Dienstjahren ein freier Mann; und im Upplandsgesetz (1296) heißt es, daß Kinder eines Sklaven und einer freien Frau oder eines freien Mannes und einer Sklavin „nach der besseren Hälfte gehen sollten" (Ärvdabalken 19). Im Jahre 1335 wurde in einer königlichen Verordnung dieses Recht auf alle ausgedehnt, so daß fortan niemand mehr als Sklave geboren würde. Daher ist auch im Landgesetz von Sklaverei nicht die Rede. Die Sklaven und ihre Nachkommen waren nun in der großen unteren Schicht der schwedischen Gesellschaft, der freien, aber eigentumslosen dienenden Masse, aufgegangen.

Während diese Umwandlung und Ständebildung innerhalb der niedrigsten Schicht der Gesellschaft vor sich ging, erhoben sich auf der entgegengesetzten Seite des Volkskörpers, die die Bauern, die „Odalmänner", bildeten, einzelne Männer und Geschlechter über die Masse ihrer Genossen und wurden allmählich eine eigenwüchsige Aristokratie. Hiervon wissen freilich die Landschaftsgesetze noch nichts oder so gut wie nichts. Das ältere Västgötagesetz, aus der ersten Hälfte des 13. Jahrhunderts, spricht mit keinem Worte von der Existenz anderer Männer oberhalb der Bauern als der eigenen Vorgesetzten des Volkes, Häradshövding und Lagman, sowie Priester und Bischof. Die einzigen Beweise von Klassenunterschieden, die dort wahrzunehmen sind, zielen nach unten, auf niedrigere Klassen und Stände hin. Auch die bekannten Sätze, „Der Bischof soll Bauernsohn sein und ebenso der Lagman" (Retl. B. 2 u. 3), haben ausschließlich eine solche Beziehung. Die Bauern wollten nicht dulden, daß Personen niederer Geburt sie regierten. Die übrigen, etwas späteren Landschaftsgesetze enthalten gleichfalls nur äußerst spärliche Andeutungen von dem Vorhandensein höherer weltlicher Klassen. Erst im Landgesetz treten solche hervor, und nun mit voll anerkanntem Recht als „frälsemän" und „hovmän", „svenner" und „riddare". Diese Klassen sind nun gesetzlich anerkannte Stände geworden. Aber das ist nur der Abschluß einer langen vorausgehenden Entwicklung. Es gab in Schweden eine reiche und mächtige Klasse von Großen, die in eine Zeit lange vor der Entstehung der auf uns gekommenen Gesetze zurückreicht.

Der Ursprung dieser selbsterwachsenen Aristokratie war auf der Seite der Einzelnen persönliche Tüchtigkeit und Reichtum, auf der Seite der Allgemeinheit staatliche Funktion. Schon Tacitus hatte gehört, daß Reichtum bei den Suionen in hohem Ansehen stände (Germania, Kap. 44). Solcher wurde wohl in frühester Zeit durch Anführerschaft bei gelungenen Kriegszügen und Wikingfahrten erworben. Diese lieferten Beute und Sklaven, die ihrerseits das Ansammeln von Schätzen und größeren Landerwerb ermöglichten. Sagen und Altertümer aus heidnischer Zeit erzählen von dem Vorhandensein solcher Großbauern. Große Güter aber gab es noch nicht, weshalb Ständebildung nur auf dieser Grundlage nicht möglich war. Öffentliche Aufträge verschiedener Art waren die eigentliche Quelle von Ansehen und höherer Stellung. Die Rolle des Reichtums dabei dürfte sich am richtigsten dahin bezeichnen lassen, daß diejenigen, denen öffentliche Aufträge anvertraut wurden, in der Regel reiche Männer waren.

Die Staatsfunktionen in Schweden waren doppelter Art und hatten einen doppelten Ursprung, vom Volke und vom Könige her.

Die Schweden haben von den ältesten bekannten Zeiten her Könige gehabt, wie Tacitus gleichfalls zu berichten weiß. Seine Schilderungen von dem strengen Regiment, das sie führten, sind auf die Rechnung des Abstandes und der vergrößernden Dichtung zu setzen. Aber die Verfassung bei ihnen wie auch bei den ihnen nahe verwandten Goten muß doch überwiegend „herrschaftlich“ gewesen sein im Gegensatz zu der der Westgermanen, die zur selben Zeit durchgehends „genossenschaftlich“ war[1]). Später wurde bei diesen die demokratische Verfassung gegen extremes Herrenregiment ausgetauscht, zuerst unter der despotischen Regierung der fränkischen Könige, später unter der noch schlimmeren Sklaverei des Feudalismus. Bei den Schweden dagegen lebte lange das alte Volkskönigtum in seiner ursprünglichen Gestalt fort. Dazu gehörte indessen volkliche Selbstverwaltung innerhalb kleinerer Gebiete, besonders betreffs der Rechtsprechung. Der König war Volksherr und hatte seine Beamten dazu, das Recht des Reiches und sein eigenes Interesse wahrzunehmen, zugleich aber hatte das Volk in den verschiedenen Gegenden seine Thinge und seine Richter. Die Verfassung war demnach gleichzeitig „herrschaftlich“ und „genossenschaftlich“, ersteres betreffs des Reiches und des Staates, letzteres in kleineren Kreisen, den Kommunen nach modernem Sprachgebrauch. Derartiges kam außer bei den Völkern des Nordens nur bei den Angelsachsen vor.

Eine Folge hiervon war, daß es eine doppelte Reihe öffentlicher Funktionen gab, eine volkliche und eine königliche, die erstere nur lokal, die letztere zugleich lokal und für das Reich. Beide Arten führten zur Entstehung einer Klasse von Großen, am frühesten vielleicht die vom Volke bestellten Ämter. Diese aber bildeten nicht wie die Hersen in Norwegen einen Geburtsadel, der seine Würden erblich innehatte. Die schwedischen „Domare“ und „Häradshövdinge“ waren, soweit wir zeitlich zurückschauen können, gleichzeitig vom Volke vorgeschlagene und vom König eingesetzte Richter für das Härad und die Hundertschaft. Der Lagman, der wahrscheinlich kam, nachdem das Kleinkönigtum aufgehoben worden war, wurde für die ganze Landschaft, was der Häradshövding für das Härad war. Seine Funktion, mit allen Freien auf dem Landsthing nicht nur Recht zu sprechen, sondern auch bestehendes Recht zu ändern und neues Recht zu schaffen, war vermutlich ein Erbe aus der Zeit der Gaukönige. Jedenfalls gab erst dieses Amt der von der lokalen Selbstverwaltung herstammenden Aristokratie größere Bedeutung.

Die königlichen Beamten, die andere Art öffentlicher Funktionäre, waren ursprünglich die privaten Diener des Königs. So-

---

[1]) Es sind auch die Westgermanen, die die deutschen Autoren hauptsächlich vor Augen haben, wenn sie Gesellschaft und Staat der Germanen zeichnen und den demokratischen Charakter derselben ausmalen.

lange die Reiche klein waren, nahmen sie wohl auch keine bedeutende Stellung in der Gesellschaft ein. Nachdem aber um die Mitte des 7. Jahrhunderts die vielen Gaue, wie die Sage erzählt, von Ingjald Illråde zum Sveareich vereinigt worden waren, wuchs ihr Einfluß und Ansehen im Verhältnis dazu. Die Gefolgsmannen des Königs über all Svithiod und seine Vertrauensmänner auf dem Lande, die sogenannten Länsmänner und andere, wurden so den Häradshövdingen und Lagmännern gleich und bald sogar höher gestellt. Der königliche Dienst gab auch auf verschiedene Weise Gelegenheit zu Erwerb und Grundbesitz, teils als Lehen, teils als Geschenk, was das Ansehen und die Stellung der königlichen Beamten noch mehr erhöhte. Der Statthalter des Königs (der Jarl) war daher während des frühen Mittelalters der bedeutendste Mann in der Landschaft. Und obwohl die Gesetze (das Bauerngesetz), die sich mit den königlichen Beamten wenig befassen, nicht viel von ihnen sprechen, müssen diese doch recht zahlreich gewesen sein. Das bedeutende Krongut (Upsala öd) und die unzähligen Fälle von Geldstrafen, die dem Könige zufielen, scheinen darauf hinzudeuten.

Auf diese Weise erwuchs eine Klasse weltlicher Großer aus verschiedenen Wurzeln: öffentlichem Dienst, Königsdienst und Volksdienst, sowie privatem Reichtum. Als eine hochgeschätzte Eigenschaft kam hinzu die Geburt, die Herstammung von einem berühmten Manne oder einem in alte Zeiten zurückreichenden Geschlecht. Sie trug mit der Zeit selbst zur Entstehung einer Aristokratie bei, der Natur der Sache nach aber war die Geburt eine sekundäre Ursache höheren Ansehens und höherer Stellung, nicht wie die vorhergenannten ihr primärer Grund. Der verschiedene Ursprung hinderte indessen nicht, daß aus diesen Elementen sich bald eine einheitliche Aristokratie herausbildete, die durch gleichartige Interessen und höhere Lebensstellung sich immer schärfer von dem gemeinen Mann unterschied. Mit dem Eintritt des Lagmans in den während der zweiten Hälfte des 13. Jahrhunderts aufgekommenen Rat des Königs ist diese Verschmelzung zum Abschluß gelangt. Die fortgesetzte Absonderung der Aristokratie von der Masse der Bauern und ihre Umwandlung in einen geschlossenen Stand und einen Adel wird durch die gleichzeitige Umbildung des Kriegswesens zum Reiterdienst vollendet.

Die Umwandlung der Kriegsdienstpflicht in Reiterdienst konnte nämlich nur durch freies Übereinkommen und gegen Entschädigung geschehen. Die Gestellung eines Pferdes nebst Ausrüstung, für die die Betreffenden selbst zu sorgen hatten, verursachte große Kosten und konnte nicht von jedem beliebigen und auch nicht ohne Entschädigung geleistet werden. Letztere geschah hier nicht wie im fränkischen Reiche durch Lehen — wenn auch die Lehnsinhaber, die in späterer Zeit vorhanden waren, regelmäßig Reiterdienst leisten mußten — sondern durch Steuerfreiheit, was alles seine erste rechtliche Regelung durch Magnus Ladulås in der Alsnöer Verordnung vom Jahre 1279 erhielt. Wie natürlich, bedienten sich nicht nur die wenigen Großen, sondern auch die reicheren Bauern — solange das Recht dazu allen offen stand (bis um 1400) — dieses Ausweges, sich von der Steuer an die Krone zu befreien und gleichzeitig das höhere Ansehen zu erwerben, das in den Augen der Zeitgenossen der Reiterdienst verlieh. Und da die Aristokratie hierdurch eine höchst bedeutsame numerische Verstärkung erhielt, so bildete sie bald eine zahlreiche und mächtige Gesellschaftsklasse, die es wohl verstand, während der inneren Streitigkeiten im 14. und 15. Jahrhundert ihre Interessen wahrzunehmen. Die weltliche Aristokratie hatte rechtliche Sanktion erhalten und war ein Adelsstand geworden[1]).

Während die eben angedeutete Entwicklung auf rein einheimischer Grundlage und aus der ursprünglichen Klassengesellschaft her vor sich ging, traten auf Impulse von außen her die beiden Stände, die noch fehlten, hinzu — Geistliche und Bürger.

Priester gab es natürlich schon vorher und in nicht gerade geringer Anzahl. Nie hören wir jedoch von diesen Priestern als einem Stande oder als Leitern des Widerstandes gegen die christliche Mission. Man möchte deshalb versucht sein zu glauben, daß weder Priester noch Religion und Kult eine große Rolle im Leben der alten Schweden gespielt hätten. Aber der starke Wider-

---

[1]) Die von einigen Autoren (H. Hildebrand, Kinch u. a.) vertretene Ansicht, daß die „Hird", den Antrustionen des Fränkischen Reiches entsprechend, den Ursprung des Adels in Schweden wie auch in Dänemark und Norwegen gebildet hätte, ist von anderen (Erslev, Westman u. a.) aus guten Gründen abgelehnt worden. Die Hird hat möglicherweise zur Entstehung einer Aristokratie, gleichwie später zur Einführung des Ritterwesens, beigetragen, nicht aber zur Umwandlung der Aristokratie in einen wirklichen Adel.

stand, der lange Zeit hindurch gegen die Lehre vom „weißen Christus“, nicht so sehr von den Königen wie vom Volke, geleistet wurde, deutet auf nichts weniger als Gleichgültigkeit gegen diese Dinge. Daß wir jedoch so wenig davon erfahren, beruht vermutlich darauf, daß die christlichen Autoren nicht gern davon sprechen wollten[1]). Wie dem auch sei, so dauerte es ungefähr 300 Jahre, bis das schwedische Volk, seit der ersten Verkündigung des Christentums im Lande durch Ansgar im Jahre 830, allgemein die neue Lehre angenommen hatte.

Nachdem dies aber einmal geschehen, wuchs sehr rasch die damit gegebene Institution, die christliche Kirche, sowie der geistliche Stand heran. Durch Geschenke und Vermächtnisse wurde die erstere bald der größte Grundbesitzer des Landes, wahrscheinlich größer sogar als die Krone. Und die Geistlichkeit, die nach verschiedenen vorbereitenden Maßregeln definitiv nach allgemeinkatholischem Vorbild auf der Kirchenversammlung in Skeninge 1248 organisiert wurde, wetteiferte bald mit den weltlichen Großen um die politische Macht. Die Bischöfe wurden die Ersten im Rate des Königs und die selbstverständlichen Sprecher der Aristokratie. Obwohl gering an Zahl — in Schweden mit Finnland gab es nur sieben Bischöfe — bildeten sie sozusagen das Rückgrat der schwedischen Aristokratie während ihres Kampfes gegen die Könige. Als Vertreter der Kirche und über ihre Reichtümer verfügend, nahmen die geistlichen Ratsherren öfters eine stärkere Stellung ein als die anderen. Sicher ist, daß ohne diesen Zuschuß die Aristokratie in Schweden nie so mächtig geworden wäre, wie es der Fall war.

Die Kirche versäumte indessen hierüber nicht ihre eigenen Aufgaben als Pfleger des Kults und Mittler zwischen Gott und den Menschen. Zudem waren die katholischen Geistlichen der gelehrte Stand und zugleich der Lehrstand hier wie anderwärts. Die gesamte Bildung, die jene Zeit besaß, wurde in den Klöstern und an den Domschulen gepflegt und an andere vermittelt.

Der dritte Stand, der Bürgerstand oder, wie er in Schweden genannt wurde, die Handelsstadtleute („köpstadsmännen“), kam mit den Städten. Zwar gab es Handelsleute schon vorher, denn der Handel war seit alters lebhaft. Die Massen von Münzen,

[1]) So erklärte Adam von Bremen (IV, 27), daß die heidnischen Opfergesänge am besten mit Stillschweigen übergangen werden sollen.

die in der schwedischen Erde gefunden worden sind und immer noch gefunden werden, römische, besonders oströmische, kufische, fränkische und angelsächsische, zeugen unzweideutig hiervon. Und wo Handel war, waren auch Händler, obwohl sie oft ebensosehr Wikinger wie Kaufleute waren; von einzelnen unternommene Wikingfahrten bezweckten Handel oder Seeräuberei, je nachdem die Gelegenheit sich darbot. In dem alten Schweden fehlten, wie überhaupt bei den Germanen, Städte. Man hatte nur Thing- und Opferplätze, die zugleich Marktplätze waren. Nach und nach wurden aber gewisse von diesen, wie Birka, Skara, Visby, Linköping u. a., ständige Aufenthaltsorte für Kaufleute, fremde und inländische. Dies ist die Entstehung der schwedischen Städte in älterer Zeit. Während in England und Deutschland die neuen Städte zumeist auf das Gebot und die Anregung eines geistlichen oder weltlichen Schloßherrn zustande gekommen sind, sind die schwedischen von selbst aus Marktplätzen und Faktoreien emporgewachsen, damit das natürliche Wachstum der gesamten schwedischen Ständegesellschaft widerspiegelnd. Das soziale Bedürfnis, in diesem Falle der Handel, führte zur Entstehung ständiger Handelsplätze und Messen, die ihrerseits hinzuströmende Handelsleute veranlaßten, sich dort niederzulassen. Erst danach kam die gesetzliche Organisation und das staatliche Eingreifen.

Die Stadtbevölkerung dürfte lange Zeit ziemlich wechselnd gewesen sein. Das bedeutungsvollste Element darin bildeten die Kaufleute, die nach deutschem und niederländischem Muster frühzeitig sich zu einem festen Kaufmannsstande zusammenschlossen und wahrscheinlich auch zunächst überwiegend Deutsche waren. Wenigstens bestand die Bürgerschaft der schwedischen Städte während des späteren Mittelalters zu großem Teil aus lübischen und aus anderen Handelsstädten übergesiedelten deutschen Kaufleuten. Ein sprechendes Zeugnis hiervon ist die in das Allgemeine Stadtgesetz von 1357 aufgenommene Bestimmung, daß Bürgermeister und Ratsherren zur Hälfte aus Deutschen bestehen sollten, eine Bestimmung, die erst 1471 aufgehoben wurde. — Dann strömten Gewerbetreibende aller Art hinzu, die Bevölkerung vermehrend und einen neuen Stand, den der Handwerker, bildend. Schließlich wurden königliche Vögte und eine geordnete Stadtregierung, gleichfalls nach ausländischen Vorbildern, eingesetzt, und gleichzeitig kamen Kirchenbauten und kirchliche Organisation.

Auf diese Weise wuchsen die schwedischen Städte mit den Gewerben auf, die dort betrieben wurden. Das Bestreben der

Könige, die ersteren zu fördern, führte früh dazu, daß ihnen Monopole auf Schiffahrt, Handel und Handwerk verliehen wurden. Schon das Allgemeine Stadtgesetz bestimmt so, daß aller Kaufhandel in den Städten und nicht auf dem Lande geschehen soll (Köpmannabalken 23). Im nächsten Jahrhundert wurde dieses Monopol auch auf das Handwerk ausgedehnt, das mit geringen Ausnahmen in die Städte verlegt werden mußte. Hierdurch wurden die Stadtbewohner in ihren verschiedenen Elementen, Kaufleuten und Handwerkern, von den Bauern gesondert und bildeten nun einen besonderen Stand, privilegiert sowohl durch die genannten Monopole als auch auf andere Weise und vor allem ausgestattet mit eigenem Recht. Die Städte standen jedoch in Schweden nicht wie vielfach anderwärts außerhalb oder neben der allgemeinen Verwaltung. Sie unterstanden unbedingt der Krone und hatten alle königlichen Freibrief, obwohl sie, wie gesagt, nicht von den Königen oder jemand anders angelegt worden waren. Gründung neuer Städte durch die Könige kam in Schweden erst vom 17. Jahrhundert an vor.

Die Entstehung der drei höheren Stände, Adel, Geistliche und Bürger, war hiermit zum Abschluß gebracht. Die Ständegesellschaft, seit alters nach unten hin betreffs der niedrigsten Volkselemente ausgebaut, war nun auch nach oben hin betreffs der höchsten vollendet. Diese soziale Differenzierung mußte notwendigerweise auf die große dazwischenliegende Masse, die Grundmasse des Volkes, die freien Bauern, herabdrückend wirken. In dem Maße, wie neue höhere Stände emporstiegen, sanken die letzteren von ihrer Stellung der Ebenbürtigkeit, die sie zuvor innegehabt hatten, herab. Zwar bestand gesetzlich das Recht für jeden Bauern fort, durch Rustdienst sich und sein Eigentum steuerfrei zu machen und so Edelmann („frälseman“) zu werden, tatsächlich aber konnte sich nur eine immer geringere Anzahl dieses Rechtes bedienen, und gegen Ende des Mittelalters wurde dieser Ausweg, wie oben bemerkt, verschlossen. Hierzu kam die allgemeine Gewalttätigkeit jener Zeit. Die Staatsgewalt sank in dem Maße, wie die Verfassung mit der Einführung des Wahlkönigtums einen mehr aristokratischen Charakter annahm.

Das Wahlkönigtum, das hier wie überall den Sieg der Aristokratie über das Königtum bezeichnete, gelangte nach dem Erlöschen des alten Königsgeschlechtes (um 1060) zur Ausbildung, während der 200jährigen inneren Streitigkeiten, die darauf folgten, und in denen außer dem Christentum die Rivalität der Landschaften und der Kampf von Königsgeschlechtern und Großen um die Macht die treibenden Kräfte waren. Währenddem wandelte sich die primitive schwedische Klassengesellschaft in eine mittelalterliche aristokratische Ständegesellschaft um. Hierbei ging das Faustrecht oft vor Gesetz und Recht, worunter vor allem die Geringeren in der Gesellschaft zu leiden hatten, während die mächtige geistliche und weltliche Aristokratie nach fremden Vorbildern und gestützt durch ausländische Könige dem Volke gegenüber feudale Grundsätze anzuwenden versuchten. Durch den Bauernaufstand zur Zeit Erichs von Pommern 1436 unter Engelbrekt wurden für alle Zeiten diese Anschläge gegen die Freiheit des schwedischen Bauern abgewiesen. Aber, gedrückt durch Steuern und Lasten und außerhalb der höheren Kultur stehend, die in den drei höheren Ständen aufblühte, wurden die Bauern zu einem „niederen" Stande, geschieden von den anderen durch bürgerliches wie durch öffentliches Recht.

Denn das ist das Endresultat der Ständebildung hier wie überall. Nachdem zuerst nur die Sklaven unter besonderes Gesetz gestellt worden waren und nach ihnen die minderwertigen Volkselemente unter den Freien, haben nun alle sozialen Gruppen ihre rechtliche Stellung fixiert erhalten. Zu unterst stehen wie vorher die eigentumslosen dienenden Klassen, nachdem die Sklaverei während der ersten Hälfte des 14. Jahrhunderts endgültig abgeschafft worden, eine ziemlich gleichartige Masse, in der Pachtbauern und Kötner die rechtlich Bestgestellten ausmachen. Darüber befinden sich die auf eigener Scholle sitzenden Bauern, ohne politischen Einfluß, außer in Zeiten des Aufstands, und mit ihrem im Allgemeinen Gesetz gegebenen Recht („Allmänna Landslagen" von 1347/52). Höher auf der sozialen Stufenleiter stehen die Einwohner der Städte, die ihr besonderes Recht im Stadtgesetz aus eben derselben Zeit erhalten haben. Der Adel hat nebst den höheren Prälaten die politische Macht in Händen, und in königlichen Briefen und Verordnungen, erlassen auf den Herrentagen, sind sein Recht neben dem Allgemeinen Gesetz und seine weitgehenden Privilegien festgestellt. Die Geistlichkeit endlich, gleichfalls mit großen Privilegien gesegnet, hat in dem kanonischen Recht (seit 1248) ihr besonderes Gesetz.

So ist die soziale Organisation in Schweden in öffentlichem und privatem Recht sanktioniert und die schwedische Gesellschaft zu einer Ständegesellschaft geworden, aber ohne die allgemeine Unfreiheit des Feudalismus oder die scharfen Standesunterschiede der auf Eroberung gegründeten Ständegesellschaften. Ein bemerkenswerter Beweis hierfür ist, daß die schwedischen Gesetze nicht verschiedenes Wergeld für Freigeborene in verschiedener Stellung kennen, wie das sonst überall gewöhnlich war, auch in Norwegen, wie wir gesehen (S. 86), dagegen nicht in Dänemark, welches Land jedoch später der allgemeineuropäischen Entwicklung ziemlich treu folgte. Dieser Umstand ist für die alte schwedische Gesellschaft in hohem Grade charakteristisch[1]). Er beweist, daß die Ständebildung hier ohne Eroberung vor sich gegangen ist, nur durch natürliches Wachstum aus der primitiven Klassengesellschaft heraus, zwar nicht ohne Zuschuß fremder Elemente, aber nur auf friedlichem Wege. Die schwedische Ständegesellschaft ist in der Hinsicht, gleichwie bezüglich der folgenden Entwicklung, einzig dastehend und in ihrer Art typisch.

Der Ständestaat, der auch hier erwuchs, hatte somit einen ganz anderen Charakter als der im übrigen Europa entstandene. Man sieht es am besten daraus, daß — in dem während des 15. Jahrhunderts hervortretenden Reichstage — die Bauern ein Reichsstand neben den drei höheren Ständen wurden. Man ersieht es auch aus der sozialen Umwälzung, die die große Reduktion von 1680 mit sich brachte. Diese Reduktion, die dem Adel einen großen Teil der Reichtümer, die er von der Krone als Lehen und Pfand erhalten hatte, wieder entzog, leitete die Umwandlung der Ständegesellschaft in eine moderne Klassengesellschaft früher in Schweden ein als in irgendeinem anderen Lande — außer Italien während seiner Freistaatenzeit.

---

[1]) Daß die schwedischen Gesetze ein niedrigeres Wergeld für Sklaven und Freigelassene wie auch für Ausländer, ausgenommen für ausländische Geistliche (Älteres Västgötagesetz Md. 5) festsetzen, ist ganz natürlich und zeigt nur, daß man das Institut verschiedener Wergelder wohl kannte, es aber nicht auf eigene Freigeborene höheren und niedrigeren Standes anwandte.

Die sogenannte „Þukkabot", deren Ursprung in dem Königsfrieden bei „ledung", d. h. Seekriegsfahrt, zu suchen sein dürfte, und die nach der Würde des Hausherrn, nicht der des Beleidigten, wechselt, hat nichts mit der hier berührten Frage zu schaffen.

II.

Die abwärtsgehende Bewegung innerhalb des Klassenwesens. Minderung der sozialen Unterschiede und Umwandlung der Stände in neuen Klassen.

Die neue Klassengesellschaft in der Antike und ihr Rückgang.

Kapitel VIII.
Die treibenden Kräfte der Umwandlung.

Das Vorkommen einer abwärtsgehenden Bewegung innerhalb des Klassenwesens. Die Organisation der Gesellschaft in Klassen und Stände und die Entwicklung der Kultur gehen lange Hand in Hand miteinander. Die beiden Erscheinungen wachsen während der Jugend und des Mittelalters der Völker parallel und in ständiger Wechselwirkung. Dann aber geschieht es in gewissen Fällen, wie oben bereits erwähnt worden, daß die beiden Kurven, des Klassenwesens und der Kultur, nicht weiter zusammengehen. Die eine, die der Kultur, steigt ununterbrochen und in immer rascherem Tempo, während die andere nicht nur stehen bleibt, sondern sogar zu sinken beginnt. Die sozialen Unterschiede nehmen nicht mehr zu. Sie beginnen im Gegenteil sich auszugleichen und geringer zu werden, während die Kultur ununterbrochen wächst. Auch in diesem Falle herrscht ein enger Zusammenhang zwischen den beiden Erscheinungen. Die Divergenz, die den Parallelismus abgelöst hat, bezeichnet ein Funktionsverhältnis ebensowohl wie dieser. Die Erklärung hierfür liegt in der Kulturarbeit und ihren zwei Richtungen, wie wir sogleich sehen werden. Die abwärtsgehende Bewegung bildet nur die zweite große Periode in der Geschichte des Klassenwesens und in der sozialen Organisation der Gesellschaft.

Aber gleichwie die aufsteigende Bewegung innerhalb des Klassenwesens nicht universell war, sondern sich auf die eigentlichen Kulturvölker beschränkte, so noch mehr die absteigende, die lediglich auf einen Teil der letzteren beschränkt ist. Es ist nur eine geringe Anzahl von Völkern und Kulturen, bei denen sie vorkommt und bei denen das Klassenwesen also alle Stufen seiner Entwicklung durchläuft. Die großen Kulturen des Altertums, die Kulturen Ägyptens, Babylons und seiner Erben, Assyriens und Persiens, gleichwie die Völker und Staaten Zentralamerikas gelangten nie über die Ständegesellschaft hinaus. Das Indien von heute befindet sich auf demselben Punkte in der Sackgasse der Kastengesellschaft. Hauptsächlich in drei Kulturkreisen ist die Entwicklung weitergegangen, in dem griechisch-römischen, dem späteren europäischen und dem chinesisch-japanischen. Nur bei Völkern, die diesen Kulturkreisen angehören, und auch nicht bei allen, ist die aufsteigende Bewegung innerhalb des Klassenwesens, nach einem längeren oder kürzeren Stillstand in der Ständegesellschaft, in eine absteigende umgeschlagen, die zu der Gesellschaft der Hochkultur, in der Antike wie jetzt, gelangt ist. Das Endresultat, eine neue Klassengesellschaft, kommt indessen auch in der mohammedanischen Welt vor, meistens aber ohne vorhergehende klare Ständebildung, hervorgegangen direkt aus der primitiven Klassengesellschaft, der Stammesverfassung. Die Klassenverhältnisse des Kalifats weisen daher, sogar wenn sie von älteren Ständegesellschaften her übernommen worden sind, eine Mischung von Altem und Neuem auf, wie sie kaum anderwärts vorkommt. Auch haben die Völker des Islam nicht oder nur auf kurze Zeit die Hochkultur erreicht, die die vollentwickelte neue Klassengesellschaft begleitet.

Gemeinsam für die antike Klassengesellschaft, die griechisch-römische, wie auch für die chinesische und mohammedanische, ist, daß die absteigende Bewegung sich nicht auf alle Stände erstreckt hat. Denn die Sklaverei, die größte aller sozialen Unterschiede, bestand in den Klassengesellschaften des Altertums fort und hat, obwohl in beschränktem Umfange, bis in die jüngste Zeit in China und den mohammedanischen Reichen bestanden. Daß sie in den letzteren nun als aufgehoben anzusehen sein dürfte, ist auch mehr eine Folge äußeren, europäischen Einflusses, als eigener innerer Entwicklung. Jedenfalls ist die Sklaverei hier nicht mehr die Grundlage, auf die die übrige Gesellschaft aufgebaut ist, wie es der Fall in Griechenland und Rom war. Die antiken Klassengesellschaften blieben in diesem wichtigen Punkte Ständegesellschaften während ihres ganzen Daseins. Erst in der modernen europäischen Klassengesellschaft hat die soziale Entwicklung ihre höchste Form erreicht, indem hier alle Stände davon berührt worden sind und am meisten die niedrigsten, die Sklaven und die Leibeigenen. Wie die europäischen Völker auf dem religiösen Gebiet die höchste Stufe menschlicher Entwicklung bisher erreicht haben, so auch auf dem sozialen.

Aber der Weg dahin war nicht eben und gerade. Die antike Klassengesellschaft und die moderne sind — um einen geologischen Ausdruck zu gebrauchen — durch eine Verwerfung voneinander getrennt, die einen Bruch in der geraden Linie bezeichnet. Gegen das Ende der Antike trat nämlich ein Rückschlag ein, der auf ein Jahrtausend die Entwicklung hemmte. Die abwärtsgehende Bewegung innerhalb des Klassenwesens schlug um in eine aufwärtsgehende während des späteren römischen Kaisertums und des folgenden Mittelalters, das damit zu einem neuen Barbareistadium eigentümlicher Art zurückkehrte. Der Zusammenhang zwischen Kultur und Klassenwesen zeigte sich somit auch in diesem Falle, obwohl auf umgekehrte Weise. Die Kultur sank, während die Klassenunterschiede dagegen stiegen.

Wie dieser Bruch in der Entwicklung zustande kam, werden wir später darzulegen versuchen. Hier gilt es, die absteigende Bewegung überhaupt zu beleuchten und zu erklären, wie sie die Umwandlung der Stände in Klassen und die Entstehung der neuen Klassengesellschaft das erste Mal bei den Völkern der Antike, das andere Mal bei den jetzt lebenden Kulturvölkern veranlaßt hat. Wie verschieden diese beiden Auflagen der fraglichen Gesellschaft, die antike und die moderne, in vielen Beziehungen auch sind — und der größte Unterschied, die Sklaverei, ist bereits angegeben — so sind die Ähnlichkeiten und Übereinstimmungen doch noch größer. Und noch mehr gilt dies für die abwärtsgehende Bewegung selbst und die darin wirksamen Kräfte. Natürlich herrschen auch betreffs dieser gewisse Verschiedenheiten zwischen dem Altertum und der Neuzeit, aber diese sind nicht so groß, daß nicht eine Übersicht über die genannten Kräfte, gleichzeitig auf die antike und die moderne Klassengesellschaft bezugnehmend, gegeben werden kann und muß. Wenn wir zur Darstellung der Klassengesellschaft unserer Zeit kommen, werden wir den Varianten, die dabei vorkommen, besondere Aufmerksamkeit widmen[1]).

[1]) Siehe hierzu das Vorwort oben.

Bevor wir aber zu der Darstellung der einzelnen Kräfte, die je auf ihre Weise bei der abwärtsgehenden Bewegung wirksam gewesen sind, politische, wirtschaftliche und psychologische, übergehen, müssen wir versuchen, die innerste Ursache sowohl dieser Bewegung wie der vorausgehenden entgegengesetzten klarzulegen. Denn wie verschieden diese Bewegungen innerhalb des Klassenwesens sowohl nach Verlauf und Resultat als auch bezüglich der treibenden Kräfte sind, so sind sie doch gleich diesem selbst eine einheitliche Erscheinung. Und das einigende Band, haben wir gesehen, ist die Kultur, welche die eine Bewegung ebensowohl wie die andere fordert, um sich zu entwickeln und ein Maximum zu erreichen. Die Kultur ist selbst der letzte Grund sowohl für die Entstehung von Klassen und Ständen wie auch für ihren späteren Abbau. Wie man aber dies erklären soll, ist nicht ebenso offenbar. Wir werden im nächsten Abschnitt versuchen, diese Frage zu beantworten.

* * *

Die zwei Richtungen der Kulturarbeit. Der menschliche Fortschritt oder die Kultur ist letzthin ein Werk zweier psychischer Kräfte, des Wissensdranges und des Verlangens nach Glück oder des Bestrebens, seine Stellung zu verbessern. Diese Triebe, die allerdings in ungeheuer verschiedenem Maße bei verschiedenen Individuen und bei verschiedenen Rassen vorkommen, spiegeln sich auf eine merkwürdige Weise in dem inneren Bau der Kultur oder in dem, was wir „Technik der Kulturarbeit“ nennen möchten, wider. Die Kultur wächst nämlich und muß wachsen in zwei Richtungen. Die Kulturarbeit hat daher zwei Richtlinien, eine *aufwärts* zu höherer Vervollkommnung dieser Arbeit selbst und ihrer Resultate, und eine *nach außen hin* zur Ausbreitung ihrer Früchte unter den Menschen.

Diese zwei Richtungen innerhalb der Kulturarbeit, ohne welche eine fortgesetzte Entwicklung auf die Dauer nicht möglich ist, enthalten die Erklärung für die bemerkenswerte Doppelseitigkeit, die wir in der Geschichte des Klassenwesens beobachten, und die wir als „die aufwärtsgehende“ und „die abwärtsgehende Bewegung“ bezeichnet haben. Der seltsame Bruch im Verlauf der sozialen Kurve, den wir konstatieren können, ist kein Zufall, auch nicht ein Werk menschlicher Bestrebungen, sondern in den Forderungen der Kulturarbeit begründet. Wir haben auf diese Forderungen bei der aufwärtsgehenden Bewegung nicht aufmerksam zu machen brauchen, denn die Bewegungsrichtung der Kultur und des Klassenwesens war da dieselbe. Beide gingen in die Höhe. Wenn sie dagegen zu divergieren beginnen, ist es nötig, in Kürze die obenerwähnte Technik der Kulturarbeit und ihre Bedeutung besonders für die abwärtsgehende Bewegung, mit der wir uns hiernach beschäftigen werden, zu beleuchten.

Um dies gleichwie die genannten zwei Richtungen selbst zu veranschaulichen, kann man von der allgemeinen philosophischen Frage nach dem Zweck und Sinn der menschlichen Kultur oder, genauer bestimmt, nach der Aufgabe der Kulturarbeit ausgehen.

Sieht man von der Religion und ihrer Bedeutung für die Kultur ab, so ist diese, wie oben gesagt wurde, ihrem Wesen nach zu innerst Wissen, Einsicht, sei es, daß die Einsicht in innerer Erkenntnis mit dadurch bedingtem Können besteht, oder daß sie in äußeren Dingen, Kapital und Einrichtungen, Sitten und Gesetzen, verkörpert worden ist. Aber das Wissen kann teils als Selbstzweck verstanden werden und wird dann um seiner selbst willen gesucht, teils als Mittel zur Macht über die Natur und bezweckt dann, den Menschen das größtmögliche Glück zu verschaffen oder, vielleicht richtiger, sie in möglichstem Maße von Leiden zu befreien — denn zweifelhaft kann es sein, ob der zivilisierte Mensch größeres positives Glück empfindet, als wie es jeder beliebige Wilde erfahren kann. Diese verschiedenen Gesichtspunkte deuten indessen die zwei Richtungen der Kulturarbeit an: einerseits die höchstmögliche Vervollkommnung der Arbeit selbst und seines Resultats zu erreichen und andererseits die Früchte der Kultur einer größtmöglichen Anzahl von Menschen zugänglich zu machen.

Man findet diese beiden Richtungen oder Tendenzen am deutlichsten bei den einzelnen im Dienste der Kultur Arbeitenden und bei den Absichten, die sie beseelen, wieder. Während der eine nach Wissen hauptsächlich um des Wissens selbst willen, aus theoretischem Interesse also, strebt, erblickt der andere darin nur ein Mittel, gewisse praktische Zwecke zu verwirklichen. Dieselben Tendenzen geben sich in der Arbeit und Entwicklung der Menschheit kund. Der tiefste Sinn der Kultur ist eine Zusammenfassung beider; und stets sind sie gleichzeitig gegenwärtig. Aber im Laufe der Entwicklung in der Geschichte treten die verschiedenen Tendenzen verschieden stark hervor, sodaß während einer Periode die eine, während einer anderen die andere vorherrscht. So kommt es, daß die Kulturarbeit während langer Zeiten überwiegend nach

Konzentration und Vervollkommnung, während anderer Zeiten mehr nach Ausbreitung strebt. Die ganze innere Geschichte der Kulturvölker erhält ihr Gepräge durch diese entgegengesetzten Bewegungen in der Kulturarbeit, nach der Höhe und nach der Breite zu, sowie durch ihre rhythmische Abwechslung und ihren gegenseitigen Wettstreit.

Die ersten Kulturgaben, wie die Kunst, Feuer zu machen, Waffen, Kleider usw. anzufertigen und Haustiere zu halten, wurden sicherlich sofort Gemeingut aller, denn alle brauchten sie, um zu leben und ein jeder konnte ohne Schwierigkeit den Gebrauch dieser Gaben erlernen. Anders stellte es sich mit den darauffolgenden Kulturfortschritten, und zwar um so mehr, je weiter sie gelangten. Sie waren nicht so unerläßlich für den Lebensunterhalt und nicht ebenso leicht zu erlernen. Die Arbeit zu ihrer Erzeugung war eine qualifizierte Arbeit, die nicht jeder beliebige ausführen konnte, ob es sich nun darum handelte, Krankheiten zu heilen und den Gang der Sterne zu studieren oder Gesetze zu geben und im Krieg anzuführen. Und in vielen Fällen war das Resultat der Arbeit eine Einsicht, die die Menge nicht verstand oder um die sie sich wenig bekümmerte, und die daher bald verloren gegangen sein würde, hätten sich nicht besonders Begabte ihrer angenommen. Zu einer Zeit, wo der angesammelte Wissensschatz so klein und das Interesse dafür unter den Menschen so gering war, mußte daher seine Bewahrung und seine Bereicherung mit neuen Einsichten und neuen Fertigkeiten die hauptsächliche, um nicht zu sagen einzige Aufgabe der Kulturarbeit sein. — Auch im weiteren Verlaufe der Entwicklung bleibt diese Aufgabe die wichtigste, die nie versäumt werden darf, wenn nicht die Kultur stillstehen oder zurückgehen soll.

Aber diese aufwärtsstrebende Richtung innerhalb der Kulturarbeit verlangt eine Ergänzung in der Ausbreitung der Kultur unter dem gesamten Volke, und dies um so mehr, je höher hinauf sie führt. Die menschliche Kultur gleicht einer Pyramide. Sie kann nicht ununterbrochen in die Höhe gebaut werden ohne entsprechende Verbreiterung der Basis. Und dies aus zwei Gründen. Diejenigen, die direkt im Dienste der Kultur arbeiten, sind selbst Kinder ihrer Zeit, wie sehr sie sich auch über die Menge erheben mögen. Bleibt diese auf einem niederen Standpunkt mit nur primitiven Bedürfnissen und Anschauungen stehen, so wirkt sie unwillkürlich auf die ersteren zurück, bindet deren eigene Auffassung und hemmt die Fortschritte. Aber die Masse des Volkes und ihre

Kultur bilden nicht nur die intellektuelle und moralische Unterlage für die Kulturarbeit. Sie liefern auch die ökonomische Grundlage, auf der diese Arbeit ruht, und ohne die sie über eine recht enge Grenze hinaus unmöglich sein würde. Jeder höhere Fortschritt der Kultur erfordert eine entsprechende Steigerung der ökonomischen Arbeit und ihres Ertrages. Eine solche ist nicht ohne Teilnahme der Masse an den Gaben der Kultur zu erlangen. Daher muß, schon um ihres eigenen Fortganges willen, die Arbeit aufwärts begleitet sein von einer Arbeit nach außen hin, zur Ausbreitung der Kultur. Diese letztere Bewegung tritt stärker erst in einem verhältnismäßig späten Stadium, nämlich gegen das Ende des Mittelalters der Völker hervor, wenn die Kultur sich schon gefestigt hat und ihre Gaben auf allen Gebieten stark gewachsen sind. Sie stößt dann auf das Bestreben der Masse, Teil an diesen Gaben zu erhalten. Und dann beginnt die Entwicklung in die Breite zu gehen gleichzeitig mit ihrem Gange aufwärts, bis die Volksaufklärung und die Teilnahme aller an den Fortschritten die wichtigste Kulturaufgabe zu sein scheint. Das größtmögliche Glück für die größtmögliche Anzahl — so lautet nun die Losung des Tages. Der Pendel des großen Uhrwerks der Kulturarbeit ist nach der entgegengesetzten Seite hinübergeschlagen.

Glücklicherweise sind Staatswesen sowie Wissenschaft und Kunst gleichzeitig selbständige Mächte geworden, die die Kulturarbeit um ihrer selbst willen, trotz der allgemeinen Zeitrichtung, in Gang erhalten. Die Kultur wächst so in unserer Zeit bei den Völkern der weißen Rasse sowohl in die Höhe wie in die Breite und dürfte so fortfahren — sofern nicht die Ungeduld der Massen, vorzeitig ihre Früchte zu pflücken, dieses Wachstum hemmen wird. Der Sozialismus (Kommunismus), der extremste Ausdruck dieser Zeitrichtung, birgt in dieser Hinsicht eine nicht geringe Gefahr in sich — für den Augenblick größer als die Verheerungen des noch nicht beendeten Weltkrieges.

Es ist ohne weiteres klar, daß die eben angedeuteten Tendenzen der Kulturarbeit mächtig auf die s o z i a l e n U n t e r s c h i e d e einwirken mußten, und zwar nicht nur in den ersten Tagen der Ständebildung, sondern auch weiterhin, wenn auch auf verschiedene Weise während der verschiedenen Perioden. Solange Geistlichkeit und Adel die einzigen Träger des Kulturerbes waren, mußten sie, in demselben Maße wie dieses wuchs, sich über die

Masse des Volks erheben. Die Ehrfurcht, die der Mensch stets der höheren Einsicht entgegenbringt, wurde ihnen immer reichlicher zuteil. Und mit dem höheren Ansehen Hand in Hand gingen Macht und Reichtum; die Anhäufung der einen Art von Kulturgaben, Kenntnis und Geschicklichkeit, brachte auch die Anhäufung aller äußeren Vergünstigungen mit sich. Die sozialen Unterschiede nicht nur zwischen Freien und Unfreien, sondern auch unter den Freien selbst erfuhren hierbei eine ununterbrochene Steigerung. Die primitiven Klassen wurden durch rechtliche und religiöse Bande befestigt, und so entstanden Kasten und Stände. Dies war gleichzeitig die Wirkung und die Voraussetzung der Kultur.

Viele Völker sind in kultureller Entwicklung und sozialer Organisation nie weiter gelangt und dürften auch dem Anschein nach nicht weiter gelangen. Sie sind bei der Kasten- und Ständegesellschaft stehen geblieben. Nur ein paar von den Völkern der gelben Rasse (Chinesen und Japaner) sowie die weiße Rasse sind weiter gegangen. Sie haben sich nicht damit begnügt, die von den Vätern ererbten Schätze zu bewahren, sondern ihr ständiges Streben ist darauf gerichtet gewesen, sie zu vermehren. Aber dies ist, wie erwähnt, über ein gewisses Maß hinaus nicht möglich, ohne sie allen zugänglich zu machen und damit den Beifall und die Mitwirkung aller zu gewinnen. Hieraus folgt die abwärtsgehende Bewegung des Standeswesens bei diesen Völkern. Die Ausbreitung der Kulturgaben in den niederen Schichten des Volks muß nämlich diese emporheben und so die Abstände innerhalb der Gesellschaft vermindern. Die Kulturarbeit, die zuerst die sozialen Unterschiede hervorgerufen hat, führt nun zu ihrer Beschränkung. Die rechtlichen Schranken müssen daher fallen, und die zuvor ausschließenden Privilegien werden allen zugänglich. Die Stände wandeln sich um in neue Klassen, die Ständegesellschaft in die moderne Klassengesellschaft.

So zeigt sich hier wieder der enge Zusammenhang zwischen Kultur und Ständewesen.

Indessen sei daran erinnert, daß bisweilen Ausnahmen von dem eben beschriebenen Zusammenhange zwischen abnehmenden Ständeunterschieden und aufsteigender Kultur vorkommen können. Es hat Fälle gegeben, wo eine Ausgleichung betreffs der höheren Stände stattgefunden hat, ohne daß dies die Ausbreitung der Kulturgaben nach den niederen Schichten des Volkes hin mit sich gebracht hat. So sind der Adel und andere höhere Stände unter inneren Kämpfen oder durch siegreichen Einfall fremder Völker nicht selten ausgerottet oder herabgedrückt worden, ohne daß dies zu etwas anderem als allgemeinem Verfall geführt hat. Ein naheliegendes Beispiel für den ersteren Fall liefert die Geschichte Norwegens während des Mittelalters, wo sowohl der alte Herseadel als auch die spätere Lendermanna-Aristokratie während der ständigen Thronstreitigkeiten ausstarb mit der Folge, daß Norwegen auf 400 Jahre hin seine Stellung als selbständiges Reich verlor. Ein anderer, unendlich verhängnisvollerer Fall war die Eroberung des vorderen Orients und Konstantinopels durch Araber und Türken, wobei die höheren Stände, Adel und Beamte sowie Priester, christliche und parsische, herabgedrückt wurden und eine allgemeine Ständeausgleichung eintrat. Aber diese Ständeausgleichung war nicht begleitet von einer Ausbreitung der Kultur in den niederen Ständen, sondern nur von ihrem Rückgang in diesen Ländern[1]).

Die höheren Stände sind die Träger der Kultur. Werden diese ausgerottet oder unterdrückt, ohne daß neue binnen kurzem aufwachsen, so wird der Bestand des Staates gefährdet und die Kultur sinkt. Auch in diesen Fällen also, obwohl auf umgekehrte Weise, offenbart sich der intime Zusammenhang zwischen Ständewesen und Kultur. Ohne Ständedifferenzierung und höhere Stände keine höhere Kultur und kein Fortschritt. Wenn daher in unseren Tagen der marxistische Sozialismus und der russische Bolschewismus durch die Ausrottung der höheren Klassen die Kultur zu fördern glauben, so ist das ein schwerer Irrtum, wie sie es selbst und die ganze europäische Menschheit, wenn ihr Vorhaben gelingen sollte, sicherlich bitter erfahren werden. Die klassenlose Gesellschaft ist eine unhistorische Phantasie, erdichtet ohne Rücksicht auf die Gesetze, die für die Kulturarbeit herrschen, daher aber gefährlich wie eine Geisteskrankheit.

Von diesen allgemeinen Betrachtungen über das, was wir die Technik der Kulturarbeit oder die zwei Richtlinien der Kultur

---

[1]) Die Ursache des Verfalls des iranischen Volkes war nicht die neue Religion, sagt zweifellos richtig ein dänischer Autor, sondern „la démocratisation qu'amenait l'islamisme — les classes nobles se perdaient peu à peu dans les autres couches de la population et les qualités qui les avaient caractérisées s'effaçaient" (Arthur Christensen, L'Empire des Sassanides, 1907, D. kgl. Danske Videnskabernes Selskabs Skrifter, 7 Række, Hist. o. Filos. Avd. I, 1, S. 110).

und ihren Reflex in den zwei entgegengesetzten Bewegungen des Klassenwesens genannt haben, gehen wir nun dazu über, die besonderen Kräfte ins Auge zu fassen, die bei der letzteren dieser Bewegungen, der abwärtsgehenden, wirksam gewesen sind. Während die oben erwähnten (S. 194) großen Triebkräfte im Verborgenen, und ohne daß die Menschen eine Ahnung davon haben, wirken, arbeiten die, welche wir nun kennen lernen werden, im Lichte des Tages und mehr oder weniger bewußt seitens der Mitwirkenden. Diese Kräfte sind viele und sehr verschiedenartige. Wir können hier, wie da es galt, die bei der Entstehung der Stände wirksamen Kräfte zu beschreiben, nur die wichtigsten und auch sie nur summarisch erwähnen.

* *
*

Das Königtum und die Stände. Als wichtigste der äußeren Mächte, die zur Umwandlung der Ständegesellschaft in eine neue Klassengesellschaft beigetragen haben, ist wohl das Bestreben der Könige zu erwähnen, ihre Machtbefugnis zu erweitern und der Staatsgewalt Geltung zu verschaffen.

Das Königtum entsteht, indem es einem der Stammeshäuptlinge als Heerführer oder als Oberpriester gelingt, sich über die anderen zu erheben, und er als höchster Leiter des Volkes anerkannt wird. Bisweilen kann dies so gründlich geschehen, daß es nie zur Herausbildung eines Adels kommt und die Gesellschaft auf dem Standpunkt des Stammeslebens stehen bleibt — so in vielen älteren und neueren Negerdespotien. Gewöhnlicher ist es, daß die Häuptlinge und die Beamten ein erblicher Adel werden, der neben den Priestern ein starkes Ständewesen bildet. In vielen Fällen verträgt sich dies vortrefflich mit einer despotischen Königsmacht, wie alle die großen orientalischen Reiche dartun. Die Entwicklung bleibt dann bei dieser Staats- und Gesellschaftsform stehen und gelangt nie darüber hinaus. In anderen Fällen dagegen, besonders wenn die Reiche klein sind, wird die Königsmacht durch den aufstrebenden Adel eingeschränkt, falls sie nicht geradezu aufgehoben wird. Denn hier herrscht zwischen der Königsmacht und dem Adel von Beginn an eine verborgene oder offene Feindschaft. Ob nun aber das Königtum, wie in Griechenland und Rom, besiegt und ganz abgeschafft wird oder, wie während des europäischen Mittelalters, mit stark beschränkter Macht fortlebt, so hat es und seine Idee doch mächtig die Adelsherrschaft untergraben und dadurch die abwärtsgehende Bewegung des Ständewesens eingeleitet.

In Griechenland geschah dies beim Übergang vom Mittelalter durch die allgemein auftretende Tyrannis. Es gab wohl keine bedeutendere Stadt im alten Griechenland, in der nicht wenigstens einige Zeit eine Monarchie dieser Form geherrscht hätte. Aber diese neue Monarchie ist ganz verschieden von dem alten Volkskönigtum, das noch in den homerischen Gesängen fortlebt, und hat keinen geschichtlichen Zusammenhang damit. Die Tyrannis entstand durch Usurpation und entbehrte des Kennzeichens der Legitimität. Sie war ganz und gar eine persönliche Herrschaft und wird daher treffend durch Aristoteles' bekannte Definition als eine Monarchie mit dem Wohle des Monarchen als Ziel charakterisiert. Dies hinderte aber nicht, daß die Tyrannis eine große geschichtliche Mission gehabt hat außer der, welche die Förderung von Kunst und Wissenschaft bedeutete, und womit die meisten Tyrannen sich und ihrer Herrschaft Anerkennung zu erwerben suchten.

Die Tyrannis entstand als Folge von Ständekämpfen, wenn auch um den Vorrang streitende Adelsgeschlechter die eigentlichen Handelnden dabei waren. Vor allem aber hat sie mächtig in die soziale Entwicklung eingegriffen, indem sie die Macht des Adels gebrochen hat. Was Solon in Athen tat, ohne sich zum Tyrannen zu erheben, nach ihm aber von Peisistratos befestigt wurde, vollführten die Tyrannen allerwärts, wenn auch in anderen Formen und mit geringerem Glück. Die Tyrannis hat überall die mittelalterliche Aristokratie in Griechenland vernichtet und damit der Umwandlung der Stände in Klassen den Weg gebahnt. Es wird daher, obwohl die Tyrannen gewöhnlich von Adligen gestürzt werden, nach ihrem Fall gleichwohl nicht die alte Adelsherrschaft wiederhergestellt, sondern es wird eine gemäßigte bürgerliche Verfassung eingeführt als Übergangsform zur reinen Demokratie. Mit der Ständegesellschaft ist es indessen zu Ende. Die abwärtsgehende Bewegung in der sozialen Organisation der Gesellschaft ist in Gang gekommen und läßt sich nicht mehr aufhalten. Dies ist die bleibende Frucht der Tyrannisepisode in Griechenland während der älteren Zeit. Später erstand die Tyrannis wieder als eine Folge der Klassenkämpfe während der Zeit des Niedergangs, aber nicht als ein Glied der Entwicklung, sondern als ein Zeichen des Verfalls. — In Rom schlug die Entwicklung andere Bahnen ein, aber das Königtum hat auch hier mächtig zur Ausgleichung der Stände beigetragen, besonders unter den Tarquiniern, die die handel- und gewerbetreibenden Klassen begünstigt zu haben scheinen; und später durch seine Idee, die als ein warnendes Gespenst die Patrizier dazu bewog, in den darauffolgenden Ständekämpfen rechtzeitig nachzugeben.

Während der späteren europäischen Entwicklung hat das Königtum eine nicht minder bedeutende Rolle bei der Umwandlung der Ständegesellschaft in eine Klassengesellschaft gespielt. Ebenso in China und noch mehr in der mohammedanischen Welt, wo die Alleinherrschaft theokratischen Charakters von Anfang an die herrschende Staatsform gewesen ist, läßt sich die gleiche Beobachtung machen, obwohl das Ständewesen hier nie dieselbe Ausbildung wie in Europa erreicht hat. Zeitweise haben wohl die Beamten eine Art Feudalsystem einzuführen versucht, bald aber ist alles zu dem patriarchalischen und theokratischen Despotismus zurückgekehrt, zu dem die Lehren Konfutses und Mohammeds einluden, vor denen alle gleich sind. Die gleiche Unterordnung der Untertanen unter den unumschränkten Herrscher hat die Entstehung eines wirklichen Adels wie die einer selbständigen Priesterschaft verhindert und überhaupt die volle Entwicklung des Klassenwesens gehemmt. Innerhalb dieser Kulturkreise geht auch, wie oben bemerkt wurde, die Entwicklung oft von der primitiven Klassengesellschaft direkt in eine moderne Klassengesellschaft über, obwohl diese freilich in vielen Hinsichten von der neueren europäischen sich unterscheidet. Die Hierarchie der Beamten tritt an die Stelle der sozialen Organisation in höhere und niedere Klassen. Hier hat also die Monarchie eine noch größere Rolle in der Geschichte des Klassenwesens als anderwärts, im Altertum wie in späterer Zeit, gespielt, während dagegen andere auf die Umbildung des Ständewesens hinwirkende Kräfte verhältnismäßig untergeordnete Bedeutung gehabt haben. Japan schließlich hat seine eigene Geschichte gehabt. Es ist erst in unserer Zeit von mittelalterlichem Feudalismus direkt zur modernen Klassengesellschaft übergegangen. Und diese begrüßenswerte Reform, beschleunigt allerdings durch den Druck von außen her, ist zu großem Teil ein Werk des aufgeklärten Mikado Mutsuhito. In keinem Lande und bei keinem Volke hat der Monarch einen so durchgreifenden Einfluß auf alle sozialen und politischen Verhältnisse ausgeübt wie hier.

Überall, wo diese Entwicklung stattgefunden hat, war wohl das Streben der Könige nach Ausdehnung ihrer Macht die nächste Triebfeder. Hinter diesem rein persönlichen Motiv lag aber das Verlangen des Staates und der Gesellschaft nach Einheit und Ordnung als der eigentliche Grund der Reaktion gegen den Adel.

Der Adel, dessen ganze Entstehung und Existenz mit dem Staate und seinem Bedürfnis nach Leitung zusammenhängt, wird — wenn es ihm gelingt, die Macht allein an sich zu reißen — im Gegenteil eine Ursache innerer Auflösung und eine Gefahr für den fortgesetzten Bestand des Volkes. Nur in Rom und ferner in gewissen Handelsstaaten, wie den phönizischen im Altertum, Venedig und England in neuerer Zeit, hat eine Aristokratie lange die aufrechterhaltende Kraft gebildet. Überall sonst hat eine ausgeprägte Adelsherrschaft zu innerer Auflösung und zum Untergang des Staates geführt, wofür Gallien und Polen die typischsten Beispiele darbieten. Dasselbe Schicksal würde ganz sicher all den Völkern und Staaten beschieden gewesen sein, die während ihres Mittelalters von einem unruhigen Adel beherrscht worden sind, wäre es nicht der Monarchie gelungen, ihn zu unterdrücken, sei es, daß es darauf ging, wie in der Antike, wo die Demokratie das Werk der Tyrannen fortsetzte, oder wie im späteren Europa, wo die Alleinherrschaft den Adel den ersten Stand in Staat und Gesellschaft bleiben ließ, nachdem sie sich nur denselben untertan gemacht und die Staatsgewalt befestigt hatte. Die absolute Monarchie ist hier der Durchgang zum modernen Staat und zu der modernen Gesellschaft gewesen.

* * *

Handel und Industrie. Während eines mehr vorgeschrittenen Stadiums des Ständeabbaues hat der sogenannte „dritte Stand“, die Bürgerschaft der Städte, die Unruhe in dem sozialen Uhrwerk gebildet, in gleicher Weise, wie heutzutage die Arbeiter es sind. Nachdem die abwärtsgehende Bewegung des Klassenwesens einmal begonnen, hat sich stets ein Streben nach politischer und sozialer Ausgleichung bei den niederen Ständen zu erkennen gegeben. Aber erst spät in der Entwicklung nimmt dieses Streben die Form einer bewußten Bewegung oder eines Klassenkampfes an. Lange wirkt es, ohne daß die Menschen darauf achten, nur als eine Folge der äußeren Verhältnisse und gewisser allgemeiner Erscheinungen, die in der gegebenen Richtung arbeiten. Die unterirdische Arbeit, die in der Regel stets der im Lichte des Tages sich vollziehenden und allen sichtbaren Entwicklung vorausgeht und sie vorbereitet, ist oft weit mächtiger als diese letztere, die nur die reife Frucht der ersteren ist. So auch in diesem Falle. Hinter dem offenen Kampfe des dritten Standes gegen die höheren Stände und ihm zeitlich voraus geht die Entwicklung des Handels und des Handwerks als der Landwirtschaft nicht nur gleichwertige, sondern bald sogar höher geschätzte Erwerbszweige.

Die städtischen Gewerbe und ganz besonders der Handel haben auf verschiedene Weise dazu beigetragen, die Ständegesellschaft zu untergraben. Ein größerer Handel ist nicht möglich ohne eine gewisse Rechtssicherheit sowie zugleich freie und sichere Formen des Austausches. Die Kaufleute erstrebten daher eine Einschränkung der Fehden des Adels und die Aufhebung der angemaßten Macht über die Verkehrsstraßen, die er von seinen Burgen und Festen her ausübte. Der Handel bedarf ferner klarer Rechtsregeln und gleichen Rechts für alle. Diesen Grundgedanken der Klassengesellschaft glaubt man bereits in Hammurabis Gesetzen wahrzunehmen, gleichwie überall, wo ein lebhafter Handel und unternehmungslustige Kaufleute vorhanden sind. Der Handel ist von Natur ein Feind der Gebundenheit und der vielen Sonderrechte der Ständegesellschaft. Daher wirkt der Handel untergrabend auf diese Gesellschaft auch dort, wo andere und stärkere Kräfte sie aufrechterhalten. Und in gleicher Weise die größere Industrie. Das eigentliche Handwerk, das nur für den nächsten eigenen Markt arbeitet, befindet sich dagegen in der Ständegesellschaft wohl und strebt nicht danach, die engen Grenzen zu sprengen. Hat sich aber das Handwerk zu Manufaktur und Industrie emporgeschwungen, die in dem Handel und einem großen und gesicherten Markt die vornehmste Bedingung für ihre Blüte erblicken, so ändert sich dieses Verhältnis, und es fordert dieselbe Freiheit wie jene.

Die Einwirkung des Handels und der Industrie auf die Stände beschränkt sich indessen nicht hierauf. Von ihnen wird eine neue Art Vermögen neben Grundbesitz, Vieh und Sklaven geschaffen, die früher den einzigen Reichtum und die einzigen Reichtumsquellen gebildet hatten. Bewegliches Kapital entsteht in Form von Manufakturwaren und edlen Metallen, welch letztere nun die allgemeinen Wertmesser und das Tauschmittel werden. Damit eröffnet sich die Möglichkeit, Reichtum auf noch andere Weise als die gewöhnliche, dem Adel und der Geistlichkeit bis dahin vorbehalten gewesene, zu erwerben. Überall, wo das Areal des angebauten Bodens gering war, wie in den meisten griechischen Staaten, wurde das Grundeigentum von diesen neuen Erwerbsquellen überflügelt. Aber auch in den europäischen Territorialstaaten führten die städtischen Gewerbe vielfach zur Bildung eines Vermögens, das mit dem Grundbesitz konkurrieren konnte. Dies wirkte mächtig auf die Lebensverhältnisse und dadurch auf die

Stände selbst zurück. Der Reichtum und seine Genüsse blieben nicht länger ein Monopol der beiden höheren Stände. Sie standen nun auch den Bürgern der Städte offen, die dadurch an Ansehen und Macht wuchsen. Ihr Stand erhob sich zur Ebenbürtigkeit mit Adel und Geistlichkeit, und eine Stadtaristokratie entstand, die an Reichtum mit dem alten grundbesitzenden Adel wetteiferte und oft ihn übertraf.

Hand in Hand mit dieser Umgestaltung der persönlichen Machtverhältnisse ging eine Umwertung der Aufgaben der Stände und ihrer Bedeutung für Volk und Reich. Die Verachtung, die früher auf der ökonomischen Arbeit geruht hatte, wich einem immer größeren Respekt vor derselben. Diese Arbeit wurde für die Staaten noch wichtiger als der Kriegsdienst des Adels, der durch eine allgemeine bürgerliche Kriegsdienstpflicht, wie in der Antike und im Reiche Karls des Großen, oder durch stehende Söldnerheere, wie im Europa der neueren Zeit, ersetzt werden konnte. Der Gewerbefleiß der Bürgerschaft, der den ständig leeren Staatskassen reiche Steuern und Anleihen brachte, war dagegen unersetzlich. Diese Erweiterung der produktiven Arbeit, gleich bedeutungsvoll für das Gemeinwesen wie für die daran teilnehmenden Einzelnen, mußte in der Gesellschaft erhöhend nach einer, senkend nach einer anderen Seite hin wirken. Die himmelhohen Unterschiede wurden vermindert und eine Tendenz zur Ausgleichung gab sich zu erkennen. Handel und Industrie haben auf diese Weise zu allen Zeiten und bei allen Völkern auflösend auf die Ständegesellschaft gewirkt. Aber besonders während des europäischen Mittelalters sind diese Erwerbszweige eine der stärksten Triebkräfte in der absteigenden Bewegung des Klassenwesens gewesen. Erst da auch erlebt „der dritte Stand" die Zeit seiner Größe. In der Antike erreichte er bei weitem nicht dieselbe Bedeutung. Nichtsdestoweniger aber haben Handel und Industrie auch dort wirksam zum Fall des Adelswesens und zur Ausbildung der neuen Klassengesellschaft beigetragen.

* * *

Wissenschaft und Religion. Solange Kenntnisse nur von den Priestern gesammelt und Wissenschaft nur von ihnen betrieben wird, geben sie keinen Anlaß zur Untergrabung der Stände. Im Gegenteil tragen sie dazu bei, sie zu befestigen. Gelehrsamkeit und Wissen verleihen der Priesterschaft Stärke, und eine starke

Priesterschaft hat zu allen Zeiten die beste Stütze des Ständewesens gebildet. Erst nachdem man begonnen, dieses geistige Kapital außerhalb der Tempel oder Klöster zu sammeln, und nachdem die Priester aufgehört haben, der einzige gelehrte Stand zu sein, kann die Wissenschaft auflösend auf die Ständegesellschaft wirken. Dies geschieht auf zweierlei Weise.

Es kommt zu einem Punkte in der Entwicklung der Erkenntnis, wo sie sich nicht darauf beschränkt, gemachte Erfahrungen zu registrieren und die Freihandzeichnungen von der Welt und den Menschen, die die schöpferische Phantasie in Kosmogonien und Schöpfungsmythen entworfen hat, aufzubewahren. Sie beginnt, die Erfahrungen zu sichten und die Schöpfungen der Phantasie kritisch zu prüfen. Allmählich wird sie hierdurch zum Zweifel an mancherlei von dem geführt, was traditionell gelehrt und gutgeheißen wird. Selbst baut sie neue Lehrsätze, die zunächst vielleicht keinen höheren Grad von Wirklichkeit besitzen als die, welche sie bekämpft. Nachdem aber einmal die Kritik erwacht ist, nagt sie ununterbrochen an bestehenden Anschauungen, nicht nur kosmogonischen und religiösen, sondern auch politischen und sozialen. Und diese stille Arbeit endet gewöhnlich damit, daß die Anschauungen erschüttert und die darauf gebauten Einrichtungen zu Fall gebracht werden. Sehr klar trat dies zuerst in Hellas hervor. Die griechischen Philosophen von Thales und Pythagoras an bis zu den Sophisten und Sokrates haben so in hohem Grade die politische und soziale Entwicklung gefördert, die in unglaublich kurzer Zeit die griechische Welt von einer aristokratischen Staats- und Gesellschaftsform zur Demokratie und Klassengesellschaft führte. Eine ähnliche Arbeit wurde dann gegen Ende des europäischen Mittelalters von den Männern der Renaissance, Humanisten, Rechtsgelehrten und Philosophen, ausgeführt. Es ist nicht leicht, den Einfluß, den diese geistigen Kräfte auf die Umwandlung der Ständegesellschaft in eine Klassengesellschaft in älterer wie in neuerer Zeit ausgeübt haben, richtig zu bewerten. Sicher aber ist, daß man sie eher unter- als überschätzt.

Gleichwohl war es nicht Wissenschaft im eigentlichen Sinne, nur eine erweiterte Erkenntnis der Unhaltbarkeit vieler älterer Anschauungen, die das neue Wissen in sich barg. Aus ihm erwuchs jedoch der „Rationalismus" genannte kritische Geist, der freilich oft nicht weniger dogmatisch war als die Dogmen, die er bekämpfte. Der Rationalismus hat überall, wo er aufgetreten, auf den Gebieten des Staates und der Gesellschaft ebensosehr betreffs der Anschauungen eine Zerstörungs- und Totengräberarbeit von ungeheurem Umfange ausgeführt. Nicht zum wenigsten betraf dies das Ständewesen. Hierbei ist indessen zu beachten, daß der antike Rationalismus und der moderne, obgleich desselben Geistes Kinder und ihrem Wesen nach durchaus gleichartig, doch unter sehr verschiedenen Voraussetzungen und im Namen verschiedener Ideen gerade betreffs der sozialen Unterschiede gearbeitet haben.

Während der Renaissance und später war es besonders die dem Christentum und dem hiervon beeinflußten Naturrecht entstammende Idee von der „Gleichheit aller Menschen", die die Kritik an dem Ständewesen zum Leben erweckte. In der Antike, die niemals die Gleichwertigkeit der Sklaven mit den Freien anerkannte und daher mit ihren Gleichheitsideen innerhalb des Kreises der Staatsbürger verblieb, war es ein anderer Gedankengang, der dem Rationalismus Waffen gegen die sozialen Unterschiede wie gegen vieles andere in die Hände gab. Er wurde am klarsten von Protagoras in dem bekannten Satze formuliert: „Der Mensch ist das Maß aller Dinge." Der Kampf gegen die Autorität, der den Kern dieses Satzes bildet, wurde die Losung, mit der die Sophisten zum Angriff vorgingen gegen alle sozialen und politischen Verhältnisse. Diese hatten keinen Wert und keinen Grund an und für sich, sondern erhielten beides ausschließlich durch den wertschätzenden und wertanerkennenden Menschen. Man drückte den Gedanken auch so aus: Alle Gesetze und Einrichtungen sind, was sie sind, *νόμῳ οὐ φύσει*. Sie sind Werke des Menschen und nicht der Natur. Bei solchen Anschauungen werden Klassen und Stände zu bloßen konventionellen Einrichtungen, die man nicht zu respektieren braucht.

Der Einfluß der Aufklärung und der Spekulation auf die Ständeunterschiede beschränkte sich indessen nicht auf die Revolutionierung der Denkweise. Eben die Tatsache, daß Wissenschaft unabhängig von dem Priesterstande betrieben wurde und daß ein gelehrter Laienstand aufkam, wirkte in gleichem Sinne. In dem alten Griechenland, wo die Priester nie einen mächtigen Stand gebildet hatten, machte sich das genannte Verhältnis weniger bemerkbar. In dem späteren Europa aber hat die Entstehung von Universitäten und das Hervortreten von Gelehrten außerhalb des geistigen Standes kräftig dazu beigetragen, diesen Stand zu untergraben. Er ging einer seiner Funktionen verlustig: Pfleger der Gelehrsamkeit und der Wissenschaft zu sein, und dies hatte eine

Verminderung seines Ansehens in den Augen der Menschen und seines Einflusses in der Gesellschaft zur Folge.

Einen ähnlichen revolutionierenden Einfluß wie die Aufklärung und die Wissenschaft hat die Religion nicht gehabt. Meistens hat sie im Gegenteil, gleich ihren Dienern, den Priestern, konservierend auf Anschauungen und Gesellschaftseinrichtungen gewirkt. Dies gilt ebensosehr von den Religionen der antiken Kulturvölker wie von allen anderen mit Ausnahme des Christentums. Das Christentum hat so gut wie allein unter den Religionen eine mächtige Einwirkung auf die sozialen Anschauungen gehabt, dank der Lehre von der Gleichheit aller Menschen vor Gott und der gleichen Erlösung durch Christus, und es hat dadurch kräftig die Umgestaltung der Ständegesellschaft gefördert. Dies gehört indessen dem europäischen Mittelalter an und ist im Zusammenhang damit zu betrachten. Möglicherweise hat auch Buddhas Lehre in China und dessen Vasallenstaaten Einfluß auf die soziale Umgestaltung daselbst ausgeübt. Wir wissen aber recht wenig davon. Das ungestörte Fortbestehen der Sklaverei daselbst bis in die jüngste Zeit hinein (1909) ist übrigens ein Beweis dafür, daß dieser Einfluß nicht allzugroß gewesen ist.

* * *

Das Streben nach Freiheit. Freiheit ist ein vieldeutiger Begriff. Er kommt in der Metaphysik als eine Kategorie und in der Ethik als ein Postulat vor. Er gehört ferner der Staats- und Gesellschaftslehre als ein Rechtsbegriff an. Seine verschiedenen Bedeutungen werden nicht immer gebührenderweise auseinandergehalten. Montesquieus berühmte Definition der Freiheit ist ein bekanntes Beispiel hierfür[1]). Es ist ausschließlich die Freiheit als Rechtsbegriff, mit der wir uns hier beschäftigen werden. Denn die Freiheit in dieser Bedeutung ist eine lebendige Kraft, wirksam in allem Gemeinschaftsleben und in allen sozialen und politischen Bildungen. Ganz besonders ist dies der Fall betreffs des Klassenwesens oder genauer der abwärtsgehenden Bewegung desselben. Der Drang nach Freiheit bildet hier den mächtigsten Antrieb. Die Umwandlung der Ständegesellschaft in eine Klassengesellschaft ist unter dem Druck des Freiheitsgefühls begonnen worden und wird im Namen der Freiheit vollendet. Aber auch

---

[1]) „Dans un État c.-à-d. dans une société où il y a des lois, la liberté ne peut consister qu'à pouvoir faire ce que l'on doit vouloir, et à n'être point contraint de faire ce que l'on ne doit pas vouloir." (Esprit des lois, L. XI. Ch. III).

die Freiheit als Rechtsbegriff ist nicht eindeutig. Während verschiedener Gesellschaftszustände und zu verschiedenen Zeiten hat sie einen ziemlich verschiedenen Inhalt gehabt und hat ihn noch.

Die Freiheit als Rechtsbegriff und eine in der Gesellschaft lebendige Kraft begegnet uns zuerst in der vollendeten Ständegesellschaft. Zwar hat auch während der aufwärtsgehenden Bewegung oft ein starkes Freiheitsgefühl sich Ausdruck verschafft, namlich als Protest gegen den Verlust der Freiheit. Die Deklassierung der Bauern und ihre Fesselung an die Scholle hat vielerorts einen heftigen Widerstand erweckt, aber das hierin hervortretende instinktive Freiheitsgefühl vermochte nichts gegenüber der damals mächtigst wirkenden Kraft, dem Streben nach Organisation und Ständebildung. Später, in den Glanztagen der Ständegesellschaft, gibt sich der Freiheitsdrang nicht viel zu erkennen. Erst da die Ständegesellschaft sich zu lockern beginnt, tritt er hervor und übernimmt die Führung in der abwärtsgehenden Bewegung derselben. Die Völker, die auf der Entwicklungsstufe der Ständegesellschaft stehen geblieben und nie dieselbe verlassen haben, wie die asiatischen, haben daher auch nie die Freiheit gekannt. Nur bei den klassischen Völkern, sowie bei den Kulturvölkern der Gegenwart gibt sie sich zu einem gewissen Zeitpunkt zu erkennen und wird dann die größte treibende Kraft der gesellschaftlichen Entwicklung.

Die Freiheit erhält in diesem Stadium ihren Inhalt durch ihren Gegensatz, mit dem sie ringt, den Zwang. Sie ist Freiheit von Zwang. Dies ist ihr erster Begriff, und er ist *negativ.* Der Zwang aber als Gesellschaftsinstitution ist die „Unfreiheit". Die Freiheit wird daher am leichtesten dadurch verstanden, daß man diesen ihren Antipoden analysiert.

Die Unfreiheit ist, historisch betrachtet, von zweierlei Art, sozial und politisch. Die erstere ist Botmäßigkeit unter einem Einzelnen, die letztere unter dem Staat. Die soziale oder private Unfreiheit ist die Sklaverei, die Leibeigenschaft oder welche anderen Formen die persönliche Unfreiheit sonst annehmen mag. In der Feudalgesellschaft erreicht dieser Zwang seinen Höhepunkt, wohl nicht weil die Unfreiheit dort härter ist als die Sklaverei in der Antike, sondern weil sie allgemeiner ist. Nicht nur die Arbeiter und Bauern, sondern auch die Handwerker, also die ganze große Masse ist diesem Zwang unterworfen. Die Opposition gegen die soziale Unfreiheit war sowohl in der Antike als in dem späteren Europa die erste Äußerung des Freiheitsdranges. Das Streben nach Freiheit in dieser Gestalt ist auch die elementarste Form desselben und die Voraussetzung aller anderen Freiheit. Es gibt nichts, was die Völker der kaukasischen Rasse so widerwillig ertragen haben, als Botmäßigkeit unter Einzelnen. Sklavenaufstände in der Antike, Bauernkriege und alle anderen gegen Adelsherrschaft und Feudalismus gerichteten Volksbewegungen stellen Proteste dar gegen diese Souveränität Einzelner und den Zwang, den sie für die Untergebenen in sich schließt. Ein beredtes Zeugnis hierfür ist das schöne Freiheitslied, das Bischof Thomas in den Tagen der Engelbrechtschen Erhebung in Schweden (1434) dichtete[1]. Es bringt in kräftigen Worten das Verlangen nach persönlicher Freiheit zum Ausdruck, dem sich freilich das Streben nach politischer Freiheit hinzugesellt, da beide in diesem Falle bedroht waren.

Die nächste Äußerung des Freiheitskampfes gilt der staatlichen Souveränität, ausgeübt von einem Einzelnen, dem Monarchen, oder einer Gruppe von Einzelnen, einem Adel — der politischen Unfreiheit. Die Despotie hat bei den asiatischen Völkern keine Opposition erweckt. Als aber in Europa die Alleinherrschaft aufgekommen war, in der Antike in der Form der Tyrannis und bei unseren Völkern als absolute Monarchie, und sie ihre Aufgabe, Feudalismus und Adelsherrschaft zu vernichten, erfüllt hatte, da erheben sich die Völker gegen dieselbe. Der Staat in der Gestalt des Selbstherrschertums verfügte nach Gutdünken des Herrschers über die Personen und das Eigentum der Untertanen. Derartiges wird als Unfreiheit und Zwang empfunden und veranlaßt die politische Revolution und die Einführung einer freien Verfassung, d. h. hier: einer Staatsgewalt, ausgeübt nach dem Gesetz, nicht nach dem Gutdünken eines Herrschers. Nächst dem Widerwillen gegen die private Souveränität oder die soziale Unfreiheit hat nichts so

---

[1]
„Freiheit ist das beste Gut,
Das die Welt dem bieten tut,
Der zur Freiheit ist geboren.
Willst du sein dir selber hold,
Schätze Freiheit mehr als Gold,
Der Freiheit folget Ehre.
— — — — — — — — — — — —
Ein Vogel schützt sein eigen Nest,
Kein Tier den Bau sich rauben läßt.
Dies sollen sie dich lehren:
Gott pflanzt' dir Sinn und Seele ein,
Frei sollst du, Knecht keins andern sein,
Solang du dich kannst wehren."

sehr die europäischen Völker zum Widerstand angetrieben wie die politische Unfreiheit unter dem Alleinherrschertum. Binnen kurzem wurde es sowohl in Hellas wie im modernen Europa beseitigt, ausgenommen in Rußland, wo es, wenn auch in gemäßigter Form, sich noch bis in die jüngste Zeit hinein hielt. Der Kampf um politische Freiheit bildet den Hauptinhalt der inneren Geschichte der Völker während des Übergangs zur neuesten Zeit.

Das Verlangen nach politischer Freiheit hört indessen nicht auf zu wirken, nachdem Adelsherrschaft und absolute Monarchie verschwunden sind und die Ständegesellschaft durch eine Klassengesellschaft ersetzt worden ist. Es lebt auch in diesem fort und gibt sich auf vielfache Weise zu erkennen, obwohl freilich nicht mit demselben Ungestüm wie früher. Am stärksten tritt es hervor in dem allgemeinen Streben nach Freiheit von staatlichem Zwang und staatlicher Bevormundung, das die vollausgebildete Klassengesellschaft beherrscht. In der Antike hatte dieses Streben seine hauptsächlichsten Vertreter in den wenigen Reichen, den Oligarchen, wie sie genannt wurden, und gelangte nur selten zur Verwirklichung. In der Gegenwart ist „der dritte Stand" als Anwalt dieser Forderung aufgetreten, und ein ganzes Zeitalter hindurch ist sie dessen politisches Symbolum gewesen, weshalb sie lange den Ton im öffentlichen Leben angegeben hat. Sie führt hier den Namen „Liberalismus" und ist in gewissen Ländern noch eine Großmacht, während sie anderwärts einen erbitterten Kampf mit dem neuen Zwangsregime führt, womit die Demokratie, die Erbin des Liberalismus, droht.

Dies war die Freiheit als Negation, Freiheit von Zwang oder der Gegensatz von Unfreiheit. Die Freiheit tritt auch in einer anderen Form und mit einem *positiven* Inhalt hervor. Sie ist als solche der Inbegriff gewisser Rechte. Diese Seite der Freiheit bildet das logische Komplement zu der ersteren. Sie wächst auch geschichtlich aus derselben hervor. So ergeben sich die sozialen Rechte von selbst mit der Aufhebung der Unfreiheit und des Zwanges gegenüber den Einzelnen. Den Gegensatz zu der persönlichen Unfreiheit bilden die bürgerlichen Rechte, unter dem Einfluß des Naturrechts, auch „die allgemeinen Menschenrechte" genannt, wie persönliche Sicherheit, Recht der Eheschließung, Bewegungsfreiheit aller Art, Recht des Eigentums usw. — Der politischen Unfreiheit dagegen, dem Zwange unter einem absoluten

Herrscher und dem Staat, entsprechen „die politischen Rechte", verschieden für verschiedene Zeiten. Aristoteles, der die beiden Arten von Freiheit wohl kannte — die negative als Freiheit vom Staat und Recht zu leben, wie man will (ζῆν ὡς βούλεταί τις), die positive als Freiheit im Staat — charakterisiert in seiner prägnanten Weise die letztere als das Recht, als Richter und Beamter an der Regierung des Staates teilzunehmen[1]). In der mittelalterlichen Ständegesellschaft nahm diese Freiheit die Form von „Freiheiten", libertates, an, die zugleich Privilegien waren. In der Jetztzeit ist die politische Freiheit der Regel nach beschränkt auf aktives und passives Wahlrecht zu den verschiedenen Arten von Volksvertretung, im Staat und in der Kommune, mit Selbstverwaltung in der letzteren sowie Kontrolle über den ersteren.

An diesem Punkte in der Entwicklung der Freiheit tritt jedoch ein Umschlag ein. Die Freiheit als sozialer und politischer Rechtsbegriff war ursprüglich ein Privilegium für Adel und Priester. Ihre Ausdehnung auf immer weitere Kreise, zuerst die Bürger der Städte, dann die Bauern und zuletzt die Arbeiter, mit dem gleichzeitigen Übergang von negativer zu positiver Freiheit erweckt ein neues Gefühl zum Leben, das bald stärker ist als die Freiheit selbst. Es ist dies das *Gefühl der Gleichheit*. Der Freiheitsbegriff wird gleichbedeutend mit „dieselbe Freiheit für alle"; der Freiheitsdrang geht auf in dem Streben nach Gleichheit. Dies wird schließlich der Inhalt desselben. Aber die Forderung nach Gleichheit aller läßt sich gewöhnlich nicht ohne Zwang verwirklichen. Die Freiheit schlägt damit um in ihr Gegenteil. Auch hier zeigt sich demnach, wie die Entwicklung sich im Kreise bewegt. Doch bezeichnet dies ein verhältnismäßig spätes Stadium in der Geschichte der Klassengesellschaft. Vorher und solange noch ein Rest von dem Ständewesen und ihrer Gebundenheit vorhanden ist, ist die Freiheit in ihren beiden ursprünglichen Formen, der negativen und der positiven, die bedeutsamste treibende Kraft der sozialen wie der politischen Entwicklung. Nichts hat wie sie zur Umwandlung der Ständegesellschaft in eine Klassengesellschaft beigetragen.

* *
*

Der Klassenkampf. Ein oft wiederkehrendes Ergebnis des Strebens nach Freiheit ist der „Klassenkampf". Er gehört nicht der primitiven Klassengesellschaft an, außer wenn ein unterjochter

---

[1]) Politik, VI, 2.

Volksstamm den Kampf gegen seine Besieger beginnt. Solche Fälle sind indessen nicht selten gewesen. Ein sehr drastisches Beispiel dafür liefert Ammianus Marcellinus' Bericht von den Sarmaten, die Rom um Hilfe gegen ihre früheren Untertanen angingen, welche sich erhoben und sich nun zu Herren über sie gemacht hatten[1]). Sieht man von diesen Fällen äußerer Gewalt ab, so ist, wie gesagt, der Klassenkampf dieser Gesellschaftsform fremd. Die Voraussetzung für einen solchen Kampf als Frucht der sozialen Entwicklung fehlt hier. Denn wenn auch Sklaven vorhanden sind, so ist doch deren Anzahl gering, und es geht ihnen das Zusammengehörigkeitsgefühl ab, das eine der Bedingungen für diesen Kampf ausmacht. Der Klassenkampf setzt nämlich außer großen sozialen Unterschieden ein lebendiges Standesgefühl bei denen voraus, die einen derartigen Kampf beginnen. Das eine wie das andere tritt erst bei und nach der Umwandlung der Klassen in Stände hervor, also während der „aufwärtsgehenden Bewegung" und in der Ständegesellschaft. Diese und die darauffolgende moderne Klassengesellschaft sind die rechte Arena des Klassenkampfes.

Indessen darf man nicht ohne weiteres alle die Kämpfe zwischen den Volksklassen, die in diesen Gesellschaften vorgekommen sind, dem Klassenkampf als Glied der sozialen Entwicklung gleichstellen. Eine große Menge solcher Kämpfe sind die spontanen Äußerungen von Vergewaltigung auf der einen, unerträglicher Bedrückung auf der anderen Seite, ohne Zusammenhang mit der sozialen Entwicklung und ohne Einfluß darauf. Die vielen Sklavenaufstände im Altertum, von dem der Heloten in Sparta i. J. 464 v. Chr. an bis zu dem größten aller unter Spartacus i. J. 73 v. Chr. in Italien, hatten keinen anderen Charakter; auch die Bauernaufstände während der späteren Kaiserzeit, wie der der Bagauden in Gallien, können hierher gerechnet werden. Diese Kämpfe stellen weit mehr eine Reaktion der Verzweiflung gegen übermäßige Bedrückung dar als eine soziale Bewegung. Sie hatten auch keine anderen Folgen als noch härtere Fesseln und neue Leiden für Sklaven und Bauern. Das gleiche gilt für die meisten der Bauernaufstände, die aus denselben Ursachen im mittelalterlichen Europa vorkamen, vor allem für die Jacquerie in Frankreich 1358. Als dann, nach einer Zwischenzeit erträglicherer Verhältnisse, die deutschen Bauern während des 15. und 16. Jahrhunderts sich wieder zu rühren begannen, nahmen diese Bauernerhebungen bisweilen einen Zug bewußten Kampfes gegen das

[1]) Hist., Lib. 17, 12 u. 17.

Ständewesen an, wozu die religiösen Bewegungen jener Zeit anreizten. Der Hauptsache nach aber sind auch diese Kämpfe nur als ein Protest gegen schlimme und unmenschliche Behandlung zu betrachten, als ein Aufruhr Untergebener gegen ihre harten Herren zu dem Zwecke, eine Linderung des Druckes herbeizuführen und erträgliche Lebensbedingungen zu erlangen.

Der Klassenkampf als ein Glied der sozialen Entwicklung ist sowohl während der aufwärtsgehenden Bewegung als während der abwärtsgehenden vorgekommen. Ersteres war der Fall, wenn die Bauern von dem Adel und ihrem Grundbesitz und ihrer Freiheit bedroht wurden und dabei mit Gewalt beides zu verteidigen versuchten. Die Umwandlung der Bauern in Untergebene und Leibeigene ist oft, wie oben betont wurde, unter dem Drucke der Not der Zeit freiwillig geschehen. Nicht selten aber war diese Umwandlung die Folge offenen Kampfes. Ein Beispiel hierfür bildet die Erhebung der dänischen Bauern gegen Adel und Geistlichkeit zu Beginn des 13. Jahrhunderts sowie die darauffolgende Leibeigenschaft („vornedskab"). Diese Kämpfe, obwohl Äußerungen desselben Strebens nach Freiheit, gingen jedoch gegen die Entwicklung, nicht mit ihr. Sie waren leidenschaftliche Proteste gegen beginnende Unterdrückung, gewöhnlich ohne ein anderes Resultat für die Masse als vermehrte Abhängigkeit und Befestigung der Ständegesellschaft. Nur in Schweden und in der Schweiz hatten die mittelalterlichen Bauernerhebungen einen glücklichen Ausgang. Sonst aber führte der Klassenkampf während dieser Periode nur zur Verschärfung der Standesunterschiede. Anders gestaltete sich das Verhältnis während der „abwärtsgehenden Bewegung". Hier ist der Klassenkampf die ultima ratio und das Endstadium der Bewegung.

Der Klassenkampf als Moment der abwärtsgehenden Bewegung des Ständewesens nahm seinen Anfang in Griechenland und Rom mit dem Streben der Bauern, den strengen Schuldgesetzen und der Gerichtsbarkeit des Adels ohne geschriebenes Gesetz zu entgehen. Nachdem dieses Ziel in Griechenland rasch erreicht worden, begannen neue Kämpfe zwischen den gewerbetreibenden Bürgern und dem grundbesitzenden Adel, die nicht selten einen sehr heftigen Verlauf nahmen. Während dieser Kämpfe kommt es zur Episode der älteren Tyrannis, wobei die Macht des Adels gebrochen wird. Er muß auf seine Oberherrschaft und seine Vorrechte verzichten; und die Ständegesellschaft wandelt sich in eine Klassengesellschaft um. Die zahllosen Kämpfe zwischen Armen und Reichen, die später in den griechischen Staaten ausgekämpft wurden und vielerorts zu Umwälzungen führten, ähnlich denen, von denen Ammianus betreffs der Sarmaten erzählt, gehören nicht der hier behandelten Periode der Geschichte des Ständewesens, der Umbildung der Stände in Klassen, an. Sie entsprangen dem extremen Demokratismus und der „sozialen Frage" der antiken Klassengesellschaft und müssen im Zusammenhang mit ihnen betrachtet werden. — In Rom verlief die Entwicklung durchweg maßvoller. Sie war deshalb aber nicht weniger wirkungsvoll. Der Kampf zwischen Patriziern und Plebejern bildet den roten Faden in der inneren Geschichte Roms und kann für alle Zeiten als Musterbeispiel eines Klassenkampfes gelten, der bis zur Zeit der Gracchen 134 v. Chr. hin mit gesetzlichen Mitteln geführt wurde. Danach brach auch über Rom die soziale Revolution herein, die jedoch bald von dem Kampf der Feldherren um die Macht überflügelt und schließlich durch den Prinzipat gedämpft wurde.

In der christlichen Welt geht der bewußte Klassenkampf von den Städten aus. Die Befreiung derselben von ihren Feudalherren und die wiederholten Kämpfe, die zu diesem Zwecke in Süd- und Mitteleuropa geführt worden sind, sind die frühesten Äußerungen davon. Das nächste Ziel dieser Kämpfe war die Selbstverwaltung und politische Unabhängigkeit der Städte mittels Erwerbung eines Freibriefes, einer „Charta"; dahinter aber lag und daraus folgte eine soziale Umwandlung, der Aufstieg des dritten Standes zu größerer Gleichberechtigung mit dem Adel. Auch innerhalb der Städte kam es zwischen den aristokratischen Kaufmannsgilden und den Handwerkerzünften sowie zwischen den letzteren und den Gesellenverbänden zu Streitigkeiten, die durchweg das Gepräge des Klassenkampfes trugen. Über die Bauernaufstände in Deutschland ist bereits oben gesprochen worden.

Der dem Verlauf wie den Wirkungen nach gewaltigste aller wirklichen Klassenkämpfe war der letzte, die große französische Revolution. Bei ihr wirkten viele verschiedene Kräfte zusammen, politische wie auch soziale. Die stärkste war das Streben nach Freiheit und der dahinter liegende Protest gegen das Ständewesen und die damit verknüpften Standesunterschiede. Die Abschaffung der Ständeprivilegien am denkwürdigen 4. August 1789 war auch die erste und größte Tat der Revolution. Danach kam die politische Befreiung mit der neuen Verfassung von 1791 und ihren Nachfolgern. Diese wurden indessen bald wieder rückgängig gemacht, und das politische Leben ist hin und zurück geschritten. Die Abschaffung des Ständewesens dagegen war von Beginn an von bleibender Dauer. Denn damit war eine Phase in der Entwicklung des Klassenwesens zum Abschluß gebracht und die Herausbildung einer neuen Gesellschaft erfolgt, der modernen Klassengesellschaft in Frankreich. In diesem Punkte ließ die Entwicklung sich nicht einmal vorübergehend zurückschrauben.

In den eben angeführten Fällen wurde der Klassenkampf mit den Waffen geführt. Anderwärts, wie in England und Schweden, ist derselbe Kampf hauptsächlich auf einer anderen Arena, der der Volksvertretung, ausgekämpft worden. Der Kampf des Unterhauses mit der Königsmacht und dem Oberhause in England während der Zeit der Stuarts und die ständigen Kämpfe im schwedischen Reichstage während des 17. Jahrhunderts, die mit der großen Reduktion von 1680 endeten und dann während der sogenannten Freiheitszeit fortgesetzt wurden, waren die Äußerungen des Klassenkampfes in diesen Ländern.

Unter den verschiedenen Kräften, die an der Umbildung des Ständewesens gearbeitet haben, ist der Klassenkampf natürlich die, welche die meiste Beachtung gefunden hat. Sie ist aber darum keineswegs die größte oder wirksamste. Der Klassenkampf tritt in der Regel erst auf, nachdem die anderen Kräfte mehr oder weniger gründlich ihr Werk getan haben. Er bildet dann den dramatischen Abschluß der großen sozialen Umgestaltung, die in der Umwandlung der Stände in Klassen und dem Aufgehen der Ständegesellschaft in einer neuen Klassengesellschaft besteht. Auch in dieser kommen Klassenkämpfe vor, oft nicht weniger heftig als die, welche ihr vorausgehen. Sie haben hier nicht ihren Grund in Unfreiheit und Unterdrückung; nichtsdestoweniger aber entspringen sie aus dem Drang nach Freiheit, obwohl nicht unmittelbar und nicht in erster Linie, sondern in zweiter. Es ist das uneheliche Kind der Freiheit, die *Gleichheit*, die hier anführt. Die Losung des Kampfes ist das „Persönlichkeitsprinzip“ mit seiner Forderung nach voller Gleichheit und der Weg dahin die soziale Revolution. Aber dieser Weg geht nicht im Zeichen der Entwicklung, sondern in dem der Abwicklung, dem Verfall der Kultur und dem Untergang der Völker entgegen. Wenigstens war dies im Altertum der Fall. Wird in unseren Tagen der Verlauf ein anderer sein?

Der Klassenkampf ist, wie hieraus hervorgeht, eine vielgestaltige Erscheinung. Nur in gewissen Fällen ist er wirklich ein Moment der sozialen Entwicklung. Unter allen Umständen ist er nicht, wie die Sozialisten nach Marx meinen, die einzige oder auch nur hauptsächliche Triebkraft dabei. Viele andere Faktoren und zu tiefst wirkend die obenerwähnte Tendenz der Kulturarbeit zur Ausbreitung haben von der Ständegesellschaft zu der neuen Klassengesellschaft, der Gesellschaftsform der Hochkultur, hingeführt — das erstemal in der Antike bei Griechen und Römern, dann in neuester Zeit und bei unseren Völkern.

Wir werden im folgenden die Entwicklung im Altertum zu beleuchten versuchen.

Kapitel IX.

Die antike Klassengesellschaft.

Grundlage und Entstehung. — Der Übergang von der Stände- zur Klassengesellschaft. Während des 7. und 6. Jahrhunderts v. Chr. vollzog sich in Griechenland der Übergang zur Klassengesellschaft außer in Sparta, das an der Umwandlung des Klassenwesens erst gegen das Ende der griechischen Freiheitszeit hin teilnahm, wo es Hals über Kopf in den letzten Akt der Entwicklung hineinstürzte. Die Umwandlung von der Stände- zur Klassengesellschaft geschah nicht auf einmal, sondern wurde während eines bisweilen langwierigen und wechselvollen Kampfes zwischen den Volksklassen vorbereitet und ausgeführt. Die Adelsherrschaft, die das homerische Königtum abgelöst hatte und die politische Grundform der Gesellschaft zu jener Zeit bildete, machte der Demokratie nicht gutwillig Platz. In den meisten griechischen Staaten wurde zu wiederholten Malen um die Macht gekämpft, wobei die in allen Aristokratien gewöhnlichen Fehden zwischen wetteifernden Adelsgeschlechtern sich in den großen Kampf zwischen den Ständen einflochten und dem Volke zum Siege verhalfen. Die in den inneren adligen Fehden geschlagene Partei nahm an ihren Gegnern dadurch Rache, daß sie sich an die Spitze der Volkspartei stellte und sie zum Siege führte. Aber wenn auch dieses Geschlecht sich hierdurch auf einige Zeit tatsächlich die Leitung im Staate rettete, so war es doch mit der strengen Adelsherrschaft vorbei, in milderer Form blieb sie bisweilen, wie in Korinth, eine Zeitlang bestehen. Meistens aber mußte der Adel rasch der aufwachsenden Demokratie weichen.

Die gegen den Adel kämpfenden Volksklassen bestanden bald aus der Landbevölkerung, den Bauern, bald aus Kaufleuten und Handwerkern, den Bürgern, bald aus diesen beiden Ständen im Verein. In denjenigen Staaten, wo die Hauptmasse des Volkes auf dem Lande wohnte, wie auf Euböa und in Attika, war diese in Abhängigkeit vom Adel geraten, der den größeren Teil des

Grund und Bodens besaß, aber in der Stadt wohnte und von dort aus selbstherrlich das Ganze regierte. Der Kriegsdienst und die für die Bauern kostspielige Ausrüstung sowie der Unterhalt, dessen Kosten er selbst bestreiten mußte, setzten ihn leicht in Schuld bei dem adligen Nachbarn. Und Verschuldung war in jener Zeit mit ihren unmäßigen Zinsen gleichbedeutend mit Abhängigkeit, oft auch mit dem Verlust der Freiheit und Verkauf ins Ausland. Denn die wegen einer Schuld zur Sklaverei Verurteilten wurden von ihren Herren nicht gern im eigenen Lande behalten, sondern nach fremden Ländern verkauft. Diese Mißstände mußten ganz natürlich heftige Opposition erwecken, zumal das Kriegswesen nun mehr auf dem Fußvolk, das die Bauern stellten, als auf der Reiterei des Adels ruhte. — In anderen Staaten mit geringem und weniger ertragreichem Landgebiet, wo daher Handel und städtische Gewerbe die hauptsächlichste Quelle des Reichtums bildeten, wie auf Ägina und in Korinth, war es die niedere Bürgerschaft, die den Kampf gegen den Adel und seine Vorrechte aufnahm. Neben dem Adel, der hier selbst seinen Reichtum aus dem Handel schöpfte, gewannen auch die nichtadligen Gewerbetreibenden Vermögen. Sie wollten sich dann nicht länger in das Adelsregiment finden, sondern forderten ihren Anteil an der Regierung. Und so begann der unvermeidliche Kampf. Schließlich gab es Staaten, wie Samos und Syrakus, wo der grundbesitzende Adel, die Gamoren, die übrige Land- und Stadtbevölkerung ebenso zu Gegnern hatte. Überall aber waren es politische und soziale Mißstände und das erwachende Selbstgefühl des niederen Volks, die dieses gegen den herrschenden Adelsstand in Harnisch brachten.

Früher oder später endete indessen dieser erste Klassenkampf mit einem feierlichen Friedensschluß, gewöhnlich geknüpft an einen bestimmten Namen und ein bestimmtes großes Reformwerk. Überall in Griechenland verehrte man so das Gedächtnis großer Gesetzgeber (Zaleukos in Lokri, Pittakos in Mytilene, Pheidon in Korinth, Drakon und Solon in Athen usw.), die die Mißverhältnisse abgestellt und den Staaten ein geschriebenes Gesetz und in verschiedenen Fällen ein neues Recht gegeben hatten, das den inneren Frieden sichern sollte. Die Gesetzgeber waren nicht selbst Tyrannen, obwohl sie oft mit unumschränkter Macht, wenn auch nur für gewisse Jahre, bekleidet wurden. Aber sie und die Tyrannen teilen sich doch in die Rollen des großen Dramas jener Zeit. Die Gesetzgeber errichteten eine neue Ordnung der Dinge, die die Tyrannen zumeist danach befestigten. Denn wohl zu beachten, der soziale Kampf loderte bald wieder auf. Nun tritt die Tyrannis auf den Schauplatz als gleichzeitig Friedensstifter und Exekutor[1]). Solon und Peisistratos in Athen (594—560 v. Chr.) sind typisch in dieser Hinsicht.

Meistens war der Tyrann das Haupt eines in den Adelsfehden besiegten Geschlechts, zuweilen aber auch ein nichtadliger Mann, der das Vertrauen des Volks gewonnen hatte. Die Mehrzahl dieser älteren Tyrannen hat versucht, die mit der Hilfe des Volks erlangte Macht in eine dauernde persönliche Herrschaft umzuwandeln. Nirgends aber gelang es auf längere Zeit als zwei bis drei Generationen, trotz der großartigen Fürsorge für Wissenschaft und Kunst, die mehrere von ihnen als eine Art kultureller Begründung ihrer Macht ausübten, und trotzdem die äußere politische Stellung, wie auf Sizilien, die monarchische Regierungsform wohl rechtfertigen konnte. Nicht selten kam es vor, daß die Tyrannis mehr als einmal in demselben Staat versucht wurde. Das Ende aber war stets dasselbe, der baldige Sturz der Herrschaft. Bis zu einem gewissen Grade beruhte dies wohl darauf, daß das neue Königtum nie eine Form für die Mitwirkung des Volks am Staatsleben finden konnte, sondern stets eine auf Söldnertruppen gestützte Alleinherrschaft blieb. Die wichtigste Ursache für die kurze Dauer der Tyrannis war jedoch, daß sie ihrem Ursprunge gemäß nur ein Glied im Klassenkampfe bildete, ein Werkzeug darstellte, das, wenn es seine Arbeit im Dienste der Entwicklung getan und nicht mehr gebraucht wurde, durch eben diese Entwicklung beiseite geschoben wurde. Das niedere Volk, das den Tyrannen zur Macht verholfen hatte, machte bald gemeinsame Sache mit den Adligen, um jene zu stürzen. Indessen war die von den großen Gesetzgebern begründete Ordnung nun befestigt.

Der Inhalt dieser gesetzgeberischen Arbeit war überall derselbe. An erster Stelle stand die Redaktion geschriebener Gesetze. Ein Hauptpunkt der Klagen des niederen Volks war, daß das Gesetz nur dem Adel bekannt war, der zugleich als Richter

---

[1]) Tyrannis kam in verschiedenen Arten vor. Neben der obenerwähnten, die wegen ihres Ursprungs die soziale Tyrannis genannt werden könnte, entstand gleichzeitig eine politische mit den „Dynasten", die der persische Großkönig in den ionischen Städten einsetzte, bisweilen auch eine rein persönliche von Männern, die auf eigene Faust eine Freibeuterherrschaft versuchten. Gegen Ende des 6. Jahrhunderts verschwindet die Tyrannis, außer auf Sizilien, wo der Kampf gegen die Karthager zu wiederholten Malen ihre Einführung veranlaßte. Sie wird aber wieder allgemein am Ende der griechischen Freiheitszeit, wo Demagogen als Leiter der sozialen Revolution sich zu Alleinherrschern emporschwingen.

es nach seinem Belieben auslegen und verdrehen konnte. Die Bestechlichkeit der Richter ist eine stehende Klage während dieser Zeit. Ein guter Teil der Dichtung Hesiods handelt von nichts anderem. Ohne ein festes und allen bekanntes Gesetz konnte keine Rechtssicherheit herrschen, vor allem wenn die Parteien auf der einen Seite Adlige waren, auf der anderen Männer niederen Standes. Bisweilen beschränkte sich die Reform auf die schriftliche Aufzeichnung älteren Rechts. Drakons berüchtigte Gesetzgebung (etwa 620 v. Chr.) dürfte überwiegend dieser Art gewesen sein außer bezüglich des Strafrechts. Gewöhnlicher war es, daß mit der schriftlichen Aufzeichnung ein neues, für das gemeine Volk günstigeres Recht festgesetzt wurde. Allgemein werden mit dem neuen Recht auch Prozeßordnung und Gerichtswesen reformiert. Das Privilegium des Adels, die Gerichtsbarkeit auszuüben, wurde aufgehoben und neue, mehr oder weniger volksmäßige Gerichtshöfe wurden eingerichtet. In Athen übergab Solon die Rechtspflege dem Volksgerichtshof Heliaea, der unter Mitwirkung jährlich gewählter Beamten (Thesmoteten) seines Amtes waltete. Anderwärts haben bald die Beamten, bald aus Bürgern zusammengesetzte Gerichtshöfe die gesamte Rechtspflege übernommen. Hierzu kamen wichtige Änderungen im Zivilrecht, vor allem dem Schuldrecht, zugunsten des niederen Volkes.

Die neue Gesetzgebung beschränkte sich indessen nicht auf eine Reform des bürgerlichen Rechts und Abschaffung der damit zusammenhängenden Vorrechte des Adels. Gleichheit vor dem bürgerlichen Gesetz war der erste und allerdings größte Schritt. Ein anderer, für die spätere Entwicklung nicht minder bedeutsamer war die Ausdehnung der politischen Rechte auf neue Gruppen von Bürgern. Unter der Adelsherrschaft waren diese von den Staatsangelegenheiten und den Ämtern ausgeschlossen gewesen. Nun wurde auch ihnen der Zutritt dazu eröffnet, obwohl durchaus nicht allen. Die politischen Rechte wurden nur auf diejenigen ausgedehnt, die das Bedürfnis lebhaft gefühlt und die neuen Rechte erstrebt hatten. Und da dies innerhalb verschiedener Kreise des Volkes in sehr verschiedenem Grade vorgekommen war, so wurden die politischen Rechte danach bemessen. Die Reform schloß sich hierin an bestehende Verhältnisse an und ging nicht über die Bedürfnisse des Augenblicks hinaus. Aber auch in diesem beschränkten Umfange bezeichnet sie den Fall der Ständegesellschaft und ihre Ablösung durch die Klassengesellschaft. Die Stände haben keine Stützen mehr in Gesetz und

Verfassung. Die sozialen Unterschiede bestehen wie vorher, aber nicht als gesetzlich festgelegte Stände, sondern als in sich selbst und ihrer bürgerlichen Stellung begründete soziale Gruppen. *Die Stände sind in Klassen umgewandelt worden.*

In Rom folgte die Entwicklung im großen und ganzen denselben Wegen, wie denen, die die griechischen Staaten zuvor gegangen waren. Doch weist sie in wenigen Punkten Abweichungen auf. Rom entging der Tyrannis, obwohl es an Ansätzen dazu nicht gefehlt haben soll (Spurius Cassius, Sp. Maelius, M. Manlius). Der Klassenkampf war zwar in Rom nicht weniger heftig als in Griechenland, er wickelte sich aber ohne große Katastrophen durch kluges Nachgeben seitens der Regierenden ab. Der erste grundlegende Schritt auf diesem Wege war die Errichtung des Volkstribunats (494), worauf bald andere folgten. Auch Rom erhielt sein geschriebenes Gesetz, das Zwölftafelgesetz (451), als das niedere Volk nicht länger die eigenmächtige Rechtspflege des Adels ertragen konnte. Das hatte aber nicht die totale Umgestaltung der Verfassung zur Folge. Und in gleicher Weise werden die adligen Vorrechte bis zum Jahre 287 v. Chr. beseitigt, nicht auf einmal, sondern Stück für Stück, wobei die äußeren politischen Gefahren, die Kriege mit den Nachbarn, Etruskern, Latinern und Samniten die nächsten Anlässe gaben. Roms innere Geschichte bietet das Schauspiel eines Schritt für Schritt fortlaufenden Überganges von reiner Adelsherrschaft und Ständegesellschaft zu aristokratischer Klassengesellschaft wie kaum die eines anderen Volks.

Diese gleichmäßige Entwicklung spricht unstreitig für die in jüngster Zeit ausgesprochene Ansicht[1]), daß Patrizier und Plebejer nicht verschiedene Volksstämme waren, sondern nur verschiedene Stände, Adel und Bauern, von der gleichen Art wie die entsprechenden griechischen. Andere Umstände aber verleihen, wie uns scheint, der älteren, von Niebuhr und später Niese aufgestellten Theorie, wonach die Plebs vorwiegend auf eingewanderte verwandte latinische Volkselemente zurückgingen, größere Wahrscheinlichkeit[2]). Wie dem auch sei, so ging in Rom die Um-

[1]) Ed. Meyer, Handwörterbuch der Staatswissenschaften, Suppl. Bd. II, Artikel Plebs.

[2]) Die wichtigste Stütze für diese Auffassung ist das „Volkstribunat", über dessen Ursprung man nichts Sicheres weiß, das aber Meyer von seinem Standpunkte aus völlig richtig als „das rätselhafteste und seltsamste Gebilde, das die Verfassungsgeschichte aller Staaten kennt", bezeichnet (a. a. O., S. 662). Bei Meyers Theorie von dem Ursprung der Plebs bleibt dieses Amt unstreitig ein Rät-

wandlung der Stände in Klassen weit ruhiger vor sich als in den meisten griechischen Staaten. Aber sie war auch nicht so vollständig wie dort. In Rom lebten aristokratische Traditionen bis in die letzte Zeit der Republik fort, wo die Entwicklung auch hier einen gewaltsamen Verlauf erhielt. Aber diese Entwicklung fällt mit der Umwandlung Roms in eine Weltmacht und Militärmonarchie zusammen, welcher Prozeß natürlich von großen sozialen Erschütterungen begleitet sein mußte.

* * *

Der allgemeine Charakter der neuen Klassengesellschaft. Die Klassengesellschaft wird am besten verstanden durch ihren Gegensatz zur Ständegesellschaft. In dieser war das Klassenwesen, wie wir gesehen haben, sowohl betreffs der Personen als betreffs der Aufgaben rechtlich fixiert. Jeder Stand hatte sein besonderes bürgerliches Gesetz und bisweilen auch seine besondere Rechtspflege. Ferner nahmen die Stände in Staat und Verfassung je ihre bestimmte Stellung ein und führten ihre bestimmte Arbeit aus. Alles war demnach in der Ständegesellschaft gebunden, und zumeist große Teile der Bevölkerung waren persönlich unfrei. Hierdurch war alles verschieden voneinander. Und diese Verschiedenheit ward noch größer durch die Verteilung des Eigentums, die tatsächlich mit der Ständebildung eintrat und bisweilen auch mit dieser rechtlich festgelegt wurde. Die Hauptmasse des Grund und Bodens häufte sich bei den höheren Ständen an; das niedere Volk blieb zumeist ohne Eigentum. Verschiedenheit in so gut wie allen Hinsichten, bürgerlichen, politischen und ökonomischen, sowie die Festlegung dieser Verschiedenheit in Recht und Gesetz bilden die Grundpfeiler und Kennzeichen der Ständegesellschaft.

Die Klassengesellschaft zeigt in den meisten Fällen den geraden Gegensatz zu all diesem. An Stelle der Gebundenheit

---

sei, nicht aber für die bisher übliche Ansicht. Im Gegenteil erscheint es als ein recht natürlicher Ausweg für diese Eingewanderten und so gut wie Rechtslosen, durch eigene Beamte sich und das Ihre schützen zu wollen. Die Plebejer waren nämlich persönlich frei, entbehrten aber politischer Rechte, eine Stellung übrigens, die stark an die „cives sine suffragio" erinnert, die später vorkamen (vgl. J. N. Madvig, Den romerske Stats Forfatning og Forvaltning, 1881, 1, S. 34, 67). — Ein anderer Umstand, der für die ältere Ansicht und gegen die Meyers spricht, ist, daß einzelne plebejische Familien, wie die Claudier und Sempronier, frühzeitig als den Patriziern ebenbürtige aufgenommen wurden, was man wohl versteht, wenn sie von den Nachbarvölkern her eingewanderte vornehme und reiche Geschlechter waren, was aber unerklärlich bleibt, wenn sie von eigenen Kleinbauern herstammten.

stellt sie die Freiheit, an Stelle der Verschiedenheit die Gleichheit als oberste Grundsätze für das Gemeinschaftsleben auf. Das Verlangen nach Freiheit protestiert gegen alle Art von Unfreiheit und persönlicher Gebundenheit und fordert somit auch das Recht zur freien Wahl des Gewerbes und zu ungehindertem Übergang von einer Klasse zur anderen. Zwar wird auch hier ein jeder durch die Geburt in seine Klasse gestellt, aber kein rechtliches Band fesselt ihn für immer an sie. Die Forderung der Gleichheit wiederum mündet in die bekannten Schlagworte aus: „Gleichheit vor dem Gesetz" und „Gleichheit aller", d. h. gleiche Rechte für alle. Die erstere Forderung wendet sich gegen alles besondere Recht und alle besondere Rechtspflege, die letztere gegen alle bürgerlichen und politischen Privilegien. Dasselbe Gesetz und gleiches Recht für alle — das ist die allbekannte Forderung der Klassengesellschaft. Man kehrt hiermit zu der Gleichheit und Freiheit der primitiven Gesellschaft in den eben erwähnten Hinsichten zurück. Aber wie diese verhält sich die Klassengesellschaft im übrigen neutral sowohl den sozialen Funktionen wie den sozialen Unterschieden gegenüber. Sie bestimmt nichts bezüglich der ersteren und hebt keineswegs die letzteren auf. Beides wird als eine Sache des Privatlebens betrachtet und ist nicht mehr eine Staatsangelegenheit, außer was die eigene Verwaltung des Staates betrifft. Nichtsdestoweniger sind die Klassen ebenso wie die Stände im großen und ganzen an die verschiedenen sozialen Aufgaben gebunden, die das Gemeinschaftsleben und die Kulturarbeit aufstellen. Aber das macht sich nicht bemerkbar, denn keine Privilegien und keine Verordnungen erteilen gewissen Personen gewisse besondere Funktionen. Alles wird durch freies Übereinkommen und unter freier Konkurrenz geordnet. Eine Ordnung aber tritt jedenfalls ein, und dadurch werden die Klassen sowohl der Anzahl als dem Charakter nach bestimmt.

Gleichermaßen verhält es sich mit dem Eigentum. Der Besitz wie der Erwerb desselben sind frei und stehen allen offen. Dennoch verteilt sich das Eigentum auch in der Klassengesellschaft auf eine bestimmte Weise. Die Klassengesellschaft hat somit ihre Eigentumsordnung ebensowohl wie die Ständegesellschaft, sie gründet sich aber nicht auf Gesetz und auch nicht auf Tradition und Erbschaft von der Ständegesellschaft her — denn das Eigentum bleibt von selbst nie lange in denselben Händen — sondern auf die Verhältnisse, durch welche die Klassen selbst geschaffen werden, d. h. auf die verschiedenen sozialen Aufgaben und eigene

Arbeit. Alles aber geschieht in Freiheit und mit voller formeller Gleichheit. Denn Freiheit und Gleichheit sind die großen Merkmale der Klassengesellschaft, gleichwie Gebundenheit und Verschiedenheit es die der Ständegesellschaft sind.

Trotz dieser Befreiung der Individuen in der Klassengesellschaft bleiben diese und ihr Klassenwesen doch stets eine Arbeitsorganisation wie die Ständegesellschaft und die Stände. Die Kultur verlangt es und kann ohne sie nicht bestehen, viel weniger denn wachsen. Aber die Organisation hat ein anderes Aussehen erhalten. Während sie in der Ständegesellschaft im großen und ganzen gebunden wie diese selbst ist und daher als eine Zwangsorganisation bezeichnet werden kann, ist sie in der neuen Klassengesellschaft ganz locker und, oberflächlich gesehen, frei. Dies gilt jedoch nur von den arbeitenden Individuen, die innerhalb gewisser Grenzen Beruf und Tätigkeit nach Belieben wählen können und nur durch das soziale Bedürfnis, d. h. Gelegenheit und Raum, darin beschränkt werden. Sachlich, d. h. hinsichtlich des Arbeitsprodukts und der Kultur, ist diese Organisation wohl noch mehr gebunden als die erstere, denn sie ist mehr in Einzelheiten durchgeführt.

Dies hängt mit einem andern Unterschiede zusammen. Die Arbeitsorganisation der Ständegesellschaft ist einfach und leicht übersehbar. Der sozialen Bedürfnisse sind wenige und die Arbeit für dieselben nach Ständen in einfacher Über- und Unterordnung verteilt (Lehrstand — Wehrstand — Nährstand). In der Klassengesellschaft dagegen sind die Aufgaben, obwohl im Grunde dieselben, unerhört spezialisiert und die Arbeit an ihnen ebenso. Wohl herrscht auch hier Über- und Unterordnung, dies aber mehr auf Grund der Forderungen der Arbeit als infolge äußerer Umstände. Im übrigen sind die Relationen sehr verschiedenartig und mannigfaltig. Ein jeder arbeitet, ohne sich dessen bewußt zu sein, für alle und alle für einen, die Männer der intellektuellen Arbeit für die der Handarbeit wie auch umgekehrt, und innerhalb der letzteren das eine Gewerbe für das andere. Alle sind als gleichzeitig Erzeuger und Verbraucher aufeinander angewiesen, ohne doch einander zu kennen. Das Ganze bildet hierdurch eine verwickelte Maschinerie, die dem Anschein nach von selbst geht, ohne daß jemand sie leitet oder auch nur sie zu überblicken vermag. Auch die Wissenschaft unserer Zeit — Ökonomie, Soziologie, Statistik — steht der Arbeitsorganisation der Klassengesellschaft ziemlich unbewußt gegenüber. Nur die Sozialisten wollen sich dreist daran vergreifen und an ihre Stelle eine neue Zwangsorganisation setzen, die unfehlbar die Menschen und die Kultur auf einen niedrigeren Standpunkt zurückführen würde.

Diese verwickelte Organisation erhält die neue Klassengesellschaft natürlich nicht sofort. Sie tritt erst nach und nach hervor in dem Maße, wie die Klassengesellschaft selbst zur Vollendung gelangt und die Kultur wächst. Sie ist daher auch in unseren Gesellschaften in ständigem Werden begriffen. Bei den klassischen Völkern erreichte sie nie mehr als ihr erstes Stadium, indem bei ihnen die Zwangsorganisation der Ständegesellschaft ungestört als Fundament des Ganzen bestehen blieb. Die klassische Zivilisation ruhte auf der Sklavenarbeit als ihrer natürlichen Voraussetzung und kam dadurch in wirtschaftlicher Hinsicht nie von der Ständegesellschaft los. Dies ist um so merkwürdiger, als sie auf gewissen anderen Gebieten, vor allem dem politischen Leben, den Gipfelpunkt moderner Entwicklung erreichte. Freiheit und Gleichheit sind wohl nie höher gepriesen worden und nirgends zu extremerer Anwendung gelangt, als in den meisten griechischen Staaten, aber nur betreffs der Hälfte der Bevölkerung, der freien Bürger. Die andere und oft der größere Teil, die Sklaven, wurden in Unfreiheit und Zwang davon ferngehalten. Es liegt ein wunderlicher Widerspruch hierin.

Aber in Hellas fanden sich mehrere Widersprüche dieser Art. Ein anderer bemerkenswerter war, daß Sparta, der zweite und zeitweise der erste Staat in Griechenland, während der ganzen Zeit seiner Größe im Stadium der Ständegesellschaft verblieb. Allerdings war die spartanische Gesellschaft insofern ein Kunstprodukt, als sie durch positive Gesetzgebung und erst während ihrer weiteren Ausbreitung der ausgesprochene Ständestaat geworden zu sein scheint, der sie in ihrer Blütezeit war. Früher lebten die lazedämonischen Dorier in einer primitiven Klassengesellschaft mit dadurch gegebener Verfassung und Lebensweise, soweit man den ältesten geschichtlichen Zeugnissen nach urteilen kann[1]). Um aber die Eroberungen von Ländern und Völkern zu sichern, wurde die Tatsache der Eroberung in der Staatsform selbst verewigt. Die Verschmelzung von Siegern und Besiegten zu einem Volk, wie sie gewöhnlich mit der Zeit in den auf diese Weise gebildeten Staaten eintritt, wurde hier völlig absichtlich

[1]) Ed. Meyer, Geschichte des Altertums II, 1893, S. 562f. — Siehe im übrigen die Schilderung in der Odyssee, IV und XV, von dem Palast des Königs Menelaos in Sparta und dem Luxus daselbst.

verhindert, wodurch Sparta der Typus einer extremen Ständegesellschaft wurde mit einem herrschenden Adelsstand und zwei anderen Ständen in untergeordneten und dienenden Stellungen. Und dies wurde in einer Zeit durchgeführt, wo ringsherum die Entwicklung von der Stände- zur neuen Klassengesellschaft vor sich ging, und durch Jahrhunderte hin wurde es aufrechterhalten, trotz der nahen, friedlichen und kriegerischen Berührung mit Nachbarn, die im Besitz einer modernen Gesellschaftsordnung waren. Dieses wunderliche Verhältnis erklärt sich wohl am ehesten daraus, daß die moderne Gesellschaft in Hellas nur in ihrem oberen Teil wirklich eine solche war, unten aber durch die Sklaverei noch in der Ständegesellschaft verblieb, weshalb der Unterschied zwischen Sparta und dem übrigen Griechenland nicht so groß erschien. Ein besonderer Anlaß für Sparta, seine Gesellschaftsordnung unverändert beizubehalten, lag vielleicht auch darin, daß die neue Gesellschaft rasch extreme Erscheinungen zeitigte, welche Staatsmänner und Denker dazu führten, den spartanischen Staat, in welchem man noch im fünften und selbst im vierten Jahrhundert v. Chr. nicht solches verspürt hatte, als den Idealstaat zu betrachten.

Vom Gesichtspunkt der Gesellschaftsentwicklung aus war jedoch Sparta der rückständige Staat, Athen und die anderen griechischen Staaten, die den Übergang zur Klassengesellschaft schon längst vollzogen hatten, die fortschrittlichen. Sie waren es auch in kultureller Beziehung, denn das ist ein weiterer Unterschied zwischen der Ständegesellschaft und der sie ablösenden Klassengesellschaft, daß in dieser die Kultur einen höheren Standpunkt erreicht. Und in dieser Hinsicht war bekanntlich der Unterschied zwischen Sparta und Athen augenfällig. Die Charakteristik der modernen Klassengesellschaft in Griechenland kann daher als Endurteil zusammengefaßt werden in den Gegensatz Athen—Sparta. Auf Athen sind wir auch hauptsächlich angewiesen, wenn es gilt, diese Gesellschaft näher zu beschreiben. Nur für Athen liefern die Quellen ein einigermaßen vollständiges Bild von dem Verlauf und dem Ergebnis der Entwicklung.

* * *

Timokratie in Staat und Gesellschaft. — Von den Grundsätzen der Freiheit und Gleichheit, die die charakteristischen Züge der neuen Klassengesellschaft ausmachen, offenbart sich nur der erste sogleich in seiner vollen Stärke. Der andere tritt zunächst in der Form von Zielen und Bestrebungen hervor, die erst nach und nach verwirklicht werden können. In einem Punkte aber, betreffs der Gleichheit vor dem bürgerlichen Gesetz, geschieht dies doch ziemlich rasch. Besonders war dies der Fall in Hellas. Dort gelangte diese Seite der Klassengesellschaft so gut wie mit einem Schlage durch die Aufzeichnung der Gesetze und die damit zusammenhängende Umgestaltung des Rechtswesens zur Verwirklichung. Die Gesetzgebung Solons in Athen führte, soweit wir sehen können, zugleich die Freiheit und die bürgerliche Gleichheit ein. Dagegen gab sie nicht die politische Gleichstellung. Solon nahm zwar dem Adel seine althergebrachte Macht über den Staat und berief sämtliche Bürger zur Teilnahme am Staatsleben. Aber er gab nicht allen gleiches Recht und gleichen Anteil daran. Im Gegenteil wurden diese Anteile sehr verschieden bemessen, aber so wie einerseits die bestehenden Klassenverhältnisse es verlangten, und andererseits die Sicherheit des Staates es zuzulassen schien. Solons Gesetzgebung, die typisch ist nicht nur für Griechenland, sondern auch für alle Völker in diesem Stadium, läßt die Klassengesellschaft organisch aus der Ständegesellschaft hervorwachsen.

Der nächste Anlaß zu dem Reformwerk Solons war die Bedrückung, die der Adel teils als alleiniger Inhaber aller Macht im Staate, teils als Eigentümer des größeren Teils des Grund und Bodens ausübte, welch letzteren die Bauern gegen eine geringe Entschädigung bewirtschaften mußten. Das Schlimmste war, daß sie durch Verschuldung der Gefahr ausgesetzt waren, sowohl Freiheit als Eigentum zu verlieren. Diese Mißstände hatte Solon im Auge, als er, nachdem er durch die sogenannte Seisachtheia die Bauern von der Schuldenlast ihren adligen Darlehnsgebern gegenüber befreit hatte, das Volk in die bekannten vier Klassen nach dem Grundbesitz einteilte: die „Fünfhundertscheffler", die von ihrem Grundbesitz mindestens 500 Scheffel Getreide oder einen anderen entsprechenden Ertrag bezogen, die „Ritter" mit 300 Scheffel Einkommen, die „Zeugiten" (Bauern) mit 200 Scheffel Einkommen sowie die „Theten" (Arbeiter) mit geringerem Grundbesitz oder gar keinem. Aristoteles deutet in seiner Schrift über die Verfassung der Athener an, daß diese Einteilung von Drakon gegeben worden sei; dies ist, wie nachgewiesen worden, ein Irrtum. Möglich ist, daß Drakons Reform, die auch die Kriegsdienstpflicht berührt zu haben scheint, die Anregung zu der genannten Einteilung gegeben hat. Aber erst Solon legte sie der Verfassung in ihrer Gesamtheit zugrunde und verteilte die Staatsfunktionen auf die vier Klassen, wie die Tradition es allgemein angegeben hat.

Das spezifisch Athenische und Griechische in dieser Timokratie, wie die Verfassung nach ihrer Grundlage, τιμή, Schätzung[1]), genannt werden muß, ist, daß sämtliche Bürger, obwohl in verschiedenem Grade, zur Teilnahme an der Regierung und Verwaltung des Staates herangezogen werden. Wenn in moderner Zeit die Völker sogenannte freie Verfassungen erhalten haben, so haben diese hauptsächlich in dem Recht, Vertreter in einen Reichstag zu wählen, und in der Teilnahme dieses letzteren an der Reichsregierung bestanden. Die Völker der Antike, die es zu einem Volksvertretungssystem in den Staaten nie brachten, verstanden unter politischer Freiheit etwas anderes und mehr, als nur für Reichstagsabgeordnete zu stimmen und sich von ihnen in einer Reichsversammlung vertreten zu lassen. Politische Freiheit und politisches Bürgerrecht bedeuteten in der Antike wesentlich, Beamter werden und als solcher in eigener Person die Staatsregierung ausüben oder an der Ausübung derselben teilnehmen zu können. Das Volk beschloß nicht nur über alle Staatsangelegenheiten, sondern hatte auch die Verwaltung derselben in seinen Händen. Derartiges kommt in den Staaten der Gegenwart nicht vor, außer bis zu einem gewissen Grade betreffs der Rechtspflege. Nur auf dem kommunalen Gebiet besteht bei uns ein ähnliches Verhältnis. Der Charakter des antiken Staates als Stadtstaat und dessen geringer Umfang war wohl der hauptsächliche Anlaß zu jener Auffassung des Staatsbürgertums.

Es waren also die Ämter und die Gerichtsbarkeit, die Solon, unter Aufhebung des Monopols des Adels, allen Bürgern zugänglich machte, in verschiedener Weise aber den verschiedenen Vermögensklassen. So behielt er den Fünfhundertschefflern die höchste Regierung als Archonten und Mitgliedern des Areopags vor, während die zwei nächstfolgenden Klassen, die Ritter und die Zeugiten, zum Rate und zu allen übrigen Ämtern Zutritt erhielten. Die niedrigste Klasse, Kleinbauern und Arbeiter ohne Grundbesitz, konnte nur an der Volksversammlung und den niederen Gerichten teilnehmen. Der Schwerpunkt der Regierung lag fortdauernd bei

---

[1]) In Platos Einteilung der Verfassungen war Timokratia (Timarkia) eine auf die Ehre — τιμή hat auch diese Bedeutung — gegründete Verfassung, aus der die Zensusverfassung, von ihm Oligarchie genannt, durch inneren Verfall hervorgegangen ist (Politeia 545 B).

den Archonten und dem Areopag, alle aber hatten auf die eine oder andere Weise ihren Anteil an derselben.

Der universale Zug bei dieser ersten Verfassung in der neuen Klassengesellschaft ist der, daß das politische Bürgerrecht der sozialen Klasseneinteilung angepaßt und ferner, daß dieser letzteren das Vermögen und die darauf gegründete Kriegsdienstpflicht verschiedener Art zugrunde gelegt worden ist. Auch in der Ständegesellschaft ruhte im großen und ganzen die politische Verfassung auf der Organisation der Gesellschaft in Ständen, dies war aber mit der Anerkennung der Stände und ohne bestimmte Absicht von selbst gekommen. Es war gewöhnlich auch nicht klar in der Verfassung ausgedrückt, wiewohl die Stände je für sich rechtlich fixiert waren. Nun wurde es im Gesetz festgelegt. Die Organisation des Staates ist hiermit bewußt auf das Klassenwesen der Gesellschaft gebaut. Es herrscht Harmonie zwischen der Verfassung und den sozialen Unterschieden. In der weiteren Entwicklung wird diese Harmonie gestört, so daß politische Verfassung und soziale Organisation auseinandergehen und in Streit miteinander geraten. In der Kindheit der neuen Klassengesellschaft herrscht in dieser Beziehung volle Übereinstimmung, was in seiner Weise zu den frohen Hoffnungen auf ein künftiges Glück beiträgt, die gewöhnlich die Umwandlung der Ständegesellschaft in eine timokratische Klassengesellschaft begleiten. Dies ist das eine allgemeine Kennzeichen der Timokratie oder der „Zensusverfassung", wie sie in unserer Zeit genannt wird und zugleich ihr großes Verdienst.

Die zweite Eigentümlichkeit der neuen Klassengesellschaft ist die Umwandlung der Stände in Vermögensklassen. Diese Umwandlung der sozialen Unterschiede bewirkt, daß man von ihrem inneren Grunde, der gesellschaftlichen Aufgabe, absieht, um sich nunmehr an die durch sie verursachte Verteilung des Eigentums zu halten. Die funktionelle und produktive Seite des Klassenwesens, die die tiefgehenden Unterschiede schafft, muß zurücktreten vor der eigentumsbestimmten und konsumtiven, die zwar auch ungeheure Unterschiede darbietet, aber Unterschiede von derselben Art und untereinander vergleichbar. Die Bedeutung hiervon für die abwärtsgehende Bewegung im Klassenwesen und für die Forderung nach Ausgleichung und Gleichheit liegt klar zu Tage. Dadurch, daß die funktionellen Unterschiede zu Vermögensunterschieden reduziert worden, sind die sozialen Verschiedenheiten auf einen gemeinsamen Nenner gebracht worden und können mit demselben Maß gemessen werden. Hiermit wird der Weg freigemacht für Übergänge und Ausgleichungen zwischen den Klassen, wie sie früher nicht vorhanden waren. Als funktionelle Stände sind die sozialen Unterschiede inkommensurable Größen. Krieger, Priester, Bürger usw. repräsentieren verschiedene Aufgaben in der Kulturarbeit, welche nicht ineinander übergehen. Als eigentumsbestimmte Klassen dagegen sind dieselben Unterschiede nur relativ mit unzähligen Übergängen gleich dem Vermögen selbst. Überdies beruhen sie auf einer Gesetzbestimmung über den Zensus, die stets etwas Zufälliges und Willkürliches zu sein scheint und daher jederzeit geändert werden kann. — Dieselbe Beweglichkeit, wie die Klassen sie in Staat und Gesellschaft erhalten, erhalten auch die Individuen innerhalb der Klassen. Zwar wird ein jeder in seiner Klasse wie früher in den Ständen geboren, aber er ist nicht für das Leben daran gebunden. Nicht die Geburt, sondern eigene Arbeit bestimmt seine schließliche Stellung in sozialer Hinsicht. Das Klassenwesen ist sowohl sozial als individuell beweglich geworden und läßt dadurch der Ausgleichung, die die neue Klassengesellschaft erstrebt, den Weg frei.

Indessen bleibt es, wie gesagt, zunächst bei einer behutsamen Anwendung der neuen Prinzipien. Solons Gesetzgebung schloß sich soweit als möglich an die bestehenden Ständeverhältnisse an und hat sie nur im Prinzip geändert. Die Eupatriden hatten die Macht im Staate nach wie vor inne. Die Unzufriedenheit, die sein Werk auf entgegengesetzten Seiten hervorrief, beruhte daher ganz sicher nicht auf der neuen Klasseneinteilung, deren revolutionierenden Gedanken die Zeitgenossen wahrscheinlich nicht völlig erfaßten, sondern auf der Lösung, die er der sozialen Frage der Zeit gab. Die Seisachthie ging in den Augen des Adels zu weit, in den Augen der Bauern, die eine neue Bodenverteilung wünschten, nicht weit genug.

Die solonische Verfassung bezeichnet den Übergang zu einer neuen Epoche in der Entwicklung der Menschheit, den Übergang von der Ständegesellschaft zur modernen Klassengesellschaft. Die übrigen hellenischen Staaten haben ungefähr gleichzeitig oder kurz danach denselben Weg betreten. Rom folgte ein Jahrhundert später, aber noch behutsamer. Die Servianische Verfassung, der Tradition gemäß durchgeführt, während noch das Königtum bestand, ist, soweit man sehen kann, weniger durch die sozialen Gegensätze und den Klassenkampf als durch das Bedürfnis des Staates nach einer Neugestaltung des Kriegswesens veranlaßt worden.

Die römische Centurienverfassung teilte das Volk nach dem Grundbesitz in fünf Klassen ein, wozu als eine sechste Klasse die Proletarier kamen, die keinen Grund und Boden oder weniger als die fünfte Klasse (im Werte von 11000 As nach späteren Bestimmungen) besaßen und daher auch nicht Kriegsdienst leisteten. Zunächst bezog sich diese Einteilung auf das Heer und die Wehrpflicht. Sie legte aber zugleich den Grund für die Teilnahme des Volkes am Staatsleben. Ein jeder Wehrpflichtige hatte Stimmrecht in der Centurienversammlung, aber der Stimmwert war sehr verschieden für die verschiedenen Klassen, so daß die erste Klasse, obwohl verhältnismäßig gering an Zahl, 98 Stimmen (Centurien) von 193 hatte, die Mittelklasse (die Masse der Bauern) in drei Gruppen verteilt 90, andere kleine Leute (Handwerker u. a.) 4 und die Proletarier 1. So aristokratisch diese Organisation auch war, bezeichnet sie doch den Übergang von der Stände- zur Klassengesellschaft, denn das Vermögen ist nun Grundlage nicht nur für den Kriegsdienst, sondern auch für politische Rechte. Der Übergang vollzog sich aber in Rom nur langsam. Der Adel, die Patrizier, behielten lange ihre vorherrschende Stellung. Nur allmählich vermochte die Centurienversammlung sich von der patrizischen Kurienversammlung das Recht zu erkämpfen, die höchsten Beamten zu wählen, Gesetze zu geben und über Kapitalverbrechen zu urteilen. Lange war auch der Zutritt zum Senat und zu den höchsten Ämtern den Patriziern und den wenigen plebejischen Familien, die jene in ihren Kreis aufgenommen hatten, vorbehalten. Aber die einmal begonnene Entwicklung ging unaufhaltsam fort, wobei das Volkstribunat und die neuhinzugekommene Tribusversammlung die Sache des gemeinen Volks verfochten. Im Zusammenhang mit der schriftlichen Aufzeichnung der Gesetze fiel der letzte Rest von Ungleichheit vor dem bürgerlichen Gesetz, als Heiraten zwischen Patriziern und Plebejern 445 ohne nachteilige Rechtswirkungen gültig wurden. Die politische Gleichstellung wurde der Hauptsache nach durch die Licinischen Gesetze 367 erreicht, wodurch die Plebejer Zutritt zu den höheren Ämtern erhielten. Der langwierige Streit um den „ager publicus", das besiegten Feinden abgenommene Land, auf das die Patrizier seit alters besonderes Anrecht gehabt hatten, gelangte erst später zum

Abschluß. Im übrigen aber waren nun die Vorrechte der Patrizier abgeschafft worden und an die Stelle der alten, auf Geburt und Staatsfunktion gegründeten Stände kamen die auf Gewerbe und Vermögen ruhenden Klassen. Bevor jedoch die Klassengesellschaft in Rom die ihr innewohnenden Tendenzen zu voller Entwicklung bringen konnte, fiel die Republik, und die neue Militärmonarchie leitete Staat und Gesellschaft in neue Bahnen.

* * *

Die Klassen. Der Sage nach soll Theseus, der vermeintliche Begründer des athenischen Staates, das Volk in drei Stände eingeteilt haben: Adlige, Bauern und Arbeiter (*δημιουργοί*). Fügen wir hierzu die Handwerker als besonderen Stand und erinnern wir uns ferner, daß zu den Handwerkern die Kaufleute gehören, so erhalten wir unzweifelhaft ein richtiges Bild von dem Klassenwesen beim Übergang von der Stände- zur Klassengesellschaft in Hellas. Es entspricht dem gewöhnlichen Schema für die Stände, nur daß ein Priesterstand fehlt. Aber bei den Völkern der Antike bildeten die Priester nicht einen Stand, sondern das Priestertum war in ältester Zeit in Hellas nebst dem Kult selbst an gewisse adlige Geschlechter geknüpft; später bildeten sie hier wie in Rom kleine Kollegien von Beamten, verschieden für die verschiedenen Kulte. Wird dieses Bild des Ständewesens in Athen von dem Beruf, d. h. der sozialen Aufgabe zur Vermögensskala transponiert, so finden wir darin ziemlich deutlich die vier Solonischen Klassen wieder. Als dann diese Einteilung unter Einfluß der in der Klassengesellschaft wirkenden Kräfte reduziert wird, sind die (freien) Klassen in Hellas wie in der modernen Gesellschaft im großen und ganzen drei, eine Oberklasse, die Nachkommen des alten grundbesitzenden Adels, die Großen der Industrie und des Handels sowie die Männer der Bildung umfassend, eine Mittelklasse von Handwerkern, Krämern und Bauern und zuletzt die Arbeiter.

Hinter dieser Übereinstimmung zwischen Altertum und Neuzeit, die eine Folge der überall in der Klassengesellschaft gleichen Organisation der Kulturarbeit ist, verbergen sich indessen große Verschiedenheiten. Sie zeigen sich am besten, wenn man numerisch die drei Klassen zu bestimmen versucht. Dies ist, was Athen betrifft, annähernd möglich dank der Solonischen Klasseneinteilung, die offiziell bezüglich der Kriegsdienstpflicht wenigstens bis zur

Zeit des peloponnesischen Krieges aufrechterhalten wurde, und einer Angabe bei Thukydides (II, 13) über die athenische Kriegsmacht im Jahre 431. Auf Grund dieser und anderer Angaben sind Berechnungen über die kriegsdienstpflichtige Bevölkerung (über 18 Jahre) nach Klassen angestellt worden. Die letzte dieser Berechnung ergibt folgendes Resultat:

Fünfhundertscheffler und Ritter	2 500
Zeugiten (Bauern, Handwerker u. a.)	33 000
Theten (Arbeiter)	20 000
Sa.	55 500[1])

Hierzu kamen mindestens 14 000 Fremde, sog. Metöken, über deren Verteilung nach Klassen man nichts weiß. Vermutlich aber unterscheidet sich diese nicht sehr von der der einheimischen Bevölkerung.

Halten wir uns indessen ausschließlich an diese und stellen wir einen Vergleich mit den Klassenverhältnissen der modernen Zeit an, so erhalten wir einen wertvollen Einblick in die besondere Struktur der Klassengesellschaft des Altertums. Zum Vergleich wollen wir hierbei das schwedische Volk im Jahre 1900 benutzen. Die wirtschaftlichen Verhältnisse bieten Ähnlichkeiten dar, die einen solchen Vergleich nicht unberechtigt erscheinen lassen. In beiden Fällen ist Landwirtschaft das Hauptgewerbe, daneben aber bilden Industrie und Handel mit Schiffahrt bedeutende Erwerbszweige, in Athen Handel und Schiffahrt verhältnismäßig mehr, in Schweden dagegen die Industrie. Für das Klassenwesen mit seiner Dreiteilung des Volkes in Oberklasse, Mittelklasse und Unterklasse bedeuten diese Verschiedenheiten im einzelnen nichts gegenüber der durchgehenden Übereinstimmung im großen. Die relativen Zahlen, die hier allein in Betracht kommen, sind folgende:

---

[1]) Ed. Meyer, Forschungen zur Alten Geschichte, II, 1899, S. 179. — Jul. Beloch, dessen Arbeit „Die Bevölkerung der griechisch-römischen Welt", 1886, für das Studium der Bevölkerungsverhältnisse des Altertums grundlegend ist, hat durchweg niedrigere Zahlen, insgesamt 35 000 freie Bürger und 9—10 000 Metöken (S. 73; vgl. desselben Verfassers Griechische Geschichte, I, S. 404). Später gibt jedoch B. selbst zu, daß die Zahlen niedrig berechnet sind (Griech. Geschichte, II, 484, Anm. 1).

Durch Multiplikation mit 3, einer nach heutigen Verhältnissen recht niedrigen Ziffer, kommen dann diese Forscher zu einer Gesamtbevölkerung für die genannte Zeit von 170 000 bzw. 135 000 freien Bürgern und 42 000 bzw. 30 000 Metöken.

	Athen 431 v. Chr. %	Schweden 1900 n. Chr.[1]) %
Oberklasse	4,51	5,27
Mittelklasse	59,46	38,96
Arbeiter	36,03	55,77
	100	100

Übereinstimmung herrscht einigermaßen bezüglich der höchsten Klasse. Doch ist diese verhältnismäßig geringer an Zahl im Altertum als im heutigen Schweden und — können wir hinzufügen — in der Gegenwart überhaupt, denn diese Klasse dürfte überall in unseren Gesellschaften 5—6% der Bevölkerungsmenge betragen. Dieser Unterschied läßt sich indessen leicht erklären. Das klassische Altertum ermangelte der Beamten, die bei uns einen so bedeutenden Teil dieser Gesellschaftsklasse ausmachen. Zwar waren alle hervorragenden Männer Staatsbeamte auf die eine oder andere Weise während des größeren Teils ihres Lebens; in den antiken Freistaaten gab es aber keinen Platz für einen Beamtenstand, ausgenommen den priesterlichen, der jedoch nie größere Bedeutung oder größeren numerischen Umfang erreichte. Die Ämter hatte der Reihe nach das souveräne Volk inne, weshalb ein Beamtenstand erst unter dem Kaisertum entstehen konnte. Ferner ist zu beachten, daß die Männer der Bildung, Philosophen, Dichter u. a., im Altertum wie in unserer Zeit häufiger arm als reich waren. Es ist daher wahrscheinlich, daß bei dieser Verteilung der waffenfähigen Athener nach dem Vermögen verschiedene, die im bürgerlichen Leben zur Oberklasse zählten, hier den Zeugiten zugeteilt sind. Sokrates z. B. war Zeugit. Aber diese Fälle waren ganz sicher nicht so zahlreich — die Zahl der Gelehrten und Dichter ist nie groß —, daß sie nennenswert auf die relativen Zahlen einwirken. Im großen und ganzen herrscht demnach ziemlich gute Übereinstimmung zwischen Altertum und Neuzeit betreffs der ersten Klasse der Gesellschaft. Um so weniger dagegen bezüglich der beiden anderen.

Es sind höchst beträchtliche und äußerst wichtige Unterschiede, die in bezug auf Mittelklasse und Arbeiter hervortreten

[1]) P. Fahlbeck, Les classes sociales in Bulletin de l'Institut international de Statistique, Bd. XVIII, I (1909), S. 200, wo auch die absoluten Zahlen vorkommen: 270 846 — 2 000 219 — 2 865 376 = 5 136 441 Einwohner am 31. Dezember 1900.

oder genauer betreffs der Arbeiter, denn es ist vor allem ihre numerische Schwäche, die dem Bilde des antiken Klassenwesens seinen charakteristischen Zug verleiht. Während in der schwedischen Gesellschaft die Arbeiter die weitaus größte Klasse ausmachen — und gewisse andere Länder, wie England, können sicherlich noch größere relative Zahlen für sie aufweisen — stand die Unterklasse in Athen und überhaupt in der Antike weit hinter der Mittelklasse zurück und war — kann man hinzufügen — allzu gering an Zahl. Um die Hochkultur, die der modernen Klassengesellschaft eigen ist, aufrechtzuerhalten, bedarf es vieler arbeitenden Hände, zumal wenn Maschinen nicht vorhanden sind, die sie ersetzen können. Hier lag also ein Mangel in der Arbeitsorganisation der antiken Gesellschaft vor, der sie unfehlbar auf einer niedrigeren Kulturstufe festgehalten hätte, wäre nicht die fehlende körperliche Arbeit von einem zahlreichen Sklavenstande geleistet worden. Die Anzahl der Sklaven in Athen zu der fraglichen Zeit wird von den genannten Forschern zu 100 000 (Beloch) und 150 000 (Meyer) berechnet — eine Zahl fast gleich der der gesamten einheimischen freien Bevölkerung, ein ungeheurer Zuschuß also an Arbeitskraft, ohne den die nötige Unterlage für Kultur und Gesellschaft gefehlt hätte.

Die Kulturgesellschaft gleicht nämlich einer Pyramide, in welcher die Handarbeiter die breite Basis bilden, die Mittelklasse, die immer noch mächtige, aber abnehmende Mittelschicht und die Oberklasse die schmale Spitze. Solcher Art ist der Bau der modernen Gesellschaften. Die Gesellschaft der Antike bot ein ganz anderes Bild dar, wie die angeführten Zahlen betreffs der freien Bevölkerung, des Staatsvolkes, lehren. In dieser Gestalt war sie indessen unhaltbar. Die Kulturgesellschaft muß ein breites Postament haben, soll sie nicht umstürzen. Dieses Postament lieferte der Sklavenstand. Rechnet man ihn hinzu, wie man das vom Gesichtspunkt der Kulturarbeit tun muß, so ändert sich das Verhältnis. Es wird dann die Anzahl der Arbeiter in der athenischen Gesellschaft, wie hoch man die Anzahl der Sklaven auch bemißt[1]), verhältnismäßig weit größer als in der modernen. Die Gesellschaftspyramide erhält ein dementsprechendes Aussehen. Sie war, die Sklaven eingerechnet, damals weit aristokratischer gebaut, als sie es heutzutage ist.

[1]) Alle Berechnungen der Anzahl der Sklaven sind äußerst unsicher; und natürlich noch weniger bekannt ist die Zusammensetzung des Sklavenstandes aus Männern und Frauen, Erwachsenen und Kindern.

Ob man nun aber die Sklaven mitrechnet oder sie ausschließt, so illustrieren die angeführten Zahlen besser als alle Beschreibungen den sozialen Bau der antiken Klassengesellschaft und zugleich deren Abweichung von der modernen Gesellschaft. Wir haben oben in dem Gegensatz Athen-Sparta den Unterschied zwischen Klassengesellschaft und Ständegesellschaft auf klassischem Boden gekennzeichnet. Hier haben wir den großen Unterschied zwischen der ersteren und der Klassengesellschaft unserer Zeit vor Augen. Der Unterschied betrifft indessen ausschließlich das Stärkeverhältnis zwischen den Klassen im freien Volke, aber hier ist er um so augenfälliger. Dagegen sind die Klassen selbst — abgesehen natürlich von den Sklaven — und die Aufgaben, denen sie in der Arbeitsorganisation der Gesellschaft dienen, im Altertum dieselben wie jetzt.

Indessen wurden die Klassen im Altertum ebensowenig wie heutzutage nach ihren sozialen Aufgaben aufgefaßt und benannt. Die allgemeine Tendenz der Klassengesellschaft zu zahlenmäßiger Gleichförmigkeit beherrschte in Hellas vollständig die sozialen Unterschiede. Die timokratische Verfassung mit ihren Zensusbestimmungen und den danach bemessenen Pflichten, ursprünglich auch Rechten, hatte einen natürlichen Anstoß hierzu gegeben. Dieser Anstoß wirkte fort, in dem Maße wie die politische Gleichheit zum Durchbruch kam, bis die timokratische Auffassung jede andere verdrängte. Im bürgerlichen Leben wurden so die Klassen ausschließlich nach dem Eigentum eingeteilt in: Reiche, Wohlhabende und Arme. Zwar zählt Aristoteles, wo er von den Bestandteilen des Staates handelt, die verschiedenen Berufsklassen auf, die darin vorhanden sind oder vorhanden sein sollen: Bauern, Handwerker, Kaufleute, Tagelöhner, Krieger, Reiche, die die Liturgien, gewisse Staatsausgaben, bezahlen, Staatsmännner und Richter. Indessen können mehrere von diesen Berufen und Aufgaben bei denselben Personen vereinigt sein, fährt er fort, nur nicht Reichtum und Armut; daher sind Reiche und Arme die beiden Hauptklassen im Staate[1]. Und obwohl er und noch mehr Plato in ihren Idealstaaten die Klassen oder genauer die Stände — denn es ist eine Stände- oder Kastengesellschaft, von der sie

[1]) Politik, IV, 3, S. 14. Dieselbe Aufzählung der Stände nach Berufen und Funktionen kehrt mit gewissen geringeren Abweichungen ebenda, VII, S. 7 u. 8 wieder, wo die vielerörterte Frage nach dem „besten Staate" behandelt wird.

träumen — ausschließlich nach der sozialen Aufgabe konstruieren, so haben sie im wirklichen Leben und betreffs der zeitgenössischen Staaten Auge nur für die verschiedene Eigentumsverteilung, den alles Klassenwesen begleitenden Schatten. Das Eigentumsproblem stand ja im Vordergrunde bei allen den inneren Streitigkeiten, von denen die griechischen Staaten heimgesucht wurden, und von seiner richtigen Lösung schien das Wohl der Allgemeinheit und des Einzelnen abzuhängen. Am glücklichsten ist es, wenn die wohlhabende Mittelklasse zahlreich ist und die beiden anderen unbedeutend sind. Dagegen sind die Staaten übel dran, wo das Entgegengesetzte der Fall ist, sagt Aristoteles. Dies erklärt, weshalb alles Klassenwesen so einseitig aus plutokratischem Gesichtspunkt betrachtet und die Klassen danach angegeben wurden.

Unter der Einwirkung dieser Anschauungsweise und der Streitigkeiten des Tages werden daher nicht selten die Klassen von den Schriftstellern jener Zeit auf diese zwei: Reiche und Arme reduziert. Diese Vereinfachung entspricht wohl in gewissem Grade der späteren Entwicklung, wo alle niederen Klassen unterschiedslos in dem souveränen Demos aufgehen und die Eigentumsverteilung das alles beherrschende Problem der Zeit wird. Jedenfalls bringt sie die Betrachtungsweise des Proletariers zum Ausdruck und wird daher mit Vorliebe von der Demagogie während der Zeit des demokratischen Verfalls angewandt. Ihr entspricht dann die Einteilung in „Bessere" und „Schlechtere", womit von der anderen Seite her die sozialen und politischen Gegensätze angegeben zu werden pflegten. Die Klassen wurden mit den politischen Parteien identifiziert, welche nun diese zwei waren.

In Rom finden wir dieselben Klassen wie in Griechenland wieder, freilich aber mit recht bedeutenden Abweichungen. Ihre Vorläufer, die Stände, scheinen auf den ersten Blick hin noch verschiedener zu sein. Wir hören nämlich aus älterer Zeit nur zwei Stände erwähnen, Patrizier und Plebejer, den Adel und das gemeine Volk. Die Plebs aber war nicht eine einheitliche Masse, sondern enthielt eben die zwei oder drei niederen Stände. Die Patrizier und die in ihren Kreis aufgenommenen plebejischen Magnaten bilden demnach als die Regierenden des Staates und als Großgrundbesitzer einen dominierenden Herrenstand. Die Bauern, die Hauptmasse der Plebs, bilden den zweiten, durch ihre Anzahl und ihre politische Bedeutung, dank dem Übergewicht der ländlichen Tribus, mächtigen Stand. Die in der Stadt ansässigen Handwerker und Kaufleute, auf die vier städtischen Tribus beschränkt und ohne größeres Vermögen, nehmen lange einen bescheidenen Platz in dem römischen Klassenwesen ein. Am niedrigsten stehen Arbeiter und Diener, während Freigelassene und Klienten eine Mittelstellung zwischen Freien und Unfreien, von Fall zu Fall sehr wechselnd, einnehmen. Das Klassenwesen in Rom während der älteren Zeit der Republik erinnert demnach weit mehr an die aristokratische Ständegesellschaft, als es in Athen während der entsprechenden Periode der Fall war. Aber auch hier werden die Klassen nach dem Geiste der neuen Zeit umgewandelt, obwohl langsamer.

In dem Maße, wie das römische Reich sich ausdehnt, erst über Italien, dann darüber hinaus auf angrenzende Länder, wachsen Handel und Gewerbe und mit ihnen Kaufmannsstand und Kapitalisten. Darunter verschwinden die Patrizier als besondere Klasse; auch die Stellung der Bauern wird untergraben. Das Resultat der Umbildung sind also hier wie anderwärts die charakteristischen drei Klassen der Klassengesellschaft mit gewissen aus der aristokratischen Ständegesellschaft her fortlebenden Resten. Eine Oberklasse, gebildet von älteren und neueren senatorischen Geschlechtern, der Nobilitas, sowie von reichen Emporkömmlingen, den Rittern, hat die politische und wirtschaftliche Leitung inne. Die nun übelgestellten Bauern, sowie kleinere Händler und Handwerker bilden eine schwache Mittelklasse. Unterhalb dieser, obwohl oft in besserer ökonomischer Lage als sie, befinden sich die abhängigen Klienten und Freigelassenen, während eigentumslose Arbeiter als ein Proletariat die unterste Schicht des freien Volkes bilden. Während der späteren Zeit der Republik erfahren die Mittelklassen eine fortgehende Schwächung und das Klassenwesen entwickelt sich hier wie in Griechenland zu dem Gegensatz zwischen einer geringen Anzahl Reicher und einer großen Masse Abhängiger und Armer. Besonders trat dies stark in der Stadt Rom selbst hervor, wo ein großer Teil der nicht seßhaften Bevölkerung Italiens zusammenströmte, und wo die Demokratie zu voller Entwicklung gelangte. Gleichwohl blieb bis zuletzt die timokratische Grundlage in Staat und Gesellschaft bestehen. Die Zensusverfassung mit ihrer Einteilung des Volks nach Vermögen und Kriegsdienstpflicht wurde in Rom mittels der Zensur aufrechterhalten, welche den Klassen staatliche Sanktion und damit einen Zug vom Ständewesen verlich, auch nachdem die alten erblichen Stände als solche aufgehört hatten.

Schließlich formten sich hier wie in Athen die Gesellschaftsklassen nach den politischen Parteien, deren es in Rom in späterer Zeit drei gab, wie dies auch die Zahl der Gesellschaftsklassen war: die Senatspartei (Optimaten), die Ritter und das Volk (Plebs). Aber über der teilweise großen äußeren Ähnlichkeit darf man doch nicht den bedeutenden inneren Unterschied übersehen. Während die politischen Parteien so gut wie ausschließlich von Privatinteressen beseelt waren, dienten die Gesellschaftsklassen, wenn auch unbewußt, hier wie sonst außerdem allgemeinen Bedürfnissen und waren Erzeugnisse derselben.

Das oben kurz skizzierte Klassenwesen bezieht sich nur auf die freien Bürger. In der antiken Gesellschaft fanden sich außer diesen Klassen noch andere, welche politisch und sozial nicht mitzählten. Eine solche Klasse bestand aus Fremden, die unter Genuß voller persönlicher Freiheit und des Rechtes zur Ausübung von Handel und Gewerbe politischer Rechte ermangelten und auch unter einer Art Vormundschaft eines Bürgers stehen mußten. In Athen besonders waren diese „Metöken" sehr zahlreich und gern gesehen. Sie trieben mehr als die Athener selbst Handel und Industrie und trugen in hohem Grade zur Blüte des Staates bei. Auch in Rom gab es in späterer Zeit viele solche, die im Klientenverhältnis zu einem Patronus standen. Sie waren jedoch und blieben, falls nicht in einzelnen Fällen das Bürgerrecht verliehen wurde, Gäste und gehörten nicht zum Volke. — Dies war nicht der Fall mit den Freigelassenen, die im übrigen eine den Fremden und Klienten ähnliche Stellung einnahmen. Gewöhnlich wurden sie auch in zweiter und dritter Generation als freie Bürger aufgenommen. Während der vielen und langen Kriege, wo die Anzahl der Freien oft stark sank, eröffnete der Kriegsdienst sowohl der einen als der anderen Art dieser Halbbürger Gelegenheit, in die Reihen der Vollbürger aufzurücken. Die oft wiederkehrenden inneren Umwälzungen taten dasselbe. In Athen gab bereits Kleisthenes' Reform (508) Anlaß zu einer derartigen Rangversetzung in großem Maßstabe. Später wurde dasselbe unter dem Zwange der Not während des peloponnesischen Krieges wiederholt. In anderen Staaten nahm dieses Aufrücken oft noch größeren Umfang an.

Unterhalb aller dieser Gruppen befanden sich schließlich die Sklaven. Sie standen vollständig außerhalb von Staat und Gesellschaft, gehörten aber doch zum Volke, obwohl nur als Eigentumsgegenstände und Dinge. Die Sklaven waren jedoch in großem Umfange Hellenen. Die ständigen Kriege lieferten Gefangene, die, wenn sie nicht getötet, dem Sklavenmarkte zugeführt wurden. Dieser wurde vielleicht noch reichlicher von anderer Seite her versehen, durch Seeräuberei und Menschenjagd unter den Barbaren. Denn der Bedarf an Sklaven wurde, je höher die Kultur stieg, um so größer. Die Sklavenbevölkerung wuchs auch während der politischen Blütezeit ungeheuer an und erreichte annähernd oder überstieg sogar die Zahl der freien Bevölkerung. Daß dies in Sparta der Fall war, war ganz natürlich, da dort die Anzahl der Vollbürger, auch wenn sie am größten war, nur einen Bruchteil der von Periöken und Heloten ausmachte. Aber Gesellschaft und Klassenwesen in diesem Kriegerstaat sind nicht mit anderen vergleichbar. Wie die Verhältnisse in Athen lagen, ist oben angegeben. In anderen griechischen Staaten wechselte die Anzahl der Sklaven je nach Kultur und Erwerb außerordentlich stark.

In Rom gab es Sklaven in älterer Zeit nur in geringer Menge. Später wuchs ihre Zahl auch hier bedeutend. Nachdem Rom sich ganz Italien und Sizilien unterworfen hatte, entstanden Latifundien, die in großem Maßstabe Sklavenarbeit zur Verwendung auch in der Landwirtschaft kommen ließen. Die Industrie, die in Italien wie vorher in den griechischen Städten erstand, wurde gleichfalls hauptsächlich mit Sklaven betrieben. Die oft gefährlichen Sklavenaufstände (wie in den Jahren 140 und 73) legen sprechendes Zeugnis ab von der Größe der Sklavenbevölkerung während der späteren Zeit der Republik.

Kapitel X.

Die antike Klassengesellschaft.

Wirtschaftliche Verhältnisse.

Der Kapitalismus. In der neuen Klassengesellschaft mit ihrer Freiheit und Beweglichkeit scheint die objektive Seite des Klassenwesens gegenüber der subjektiven, die Gesellschaftsaufgabe gegenüber der Lebensstellung zurückzutreten. In Wirklichkeit ist dies wohl nicht der Fall. Die sozialen Funktionen, deren am allerwenigsten die Hochkultur entraten kann, bestehen fort und wirken wie vorher oder vielmehr in noch höherem Grade. Aber sie sind nicht wie zuvor gesetzlich festgelegt oder an bestimmte Personen gebunden. Daher drängen sie sich dem Betrachter nicht so sehr auf, und vor allem der Zusammenhang zwischen Funktionen und Klassenwesen ist nicht ebenso deutlich. Man weiß wohl, daß die ersteren existieren, denkt aber dabei nicht an das letztere, das doch in letzter Linie ihre Grundlage bildet. Die Klassen wiederum werden für sich betrachtet ohne Rücksicht auf ihre Funktionen und sind so nur verschiedene Lebensstellungen. Sie sind selbst in eine Summe von Individuen aufgelöst worden, die nur durch gleiche Lebensbedingungen etwas gemeinsam zu haben scheinen. Daher dominiert in dieser Gesellschaft die subjektive Seite im Klassenwesen und bestimmt die allgemeine Vorstellung davon.

Eine unmittelbare Wirkung hiervon ist, daß das Eigentum, das ursprünglich eine Folgeerscheinung lediglich des Klassenwesens ist, hervortritt und dessen Grundlage zu sein scheint. Denn von dem Eigentum hängen in hohem Grade die Lebensbedingungen ab. Das Eigentum wird hierdurch mehr als zuvor bestimmend für den Menschen- und Bürgerwert. In der Ständegesellschaft waren es in erster Linie die Aufgabe und der Beruf, die diese Werte verliehen. Der Edelmann, wenn auch arm, war mehr als der Bürger, dieser mehr als der Bauer usw., nur infolge der mit den Ständen gegebenen und gesetzlich festgelegten verschiedenen Aufgaben. In der Klassengesellschaft dagegen wird der Menschenwert zwar nicht ausschließlich, aber doch überwiegend nach der Lebenshaltung, d. h. nach dem Gelde gemessen. *Χρήματ' ἀνήρ*, das Geld macht den Mann, heißt es so in der antiken Welt gleichwie in unseren Tagen.

Dies veranlaßt uns, der *Eigentumsordnung* und dem, was damit zusammenhängt, besondere Aufmerksamkeit zu widmen. Die antike Gesellschaft wollte selbst Klassen und Klassenwesen aus diesem Gesichtspunkt sehen und beurteilen. Wir müssen bis zu einem gewissen Grade das gleiche tun. Nur dadurch erhalten wir einen Einblick in die Kräfte, die die Entwicklung vorwärts trieben. Von den wirtschaftlichen Verhältnissen jener Zeit interessieren uns direkt jedoch nur die, welche Klassen und Klassenwesen berühren. Es sind dies die Eigentumsverteilung und die dadurch bedingten Verhältnisse. Um sie aber recht zu verstehen, ist auch ein Blick auf die Arbeit, die Einkommen und Eigentum schafft, vonnöten. Jede Gesellschaftsordnung hat ihre Produktionsform, die primitive Gesellschaft eine, die Ständegesellschaft eine andere, die neue Klassengesellschaft eine dritte — die, welche wir „Kapitalismus" nennen. Der Kapitalismus in der Antike war nicht völlig gleich dem heutigen, vor allem nicht in technischer Hinsicht. Aber die allgemeine Produktionsform mit freiem Austausch von Waren und Diensten war doch im großen und ganzen dieselbe damals wie jetzt, mit Ausnahme natürlich der Sklavenarbeit und alles dessen, was daraus folgte — obwohl freilich auch der Kapitalismus unserer Tage sich mit dieser, wenn nötig, vertragen kann, wie die Geschichte der Vereinigten Staaten lehrt. Einige Worte zur Beleuchtung der Organisation der Arbeit in der Klassengesellschaft des Altertums sind jedoch am Platze, um so mehr als von verschiedenen Seiten ihre Gleichwertigkeit mit der heutigen bestritten worden ist.

Die antiken Völker sind nebst denen der Gegenwart die einzigen, die aus dem Mittelalter in eine moderne Staats- und Gesellschaftsform eingetreten sind. Das geschah mit dem Übergang von der Stände- zur Klassengesellschaft und der gleichzeitigen Entstehung von Hochkultur und Kapitalismus. Die Klassengesellschaft läßt den Völkern die Sonne der Freiheit aufgehen; und die Freiheit bedeutet für den Kulturmenschen, wenn sie erst zum Durchbruch gelangt, die Auferstehung. Es erwachen da alle die schlummernden Kräfte, die in ihm vorhanden sind, und er geht daran, eine neue Welt aufzubauen. Der durch keine Privilegien und keinen Zunftzwang gehemmte Unternehmungsgeist zaubert binnen kurzem eine reiche materielle Kultur hervor, vorausgesetzt natürlich, daß die Ordnung, der Wächter und der Schutz der Freiheit, in gleichem Maße vorhanden ist. Auch in der Ständegesellschaft kann, wenn die Kräfte in der Hand eines Herrschers gesammelt werden, wie in Ägypten und den großen orientalischen Reichen, Großes zustande kommen. Ebenso erlangten die phönizischen Städte eine bedeutende Blüte, dies aber dank eben dem Kapitalismus, der in diesen Handelsaristokratien schon während der Ständeherrschaft sich entwickelte. Auf dieselbe Weise entstehen während der Zeit der Ständegesellschaft in den europäischen Städten und Handelsrepubliken viele herrliche Bauwerke und andere Beweise zunehmenden Reichtums und wachsender Kultur. Aber diese mittelalterliche Kultur wird, wenn nicht bezüglich der Baukunst, so doch in allem anderen, von den materiellen Fortschritten der darauffolgenden Zeit weit übertroffen. Und noch mehr ist dies der Fall bei der geistigen Kultur, die gleichfalls mit der Klassengesellschaft und dem Kapitalismus zur Blüte gelangt. Die erstere schenkt die für diese Kultur nötige Freiheit, der letztere die nicht minder notwendige wirtschaftliche Unterlage, den nationalen Reichtum.

Als daher die Ständegesellschaft und die Adelsherrschaft in Hellas gleichwie später in Rom fielen, stellten sich diese Erscheinungen von selbst zugleich mit der freien Verfassung ein. Denn die Klassengesellschaft hat in der freien Verfassung ihre politische Organisationsform wie in dem Kapitalismus ihre wirtschaftliche. Diese vier — Klassengesellschaft, Hochkultur, Kapitalismus und freie Verfassung — gehören zusammen als die verschiedenen Äußerungen eines und desselben Entwicklungsstadiums. Sie sind untereinander zugleich Ursache und Folge. Das eine kann nicht gut vorkommen ohne die anderen. Und sämtlich gehen sie aus der Ständegesellschaft hervor. Dies ist betreffs des Kapitalismus ebenso klar wie betreffs der Klassen und der freien Verfassung.

Wenn die Schranken und die Gebundenheit auf dem wirtschaftlichen Gebiete aufgehoben werden, folgt ohne weiteres die wirtschaftliche Ordnung, die den Namen Kapitalismus erhalten hat. Der freie Markt und die freie Konkurrenz, mit dazugehöriger Geldwirtschaft und gesteigerter Arbeitsverteilung, rufen Kapitalkonzentration und Spekulation sowie vor allem das „kapitalistische Unternehmen“ hervor. Das kapitalistische Unternehmen wird gekennzeichnet durch die Ziele, die es beseelen: objektiv Waren für den allgemeinen Markt herzustellen, subjektiv seinen

Inhabern Gewinn und Verzinsung des im Unternehmen angelegten Kapitals zu bringen. Sowohl in Hellas wie noch mehr in Rom kam während ihrer Blütezeit dieser Typ von Unternehmungen in großem Umfange vor und verlieh dem wirtschaftlichen Leben dasselbe kapitalistische Gepräge wie dem der Gegenwart, wie sehr es sich auch in gewissen anderen Hinsichten davon unterschied.

Indessen ist von verschiedenen Seiten das Vorkommen des Kapitalismus in der Antike bestritten oder beträchtlich reduziert worden. Karl Marx und nach ihm die meisten sozialistischen Schriftsteller seiner Schule sind der Meinung, der Kapitalismus mit der dazugehörigen „sozialen Frage" sei eine für unsere Zeit eigentümliche Erscheinung, die früher nie vorgekommen sei. Rodbertus kam aus anderen Gründen zu derselben Auffassung. In der Antike hätte es nur Hauswirtschaft gegeben, „Oikos-Wirtschaft", die für eigene Familie und ihren Unterhalt arbeitete mit geringem oder keinem Austausch mit anderen. Diese Oikos-Wirtschaft, die den geraden Gegensatz zu dem kapitalistischen Unternehmen bilde, sei in der Ständegesellschaft und unter primitiven Verhältnissen die alleinherrschende Wirtschafts- und Unternehmungsform. In Hellas sei sie alleinherrschend gewesen zu Homers Zeit gleichwie später in allen abgelegenen Landesteilen wie Aetolien, Akarnanien, Thessalien; in Italien während älterer Zeit desgleichen. Sie kehrte zurück in der Zeit des Verfalls unter der Herrschaft der Kaiser auf den großen Latifundien, zuerst den kaiserlichen und später überall. Während der hellenischen und römischen Blütezeit sei aber diese Wirtschaftsform durch das kapitalistische Unternehmen verdrängt worden. Auch die erweiterte Form dieser Oikos-Wirtschaft, die nach K. Bücher als „Stadtwirtschaft" mit in sich geschlossenem Markt erscheint[1]), habe unter Einfluß derselben kapitalistischen Unternehmungen einer wirklichen Volkswirtschaft mit großem internationalen Handel weichen müssen. Die auswärtige Politik Athens wie auch Korinths und mehrerer anderer Staaten während des 5. und 4. Jahrhunderts gleichwie ein paar Jahrhunderte später die Roms sei im Grunde nichts anderes gewesen als ein Kampf um den Markt genau wie die auswärtige Politik in unserer Zeit[2]).

---

[1]) K. Bücher, Die Entstehung der Volkswirtschaft, 1893.

[2]) Rodbertus und Büchers Auffassung ist überzeugend zurückgewiesen worden von Ed. Meyer in der lehrreichen Abhandlung „Die wirtschaftliche Entwicklung des Altertums", 1895.

Schließlich sind Zweifel an dem vorgeschrittenen wirtschaftlichen Standpunkt der Antike auch von geschichtlich-archäologischer Seite geäußert worden. Das wirtschaftliche Leben, sagt man[1]), war auch während der Blütezeit im alten Griechenland wesentlich auf die Landwirtschaft und den Ertrag des Bodens gegründet. Der allerdings nicht unbedeutende Handel betraf meist den Austausch von Erzeugnissen der Landwirtschaft sowie einiger Rohstoffe. Die Industrie war unbedeutend und kam hauptsächlich in der Form von Hausgewerbe und Handwerk vor. Nur in bezug auf Geldwesen und Bankbetrieb wurde ein mehr moderner Standpunkt erreicht.

Es ist unzweifelhaft richtig, daß nicht nur in Sparta und mehreren anderen, mehr abseits liegenden Staaten die Landwirtschaft der eigentliche Erwerbszweig während der ganzen klassischen Zeit war und blieb, ebenso daß dieselbe auch in Athen den wichtigsten Platz in der Wirtschaft des Landes einnahm. In Athen, Korinth und den meisten anderen Staaten aber war es nicht Landwirtschaft, sondern Handel und Industrie, die dem wirtschaftlichen Leben seinen Charakter verliehen. Wohl war die Industrie vielleicht nicht so entwickelt und die Unternehmungen nicht so groß, wie man es meistens bisher geglaubt hat. Aber Francotte verliert sich in das entgegengesetzte Extrem. Man darf aus dem Schweigen der Quellen nicht allzu weitgehende Schlüsse in dieser Hinsicht ziehen. Vereinzelte gelegentliche Angaben zeigen jedoch, daß Fabriken und Großbetriebe vorhanden waren, die zwar nicht mit den Riesenunternehmungen der Gegenwart verglichen werden können, aber doch achtunggebietend auch nach unseren Verhältnissen waren. So die Fabrik zur Herstellung von Schilden, die der Metöke Lysias zusammen mit seinem Bruder besaß, und die 120 Sklaven beschäftigte. In den Bergwerken, die an Private verpachtet waren, kam wirklicher Großbetrieb mit bis zu 1000 Mann an einer Stelle vor. Aber es ist nicht die Größe in erster Linie, von der es abhängt, ob die Industrie als Handwerk oder als kapitalistische Industrie zu betrachten ist. Die athenischen Fabriken waren, auch in dem beschränkten Umfange, den die meisten von ihnen besaßen[2]), kapitalistische Unternehmungen in der höchst-

[1]) Henri Francotte, L'industrie dans la Grèce ancienne, I u. II, 1900 u. 1901. Indessen scheint der Verf. später seine Auffassung modifiziert zu haben. Siehe Art. Industrie und Handel in Paulys Real-Enzyklopädie.

[2]) Unternehmungen mit einem Arbeiterbestande von 20—30 Mann wurden bereits als bedeutendere angesehen. Jul. Beloch, Griechische Geschichte, II, S. 347.

entwickelten Form, d. h. betrieben lediglich als Objekte der Kapitalanlage.

In seinem Beginn wird das kapitalistische Unternehmen von seinem Eigentümer persönlich geleitet und unterscheidet sich dann in diesem Punkte nicht von dem Handwerk. Später tritt der Eigentümer zurück, indem er den Betrieb bezahlten Personen überläßt. In unserer Zeit erreicht diese Entwicklung ihre Vollendung durch die Umwandlung der Unternehmungen in Aktiengesellschaften und der Eigentümer in geldanlegende Kapitalisten. In Griechenland waren Gesellschaften für industrielle und andere Unternehmungen verhältnismäßig selten, in Rom dagegen in der späteren Zeit der Republik recht gewöhnlich, besonders betreffs des Pachtens von Steuern und der Reederei. Aber die Eigentümer standen jedenfalls dem eigentlichen Betriebe des Geschäftes fern, der, soweit wir sehen können, ganz einem Vertrauensmann, meistens einem Sklaven oder Freigelassenen, überlassen wurde. Dies hing wohl damit zusammen, daß die Fabrikarbeit mit Sklaven betrieben wurde, sowie daß nicht nur die körperliche Arbeit, sondern überhaupt alle persönliche Befassung mit Geschäften, ausgenommen in Rom das Bankiergewerbe, als banausisch, simpel, betrachtet wurde. Politik und öffentliche Aufträge waren das einzige, was des Bürgers der höheren Klassen würdig war. Viele der größeren Geschäftsleute waren daher Metöken oder, wie der schwerreiche Bankier Pasion, ursprünglich Sklaven. Ein Bürger konnte Fabriken besitzen und daraus seine Einkünfte beziehen, ja auch nach dem Gewerbe seine Benennung erhalten, wie der Gerber Kleon u. a. Aber nicht einmal dieser, wie ungepflegt er sich auch in der Volksversammlung zeigte, dürfte selbst sein Geschäft geleitet haben. Die Politik ließ ihm sicherlich keine Zeit dazu. Und so war es mit allen. Sie hatten Fabriken und Schiffe usw., betrieben aber das Geschäft durch andere und betrachteten und behandelten die Unternehmungen ausschließlich als Kapitalanlagen.

In Rom, das später in dasselbe Entwicklungsstadium eintrat, erhielten Unternehmungen und Wirtschaft einen noch ausgesprochener kapitalistischen Charakter. Der Schauplatz und der Markt waren größer, zuletzt die ganze bekannte Welt, und das Volk selbst oder genauer die regierenden Klassen hatten mehr Veranlagung und Neigung zu kapitalistischer Produktion und kapitalistischem Erwerb. Ein Gesetz vom Jahre 218 v. Chr. verbot zwar den Senatoren, sich mit Handel und Reederei abzugeben Aber sie hielten sich dadurch schadlos, daß sie Grundeigentum erwarben und Geld an andere, die Geschäfte machten, ausliehen. Und solche gab es in den Rittern, der neuen kapitalistischen Oberklasse, die in Geschäften und Großfinanz ihre vornehmste Aufgabe hatte. Auch die Landwirtschaft wurde vollständig vom Kapitalismus beherrscht, wie Catos Schilderung derselben in der Schrift *De agri cultura* zeigt. Und der Übergang in Italien von landwirtschaftlichem Kleinbetrieb und Getreideerzeugung zu Latifundien und Viehzucht vollzog sich im Zeichen des Kapitalismus. Natürlich ist, daß dasselbe Regime sich noch mehr in Schiffahrt und Handel geltend machen mußte, von dem Geldgeschäft ganz zu schweigen, dem schon von Natur der kapitalistische Zug innewohnt. Die ganze römische Gesellschaft während der späteren Zeit der Republik war politisch und sozial vom Kapitalismus durchdrungen und kann nicht besser charakterisiert werden denn als kapitalistische Demokratie von ganz derselben Art wie das England und die Vereinigten Staaten unserer Tage.

Wenn trotz alledem das wirtschaftliche Leben des Altertums hinsichtlich des Umfangs und Resultats der Produktion weit hinter dem der Gegenwart zurückstand, so beruhte dies auf der gering entwickelten Maschinentechnik. Daraus folgte nämlich, daß man nie über die Arbeitsweise des Handwerks hinausgelangte. Die Industrie des Altertums war während der Blütezeit wirtschaftlich, d. h. in bezug auf Unternehmer und Markt, kapitalistisch wie die heutige. Aber in bezug auf Technik und Ausführung blieb sie handwerksmäßig, auch als sie auf dem Höhepunkt ihrer Entwicklung sich befand. Die Größe der Unternehmungen in vereinzelten Fällen und die Berufsspezialisierung, die oft groß war, änderte nicht diesen Grundcharakter der Fabriken und Werkstätten der Antike. Ihnen fehlten sowohl Motoren als Arbeitsmaschinen; und die Zerlegung der Arbeit, die bisweilen vorkommen konnte[1]), blieb manuell wie im Handwerk, weshalb der Ertrag stets gering

[1]) Xenophon, Kyropädien, VIII, 2. 5, wo der Verf., von der Berufsspezialisierung als Grund der Arbeitsgeschicklichkeit ausgehend, anführt, daß in den Großstädten, z. B. im Schuhmachergewerbe „einer nur Männerschuhe macht, einer nur Frauenschuhe, einer nur Schuhe ausbessert, einer nur das Leder bereitet, ein anderer es zuschneidet, einer schließlich die einzelnen Teile zusammennäht". Die Berufsspezialisierung geht über in technische Arbeitsteilung („Arbeitszerlegung" nach K. Büchers Terminologie), andauernd aber in Form von gesonderten Gewerben und Gewerbetreibenden, soweit man sehen kann.

war. Dies war der schwächste Punkt in der Wirtschaft des Altertums. Dies und die Sklavenarbeit sind es auch, wodurch sie sich hauptsächlich von der der Neuzeit unterscheidet.

Die Antike, so hoch entwickelt auf anderen Gebieten menschlicher Kultur, nimmt einen niedrigen Standpunkt bezüglich der Technik der Arbeit ein, die den Stolz unserer Zivilisation bildet. Während kaum ein Gedanke auf dem humanistischen Gebiet, der bisher zutage getreten, ihr fremd war, stand sie in den Naturwissenschaften und infolgedessen in allen technischen Erfindungen weit hinter uns zurück. Zwar haben einzelne Gelehrte, besonders während der hellenistischen Periode, mit Eifer und Erfolg naturwissenschaftliche Forschung betrieben. Aber dies ist meist aus theoretischem Interesse geschehen und ohne Anwendung auf praktische Zwecke, ausgenommen was zur Kriegführung gehörte. Auf die Entwicklung der Kriegstechnik hat man zumeist seine Kraft verwendet, ohne jedoch auch hier Bemerkenswertes zu erreichen.

Im übrigen war die Erfindertätigkeit bei den Völkern der Antike gering, nicht nur während des Verfalls der antiken Kultur im späteren Kaiserreich[1]), sondern auch während ihrer Glanzzeit. Unter der Menge geistiger Größen, die diese Völker erzeugt haben, strahlen wenige Erfindergenies und kaum ein solches erster Ordnung. Der Anlaß zu dieser bemerkenswerten Tatsache kann nicht in einem Mangel an Begabung gesucht werden. Denn wenn auch Francis Galtons Urteil, daß die Athener des Altertums uns ebensosehr an Intelligenz übertrafen, wie wir die Neger[2]), sicherlich zu weit geht, so steht doch fest, daß kein Volk in so kurzer Zeit und vor allem bei so geringer Anzahl so viele geistige Größen wie die Hellenen hervorgebracht hat. Die Ursache der angeführten Tatsache liegt nicht in mangelnder Begabung, sondern ausschließlich in mangelndem Interesse. Es fehlte der Ansporn zu Erfindungen und Entdeckungen, den die Anwendung der Wissenschaft in der Praxis gibt. Und der Anlaß war wieder kein anderer als — die Sklavenarbeit. Die billige Sklavenarbeit machte nicht das Bedürfnis, Menschenkraft durch Maschinenkraft zu ersetzen, dringend. Aristoteles' bekannte Äußerung zur

[1]) Otto Seeck, Geschichte des Untergangs der Antiken Welt, 1895, I, S. 257ff. — Eine teilweise entgegengesetzte Auffassung über die Technik und Erfindungsgabe in der Antike wird von H. Diels, Antike Technik, 1914, geltend gemacht. Aber vereinzelte sinnreiche Erfindungen und vortreffliche chirurgische Instrumente vermögen nicht das obige Urteil zu entkräften. Was der Antike fehlte, waren Arbeitsmaschinen.

[2]) Hereditary Genius 1892, S. 330.

Verteidigung der Sklaverei: „Sie muß da sein, solange nicht die Weberkämme von selbst gehen und die Zithern von selbst spielen", zeigt, wie wenig man hieran dachte. Die Aufhebung der Sklaverei erschien als eine unmögliche Utopie, die nicht einmal die eifrigsten Sozialreformatoren vorzuschlagen wagten. Und das, weil man der Maschinen ermangelte. Daß aber diese fehlten, war wiederum eine Folge der Sklaverei. Die Antike bewegte sich auf diese Weise in einem Zirkel, der der Entwicklung Fesseln anlegte und die Fortschritte hemmte.

* * *

Die großen Vermögen und ihre Entstehung. Gleichwie die öffentliche Meinung in der Antike höhere und niedere Klassen mit Reichen und Armen verwechselte, so drehten sich sowohl die soziale als die politische Entwicklung innerhalb der Gesellschaften der Antike in hohem Grade um den genannten Gegensatz, wie wir sogleich sehen werden. Wir werden dann Gelegenheit erhalten, das zweite Glied dieser weltgeschichtlichen Antithese, die Armen, näher ins Auge zu fassen. Hier wollen wir uns mit den Reichen beschäftigen. Es ist jedoch nicht möglich, für diese entlegenen Zeiten eine statistische Übersicht über die Vermögensverteilung zu geben, wie man ihrer eigentlich bedürfte. Man muß sich daran genügen lassen, die Tatsache selbst festzustellen, daß es große Vermögen und reiche Leute gegeben hat, und dann den Ursprung der ersteren aufzusuchen, was für die Kenntnis der Entwicklung und Struktur der antiken Gesellschaft nicht minder wichtig ist.

Obwohl unsere Kenntnis von der Eigentumskonzentration bei den Völkern der klassischen Zeit sich nur auf vereinzelte Notizen gründet, so kann doch kein Zweifel darüber herrschen, daß eine solche in recht großem Umfang sowohl in Griechenland als noch mehr in Rom vorgekommen ist. Schon zu Beginn der griechischen Geschichte tritt uns diese Tatsache entgegen. So haben die auf dem Übergange von der Stände- zur Klassengesellschaft stehenden Tyrannen offenbar große Reichtümer besessen. Sie hielten Söldnertruppen und bewiesen große Freigebigkeit gegen Kunst und Wissenschaft usw. Aus dieser und späterer Zeit werden auch verschiedene Geschlechter als sehr reich erwähnt. Unter den athenischen, die wir am besten kennen, wird so das uralte Haus der Alkmäoniden angeführt, welchem Kleisthenes und mütterlicherseits Perikles und Alkibiades angehörten, die alle reiche Männer waren. Ebenso die Philaiden, von denen Miltiades und sein Sohn Kimon die bekanntesten sind; ferner die Familie des Hipponikos, die während der Blütezeit Athens in vier Generationen ihren Reichtum bewahrte, sowie das Geschlecht der Kydantiden mit Nikias, dem aus dem peloponnesischen Kriege bekannten Feldherrn, als hervorragendstem Mitglied. Auch einzelne reiche Männer werden erwähnt, die sich selbst ihr Vermögen erworben haben, wie der oben angeführte Pasion. Die Zahl der reichen Leute war jedoch in Griechenland nie groß. Sie haben eher seltene Ausnahmen gebildet. Die spärlichen Angaben über solche in den Quellen wie auch die Art und Weise, wie diese sie erwähnen, beweisen dies. Vor allem aber sind die Reichtümer, nach dem Maße anderer, auf derselben Entwicklungsstufe stehender Völker und Zeiten gemessen, nicht sehr groß gewesen[1]. Hierbei ist indessen alles relativ. In den Augen derer, die nichts besitzen, erscheint auch ein sehr mäßiger Besitz als bedeutendes Vermögen. Als soziale Erscheinung waren daher die großen Vermögen in Griechenland von größter Bedeutung nicht nur durch ihre Abweichung von der Vermögenslage der großen Menge, sondern auch als Steuerobjekte.

Über die Quellen der großen Vermögen geben die klassischen Autoren nicht mehr Auskunft als über ihre Anzahl und

[1]) Schon der Besitz von 14—15 Talenten (1 Talent entsprechend ungefähr 4200 schwedischen Kronen = 60 Minen = 6000 Drachmen = 36 000 Obolen) scheint zum mindesten als Wohlhabenheit angesehen worden zu sein. Demosthenes', des großen Redners, Nachlaß wurde auf diesen Betrag geschätzt. Vermögen von 40—50 Talenten bezeichneten offenbar Reichtum, und die größten Vermögen, die erwähnt werden, beliefen sich auf 100 Talente und in einem Fall (Kallias, Sohn des Hipponikos) auf 200.

Um die relative Größe dieser Zahlen zu beurteilen, sei angeführt, daß der gewöhnliche Tagelohn für ungelernte Arbeiter zur Zeit des peloponnesischen Krieges 3—4 Obolen war, was also dem Existenzminimum oder etwas darüber entsprach. Gelernte Arbeiter, wie Steinmetzen bei den Tempelbauten, Zimmerleute und andere, erhielten 5—6 Obolen. Ein Jahrhundert später, zu Demosthenes' Zeit, waren die Arbeitslöhne ungefähr auf das Doppelte gestiegen, gleichzeitig damit, daß das Geld beträchtlich im Werte gesunken war.

Man sieht hieraus, daß die athenischen Reichtümer nach unseren Begriffen als sehr mäßig betrachtet werden müssen. Berücksichtigt man ferner, daß die meisten Vermögen nur die bescheidene Höhe von einem bis einigen wenigen Talenten erreichten, so ist es klar, daß die Eigentumskonzentration und die Vermögensunterschiede in Athen nicht groß gewesen sind. — Personen- und Zahlenangaben hier und im folgenden nach Aug. Böckh, Die Staatshaushaltung der Athener[3], 1886 (siehe besonders I, S. 563 ff.).

Größe. Nur im Vorbeigehen erhalten wir gelegentlich einen Wink darüber, vor allem wenn man — mit Recht oder Unrecht — meinte, Geschenke oder Bestechung seitens des persischen Großkönigs hätten zu dem Reichtum beigetragen. Unsere allgemeine Kenntnis von den wirtschaftlichen Verhältnissen und von dem Staatsleben in Griechenland setzt uns gleichwohl in den Stand, wenn auch nur in großen Zügen, diese Quellen anzugeben.

Geht man von der vorhergehenden Ständegesellschaft und der Form von Eigentumskonzentration, die in ihr herrschte, aus, so möchte man geneigt sein zu glauben, daß großer Grundbesitz mit seinem Zubehör an Sklaven und Haustieren auch in der folgenden Klassengesellschaft den wesentlichen Bestandteil der großen Vermögen gebildet hätte, wenigstens solcher, die sich von Geschlecht zu Geschlecht forterbten. Aus mehreren Gründen ist dies jedoch als unwahrscheinlich anzusehen. Durch die Befreiung der Bauern hat ganz sicher der Grundbesitz des Adels eine beträchtliche Einschränkung erfahren. Vor allem aber war im eigentlichen Griechenland für Latifundien oder überhaupt für größere Landgüter kein Platz vorhanden. Zwar erfahren wir aus der Solonischen Klasseneinteilung, daß bedeutende Verschiedenheiten in dieser Beziehung fortdauernd bestanden, aber auch die Fünfhundertscheffler sind sicherlich keine agrarischen Magnaten gewesen. Später wird z. B. von Alkibiades, der für einen ausnahmsweise reichen Mann galt, berichtet, daß sein Grundbesitz nur 300 Plethron umfaßte[1]). Dies gilt jedoch für Attika mit seinem verhältnismäßig großen Territorium. In mehreren anderen Staaten, wie den am Isthmus zusammengedrängten — in älterer Zeit Tiryns, Mykenä und Argos, später außerdem Korinth, Megara und Sikyon — schlossen die beschränkten Raumverhältnisse absolut die Bildung größerer Güter aus. Diese Art von Eigentum hat daher, mit einer Ausnahme, nicht die Entstehung großer Reichtümer veranlassen können, wenn auch Grundbesitz einen Bestandteil aller älteren Vermögen bildete. Die erwähnte Ausnahme war merkwürdigerweise Sparta.

Sparta ist das einzige Land in dem eigentlichen Griechenland, wo Ansätze zu einer Latifundienbildung vorgekommen sind, trotzdem die Lykurgische Gesetzgebung ihr Augenmerk gerade darauf gerichtet hatte, die Entstehung von Reichtum und großen Vermögen zu verhindern. So wurden Handel und Industrie nicht

[1]) Ein Plethron = 9,6 Ar.

gelitten, die Münzen waren aus Eisen und, was das wichtigste war, der Grund und Boden war in gleiche Anteile aufgeteilt. Dennoch hatte sich bereits zu Aristoteles' Zeit (Mitte des 4. Jahrhunderts) eine starke Eigentumskonzentration zu erkennen gegeben, die ständige Fortschritte machte, bis sie gegen das Ende der griechischen Freiheitszeit zu einer Katastrophe führte, wie wir unten sehen werden.

Andere, weit ergiebigere Reichtumsquellen hat es gegeben, und unter diesen in älterer Zeit Seeräuberei, die, wie Thukydides in der Einleitung zu seiner Geschichte des Peloponnesischen Krieges bemerkt, sehr allgemein gewesen ist, ganz wie in der Jugendzeit der nordischen Völker Wikingerfahrten und Küstenräuberei. Auch in späterer Zeit haben Kriegsbeute und staatsmännische Aufträge den Grund zu vielen größeren Vermögen gelegt. Die — kriegerische und friedliche — Berührung mit den Persern und mit den Herrschern in Kleinasien, Thrazien und Mazedonien, gab hierzu Anlaß. Einer der reichsten Männer Athens während dessen Blütezeit, der durch seine Freigebigkeit berühmte Kimon, Sohn des Miltiades, besaß beispielsweise große Güter auf dem Chersones, die er von seiner Mutter, einer thrazischen Prinzessin, geerbt hatte. Auch andere athenische Große bezogen bedeutende Einkünfte aus Gütern und Bergwerken in Mazedonien und Thrazien, die sie vermutlich durch ihre politischen Beziehungen erworben hatten. Oft haben sie auch als Geschenke große Summen von dem Großkönig und anderen Herrschern erhalten. Es waren Sporteln, welche Feldherren und Unterhändlern zufielen, direkter Gewinn aber aus dem, was sie im Namen des Staates ausführten, ist in Griechenland nur selten (Themistokles) vorgekommen.

Auch haben wohl Geschäfte mit dem eigenen Staat, die sehr gewöhnlich waren, keine Gelegenheit zu großen Gewinnen gegeben, außer wenn die Größe des Unternehmens an und für sich dazu Anlaß gab. Zölle und alle anderen Staatseinkünfte, mit Ausnahme der direkten Steuern, waren nämlich verpachtet. Aber nur die Bergwerke, wenn größere Anteile daran in einer Hand vereinigt waren und die Arbeit mit einer großen Anzahl Sklaven betrieben wurde, dürften in größerem Stile einträglich gewesen sein. Das Volk, das durch den Rat in öffentlicher Versteigerung alle Verpachtungen vergab und durch die Poleten ihren Ertrag überwachte, hat ganz gewiß dafür gesorgt, daß sie ihren Inhabern nie allzu reichliche Einkünfte gaben. Dieselbe wachsame Kontrolle hat auch verhindert, daß Subsidien oder Tribute, aus denen besonders Athen große Einkünfte bezog, in die Taschen einzelner flossen. Am Staate hat man sich schwerlich in Griechenland bereichern können.

Die wichtigsten Reichtumsquellen während der Blütezeit der hellenischen Staaten waren daher Handel, Schiffahrt und Industrie sowie Geldgeschäfte. Direkt befaßten sich die höheren Klassen nicht gern mit diesen Gewerben, um so mehr aber indirekt und als Teilhaber an den Unternehmungen. Und alle solche, wenn sie glückten, warfen viel ab. Der Handelsgewinn, der auf die Waren gelegt wurde, war groß und die Seefrachten — außer für Personenverkehr — ungeheuer hoch, nicht weniger als 30 % des Wertes der Waren für eine gewöhnliche Reise in den benachbarten Meeren und nicht selten mehr, bis hinauf zu 100 %, betragend. Auf die Dauer am einträglichsten dürfte jedoch das Ausleihen von Geld gewesen sein. Der gewöhnliche Zinsfuß betrug im 4. Jahrhundert wie auch früher 12 %, stieg aber, ohne als Wucher betrachtet zu werden, oft auf 36 %, besonders wenn das Pfand aus schwimmender Ware bestand, wobei dann auch die Versicherung darin einbegriffen war. Wer ein Kapital besaß, brauchte nur Geld auszuleihen, um, wenn er nicht Unglück hatte, mit der Zeit ein reicher Mann zu werden. Legte er sich dazu auf Geldwechselgeschäfte, die in jenen Zeiten mit ihren vielen verschiedenen Münzsorten unvermeidlich waren, konnte er schnell ein Vermögen sammeln. Als gute und risikofreie Geldanlage dienten auch Häuser, an denen in Athen großer Bedarf war, solange der Staat blühte, wegen der vielen Metöken, die zur Miete wohnen mußten.

Man möchte meinen, daß bei allen diesen Gelegenheiten zu Gewinn die Eigentumskonzentration in Griechenland bedeutend gewesen sein müßte. Daß dem ungeachtet große Vermögen selten und auch die vorhandenen sehr mäßig gewesen sind, beruhte auf den unbegrenzten Ansprüchen des Staates. Direkte Einkommen- und Vermögenssteuer (*εἰσφορά*) kamen in gewöhnlichen Fällen nicht vor, in kritischen Zeiten aber konnte eine solche äußerst rücksichtslos auferlegt werden. Ständig wiederkehrende hohe Abgaben waren dagegen die „Liturgien", Naturalleistungen in Form von Ausrüstung von Dreiruderern, Stellung von Chören für die Schauspiele, Aufnahme von Gesandten usw., die der Reihe nach alle die zu leisten hatten, die Vermögen (über zwei Talente) besaßen oder als vermögend angesehen wurden. Die öffentliche Meinung dürfte jedes Jahr die bezeichnet haben, die die verschiedenen Pflichten zu übernehmen hatten, bis Demosthenes es durchsetzte, daß dies betreffs der Kriegsschiffe, welche die Feldherren verteilten, nach der gewöhnlichen Einschätzung bestimmt wurde. Als eine dritte, oft sehr schwere Last seien schließlich die hoch bemessenen Geldstrafen erwähnt, zu denen das souveräne Volk kurzerhand die verurteilte, die einen Auftrag nicht glücklich durchgeführt oder sonst etwas unternommen hatten, was strafwürdig war oder so erschien. Der Verlust des Vermögens war so eine oft angewandte Strafe, sonst Geldbußen in ungeheurer Höhe. Ein bezeichnendes Beispiel hierfür aus dem Beginn der Glanzzeit Athens war die Geldstrafe von 50 Talenten, die Miltiades, den Sieger von Marathon, nach einer mißlungenen Expedition traf, und die ihn, da er nicht sogleich bezahlen konnte, ins Gefängnis brachte, wo er an seinen Wunden starb. Ein anderer ähnlicher Fall aus der späteren Zeit Athens betraf Demosthenes, der im Jahre 324 zu derselben Geldstrafe, 50 Talente, verurteilt wurde und gleichfalls deswegen ins Gefängnis gehen mußte. Dazwischen liegt das Aufkommen der in ein System gebrachten Ausspionierung der Vermögen und der Angeberei der sogenannten Sykophanten, beides ebensosehr darauf ausgehend, sich selbst wie dem Staate Einnahmen zu verschaffen.

Kein Wunder unter diesen Verhältnissen, daß große Vermögen nicht gesammelt wurden oder längere Zeit hindurch bestehen konnten. Daher hören wir auch nichts von großem Luxus im Privatleben berichten. Die Häuser in Athen waren klein und die Lebensweise einfach, auch bei den Reichen. Nur auf öffentliche Gebäude, Feste und Spiele wurden große Kosten verwendet. Fügt man hinzu, daß die intellektuelle Arbeit wenig besser bezahlt war als die körperliche[1]) — ausgenommen in späterer Zeit, wo Sophisten, Dichter und Ärzte hohe Honorare erhalten konnten — so müßte, sollte man meinen, das demokratische Gesellschaftsideal erreicht gewesen sein. Dennoch sind die Kämpfe zwischen Armen und Reichen nie schlimmer gewesen als in Griechenland, und erst in der Gegenwart scheint es, als wenn wir, auf demselben Punkt politischer Entwicklung wie die Griechen angelangt, ihnen in innerer Zwietracht gleichkommen werden.

Wenden wir uns von Hellas zu Rom, so tritt uns ein ganz anderes Bild entgegen. Zwar sind gewisse Reichtumsquellen, wie Handel und Geldgeschäfte, dieselben, obwohl jedoch in vielen Be-

[1]) Böckh, a. a. O., I, S. 149.

ziehungen verschieden; aber die größten und wichtigsten Ursachen der Konzentration des Eigentums sind andere in Italien als in Griechenland. Es sind auch ganz andere Maße, womit die Vermögen in dem ersteren Lande gemessen werden als im letzteren.

Über ihre Größe und Anzahl sind wir nicht besser unterrichtet als über die griechischen, wenigstens was die ältere Zeit anbelangt. Vor der Zeit der Gracchen liegen uns kaum Angaben über große Vermögen vor. Doch müssen solche nach den Kriegen gegen Philipp von Mazedonien und Antiochus d. Gr. (200—189 v. Chr.), wo Flaminius und L. Scipio mit Beute beladen heimkehrten und neue Handelsverbindungen mit dem Osten eröffnet worden waren, mehr und mehr gewöhnlich geworden sein. Als ein Beweis hierfür kann angeführt werden, daß zur Zeit der Gracchen als passendes Maß für das Vermögen eines Senators 3 Mill., eines Ritters 2 Mill. Sesterzien angesehen wurde, während der gesetzlich bestimmte Ritterzensus seit alters nur 400000 Sest. war. Welche gewaltigen Reichtümer schon jetzt (i. J. 131) vorkommen konnten, zeigt das Vermögen des Konsuls Publius Crassus, das, wie berichtet wird, 100 Mill. Sest. betragen haben soll[1]). Von da an werden die großen Vermögen immer häufiger, während Rom die Eroberung der Mittelmeerländer vollendete. So gut wie alle die großen Feldherren, die in Asien Kriege führten, kehrten als schwerreiche Männer zurück, wenn sie es nicht schon vorher waren, Sulla, Crassus, Lucullus, Pompejus. An Reichtum wetteiferten nun aber mit ihnen die Ritter, die großen Finanzleute und die Steuerpächter.

Als Beispiel römischen Reichtums aus dieser Zeit sei Marcus Licinius Crassus angeführt, der reichste allerdings unter den Reichen, der selbst Heere ausrüstete und einmal das Volk in Rom an zehntausend Tischen speiste, trotz dieser und vieler anderen Beweise seiner Freigebigkeit bei seinem Tode aber 170 Mill. Sest. hinterließ. Derartige exakte Angaben sind selten (Cäsars Nachlaß wurde auf 100 Mill. Sest., Pompejus' auf 70 Mill. berechnet), wir bedürfen ihrer aber auch nicht, um die Reichtumsanhäufung in Rom zu dieser Zeit einzusehen. Sie gibt sich ebensogut in ihren

---

[1]) Mommsen, Römische Geschichte[8], II, S. 395. — Bemerkt sei, daß der Tagelohn für einen gewöhnlichen Arbeiter gleichzeitig wie noch zu Ciceros Zeit 3 Sest. betrug. — Diese und die folgenden Zahlenangaben nach Mommsen, a. a. O., J. Marquardt, Römische Staatsverwaltung, 1884, und L. Friedländer, Darstellungen aus der Sittengeschichte Roms, 1905.

Symptomen zu erkennen. Solche Symptome sind die ungeheuren Kosten, die die Wahlen und Triumphe und freigebigen Spenden aller Art — zu Bauten, Speisungen, Gladiatorenspielen usw. — allen denen auferlegten, die auf der politischen Arena erschienen, um dort eine Rolle zu spielen. Vieles hiervon diente nur der Eitelkeit und dem Eigennutz, aber vieles kam auch der Allgemeinheit zugute. Sowohl betreffs der Höhe der Ausgaben als auch des Gemeinnutzens trug Cäsar den Preis vor anderen davon. So gab er, schon bevor er die höheren Ämter erlangt hatte, 120 Mill. Sest. aus, um den Römern ein sehr notwendiges neues Forum (Forum Julium) zu schaffen; und seine Ausgaben für Bauten dieser Art während und nach dem Kriege in Gallien sollen sich auf 160 Mill. Sest. belaufen haben. Ein anderer, vielleicht noch sprechenderer Beweis für die Größe der Mittel, mit denen man operierte, sind die fabelhaften Schulden, die viele Aufwärtsstrebende machen konnten. Daß Cäsar Kredit erhielt, ist weniger verwunderlich, daß aber ein Milo es zu 70 Mill. Sest. Schulden bringen konnte, ist erstaunlich.

Die augenfälligsten Beweise großen Reichtums bietet jedoch die Lebensweise. Die Berichte der römischen Schriftsteller über die Verschwendung und den bisweilen sinnlosen Luxus, der dabei entfaltet wurde, sind allgemein bekannt und brauchen hier nicht wiederholt zu werden. Statt dessen sei zum Schluß etwas von dem angeführt, was wir von den Vermögensverhältnissen Ciceros wissen, als sie noch intakt waren (vor der Landsflucht 58 v. Chr.). Auch dies ist recht bezeichnend. Cicero war kein besonders reicher Mann, vielleicht wenig mehr als wohlhabend nach dem Maße jener Zeit. So war er oft in Geldverlegenheit und scheint mehr aus der Hand in den Mund gelebt zu haben als von Zinsen und festen Einkünften[1]). Dennoch besaß er einen Palast auf dem Palatinum, dazu vier oder fünf andere Häuser in Rom, ferner mindestens acht Landhäuser an verschiedenen Stellen in Italien (in Tusculum, Puteoli, Cumä, Pompeji usw.), sowie eine ganze Menge kleiner Ruhestätten längs den Wegen zwischen Rom und den Landhäusern, wo er auf seinen Reisen übernachten konnte, schließlich eine Masse kostbarer Kunstwerke, Bücher und allerhand Hausgerät. Es ist eine großartige Sammlung von Besitztümern, die,

[1]) G. Brandes gibt in seiner Arbeit Julius Caesar, 1918, I, S. 377, Ciceros Vermögen zu 30 oder wahrscheinlich sogar 50 Mill. Kr. dänischer Währung an. Dies muß ein Schreibfehler sein. Auch wenn statt Kronen Sesterzien gesetzt werden, dürfte es noch immer zu hoch gegriffen sein.

möchte man meinen, nur solche sich leisten können, die wirklich reich sind, auch nach gegenwärtigen Begriffen.

Die Quellen der gewaltigen Reichtümer, von denen uns diese zerstreuten Notizen eine Vorstellung geben, wechselten mit den Zeiten, oder genauer gesagt, sie erschlossen sich nacheinander in dem Maße, wie das römische Reich wuchs. Im Anfange war es Grundbesitz, der zur Entstehung der Reichtümer führte. Die Ausdehnung des Grundbesitzes war mit der Unterwerfung der Nachbarvölker und der Eroberung schließlich ganz Italiens gegeben. Dabei wurde ein größerer oder geringerer Teil des Landes der besiegten Völker beschlagnahmt und zu Staatseigentum (ager publicus) gemacht. Dieser aber wurde zum größeren Teil den Senatorenfamilien gegen billige Pachtgabe überlassen, um schließlich nach der Niederlage der Gracchen in Privateigentum umgewandelt zu werden, gleichzeitig damit, daß für die Zukunft derartige Bodenverteilung verboten wurde (lex Thoria 111 v. Chr.). Grundbesitz war also die Grundlage des Reichtums der Aristokratie und blieb es auch fürderhin. Die Konzentration des Grundbesitzes zu Großgütern in den Händen des Adels fuhr nämlich auch nach der genannten Zeit fort, eine Folge der allgemeinen wirtschaftlichen Entwicklung, die die Bauern ruinierte, worauf ihr Land von den großen Grundbesitzern aufgekauft wurde. Und so entstanden die Latifundien, von denen Plinius später klagte, daß sie sowohl Italien als die Provinzen ins Verderben gestürzt hätten.

War dies die erste Reichtumsquelle, so war sie doch nicht die größte. Eine andere ergiebigere erschloß sich mit der Eroberung der Länder außerhalb des eigentlichen Italiens, zuerst Sizilien und dann all der anderen. Im großen und ganzen bestand sie in der Ausplünderung der unterjochten Völker. Aber diese Plünderung wurde auf zweierlei Weise und von verschiedenen Arten von Personen ausgeführt. Die eine war mit der Herrschaft selbst gegeben und geschah durch die vom Volke gewählten Quästoren, Prätoren und Prokonsuln, die im Namen Roms die Länder regierten und von ihnen Steuern für den römischen Staat und für eigene Rechnung erhoben. Die Erpressungen dieser Statthalter waren eine Landplage, die während der Zeit der Republik für die besiegten Bevölker nie aufhörte. Hierzu kam aber die andere, nicht minder drückende, niedere Finanzverwaltung, die den Rittern in Generalpacht überlassen war. Zu „societates", Gesellschaften, zusammengeschlossen, mit zwei Arten von Teilhabern, ungefähr wie unsere Kommanditgesellschaften, erhoben diese durch ihre Handlanger, die Publicani, Zölle, Akzisen und alle anderen Steuern und erzielten daran einen großen Gewinn. Zwar konnte es geschehen, daß man sich bisweilen verrechnete, wie betreffs der Pacht von Kleinasien, nachdem Sulla, Lucullus und zuletzt Pompejus dort gehaust hatten, als dann Caesar dazwischentrat und eine Herabsetzung der Pachtsumme erwirkte. In der Regel aber waren diese Geschäfte, an denen nicht nur die Ritter, sondern auch die Senatoren trotz bestehenden Verbots teilnahmen, ebenso gewinnbringend für die Gesellschafter wie ruinierend für die Provinzbewohner.

Durch diese Brandschatzung der Provinzen wurden die Reichtümer der Welt in der römischen Schatzkammer angehäuft, noch mehr aber bei den vielen Privatpersonen, die dabei behilflich gewesen waren, den Feldherren, Staatsmännern und besonders den Rittern, d. h. den Staatspächtern und Bankiers, welche die Großfinanz der neuen Zeit bildeten. Bei ihnen sammelte sich das bewegliche Kapital an, und durch sie wurde es weiter fruchtbringend gemacht.

Wie dies geschah, darüber gibt uns teilweise Auskunft ein bekannter Ausspruch Ciceros über die verschiedenen Wege, auf denen Reichtum auf ehrliche Weise erworben werden konnte, nämlich durch Handel, durch Übernahme von Bauten (für Rechnung des Staates) und durch Pachtung von Zöllen[1]. Von den letzteren haben wir gesprochen. Die großen Bauten, die der Staat und einzelne Große ausführen ließen, um die Gunst der Masse zu gewinnen oder die eigene Begierde nach Luxus zu befriedigen, konnten, wie leicht verständlich ist, Gelegenheit zu großem Verdienst geben. Und noch mehr der Großhandel — der Kleinhandel schickte sich in Rom wie in Griechenland nicht für achtbare Leute. Rom war zwar ebensowenig ein Handelsstaat wie ein Industriestaat. Nur der Einfuhrhandel muß bedeutend gewesen sein. Aber die römischen Geschäftsleute verstanden es, sowohl Industrie (Bergwerke) als auch besonders den Handel an sich zu bringen, wo solcher nur irgend lohnend war. Zu diesem Zweck wurde auch die Staatsgewalt in Bewegung gesetzt. Man hat gesagt, daß

[1] „Qui honeste rem quaerunt mercaturis faciendis, operis dandis, publicis sumendis —", Paradoxa 6. — Charakteristisch für die neue Zeit ist, daß hier nichts von der Landwirtschaft erwähnt wird, die Cato d. Ä. als das vornehmste Gewerbe und die beste Quelle des Reichtums anführt, da ja der Handel so viele Gefahren habe und Wucher nicht anständig sei. Nach J. Marquardt, Das Privatleben der Römer², 1886, II, S. 400.

sämtliche Kriege Roms während der letzten 150 Jahre des Bestehens der Republik im Grunde Handelskriege waren. Sicher ist, daß die Zerstörung sowohl Karthagos als auch Korinths (146 v. Chr.) durch Handelsneid verursacht wurde. Die römischen Finanzleute wollten diese lästigen Konkurrenten, den einen im westlichen, den anderen im östlichen Mittelmeer, loswerden.

Außer den eben angedeuteten Wegen, ein Vermögen zu sammeln, gab es noch andere, kaum minder wirksame, die Cicero nicht erwähnt. Es waren das Geldgeschäfte, hauptsächlich in der Form von Geldausleihen und von Börsenspiel. In der Antike kamen nicht Staatsanleihen der Art vor, wie sie im Europa der neuesten Zeit eine so bedeutende Einnahmequelle für die Großfinanz geworden sind. Aber Darlehen einzelner Großkapitalisten an Provinzen, Städte und Kleinkönige waren nicht ungewöhnlich, ganz wie während des christlichen Mittelalters. An derartigen Darlehen wurden ungeheure Gewinne eingeheimst, wenn auch die Anlage nicht ohne ihre Gefahren war. In der Regel verstanden es jedoch die römischen Finanziers und Großen, sich durch die abschreckende Grausamkeit, die sie gegen säumige Zahler zeigten, vor Verlusten zu schützen. Der Freiheitsheld M. J. Brutus, einer von Cäsars Mördern, lieferte ein berüchtigtes Beispiel hierfür, indem er für 106 Talente, die er — durch Zwischenpersonen natürlich — an Salamis auf Cypern ausgeliehen hatte, 200 zurückforderte und, als die Stadt diesen großen Betrag nicht bezahlen konnte, die Senatoren der Stadt eingesperrt halten ließ, so daß fünf von ihnen den Hungerstod starben. Der gewöhnliche Zinsfuß war in Rom selbst mit seinem Kapitalüberfluß nur 6%, die Hälfte des sonst in der Antike üblichen. Dies hinderte aber nicht, daß weit höhere Zinsen genommen wurden, wenn sich die Gelegenheit dazu bot. Zwar wurde Wucher als ein nicht nur für Senatoren, sondern auch für Ritter unpassendes Gewerbe betrachtet. Aber das angeführte Beispiel zeigt, wie wenig man sich scheute, durch Zwischenpersonen sein Kapital auf diese Weise ertragreich zu machen.

Börsenspiel im modernen Sinne gab es wohl in Rom nicht, Ansätze dazu waren aber unzweifelhaft vorhanden. Gegenstand desselben waren Anteile der großen Gesellschaften, unseren Aktien entsprechend. Solche wurden gekauft und verkauft, und ihre Werte konnten stark wechseln. Damit waren die Bedingungen für Spekulation in diesen Papieren vorhanden; und sicherlich wurden solche Spekulationsgeschäfte von den Bankiers (argentarii) und den Wechslern (nummularii) auf dem Forum betrieben. Brandes nimmt an, daß Ciceros Vermögen der Hauptsache nach aus derartigen Geschäften herrührte, über deren wechselnde Aussichten er durch seine Stellung als Augur besser unterrichtet war als andere[1]). Wie dem auch sei, jedenfalls ist diese Art der Geldanlage und des Geldverdienstes sehr gewöhnlich gewesen. Ein anderes Verfahren war hier wie in Athen das, Mietskasernen zu bauen und daraus gute Zinsen zu ziehen.

Aber diese Mittel, Reichtum zu sammeln, waren Kleinigkeiten im Vergleich mit den obenerwähnten, Pachtung von Zöllen und Steuern, Verwaltung der Provinzen und, in früherer Zeit, Anteilen am Staatsgrundbesitz. Es ist bemerkenswert, daß die ergiebigsten Reichtumsquellen in Rom ihre Nahrung auf die eine oder andere Weise aus dem Staat und aus Verbindungen mit ihm zogen. Die Verschiedenheit in dieser Beziehung gegenüber Athen, wo weder Staatsämter noch Geschäfte mit dem Staat Reichtümer brachten, ist frappant. Aber auch darin herrschte die größte Verschiedenheit, daß, während der Staat in Athen die großen Vermögen kräftig brandschatzte und dadurch sie ständig hinderte, zu hoch anzuwachsen, solches in Rom unbekannt war. Überhaupt wurde keine Vermögenssteuer in der Zeit der Republik bezahlt, d. h. vom Jahre 168 an, als Aemilius Paulus aus dem Kriege gegen Perseus mit ungeheuerer Beute heimkehrte. Auch auferlegte der Staat nicht Naturalleistungen, ähnlich den Liturgien, wenn auch die um die Volksgunst buhlenden Politiker bisweilen eine um ein Vielfaches größere Summe ausgaben, dies aber aus eigenem Antrieb und als Einsätze bei dem politischen Spiel um Macht und Reichtum. Schließlich waren Geldstrafen und Konfiskationen als ordentliches Mittel, dem Staat Einnahmen zu verschaffen, Rom fremd. Beide waren nicht selten, sollten aber in älterer Zeit nichts als Strafen sein. Später während der Bürgerkriege wurden die Proskriptionen mit den dazu gehörigen Vermögensbeschlagnahmungen das wichtigste Mittel, gleichzeitig den Gegner zu vernichten und Geld für den Unterhalt der Heere zu beschaffen.

Während also in Athen alles getan wurde, um die großen Vermögen zu belasten und zu beschneiden, geschah umgekehrt in Rom alles, um ihre Entstehung und ihr Gedeihen zu fördern. Es

---

[1]) a. a. O., I, S. 380. Bemerkt sei, daß ein anderer Forscher, Gaston Boissier, Cicéron et ses Amis, 1895, S. 88ff., meint, daß Ciceros Vermögen sich aus testamentarisch ihm zugefallenen Geschenken herschrieb. In Rom war es nämlich zu jener Zeit gewöhnlich, daß vermögende Personen in ihren Testamenten Freunde und Bekannte mit Legaten, bisweilen sehr beträchtlichen, bedachten.

ist dies ein sprechender Beweis für die Verschiedenheit der Verfassung: in Athen wirkliche Demokratie, in Rom eine unter demokratischen Formen maskierte Aristokratie, die während der späteren Zeit der Republik in eine ausgesprochene Geldherrschaft überging. Diese kam zu Fall, als die Monarchie mit Caesar und Augustus die aristokratische Republik ablöste. Aber mit der Herrschaft der Reichen verschwanden deshalb nicht die großen Vermögen. Denn zwar wurden nun die beiden hauptsächlichsten Quellen derselben, die Plünderung der Provinzen durch die Statthalter und die Zoll- und Steuerpachtungen der Publicani, verstopft; aber neue, reichlich fließende erschlossen sich mit dem Frieden und der Ordnung, dank denen Handel und Gewerbe aufblühten wie nie zuvor. Auch die Gunst der Kaiser wurde eine Quelle des Reichtums, von gleichem Werte wie vordem die Staatsämter. Wenigstens muß man so die Tatsache deuten, daß die reichsten Männer der ersten Kaiserzeit kaiserliche Freigelassene waren, wie Narcissus und Pallas, mit einem Vermögen von 400 bzw. 300 Mill. Sesterzien, oder sie hatten auf andere Weise mit dem Kaiserhaus in Verbindung gestanden, wie Seneca, Neros Lehrer, der 300 Mill. Sesterzien besaß. Wenn später große Reichtümer vorkommen, so geschieht das zumeist in der Gestalt von Latifundien. Ein bekannter Fall aus Neros Zeit, wo die Hälfte der Provinz Afrika in den Händen von sechs mächtigen Großgrundbesitzern war, kündigte diese Entwicklung und gleichzeitig die Rückkehr zur Ständegesellschaft mit der für diese Gesellschaftsform charakteristischen Verteilung von Eigentum und Klassen an.

* * *

Wirtschaftliche und soziale Mißstände. Die Arbeiter und das Proletariat. Von der oberen Gesellschaft und dem Reichtum wenden wir uns der unteren Welt zu, den kleinen Leuten, den Arbeitern und den Armen. Unterhalb dieser fand sich noch ein Volkselement, an Umfang zuweilen größer als sie alle zusammen, die Sklaven. Aber obwohl Staat und Kultur wesentlich auf der Arbeit der Sklaven ruhten, standen diese doch außerhalb der Gesellschaft und können hier beiseite gelassen werden. Die Sklaverei war der größte Mißstand der Antike, aber die Klassengesellschaft hatte sie von der Ständegesellschaft als eine natürliche Voraussetzung geerbt. Sie war als eine Konstante in beiden enthalten und liegt außerhalb des Gebietes der sozialen Mängel verschiedener Art in der Ständewie in der Klassengesellschaft, mit denen wir uns beschäftigen.

Die verhängnisvolle Einwirkung der Sklaverei auf die Produktivität der Arbeit und dadurch auf die ganze klassische Kultur ist im vorhergehenden angedeutet worden. Die Sklaverei war die tote Last, die die antike Klassengesellschaft daran hinderte, die materielle Kultur unserer Zeit zu erreichen. Des weiteren sei darauf hingewiesen, daß die Fortschritte in der Kultur, weit davon entfernt, diesen Krebsschaden an der Gesellschaft zu vermindern, ihn eher verschlimmerten. In dem Maße, wie Großbetriebe sich herausbildeten und Reichtümer angesammelt wurden, nahm die Zahl der Unfreien zu und verschlimmerte sich ihr Los. Als die griechischen Staaten ihre größte Blüte erreichten und Rom auf dem Höhepunkt seiner Macht stand, war die Anzahl der Sklaven am größten. Wir haben oben ihre Zahl in Athen zu Perikles' Zeit angegeben. In Korinth und auf Ägina waren die Sklaven in der Gesamtbevölkerung mindestens ebenso stark vertreten wie die Freien. Für manche Orte werden noch höhere Ziffern genannt, die indessen von der modernen Kritik nicht anerkannt werden[1]. Die angeführten Verhältnisse sagen in Wahrheit schon genug. Gleichzeitig mit der Zunahme der Anzahl hat sich auch ihre Behandlung mehr und mehr verschlimmert. Besonders waren die in Gruben und Steinbrüchen Arbeitenden unmenschlicher Behandlung ausgesetzt, trotzdem der Staat in Griechenland Eigentümer der Lagerstätten war. Später haben sich die römischen Latifundien mit ihren „ergastula", Sklavenwerkstätten, durch grausame Mißhandlungen ausgezeichnet, wie Catos d. Ä. Vorschriften über die rationelle Ausnutzung des menschlichen Viehs und noch mehr die Sklavenaufstände der folgenden Zeit verstehen lassen.

Aber all dies liegt, wie gesagt, außerhalb der sozialen Entwicklung des Staatsvolkes, der freien Bürger, und der Mißstände, die unter ihnen entstanden und schließlich zum Untergang der klassischen Freistaaten und der Völker führten. In Griechenland endete die Freiheit in einem wütenden Klassenkampf, der diesen Staaten zum Verderben wurde. In Rom waren die inneren Kämpfe, die dem Fall der Republik vorausgingen und ihn veranlaßten, wohl nicht Klassenkämpfe derselben Art wie die griechischen, ein Zweikampf zwischen Armen und Reichen, aber sie hatten doch ihren tiefsten Grund in der Proletarisierung des niederen Volks. Um einen vollen Einblick hierin zu erhalten, möchte man gern die Ausbreitung und den Grad der Armut in den Gesell-

[1]) Jul. Beloch, Die Bevölkerung usw., S. 84ff. Aus dieser Arbeit auch die im folgenden angeführten Bevölkerungsangaben.

schaften des Altertums erkennen. Aber ebensowenig wie bezüglich der Reichen ist es möglich, betreffs der Armen statistische Daten zu geben. Daß in Athen zur Zeit des Peloponnesischen Krieges oder schon vorher nach Aristoteles[1]) über 20000 Bürger — von insgesamt 55000 — vom Staate Unterhalt empfingen, besagt nicht viel, da hierin alle eingerechnet sind, die Sold und Bezahlung für Beamten- und Richtertätigkeit erhielten. Auch die Angabe für das Jahr 322 nach dem Lamischen Kriege, daß von Athens 21000 Bürgern nur 9000 ein Vermögen von 2000 Drachmen und darüber besaßen, während 12000 diesen Betrag nicht erreichten, lehrt uns nicht viel. Jedenfalls können keine Schlüsse daraus auf großen Pauperismus gezogen werden. Eine deutlichere Sprache spricht in dieser Hinsicht die Angabe, daß in Rom die Zahl derer, die an der largitio frumentaria, der Getreideverteilung aus Staatsmitteln, teilhatten, während der letzten Zeiten der Republik im Durchschnitt sich auf 200000 belief. Ebenso erweckt die bekannte Äußerung des Tribunen Philippus, daß es im Staate nicht mehr als 2000 Personen gäbe, die ein Vermögen besäßen[2]), einen starken Eindruck allgemeiner Armut.

Indessen reichen diese Angaben nur dazu hin, zu konstatieren, daß die Eigentumsverteilung ungleichmäßig gewesen ist, gleichwie überhaupt daß ein Proletariat existierte. Man muß, um die sozialen Mißstände und die Armut in den Klassengesellschaften des Altertums beurteilen zu können, auf anderen Wegen versuchen, Einblick in sie zu erhalten. Man muß, wie bezüglich des Reichtums, zu den wahrscheinlichen Quellen der genannten Übel gehen. Nur hierdurch wird es auch möglich, die Rolle recht zu erkennen, die die verschiedenen wirksamen Kräfte, die ökonomischen und die politischen, gespielt haben. Zwar liefern die alten Schriftsteller nur wenig Auskunft über diese Quellen, ausgenommen betreffs der Bauern in Italien und ihres Schicksals. Aber unsere Kenntnis von dem ganzen Bau der antiken Klassengesellschaft und noch mehr die Parallele mit der modernen Gesellschaft während ihrer Ausbildungszeit im 18. und 19. Jahrhundert setzen uns in den Stand, die Entwicklung klarzustellen. Ein Vergleich mit der Jetztzeit dürfte demnach den besten Anhalt für das Urteil geben.

---

[1]) Politeia Athenaion, 24.

[2]) Cicero, De officiis, II, 73. Man darf jedoch diese Worte nicht allzu genau nehmen. Sie wurden in einer Verteidigungsrede für ein Ackergesetz gebraucht, um den Beifall der Menge zu gewinnen.

Die Unglücksquellen, aus denen die sozialen Mißstände unserer Zeit geflossen sind, kennen wir. Sie heißen Übervölkerung und Konkurrenz, Konkurrenz um die Arbeit zwischen den Arbeitern und Konkurrenz um den Markt zwischen den Unternehmern. Aus Übervölkerung und Konkurrenz um die Arbeitsgelegenheit kam der Pauperismus beim Übergang der Ständegesellschaft in die Klassengesellschaft beim Eintritt in das 18. Jahrhundert; von der Konkurrenz um den Markt wurde und wird immer noch die mittlere Klasse bedroht, die kleinen, selbständigen Existenzen auf den meisten Gebieten des Erwerbslebens. Dies waren die primären Ursachen zu den großen sozialen Fragen unserer Tage; hierzu kamen andere, sowohl äußere als innere, die wir hier übergehen können. Die erstgenannten waren völlig wirtschaftlicher Art, denn die Bevölkerungszunahme war eine Folge lediglich der wirtschaftlichen Expansion, gleichwie sie andererseits eine Ursache zur Konkurrenz um die Arbeitsplätze und dadurch zur Proletarisierung der Arbeiter wurde.

War der Verlauf derselbe in der Antike? War es auch dort das freie Spiel der ökonomischen Kräfte, das auf den angedeuteten Wegen die sozialen Mißstände und Kämpfe der antiken Klassengesellschaft verursachte? Wir wollen, soweit das knappe Material und unsere mangelhafte Kenntnis es erlauben, festzustellen versuchen, wie es sich damit verhielt.

Nachdem die griechischen Stämme in dem eigentlichen Hellas seßhaft geworden waren und eine höhere Kultur auf den Ruinen der mykenischen, die sie zerstört, zu entwickeln begonnen hatten, dauerte es nicht lange, so paßten Land und Volk nicht länger zusammen. Das Land und insbesondere der zum Ackerbau geeignete Boden waren überall knapp bemessen. Die Bevölkerung aber wuchs an, wie das in der Jugend der Völker gewöhnlich ist, zumal wenn sie in ein neues Land gekommen sind. Und so wurde es den Griechen bald allgemein in ihrem Lande enge. Im Zeichen der Übervölkerung treten die Hellenen während des achten und siebenten Jahrhunderts in die Geschichte ein. Natürlich sind wohl allerlei Schwierigkeiten daraus enstanden, obwohl wir nichts davon wissen, einesteils infolge unserer Unbekanntschaft mit der Geschichte dieser entlegenen Zeiten, aber auch weil das Heilmittel gegen das Übel sich gleichzeitig mit diesem selbst eingestellt zu haben scheint. Eine Auswanderung in großem Maßstabe setzte ein, die die überschüssigen Volksteile in neue Länder und Gebiete führte. Im Laufe von zweihundert Jahren wurden so griechische Kolonien rings um die Ufer des Schwarzen Meeres wie auch längs der ganzen nördlichen Küste des Mittelmeers gegründet — an der südlichen hatten die Semiten bereits die besten Plätze in Besitz genommen. So gut wie alle griechischen Städte nahmen hieran teil und entgingen auf diese Weise der drohenden Übervölkerung. Sparta, das nie mehr als eine bedeutende Kolonie, Tarent, gründete, tat dasselbe durch die Eroberung von Messenien, wohin es seinen Bevölkerungsüberschuß abgeben konnte.

Nach dieser fast gewaltsamen Expansion, zu der jugendliche Abenteuerlust und Begierde nach Ausdehnung der Macht wohl ebensosehr wie allzu enges Zusammenwohnen beitrugen, scheint ein Stillstand in dem starken Wachstum eingetreten zu sein. Wenigstens sehen wir keine Zeichen eines weiteren Wachstums während der folgenden Zeit, bis Athen nach dem persischen Kriege der führende Staat in Griechenland wurde und seine höchste politische und wirtschaftliche Blüte erreichte. Diese hatte, wie natürlich war, eine bedeutende Bevölkerungszunahme zur Folge, wobei es bisweilen in dem beschränkten Gebiet Attikas eng wurde. Aber sogleich war man mit der Hilfe bei der Hand mittels der sogenannten Kleruchien, Landzuweisungen an bedürftige Bürger auf Kosten der Verbündeten. Teilweise lag dem der Gedanke zugrunde, auf diese Weise die Oberherrschaft Athens über die letztgenannten zu sichern, auf die Dauer eine schlechte Politik, wie die Zukunft zeigte. Für Athen brachte indessen diese neue Kolonisation eine erwünschte Erleichterung und Hilfe gegen die zu dieser Zeit drohende Übervölkerung.

Mit dem peloponnesischen Kriege und der Pest (430—427) verschwand diese Drohung, um nie mehr in Athen und wahrscheinlich auch nirgend anders in Griechenland wiederzukehren[1]).

Die natürliche Bevölkerungszunahme war bei den Hellenen nie stark, außer möglicherweise während der ersten Heldenzeiten. Sparta hatte bereits frühzeitig Maßnahmen für nötig erachtet, um den Volkskörper quantitativ aufrechtzuerhalten, und daher die

[1]) Die Zunahme von Landstreichern und Räubern, über die Isokrates im 4. Jahrhundert klagt, ist nicht ein Beweis für allzu rasches Anwachsen der Bevölkerung (Ed. Meyer, Die wirtschaftliche Entwicklung, S. 41), sondern für die Abnahme der Ordnung und den allgemeinen Verfall nach dem peloponnesischen Kriege. — Auch darf man die für dieselbe Zeit konstatierte Lust, auszuwandern, wenn neue Ansiedlungsmöglichkeiten sich boten, nicht als Beweis einer Übervölkerung (Beloch, Die Bevölkerung, S. 492) deuten. Es war das ein Weg, sich ökonomisch zu verbessern, der natürlich damals wie jetzt von weniger gut Situierten gern eingeschlagen wurde.

Ehe als eine bürgerliche Pflicht vorgeschrieben, deren Nichtbefolgung bestraft werden konnte oder jedenfalls streng mißbilligt wurde. Im übrigen scheint die Ehe mehr als eine Last betrachtet worden zu sein, ganz wie später in Rom. Die erste Voraussetzung für eine starke Bevölkerungszunahme fehlte demnach. Mit der anderen, der Geburtenziffer, war es nicht besser bestellt. Die griechischen Familien waren nie zahlreich. Ein Beweis dafür ist unter anderem, daß, wie Aristoteles berichtet, bereits in ältester Zeit Lykurgos durch Linderung der Dienstleistungen diejenigen Familienväter, die drei, und noch mehr solche, die vier Kinder hatten, prämiiert haben soll. Später stellte sich das Zweikindersystem als allgemeine Volkssitte ein. Das brachte mit sich, daß, vom 4. Jahrhundert an, die Bevölkerungsziffer, statt zu steigen, zu sinken begann. In Athen war die Zahl der Bürger bedeutend niedriger zur Zeit des Todes Alexanders des Großen als hundert Jahre vorher, und so ging es immer weiter.

In Rom gestalteten sich die Dinge im großen und ganzen gleichartig, nur daß die römische Bevölkerung nicht Kolonien in fernen Ländern gründete, sondern wie Sparta durch Eroberung der Gebiete der Nachbarn und später wie Athen mittels Kolonien bei Verbündeten und bei unterworfenen Völkern in Italien Raum für den Bevölkerungsüberschuß zu schaffen vermochte. Bis in das 2. Jahrhundert v. Chr. hinein hat man so in Rom den Beschwerlichkeiten der Übervölkerung aufs beste und, wie es scheint, mit befriedigendem Resultat entgegengearbeitet. Von dieser Zeit an beginnt eine andere Entwicklung. Nicht durch natürliches Wachstum, sondern durch Zuzug von außen entstand Übervölkerung in der Stadt Rom (urbs) selbst, während das Land und die Landschaften ringsumher in Italien mehr und mehr an Bevölkerungsmangel litten. Diese verhängnisvolle Verschiebung der Bevölkerung war es, gegen die die Gracchen ihre Reformvorschläge richteten und Caesar später seine lex agraria durchsetzte. Über die Ursachen dieser Bevölkerungsverschiebung werden wir noch unten zu sprechen haben. Hier sei nur festgestellt, daß erst zu dieser Zeit und auf diese Weise Übervölkerung mit allem daraus folgenden Mißständen und Schwierigkeiten sich zu erkennen gab. Zuvor hatte man in Rom wie in Griechenland stets Auswege gefunden, diesem Übel abzuhelfen, sobald es sich eingestellt hatte.

Unter diesen Umständen von Übervölkerung als Ursache von Armut und dadurch bedingten sozialen Kämpfen in der Antike zu sprechen, ist nicht möglich. Nur während der letzten Zeit der Republik in Rom haben sich schwere Mißstände als die Folge einer Massenanhäufung herausgebildet, auch diese aber nicht verursacht durch natürliches Wachstum, sondern durch Einwanderung. Die Verschiedenheit in dieser Beziehung zwischen dem Altertum und der neueren Zeit ist augenfällig. Während in dieser ein gewaltiges Anwachsen der Bevölkerung von den letzten Jahrzehnten des 18. Jahrhunderts an Not und Elend unter den Arbeitern Englands und Frankreichs hervorrief, sie auf lange Zeit hin in ein wirkliches Proletariat verwandelnd, hat in der Antike die Volksmenge im großen und ganzen nicht ausgereicht, um die Kulturarbeit aufrechtzuerhalten und zu entwickeln. In Griechenland traten bereits im 3. Jahrhundert v. Chr. Armut und allgemeiner Niedergang infolge von Volksmangel ein; und in Italien war das gleiche hundert Jahre später der Fall, außer in Rom und gewissen von der Natur besonders begünstigten Gebieten (Campanien und Poniederung). Übervölkerung gehört also, mit den genannten Ausnahmen, nicht zu den Faktoren, die in der klassischen Welt soziale Fragen hervorgerufen und die Bevölkerung proletarisiert haben.

Wir müssen den Blick anderswohin richten, wenn wir die Ursachen dieser Erscheinungen in der Antike finden wollen. Nach Analogie mit der Gegenwart haben wir bereits angegeben, wo man sie weiter zu suchen hat. In den Gesellschaften der Jetztzeit war es die Konkurrenz zwischen den Arbeitern um die Stellen und zwischen den Unternehmern um den Markt, die die zweite große Ursache zu sozialen Mißständen und sozialer Not bildete. War dasselbe in dem alten Griechenland und in Rom der Fall?

Auch hierbei haben wir nur wenige direkte Angaben, an die wir uns halten können. Was wir im allgemeinen bezüglich der Form der Produktion und der Technik der Arbeit im Altertum wissen, läßt jedoch gewisse Schlüsse zu, die kaum Raum für Zweifel lassen.

Schon das, was über Bevölkerungszunahme und Volkszahl im Altertum angeführt worden ist, macht es unwahrscheinlich, daß ein großer Wettbewerb um die Arbeitsgelegenheiten dort hat in Frage kommen können. Ein solcher Wettbewerb setzt stets einen Überschuß an freien Arbeitskräften voraus. Wo aber ein solcher Überschuß in größerem Umfange eintrat, sorgte man für eine Abhilfe durch Auswanderung oder durch Kriege, wobei besonders in Athen der Rudererdienst auf der Flotte ein oft vom Volk mit Vorliebe gewählter Ausweg in schweren Zeiten war. Im übrigen muß man berücksichtigen, daß die Frauen- und Kinderarbeit als Konkurrent der Männerarbeit in der Antike unbekannt war, während sie im modernen Europa der schlimmste Feind der Männer und vielleicht die wichtigste Ursache der Proletarisierung sowohl dieser als der Familien wurde. Der gegenseitige Wettbewerb der freien Arbeiter um die Arbeitsstellen ist sicherlich nur selten im Altertum drückend gewesen.

Dagegen kann angenommen werden, daß die Sklavenarbeit eine Konkurrenz bedeutet hat, die als lästig wohl hat empfunden werden können. Die ungeheure Menge von Sklaven macht dies wahrscheinlich. Und da die Sitte bestand, daß die Wohlhabenden und Reichen, die viele Sklaven besaßen, sie und ihre Arbeit an andere vermieteten, so ist es klar, daß hierdurch manch ein Stück Brot dem freien Arbeiter weggenommen werden konnte. Daß dies wirklich als eine unangenehme Konkurrenz für den letzteren betrachtet worden ist, wird auch in einigen Fällen direkt bezeugt. So wird berichtet, daß die Phokier (um 360 v. Chr.) darüber entrüstet waren, daß der Bürger Mnason über tausend Sklaven hielt, mit denen er den Arbeitsmarkt für die armen Freien drückte. Und ebenso wird aus älterer Zeit erzählt, daß Periander, der staatskluge Tyrann in Korinth, daran gedacht haben soll, die Sklavenarbeit aus demselben Grunde geradezu zu verbieten. Diese Notizen lassen unzweifelhaft erkennen, daß die Konkurrenz seitens der Sklaven bisweilen fühlbar gewesen ist, sie beweisen aber auch, daß diese Konkurrenz wohl nicht sehr schwer gewesen ist. Die Schriften der Alten hätten sonst in ganz anderer Weise als durch diese Anekdoten davon berichtet. Ganz sicher wären auch gesetzliche Maßnahmen gegen die Sklavenarbeit, besonders gegen Vermietung unfreier Arbeitskraft, getroffen worden, wenn die freien Arbeiter sich dadurch allzu stark beeinträchtigt gefühlt hätten. Die Arbeiter und die kleinen Leute waren zugleich das machthabende souveräne Volk, das solchenfalls es sicherlich nicht unterlassen hätte, seine Interessen geltend zu machen. Aber davon erfährt man nichts. Man ist daher genötigt anzunehmen, daß auch von dieser Seite keine schwerere Konkurrenz für die Arbeiter sich in Griechenland zu erkennen gegeben hat. In Rom gestalteten sich die Verhältnisse in dieser Hinsicht wesentlich anders, nachdem die Kriege außerhalb Italiens Massen von Sklaven auf den Markt gebracht und man begonnen hatte, deren Arbeitskraft für den Großbetrieb in der Landwirtschaft in Anspruch zu nehmen. Aber es waren andere Umstände, wie wir sogleich sehen werden, die hier ein Proletariat sowohl von Bauern als von Arbeitern schufen.

Es erübrigt zuzusehen, ob die Konkurrenz in ihrer anderen Gestalt, als Konkurrenz zwischen den Unternehmern, zu größeren Schwierigkeiten in der Antike geführt hat. In neuerer Zeit haben zweifellos die kleinen Unternehmungen einen schweren und ungleichen Kampf um den Markt mit den großen zu bestehen. Viele sind dabei unterlegen, ihre Inhaber sind ruiniert und ihre Arbeiter auf die Straße geworfen worden. Läßt sich dasselbe in der antiken Klassengesellschaft beobachten?

Ein Umstand, der a priori hiergegen spricht, ist der, daß in der schriftlichen Überlieferung nichts davon, außer betreffs der Bauern, erwähnt wird. Handwerk und Industrie sowie Handel wurden von Kleinbürgern und von sehr reichen Männern als kleine und große Unternehmungen nebeneinander betrieben, ohne daß sich daraus besondere Mißlichkeiten für die ersteren ergeben zu haben scheinen. Die kleinen Unternehmer und ihre Geschäfte waren wegen der damit verbundenen körperlichen Arbeit der Geringschätzung ausgesetzt. Eine Inferiorität aber gegenüber den großen Unternehmungen, außer daß sie wohl öfters eigener Betriebsmittel entbehrten und mit geliehenem Geld arbeiten mußten, kann man nicht gut konstatieren. Was wir von Produktionsform und Arbeitstechnik in Handwerk und Industrie des Altertums kennen, macht es auch wenig wahrscheinlich, daß das größere Unternehmen hierin einen Vorteil vor dem kleineren gehabt hat, eher umgekehrt. Die großen Fabriken konnten auf dem Markt um ein Vielfaches größere Warenmengen ausbieten, aber nicht billigere und wahrscheinlich auch nicht bessere als die kleinen Unternehmungen. Weder die einen noch die anderen hatten Motoren oder Arbeitsmaschinen, und es ist wesentlich die größere Anzahl und die bessere Beschaffenheit solcher Maschinen, dank denen die großen Unternehmungen der Gegenwart billiger und sicherer arbeiten als die kleinen. Im Altertum repräsentierte der einzelne Arbeiter, frei oder unfrei, mit seinen Werkzeugen zugleich Motor und Arbeitsmaschine, in gleicher Weise für große wie für kleine Unternehmungen. Und soviel wir wissen, existierte keine höhere, entwickelte Arbeitsteilung zwischen den Arbeitern in der Werkstatt[1]), wenigstens keine so große, daß nicht auch eine solche

---

[1]) Vgl. oben S. 248.

mit einigen wenigen Arbeitern dasselbe leisten konnte. Andererseits konnte die Arbeit in der kleinen Werkstatt, wo der Eigentümer selbst mit Hand anlegte, besser geleitet und überwacht werden als in der großen, wo ein Sklave oder Freigelassener das Ganze leitete. Es wurde daher ebenso billig und vielleicht billiger in den kleinen Unternehmungen produziert als in den großen, woraus wiederum folgte, daß eine für die kleinen gefährliche Konkurrenz der großen nicht gut in Frage kommen konnte.

Wie es sich in dieser Hinsicht mit dem Handel verhielt, ist schwerer zu sagen. Wahrscheinlich aber vermochte der kleine Kaufmann wie auch der kleine Schiffer durch eigene Arbeit die Vorteile aufzuwägen, die der Großhändler und der Reeder in größerem Kapital besitzen konnten. Wenigstens erfahren wir von schlimmen Wirkungen der Konkurrenz zwischen Großen und Kleinen auf diesen Gebieten ebensowenig etwas, wie das auf dem der Industrie der Fall war.

Nur in der Landwirtschaft hat die ökonomische Konkurrenz verhängnisvolle Folgen gehabt. Doch gilt dies nicht für Griechenland. Nachdem hier die Bauern mit der Umwandlung der Ständegesellschaft in eine Klassengesellschaft Freiheit und gesicherte rechtliche Stellung erlangt hatten, sind sie, soviel wir wissen, keinen besonderen Schwierigkeiten und Leiden irgendwelcher Art ausgesetzt gewesen. Es war — abgesehen von Sparta, worüber mehr unten — ausschließlich in Rom und Italien, wo eine Agrarfrage schwierigster Art bei den freien Bauern gleichzeitig mit der Ausbreitung des Reiches erwuchs.

Die italienischen Bauern wurden dadurch einer mörderischen Konkurrenz seitens der Länder mit günstigerem Klima und Boden ausgesetzt. Die Eroberung der Poebene und von Sizilien, wo römische und einheimische Magnaten den Großbetrieb mit Hilfe von Sklaven einführten, war es zunächst, die die römischen Bauern in Bedrängnis brachte. Dies nahm noch mehr zu, seitdem die Zufuhr von Getreide aus Afrika im 2. Jahrhundert v. Chr. größere Dimensionen annahm. Getreidebau lohnte sich nicht mehr. Die italienische Landwirtschaft mußte umgestaltet werden, was auch geschah, indem man erst zum Wein- und Olivenbau, dann, als auch dieser infolge von Überproduktion nicht mehr recht lohnend war, zu Rindvieh- und Schafzucht überging. Diese paßte jedoch durchaus nicht für den Kleinbetrieb der Bauern; sie erforderte große Ländereien und ließ sich am besten mit Sklaven betreiben. So gerieten die Bauern in eine Notlage, zu der auch die ständigen Kriege außerhalb

Italiens stark beitrugen. Der Bauer wurde durch sie auf lange Zeiten von seiner Scholle ferngehalten, die Bewirtschaftung wurde vernachlässigt, und er geriet bei irgendeinem mächtigen Nachbarn in Schulden, womit der Ausgang gegeben war. Die Bauernhöfe wurden aufgekauft und zu Großgütern zusammengeschlagen, die hauptsächlich mit Sklaven bewirtschaftet wurden. So trat das ein, worüber Plinius d. Ä. hundert Jahre später klagend berichtet: „Latifundia Italiam perdidere, mox jam provinciam"[1]).

Aber dies war nur die eine Seite der Sache, die andere, noch schlimmere, war das Verschwinden der Bauern als Volksklasse oder, wenn sie sich halten konnten, ihr Herabsinken zu einem ländlichen Proletariat, wenig besser gestellt als die nicht seßhaften Landarbeiter, denen nun ein schwerer Wettbewerb in der Sklavenarbeit erstand. Dies war das Werk der Konkurrenz und zwar genauer der ausländischen Konkurrenz. Denn sie war es, die zur Umstellung des Betriebes zwang und dadurch den Großbetrieb in der Landwirtschaft lohnender machte als den Kleinbetrieb. Die mitten in dieser Entwicklung Stehenden sahen nur das letzte Glied derselben, die Bildung der Großgüter auf Kosten der kleinen Höfe und das Verschwinden der Bauern. Jedenfalls war dies das Nächstliegende und das, wogegen man Gegenmaßregeln ergreifen konnte. Die tiefer liegende Ursache, die ausländische Konkurrenz, die die Ausbreitung des Reiches mit sich brachte, entzog sich der Beeinflussung. Hauptsächlich aus diesem Gesichtspunkt muß man die Reformversuche der Gracchen und besonders ihr Mißlingen auffassen. Es war nicht nur der Widerstand der Optimaten, der sie vereitelte und ihre edelmütigen Urheber ums Leben brachte, sondern noch mehr die wirtschaftliche Unhaltbarkeit des Kleinbetriebs und das geringe Interesse der

---

[1]) Jüngst hat J o h. K r o m a y e r (Weltgeschichte, I, 3, Römische Geschichte, S. 90) die übliche Auffassung betreffs der Schädlichkeit der ausländischen Konkurrenz für die italische Landwirtschaft bestritten. Die bereits zu Catos Zeit allgemeine Umstellung der Landwirtschaft von Getreidebau auf Wein- und Olivenbau und später auf Viehzucht zeigt jedoch, daß die Konkurrenz des Auslandes als lästig empfunden worden sein muß. Zwar war es hauptsächlich der Großbetrieb, der darunter litt, aber sicherlich sind auch die mittelgroßen Güter und überhaupt alle, die Getreide bauten, nicht unberührt davon geblieben.

Im übrigen ist es schwer, die verschiedenen Faktoren, die zum Ruin des italischen Bauernstandes beitrugen, in ihrem Werte gegeneinander abzuwägen. Möglich, daß, wie K r o m a y e r meint, der lange Kriegsdienst der schlimmste dieser Faktoren war. Man darf aber deshalb die anderen und besonders die ausländische Konkurrenz nicht unterschätzen.

Masse für die ganze Reform. Die schon Proletarisierten wollten nicht wieder Bauern werden, sicherlich nicht zum mindesten, weil sie die Aussichten dabei gering und unsicher fanden. Übrigens hat Cajus Gracchus selbst durch die nun beginnenden Getreideverteilungen in schlimmster Weise seinem eigenen Werk entgegengearbeitet. Und das gleiche tat er, als er, um die Optimaten zu vernichten, die Macht der Ritter stärkte, die noch schlimmere volksbedrückende Kapitalisten wurden, als jene es gewesen waren.

In ihrem Endresultat wie in ihrem Beginn erinnert diese römische Entwicklung sehr an die, welche etwas mehr als anderthalb Jahrtausende später sich in England abspielte, als die Bauernhöfe von den großen Landlords aufgekauft und in Schafweiden umgewandelt wurden, während die Bauern in die Städte zogen, um dort ein Industrieproletariat zu bilden. Auch in England war es der ausländische Handel, der diese Entwicklung einleitete; ihre Fortsetzung fand sie später in der Umwandlung der Allmenden in Jagdgründe für die großen Gutsbesitzer.

In Rom waren es die Landverteilungen der Feldherren an ausgediente Soldaten, die den Ruin des Bauernstandes vollendeten. Zwar wurden hierdurch neue Kleinbetriebe und Bauern geschaffen. Aber die Art und Weise, wie dies geschah, mittels Beschlagnahmung der Grundstücke anderer, verschlimmerte nur noch das Übel. Sulla soll so 120000 Landparzellen in Italien weggegeben haben, und während der Bürgerkriege nach der Ermordung Caesars wurde die Bevölkerung in 18 blühenden Städten vertrieben, und was sie an Land besaßen, den Soldaten gegeben. Auf diese Weise wurde das Bestehende zerstört, nur um das Bedürfnis des Augenblicks zu befriedigen, und im Grunde ohne einen Gedanken daran, etwas Neues zu schaffen. Es war wohl auch unmöglich, aus diesen an das Feldleben und seine Abwechslungen gewohnten Soldaten tüchtige Bauern zu machen. Jedenfalls ist auf den genannten verschiedenen Wegen — ausländische Konkurrenz, die Landkäufe der Großen, der lange Kriegsdienst und das Hausen der Feldherren — der italienische Bauernstand untergegangen und an seiner Stelle ein heimatloses Proletariat entstanden, das, um sein Auskommen zu finden, in die Städte zog und dort nun von Getreideverteilungen und von dem, was der Zufall gewährte, vor allem aber von seinem Stimmrecht lebte.

In Italien hat also die wirtschaftliche Entwicklung wie im Europa der neuen Zeit große und gefährliche soziale Umwälzungen veranlaßt. Darüber kann kein Zweifel herrschen. Sie betrafen zwar nur eine Klasse, die Bauern, aber die Wirkungen davon waren nichtsdestoweniger außerordentlich umfassend und tiefgreifend. Man dürfte ohne Übertreibung sagen können, daß der Ruin des Bauernstandes in Italien den Fall der Republik nach sich zog, denn dadurch wurde zwar nicht rechtlich, aber tatsächlich der politische Schwerpunkt von den 31 Landtribus in die 4 Stadttribus verlegt, innerhalb deren der populus romanus, das auf dem Forum beschließende römische Volk, völlig demoralisiert und zur Auflösung gebracht wurde. Was bei einer Verfassung wie bei der Englands nur den Untergang für eine gewisse Volksklasse bebedeutete, an und für sich bedauerlich, für die aufwachsende Industrie aber günstig und für den Staat ungefährlich, traf in Rom den Lebensnerv des Ganzen, das souveräne Staatsvolk, das in ein Proletariat verwandelt wurde.

Diese für Rom eigentümliche Entwicklung hatte kein Gegenstück in Griechenland, außer in gewissem Grade in Sparta, wie wir später sehen werden. Auch keine anderen schlimmen Folgen des freien ökonomischen Lebens der Klassengesellschaft können dort konstatiert werden. Oft hat allgemeine Armut geherrscht, nicht nur zuletzt während der Zeit des Verfalls, sondern auch früher. So wurde in Athen im Jahre 377 v. Chr. das ganze Vermögen des Landes auf nur 5750 Talente, etwa 26 Mill. schwedische Kronen, geschätzt, während es vor dem peloponnesischen Kriege allein in der Steuer der Bundesgenossen über diese Summe und mehr (einmal nach Thukydides 9700 Talente) in barem Geld verfügte[1]. Ähnliche, wenn auch nicht so große Wandelungen im Wohlstande hat Athen auch später durchgemacht, denn es führte mehrere unglückliche Kriege. Und nach jedem solchen war die allgemeine Armut groß. Aber hieran war die Politik schuld, nicht die wirtschaftliche Entwicklung. Und das gleiche gilt für die meisten andern griechischen Staaten, nur noch in schlimmerem Maße und mit noch größeren Gegensätzen zwischen Armen und Reichen als in Athen. Denn dies wurde mit der Zeit mehr und mehr die Signatur des griechischen Staats- und Gesellschaftslebens: das Volk teilte sich in zwei feindliche Parteien, die Armen und die Reichen, die einander bekämpften, oder richtiger, von denen die ersteren die letzteren bekämpften. Die Ursachen hiervon

[1]) Böckh betrachtete auch diese niedrige Ziffer nur als den besteuerbaren Teil des Nationalvermögens, nicht als dieses selbst. Spätere Autoren aber, Beloch, Ed. Meyer u. a., akzeptieren Polybius' Angabe, wie sie dasteht, trotz der Kleinheit der Summe.

waren aber im Grunde nicht ökonomischer Art. Dies klingt paradox, da es sich ja bei den sozialen Kämpfen, in denen die griechische Selbständigkeit unterging, zumeist um das Eigentum und um das Mein und Dein handelte. Wir sehen aber keine wirtschaftlichen Verhältnisse, die diese Kämpfe veranlaßt hätten, indem das niedere Volk durch sie unterdrückt worden und verarmt wäre. Dieses kann wohl mit Recht als ein Proletariat bezeichnet werden, weniger aber wegen Besitzlosigkeit als wegen anderer ein solches kennzeichnender Züge, der Arbeitsunwilligkeit und der Lüsternheit. Die sozialen Kämpfe in Griechenland waren ihrer Natur nach ein Klassenkampf, ihre Ursache aber waren nicht soziale Mißstände und die wirtschaftliche Entwicklung, sondern andere Umstände und Kräfte. Das ist, was wir konstatieren zu können glauben. Welches wiederum diese anderen Kräfte waren, werden wir im nächsten Kapitel darzulegen versuchen.

Kapitel XI.

Die antike Klassengesellschaft.

Politische Verhältnisse.

Die Demokratie in Athen. Die timokratische Verfassung, die Solon Athen gegeben hatte, blieb unverändert, solange die Herrschaft der Pisistratiden währte. Sie ruhte nur während dieser Zeit; von Pisistratos heißt es, er habe bei einer Gelegenheit die Athener ermahnt, sie sollten nur ihrer Arbeit nachgehen, für die Angelegenheiten des Staates wolle er selbst sorgen. Kaum war indessen die Tyrannis gestürzt (i. J. 510), so begannen die inneren Kämpfe von neuem und veranlaßten eine Verfassungsänderung. Diese betraf jedoch in der Hauptsache das Volk und seine lokale Einteilung, während die Verfassung selbst im großen und ganzen unangetastet blieb. Kleisthenes' Reform war deshalb nicht weniger verhängnisvoll. Dadurch, daß er neue Volkselemente unter die Bürger aufnahm, noch mehr aber durch die Sprengung der alten, auf Geschlechtertradition und Territorialverband ruhenden Gruppierung des Volkes und Ersetzung derselben durch eine neue, rein mechanische Einteilung ohne festen Halt, weder nach der einen noch nach der anderen Seite hin, hat Kleisthenes die Solonische Verfassung ihrer geschichtlichen Grundlage beraubt und damit ihr baldigen Umwandlung Tür und Tor geöffnet. Diese Umwandlung ließ denn auch nicht auf sich warten. Schon während der Perserkriege begann die Macht im Staate zugunsten des Demos, des niederen Volkes, verschoben zu werden. Der Ostrazismus, der nun in Gebrauch kam, bezeichnet einen bedeutsamen Schritt in dieser Richtung. Aber erst nachdem die Persergefahr vorüber war, nahm die genannte Entwicklung ein schnelleres Tempo an.

Die Timokratie wird nun binnen weniger Jahrzehnte in eine reine Demokratie dadurch verwandelt, daß einerseits die Macht im Staate von höheren Institutionen auf niedere übertragen und andererseits der Zutritt zu den Ämtern allen in gleicher Weise eröffnet wird. Ersteres geschieht dadurch, daß für die Besetzung des Archontats, des höchsten Staatsamtes, die Entscheidung durch das Los in Übereinstimmung mit den anderen Ämtern eingeführt wird, wodurch es seine Autoriät einbüßt (487), sowie ferner dadurch, daß der Areopag seiner politischen Befugnis zugunsten des von Kleisthenes von 400 auf 500 Mitglieder vermehrten Rates verlustig geht (461). Schließlich gelangte diese Entwicklung zum Abschluß durch die Umwandlung des Rates aus einer beschließenden Regierung in eine nur ratgebende und verwaltende Behörde, während der Demos in der Volksversammlung und als höchster Gerichtshof, Heliäa, der unbeschränkte Herrscher im Staate wird (Zeitalter des Perikles). — Die Abschaffung der politischen Vorrechte wiederum wird am besten dadurch illustriert, daß das Archontat, das noch in Kleisthenes' Verfassung den Fünfhundertscheffleern vorbehalten war, erst den Rittern und bald (457) auch den Zeugiten, d. h. den Bauern und anderen kleinen Leuten oberhalb des Proletariats, zugänglich wurde. Damit waren die auf Besitz gegründeten Vorrechte aufgehoben, wie schon früher die der Geburt.

Die Timokratie hatte der Demokratie Platz gemacht. Der Gedanke der Volkssouveränität war nun in Athen — und Ähnliches kam in den meisten griechischen Staaten vor — auf eine Weise und in einem Umfang verwirklicht, wie er seitdem wohl nie in der Welt erreicht worden ist. Zwar bieten einige Schweizer Kantone das Bild einer reinen Volksregierung dar, aber diese bestehen aus einer durchweg gleichartigen Bauernbevölkerung ohne größere soziale Unterschiede und stellen nur Kommunen mit Eigenregierung dar, nicht Staaten mit weitgreifender und kühn unternehmender auswärtiger Politik wie die antiken Staaten. Staatsregierung durch das Volk und für das Volk ist nie so entwickelt vorgekommen wie hier.

Die hervortretenden Züge in dieser Regierung, wie sie in Athen zur Verwirklichung gelangte und von Aristoteles nach der Natur in Politeia Athenaion gezeichnet und in seiner Staatslehre (Politik VI, 1) typisch dargestellt worden ist, waren kurz folgende.

Sowohl die regierende und verwaltende als die rechtsprechende Macht liegt in den Händen des Volkes und wird von ihm ausgeübt. Der Mittelpunkt der Regierung ist die Volksversammlung. Diese tritt viermal im Monat zusammen und entscheidet dabei über alle wichtigeren Angelegenheiten, nimmt Bericht über die verschiedenen Zweige der Verwaltung entgegen und erteilt oder verweigert den

Beamten Entlastung, wobei einem jeden das Recht zusteht, Kritik zu üben. Die nächstuntergeordnete Behörde, der Rat, der täglich zusammentritt, besorgt durch einen monatlich wechselnden Fünfzigmännerausschuß die laufenden Geschäfte, bereitet die Angelegenheiten vor, die der Volksversammlung unterbreitet werden sollen, und vollzieht die Beschlüsse der letzteren. Unter dem Rate endlich stehen die zahlreichen Kollegien von gewöhnlich zehn Mann mit ihren untergeordneten Beamten, die je einen Zweig der Verwaltung zu besorgen haben. Die Rechtspflege ist nach denselben Prinzipien geregelt. Beamtengerichtshöfe führen die vorbereitende Untersuchung aus, und Volksgerichtshöfe urteilen in verschiedenen Instanzen, zuletzt die aus 6000 Bürgern zusammengesetzte Heliäa.

Aber noch mehr als in dieser Handhabung der Staatsfunktionen durch die Bürger selbst kommt in der Besetzung der Ämter und in der Stellung der Beamten die vollständige Volksregierung zum Ausdruck. Alle Ämter außer denen der Strategen, Schatzmeister und einiger anderen, die durch Wahl bestellt werden, werden durch Losen unter den dazu Berechtigten besetzt; und dies sind alle unbescholtenen Bürger, die bei der stets vorhergehenden Prüfung (Dokimasia) gebilligt worden sind und nicht vorher das fragliche Amt innegehabt haben. Denn das ist der andere Grundsatz bei dieser Verwaltung aller: kein Amt darf mehr als einmal von demselben Mann innegehabt werden, ausgenommen das Ratsherrenamt, das zweimal innegehabt werden darf, ebenso das Strategenamt und das eine oder andere Priesteramt. Die Ämter sollen umgehen, auf daß ein jeder Gelegenheit erhalte, auch als Beamter an der Regierung des Staates teilzunehmen. Eine selbstverständliche Sache schließlich bei dieser extremen Volksherrschaft ist, daß die Beamten nur auf ein Jahr und bisweilen auf noch geringere Zeit bestellt und jederzeit abgesetzt werden können. Keine Autorität darf neben dem souveränen Volke vorhanden sein. Der Demos ist unumschränkt, und seine Herrschaft ist Tyrannis, obwohl nicht die eines Einzelnen, sondern die Aller, wie Aristoteles es charakterisiert.

Angesichts dieser bis in ihre letzten Konsequenzen durchgeführten Volksherrschaft fragt man unwillkürlich nach den Ursachen und treibenden Kräften, die sie in so kurzer Zeit zur Reife bringen konnten.

Eine solche Ursache war die Kleinheit des Staates und die Konzentration des Staatslebens in einer Stadt. Dies führt die Menschen zusammen und bringt alle in den Sichtbereich aller.

Dem volkspsychologisch richtigen Satze „e longinquo reverentia", die Autorität wächst mit dem Abstande, entspricht der ebenso richtige, daß in der Nähe die Ehrfurcht verschwindet. Mehr aber als eine allgemeine Voraussetzung für die Entwicklung der Demokratie war dieses nahe Zusammenwohnen und der geringe Umfang nicht. Andere Ursachen mußten hinzukommen, und solcher gab es mehrere. Eine von ihnen ist in den Staatsmännern und Demagogen zu suchen. Solche stellen sich in allen Demokratien ein, nicht nur wie Raubvögel um eine Beute, sondern auch als Surrogat für eine wirkliche Autorität. Nirgends war dies mehr notwendig als in den hellenischen Stadtstaaten. Der Volksführer, der auf der Agora das souveräne Volk unterweist und leitet, ist ein Faktor im Staatsleben, den dieses nicht entbehren kann.

Aber ob es nun große Staatsmänner waren wie Themistokles und Perikles oder simple Demagogen wie Ephialtes und Kleon und andere noch schlimmere, so befolgten sie alle dieselbe Politik bezüglich der Verfassung und ihrer Ausbildung in demokratischem Geiste. Zuweilen wurden sie hierbei von wirklichen Staatsgründen geleitet, wie wenn die niedrigste Volksklasse, die Theten, wegen des Dienstes bei der Flotte und der wachsenden Bedeutung dieser letzteren, erhöhte bürgerliche Rechte erhielten. Oft aber waren die Richtschnur dieser Politik nur der Wille und die Wünsche der Masse. Man gab, was sie ersehnte, um sie zufriedenzustellen und sie andauernd in der Hand zu haben. In diesen Fällen, und sie waren die gewöhnlichsten, war der zur Zeit herrschende Volksführer nur der Exekutor der Wünsche des Volkes. Es waren somit in letzter Linie diese, wie man es übrigens von vornherein annehmen konnte, die die eigentlich treibende Kraft in der Entwicklung der Demokratie ausmachten. Den wichtigsten dieser Wünsche kennen wir aus dem Vorhergehenden; er betraf die — *Gleichheit aller.*

Unter den bei der Umwandlung der Ständegesellschaft in die Klassengesellschaft wirksamen Kräften sind das Streben nach Freiheit und die Forderung nach Gleichheit die zwei unvergleichlich stärksten. Das erstere tritt zuerst auf und bleibt, solange der Zwang und der Druck, gegen die es sich erhebt, bestehen, allein in Tätigkeit. In dem Maße, wie die alten Mißstände behoben werden und die Abhängigkeit vom einzelnen aufhört, wächst die Forderung nach Gleichheit und übernimmt die Führung in der absteigenden Bewegung innerhalb des Klassenwesens. Im Grunde ist es nur eine Fortsetzung des Strebens nach Freiheit, was sich hierin zu erkennen gibt. Bald aber wird das letztere über der

Forderung nach Gleichheit vergessen, die das große soziale Pathos wird, das die Masse beherrscht. Zwar ist diese Forderung zunächst auf den Staat und das politische Leben beschränkt, aber sie gibt sich hier um so stärker zu erkennen. Alle sollen dieselben politischen Rechte und Vorteile haben. Die Ungleichheit, die infolge verschiedener sozialer Stellung und verschiedenen Vermögens in der Gesellschaft besteht, soll im Staate ausgeglichen werden.

Zu dieser alle Demokratie kennzeichnenden Tendenz kommt der Grundsatz, daß alle im Staatsleben zu allem taugen. Dieser Grundsatz von der Entbehrlichkeit der Sachkenntnis in bezug auf öffentliche Aufträge und die Regierung des Staates besteht bei allen Demokratien als die stille Voraussetzung für die gleichen politischen Rechte. In Athen aber wurde er auf die Spitze getrieben. Plato geißelt in Sokrates' Namen diese Auffassung, die für die Tätigkeit des Gesetzgebers und Richters keinerlei Erfahrung oder Kenntnis fordert, während niemand etwas von einem Schuhmacher oder einem anderen Handwerker wissen will, der nicht sein Gewerbe gelernt hat. Keine Kritik vermochte jedoch, die Sinne zu bekehren. Denn hierbei galt es das Lebensprinzip der politischen Demokratie, den gleichen Anteil aller an der Macht.

Natürlich stellte sich die Sache in der Praxis nicht wenig anders. Insbesondere in einem Staat wie Athen mit seiner weitumfassenden und kühnen Außenpolitik durfte auf die verantwortungsvollsten Posten, die durch Wahl besetzt wurden, nicht irgendeiner aus der Masse der kleinen Leute bestellt werden, sondern es mußten dazu unabhängige und angesehene Männer genommen werden. Aber auch bezüglich der großen Menge der durch das Los zu besetzenden Ämter mußte der Natur der Sache nach eine gewisse Auslese stattfinden. Bauern und Handwerker konnten nicht, trotz der Tagegelder, die gewährt wurden, allzuoft ihre tägliche Arbeit verlassen, um Beamte oder Richter zu werden. Nur die Vermögenderen, die die für den politisch Aktiven notwendige Freiheit von Erwerbsarbeit besaßen, waren imstande, jederzeit ihre Dienste anzubieten und sich durch das Los wählen zu lassen. Das formelle Recht dazu war jedoch in gleicher Weise für alle vorhanden. Und viele unter den kleinen Leuten haben sich desselben bedient, oft wohl aus Eitelkeit und Gleichheitsdrang, aber auch aus anderen, mehr realen Gründen.

Es wäre nämlich unrichtig, diese in absurdum getriebene Gleichgestelltheit ausschließlich allgemeinen Theorien und dem psychologischen Motiv des Gleichheitsdranges zuzuschreiben. Denn ihre Gefahr für den Staat und das Allgemeine ist doch so offenbar, daß, wären nicht andere, noch stärkere Gründe hinzugekommen, wohl nie die hellenische Volksherrschaft so verhängnisvolle Formen angenommen hätte. Ein solcher Grund aber lag in dem eigenen ökonomischen Interesse vor. Die Ämter und die Ausübung der bürgerlichen Rechte bildeten eine Einnahmequelle, an der alle, soweit als möglich, teilhaben wollten.

Ursprünglich waren sämtliche Dienste und Aufträge unbesoldet. Nachdem aber die Ämter allen zugänglich geworden waren und durch das Los besetzt wurden, mußte eine Entschädigung gewährt werden, sonst konnten die weniger Bemittelten, die von ihrer täglichen Arbeit lebten, sich nicht zum Losen einstellen. Die volle Gleichheit wäre ohne ein Tagegeld, das mindestens dem niedrigsten üblichen Tagelohn (2—3 Obolen) entsprach, ein toter Buchstabe gewesen. Daher erhielten alle Beamten, einschließlich der Archonten und Ratsherren, ein Tagegeld, verschieden für die verschiedenen Aufträge[1]). Hierzu fügte Perikles Bezahlung für Dienstleistungen in den Gerichten.

Daß Bauern und Handwerker auch bei dieser Entschädigung nicht immer öffentliche Aufträge übernehmen konnten, ist oben erwähnt worden. In ungünstigen Zeiten aber und bei wirtschaftlicher Bedrängnis haben sie sowohl wie die Theten mit Eifer die Gelegenheiten zu Verdienst wahrgenommen, die der Staat auf diese Weise gleichwie durch Kriegsdienst, Bauten u. a. bot. Mittels fleißiger Einrichtung von neuen Ämtern und Aufträgen hat das souveräne Volk auch dafür gesorgt, daß derartige Gelegenheiten nicht fehlten. Wie oben angeführt, sind unter Einrechnung der Kriegsmannschaft, die gleichfalls Sold erhielt, über 20000 Personen während der Großmachtzeit Athens vom Staate bezahlt worden und haben daraus ihren Unterhalt gezogen. Es waren das nahezu zwei Fünftel der volljährigen Bürger Attikas. Während der oligarchischen Reaktionen 411 und 404 v. Chr., zu denen die Unglücksschläge des Krieges Anlaß gaben, wurden die meisten Diäten abgeschafft und die Anzahl der Vollbürger auf 5000 und schließlich auf 3000 beschränkt. Als aber die Kriegsstürme nachließen und die Demokratie wieder hergestellt worden war, kehrten auch die Besoldungen wieder und wurden nun auch auf die Teilnahme an

---

[1]) Bemerkt sei jedoch, daß der Amtssold der Archonten relativ gering war, weshalb diese Würde in gewissem Grade ihren Charakter als Ehrenamt beibehielt.

der Volksversammlung ausgedehnt — um das Volk zu bewegen, in hinreichender Anzahl diese Versammlungen zu besuchen, erläutert Aristoteles.

Aber auch auf andere Weise als durch Entschädigung für öffentliche Aufträge waren die Bürger an den Geschäften des Staates direkt interessiert. Es war seit älterer Zeit Sitte in Athen wie auch in anderen hellenischen Staaten, daß die Bürger einen Anteil an den Einkünften des Staates erhielten, wenn diese nicht für seine eigenen Bedürfnisse verbraucht wurden. So erhielt Themistokles dadurch, daß er die Verteilung des Ertrages der laurischen Silbergruben verhinderte, Mittel zu der Flotte, die bei Salamis die Freiheit Griechenlands rettete. Für die auswärtige Politik der folgenden Zeit und das Verhältnis zu den Bundesgenossen war nicht zum wenigsten die Rücksicht auf die ökonomischen Vorteile der einen oder andern Art maßgebend, die das Volk sich davon versprechen zu können glaubte. Der unglückliche Zug nach Sizilien 415—413 war unter anderem eine Spekulation in diesem Sinne. Die Volkspartei war stets für Krieg gestimmt, während die höheren Klassen am liebsten den Frieden bewahren wollten. Und der Anlaß war der, daß die Arbeiter Verdienst als Ruderer bei der Flotte zu finden oder auf diese Weise Mittel zu Verteilungen und direkten Unterstützungen zu beschaffen hofften.

Nach der Ansicht einiger soll eine solche Unterstützung bereits von Perikles unter der Bezeichnung Theorikon, Theatergeld, eingeführt worden sein, das verteilt wurde, damit der Arme sich freimachen sollte, um den Schauspielen beiwohnen zu können. Während der schwersten Zeit des peloponnesischen Krieges, als die Arbeitslosigkeit groß war, wurde ferner die sog. Diobolie eingeführt, eine Verteilung von 2, später 3 Obolen pro Mann und Tag an alle diejenigen Bürger, die nicht anderswie ein Tagegeld erhielten. Zeitweise eingezogen, kehrte diese Verteilung im 4. Jahrhundert unter dem schützenden Mantel des Theorikons wieder. Nach und nach wurde das Theorikon zu einer feststehenden Verteilung, die die Staatskasse schwer belastete und gegen die Demosthenes vergebens ankämpfte, um Mittel für den Krieg gegen Mazedonien zu erhalten[1]).

---

[1]) Neben dieser allgemeinen Volkspensionierung wurde in Athen mittellosen Witwen und Waisen Armenunterstützung gegeben, desgleichen Arbeitsunfähigen, die nicht mehr als drei Minen Vermögen besaßen, welch letztere eine Unterstützung von 2 Obolen pro Tag erhielten.

Der Staatsdienst und die bürgerlichen Rechte waren so eine Einnahmequelle für das niedere Volk, die dieses aufs äußerste ausnutzen wollte. Hierin lag wohl der tiefste Grund für die Vollendung der Demokratie, die uns in Athen entgegentritt, wie auch andererseits für den Heroismus, womit dessen Bürger während der Heimsuchungen des peloponnesischen Krieges kämpften und litten. Die Wohlfahrt des Staates und der einzelnen hing untrennbar zusammen, nicht nur politisch, sondern auch ökonomisch. Der athenische Staat und seine Bürger waren wie eine Gesellschaft oder ein anderes ökonomisches Unternehmen und seine Teilhaber. Der Demokratismus hatte damit geendet, daß er den Staat den privaten Interessen der Majorität der Volksversammlung unterordnete.

Dies widerstreitet völlig der Auffassung, die man lange von dem Verhältnis zwischen Staat und Individuum, von der Allmacht des ersteren und der Rechtlosigkeit des letzteren in der Antike gehabt hat. Diese Auffassung ist jedoch, wie Jellinek[1]) und andere nachgewiesen haben, in hohem Grade schief. Es ist wahr, daß die Menschen im Altertum mit weit stärkeren Banden an den Staat gebunden waren als jetzt, in erster Linie, weil in ihm die Götter ihre Heimstätte hatten. Die Polis war zugleich Staat und Kirche. Man war daher nicht nur als Bürger, sondern auch in seiner Gottesverehrung auf sie angewiesen und von ihr abhängig. Ferner war infolge der geringen Entwicklung des Völkerrechts das Leben außerhalb des eigenen Staates zwar nicht rechtlos, aber in hohem Grade prekär. Jedenfalls war man in vollem Sinne Mensch nur als Bürger in seinem eigenen Staat. Aus diesen Gründen war das Individuum auf den Staat angewiesen und für sein ganzes Dasein auf eine Weise an denselben geknüpft, wie es jetzt nicht der Fall ist, wo die ganze Welt dem Auswanderungslustigen offen steht. Dies bedeutete aber nicht, daß er größeren Respekt vor demselben fühlte als die Menschen der Jetztzeit. Die vielen inneren Kämpfe und die häufigen Reformen beweisen dies, noch mehr aber Männer wie Themistokles und Pausanias zu Beginn der Glanzzeit Griechenlands, Alkibiades und Lysander zu Ende derselben. Der Individualismus war in Hellas auch in älterer Zeit stärker entwickelt, als man es sich gewöhnlich vorstellt. Die eben berührten Verhältnisse bestätigen dies zur Genüge. Man betrachtete und behandelte den Staat als allgemeine Versorgungsanstalt. Es ist dies mehr, als wozu die Demokratie der Gegenwart gelangt ist, wenn auch die Tendenz dieselbe ist.

[1]) Allgemeine Staatslehre, 1914, S. 292ff.

So wenig diese Interessengemeinschaft zwischen Individuum und Staat zum Begriff des Staates paßt, so hatte sie doch das Gute an sich, daß sie das Verantwortlichkeitsgefühl lebendig erhielt und damit einer der allgemeinen Schwächen der Demokratie entgegenwirkte — der Verantwortungslosigkeit. Die Herrschaft einer Volksversammlung oder eines Reichstags bringt nämlich eine Teilung der Verantwortung und dadurch als allgemeine Regel schlechte Regierung mit sich. In Athen wurde dem durch das unmittelbare ökonomische Interesse entgegengewirkt, das ein jeder an dem glücklichen Ausgang der Unternehmungen des Staates hatte. „Mea res agitur", es gilt die eigene Haut, konnte der athenische Bürger von den meisten Staatsgeschäften sagen. Daher ist wohl nirgends dem täglichen politischen Leben ein größeres Interesse entgegengebracht worden als in Athen und anderen hellenischen Staaten.

Daß die Geschichte gleichwohl von so vielen Mißgriffen und einem so unglücklichen Ausgange des hellenischen Staatslebens zu berichten hat, beruht zweifellos auf mehreren Umständen, vor allem aber auf einer anderen, von aller Demokratie untrennbaren Schwäche — der Minderwertigkeit der Regierenden. Die Demokratie hat eine angeborene Tendenz, die Minderwertigen zu Regierenden zu machen. Die große Mehrzahl in einem Volke bilden nämlich nicht nur die sozial niedriger Stehenden, sondern auch die psychisch Minderwertigen. Als Mehrzahl im Volke haben diese zugleich die Majorität in der Volksversammlung. Solange sie sich dort von einem begabten Staatsmann leiten lassen, geht alles gut. Aber nicht lange dauert es, so werden die Rollen vertauscht und der Schwanz lenkt den Kopf. Und hierbei trifft es nicht zu, wie Aristoteles bei dem Vergleich zwischen der Herrschaft eines oder einiger und der aller, wenn auch mit gewissem Vorbehalt, sagt, daß die gesamte Einsicht der letzteren größer ist als die des einen begabten Mannes[1]). Denn wohl können die Vielen zusammen mehr Erfahrungen bezüglich einer bestimmten Sache haben, aber sie besitzen deshalb nicht zusammen ein größeres Vermögen, sie zu beurteilen. Die Urteilsbildung in einer Volksmasse wird durch die schwächste Fassungsgabe bestimmt, daher führt die völlig durchgeführte Demokratie notwendig zur Herrschaft der Minderwertigen. Oder, wie die anonyme oligarchische Schrift über die Verfassung Athens zur Zeit des Perikles sagt: diese Verfassung verwirklicht

---

[1]) Polit., III, 6.

auf ihre Weise vortrefflich den leitenden Gedanken der Demokratie, daß die Minderwertigen den Vortritt vor den Würdigen haben sollen.

Schlimmer noch als die politischen Mängel in dieser Verfassung war ihr Einfluß auf die Menschen, vor allem das niedere Volk. Nichts demoralisiert dieses so sehr, wie von Almosen aus dem Staatssäckel zu leben. Man kennt das am besten aus der späteren Zeit der römischen Republik, als der populus romanus durch „panis et circenses" in einen müßiggängerischen und lüsternen Pöbel verwandelt wurde. Dasselbe Verhältnis aber herrschte in Athen, obwohl es nicht große Herren waren, sondern das Volk selbst, das die Gnadengeschenke austeilte, und diese in Tagegeldern verschiedener Art und in dem Anschauen der Werke der großen Tragöden statt in Getreideverteilungen und Gladiatorenspielen bestanden. Es war in der Sache dasselbe System mit denselben verderblichen Früchten — wachsende Ansprüche und innerer Verfall. Wie eine gute Verfassung ein Volk zu äußerer und innerer Stärke erziehen kann, so kann noch rascher eine schlechte seine Kräfte untergraben. Athens Verfassung liefert Beispiele für das eine wie für das andere. Als Zensusverfassung mit maßvoller Demokratie half sie diesem kleinen Volk Großtaten verrichten, die wir noch heute bewundern und von denen wir leben. Umgewandelt in extreme Demokratie hat sie das Werk der Väter vernichtet und das athenische Volk in den Grund verdorben. Es war *das allgemeine und gleiche Stimmrecht* und alles, was dazu gehörte, mit einem Wort, die reine Volksherrschaft, die das Unglück Athens wie im allgemeinen der griechischen Staaten wurde. Wir werden im nächsten Abschnitt diesen Prozeß näher ins Auge fassen.

* * *

Der innere Widerspruch der volklichen Demokratie und die soziale Revolution. Während die Ständegesellschaft sicher in sich selbst ruht und nur vorübergehend gestört wird, wenn Unfreiheit und Zwang zu hart drücken und infolgedessen soziale Erschütterungen ausgelöst werden, oder wenn die Zeit ihrer Umwandlung in eine Klassengesellschaft herannaht, trägt diese letztere von Geburt an den Keim zu einem inneren Widerspruch in sich, der binnen kurzem aufschießt und danach sie nie mehr in Ruhe läßt. Dieser Widerspruch offenbart sich als eine Nichtübereinstimmung zwischen politischer und sozialer Organisation, zwischen Staat und Gesellschaft, Verfassung und Klassenwesen. Sieht man indessen näher zu, so wird man finden, daß diese Disharmonie letzthin auf der verschiedenen Verwirklichung der Gleichheitsforderung im Staate und in der Gesellschaft beruht. Die Gleichheit ist die große Leidenschaft und ständige Forderung der vollentwickelten Klassengesellschaft. Sie kann im Staate verwirklicht werden, nicht aber in der Gesellschaft. Die sozialen Unterschiede werden aus gesetzlich bestimmten Ständen in freie Klassen umgewandelt, Hand in Hand mit dem Durchbruch der politischen Freiheit, aber sie verschwinden nicht. Sie leben fort und pflegen sogar zuzunehmen, dank der Hochkultur. Dies ist die weltgeschichtliche Antinomie, in die die Klassengesellschaft durch die politische Entwicklung gerät, und deren sie sich vergebens auf dem Wege, der bisher eingeschlagen worden ist, zu entledigen versucht.

Indessen tritt dieser innere Widerspruch nicht sofort hervor, wenn die Klassengesellschaft entsteht. Im Gegenteil pflegt dann eine Zeit innerer Ruhe zu folgen. Man ist der Gebundenheit der Ständegesellschaft entronnen und denkt vor allem an die neugewonnene Freiheit. Dazu gewährt die timokratische Verfassung, die man erhalten hat, ein Maß von Gleichheit, mit dem man für den Augenblick zufrieden ist. Man hat die volle bürgerliche Gleichheit erlangt, und die politischen Rechte sind auf alle die ausgedehnt worden, die solche lebhafter ersehnt haben. Es herrscht infolgedessen Harmonie zwischen politischer Organisation und sozialer. Lange aber dauert dieser Friedenszustand nicht. Der Gleichheitsgedanke, einmal in Bewegung gesetzt, gleicht dem rollenden Stein, der ständig abwärts strebt. Bald fordert ein immer größerer Teil des Volkes, an der Regierung des Staates teilzunehmen. Die Zensusbestimmungen werden abgeschafft, und die politischen Rechte werden nach und nach auf alle ausgedehnt. Die Gleichheit ist nun im Staate völlig durchgeführt. Alle sind vor dem Gesetz und in der Verfassung gleich. Man sollte meinen, daß die Menschen sich hieran genügen lassen könnten. Der leitende Gedanke der Klassengesellschaft, die Gleichheit, hat im Staatsleben seine Vollendung ihren Wünschen gemäß erreicht. Im Gegenteil aber, jetzt erst beginnt die große Unzufriedenheit. Denn nun tritt der obenerwähnte innere Widerspruch mit voller Kraft zutage. Wir finden ihn überall in der Klassengesellschaft an diesem Punkte der Entwicklung, in dem alten Hellas ebenso wie in den Gesellschaften und Staaten der Gegenwart.

Die politische Entwicklung hatte in Athen die Macht von Archonten und Areopag auf alle und jeden in der Volksversammlung übertragen. Die Bürger Athens waren gleichberechtigte Herrscher geworden, der eine wie der andere. Auf der Agora und in den Ämtern hatte ein jeder als Gesetzgeber und Regent einen Zipfel der souveränen Macht inne. Die ökonomische und kulturelle Entwicklung dagegen war eher einen entgegengesetzten Weg gegangen.

Zwar hatten nicht die Vermögensunterschiede, soviel wir wissen, zugenommen, um so mehr aber die Ungleichheit an Bildung. Dies bringt die Hochkultur mit sich, bei der die Arbeit mehr und mehr in „Kopfarbeit" und „Handarbeit" differenziert wird und die Schätze der Bildung und des Wissens zunehmen. Die Verschiedenheit der Arbeit war zuvor mit den verschiedenen Aufgaben der Stände vorhanden. Solange aber Wissen und Bildung gering waren, war diese Verschiedenheit nicht so ausgeprägt.

Dies ändert sich, wenn die Früchte der Kultur wachsen. Sie werden unerreichbar für die große Masse, die an die körperliche Arbeit gebunden ist. Nur die Kopfarbeiter und die, die sonst von der Sorge um den Unterhalt befreit sind, können sich dieselben aneignen. So kommt es zu neuen Klassenunterschieden nach der *Bildung* als Unterscheidungsmerkmal. Dies trat in Griechenland mit seiner hochentwickelten intellektuellen und ästhetischen Kultur mit großer Stärke hervor. Man merkt es am besten an der Verachtung der körperlichen Arbeit, die alle alten Schriftsteller aus der Zeit der Hochkultur an den Tag legen.

Die körperliche Arbeit nimmt dem Körper seine Schönheit und der Seele ihre Hoheit, heißt es bei Xenophon, Aristoteles und anderen, gleichwie später bei Cicero. Zu einem Teil war wohl die Sklaverei schuld an dieser Geringschätzung der Arbeit, die die meisten doch ausüben mußten, um zu leben, und auf der auch die höhere Kultur ruht. Im tiefsten Grunde aber beruhte sie auf der instinktiven Abstufung der Bedürfnisse in höhere und niedere, die aller Kultur und allem Klassenwesen, wie oben S. 100 nachgewiesen worden, zugrunde liegt. Dieser Instinkt potenziert sich leicht im Entzücken über die neue Bildung und überhebt sich dann. Hierin waren die Höchststehenden ebenso blind wie die niedere Volksmasse. Verachtung der körperlichen Arbeit, gepaart mit Überschätzung intellektueller und ästhetischer Produktion, ist ein Kennzeichen der hellenischen Kultur während ihrer Blütezeit.

Wie oben betont worden, faßte indessen die Antike Klassen und Klassenwesen nicht von der objektiven Seite, den sozialen Aufgaben, her auf, sondern so gut wie ausschließlich von der subjektiven Seite her, als verschiedene Lebensstellungen und Lebenshaltungen. Daher wurden die bei der Umwandlung der Ständegesellschaft entstandenen drei Klassen: Oberklasse, Mittelklasse und Unterklasse in der öffentlichen Meinung auf nur zwei reduziert: Reiche und Arme. Hierzu kam nun die Kulturmarke „gebildet“ und „ungebildet“, die ohne weiteres mit den ersteren identifiziert wurde. Dies war damals wie jetzt ein Irrtum. Denn die intellektuellen Arbeiter waren im alten Hellas der Regel nach wenig besser bezahlt als die ungelernten Handarbeiter. Und manch ein weltgeschichtlich berühmter Gelehrter ist arm gewesen. Sokrates' ganzes Vermögen belief sich seiner eigenen Schätzung gemäß auf nur 5 Minen (ungefähr 350 schwed. Kronen)[1]. Aber darum kümmerte sich die Volksmeinung wenig. Die Reichen und die Gebildeten wurden als Oberklasse gegenüber den Armen und Ungebildeten als Unterklasse betrachtet. Dies erweiterte die Kluft und verstärkte den Gegensatz.

Was aber mehr als dies aufreizend wirkte, war der Kontrast zwischen öffentlichem und privatem Leben, zwischen der Stellung im Staate und in der Gesellschaft. Im öffentlichen Leben und durch die Verfassung Herren und Souveräne, waren die meisten im Privatleben unbedeutende und arme Schlucker. Mit der staatlichen Gleichheit stand die soziale und kulturelle Ungleichheit in grellem Kontrast. Es ist verständlich, daß die Menschen sich nicht mit Gleichmut in diesen Zustand fanden, da sie der Einsicht in den organischen Zusammenhang zwischen Kultur und Klassenwesen entbehrten und den Autoritätsglauben, der eine solche Einsicht überflüssig macht, verloren hatten, gleichzeitig aber sich ihrer Macht bewußt waren, das Ganze über den Haufen zu werfen. Die politische Macht brachte eine Versuchung hierzu mit sich, der zu widerstehen der Menge schwer fiel. Die Verfassung und die politische Entwicklung weit mehr als ökonomische Mißstände irgendwelcher Art waren es, die soziale Kämpfe in Griechenland hervorriefen. Die volle politische Gleichheit erzeugte den Geisteszustand, aus dem die soziale Revolution mit einer Art innerer Notwendigkeit hervorgehen mußte.

Zu den genannten psychologischen Motiven kam mit dem 4. Jahrhundert v. Chr. als mitwirkender Faktor auch der allgemeine

[1]) Xenophon, Oeconomica, S. 2. — Bemerkt sei, daß die Richtigkeit dieser Angabe wegen der Geringfügigkeit der Summe von Böckh, a. a. O., angezweifelt wird, während Ed. Meyer, Die wirtschaftliche Entwicklung usw., S. 37, Anm. 2, sie als zutreffend ansieht.

Niedergang. Der frühere Wohlstand der griechischen Staaten verwandelte sich mit dem peloponnesischen Kriege in zunehmende Armut. In diesem Krieg erschöpfte Griechenland seine besten Kräfte. Und fortgesetzte Kämpfe ließen es nicht dazu kommen, neue Kräfte zu sammeln, bis dann Mazedonien und danach die bei Alexanders Tode errichteten Reiche und zuletzt das aufsteigende Rom für immer Athen und Sparta und Theben zu Kleinstaaten reduzierten, die weniger wegen ihrer damaligen Machtmittel und ihrer Stärke als wegen ihrer Geschichte noch als politische Größen betrachtet wurden. Mit dem politischen Niedergang Hand in Hand ging nämlich der ökonomische. Zwar blühte Athen für einige Zeit auf und noch mehr Korinth, das bis zu seiner Zerstörung (146 v. Chr.) ein Stapelplatz für den Welthandel blieb. Sie wurden jedoch bald von Rhodos und den neuen Großstädten, Alexandria, Antiochia und Seleucia, überflügelt. Und das Auskommen und der Wohlstand, den einzelne Hellenen in den neuen Staaten erlangten, kamen der Heimat nicht zugute. Die höchst bedeutende Auswanderung, die aus Griechenland nach dem Orient stattfand, hat kräftig dazu beigetragen, diesen zu hellenisieren. Aber für das Mutterland bedeutete das nur eine Beeinträchtigung seiner Stellung und seiner Bevölkerungszahl. Verminderung der Bevölkerung und allgemeiner Rückgang ist das betrübende Bild, das Polybius (um 160 v. Chr.) von dem Hellas seiner Zeit gibt. „In ganz Griechenland herrscht Kinderlosigkeit und Mangel an Leuten, wodurch die Städte öde werden und das Land keinen Ertrag abwirft[1]."

Dieser Niedergang wirkte natürlich am schlimmsten auf die zurück, die wenig oder nichts besaßen. Um so stärker wurde der obenerwähnte Widerspruch empfunden und reizte zu extremen Maßnahmen. Auf der einen Seite eine geringe Anzahl wohl nicht wirklich reicher Männer, denn solche gab es nur ganz ausnahmsweise, nur verhältnismäßig vermögender oder wohlhabender, die die Bildung innehatten, politisch aber ohnmächtig waren; auf der anderen Seite die ungebildete große Masse, in kleinen Verhältnissen und zu gutem Teil von Staatsunterstützung lebend, aber politisch herrschend. Diese Situation war es, die die soziale Revolution zur Reife brachte. Man forderte Gleichheit in ökonomischen Dingen wie in politischen. Und da eine solche nicht ohne Ausgleichung des Eigentums oder Übergang desselben aus den Händen, die es zur Zeit innehatten, in die, welche nichts

[1]) Hist. XXXVII, 9, 5.

besaßen, erreicht werden konnte, so wurde dies das Ziel der Revolution. Die Wege, dieses Ziel zu erreichen, waren mehrere und teilweise andere in der Antike, als sie es gegenwärtig sind — denn die europäischen Völker befinden sich nun auf ungefähr demselben Punkt politischer Entwicklung wie die hellenischen im 4. Jahrhundert v. Chr.

Die demokratische Entwicklung unserer Zeit hat so denselben Ursprung und dasselbe Ziel, die Herrschaft der Gleichheit in Staat und in Gesellschaft, aber sie hat teilweise andere Formen angenommen. Am frühesten trat sie als Forderung nach politischer Gleichheit hervor und war da mit der der Antike gleichartig. Später ist sie als Arbeiterfrage und als Sozialismus aufgetreten, und darin besteht ihre Eigenart. Denn weder das eine noch das andere kam in der Antike vor. Konflikte zwischen Arbeitern und Arbeitgebern haben in Hellas keine nennenswerte Rolle gespielt. Ausstände und Aussperrungen waren in der Antike unbekannt. Dort hatte man stattdessen die Sklavenaufstände, sie bewegten sich aber auf einem ganz anderen Plan und betrafen andere, noch größere Dinge. Auch der Sozialismus hat nie die Völker und Gesellschaften der alten Zeit beunruhigt. Dieser und jener Forscher hat wohl so die sozialen Kämpfe jener Zeit gedeutet, vor allem R. v. Pöhlmann[1]). Dies ist aber ein Irrtum, wahrscheinlich darauf beruhend, daß bei der Kritik des Bestehenden dieselben Gesichtspunkte und dieselbe Phraseologie von den Demagogen Athens oder von den Gracchen wie von den Sozialisten unserer Tage angewandt wurden. Was man damals im Auge hatte und was man jetzt zu erstreben behauptet, sind jedoch ganz verschiedene Dinge.

In der Gegenwart träumt man von der Aufhebung des Privateigentums durch die Übernahme der Produktionsmittel seitens des Staates sowie als Einleitung hierzu der „Sozialisierung" der Produktion, wie der Ausdruck nun lautet. An sich ist dies nichts anderes als ein Traum und eine Theorie, in ein Programm umgesetzt. Die Demokraten des Altertums haben sich nie einen Augenblick durch diese Theorie und diesen Traum irremachen lassen und am allerwenigsten haben sie demselben als einem Programm gehuldigt. Denn zwar gab es einige Denker, einen Phaleas und einen Hippodamus, die gleich Plato und Aristoteles

[1]) Geschichte der sozialen Frage und des Sozialismus in der antiken Welt. 1912.

ein Vergnügen daran fanden, ein Idealbild davon aufzustellen, wie ein Staat eingerichtet sein müßte, wobei der Hauptsache nach die Verfassungen Spartas und Kretas als Vorbilder dienten; sie fanden aber keine Anhänger. Ihre Spekulationen waren übrigens nicht auf die Aufhebung des Eigentums und den Staatsbetrieb gerichtet, sondern auf die Einteilung des Volkes in Stände oder Kasten, die je für sich die für Gesellschaft und Staat nötigen Aufgaben — die Staatsregierung und die Verteidigung und den Lebensunterhalt — ausführen sollten.

Die Tatsache wiederum, daß man in der Antike, wo sonst wohl alle menschlichen Gedanken von Bösem und von Gutem aufgewachsen und erprobt worden sind, nicht dem Sozialismus und der Theorie des Staatsbetriebs huldigte, hatte wohl ihren Grund darin, daß kein Beamtenstand vorhanden war. Die unmittelbare Volksregierung, welche forderte, daß alle an Verwaltung und Rechtsprechung beteiligt sein sollten, machte dies und damit auch die Übernahme der Produktion durch den Staat unmöglich. Erst in der späteren Kaiserzeit, als ein fester Beamtenstand entstanden war, kam Staatsbetrieb in größerem Umfang vor. Vordem waren alle Unternehmungen des Staates Privatpersonen in Pacht überlassen. Dieses System mit einem anderen zu vertauschen oder überhaupt das private Eigentum abzuschaffen, hat den Proletariern des Altertums nie als Ziel vorgeschwebt. Es waren andere Wege, auf denen sie das erstrebte Ziel, die Ausgleichung des Eigentums und die Ausstattung der Armen damit, zu erreichen versuchten.

Diese Wege waren drei: die Ausbeutung der Reichen durch kräftige Besteuerung — Streichung der Schulden und neue Bodenverteilung — schließlich eine Revolution, die die Proletarier in den Besitz des Eigentums setzte.

Athen, das trotz seiner extremen Volksherrschaft doch maßvoller als die meisten anderen griechischen Staaten war, beschränkte sich auf den erstgenannten Weg. Einmal, als Gelegenheit sich bot, andere Wege zu gehen — beim Sturz der 30 Tyrannen im Jahre 403 v. Chr. —, verglich sich die siegende Volkspartei mit den Gegnern, anstatt wie in anderen Staaten ihr Eigentum zu konfiszieren und zu verteilen, wie dies Aristoteles mit deutlicher Befriedigung betont (Politeia Athenaion, 40). Aber auch der Weg der Besteuerung konnte zum Ziele führen. Im 4. Jahrhundert wurde die direkte Vermögenssteuer, zu der man bis dahin nur ausnahmsweise gegriffen hatte, wenn große Unglücksfälle besondere finanzielle Maßnahmen erforderten, zu einer dauernden schweren Belastung der Wohlhabenden und Reichen. Gleichzeitig wuchsen die Ansprüche auf Liturgien sowohl der Anzahl wie der Ausführung nach, während zu hohen Geldstrafen und Konfiskationen mehr und mehr als einem Supplement zur Besteuerung gegriffen wurde. Auf diese Weise wurden die großen Vermögen beschnitten und Mittel zur Verteilung der Theorikon, der Diobolie und aller anderen Zahlungen an die ärmeren Bürger beschafft. Durch den Staat als Mittelsperson erfolgte so eine Übertragung des Eigentums und seines Ertrages von den Inhabern desselben auf diejenigen, die nichts oder wenig besaßen. Diese Methode der Ausgleichung der Vermögensunterschiede ist zu allen Zeiten angewandt worden, wo eine wirkliche Volksherrschaft bestanden hat. So in Florenz und anderen italienischen Städten während des Mittelalters und so in unseren Tagen. Noch haben wir die griechische Demokratie in diesem Punkte nicht völlig erreicht. Denn sie brachte es dahin, daß es, wie Xenophon den Charmides im „Symposion" sagen läßt, erstrebenswerter erschien, arm als reich zu sein. Denn als Reicher, meint Charmides, müsse er den Sykophanten schmeicheln und würde von ständigen Steuern und drückenden Liturgien, Reiseverbot usw. geplagt. Als armer Mann sei er dagegen frei von all diesem und erhielt, können wir hinzufügen, sein tägliches Brot aus Staatsmitteln auf die eine oder andere Weise. Diese Schilderung mag etwas übertrieben sein, der Hauptsache nach aber gibt sie wohl die Wirklichkeit wieder. Die athenische Demokratie hat ihre politische Macht benutzt, um auf dem Steuerwege und dem mit diesem verwandten Gerichtswege die Vermögensunterschiede auszugleichen und so in tunlichstem Maße das Ideal, die volle Gleichheit auch innerhalb der Gesellschaft, zu verwirklichen.

Dies war indessen der maßvollste der Wege zur ökonomischen Gleichheit, die in der Antike versucht wurden. Von den beiden anderen waren die Streichung der Schulden und die neue Bodenverteilung Doppelgänger aus den Tagen der Ständegesellschaft. Es war denn auch Sparta, das Land, das auf dem älteren Standpunkt stehengeblieben war, wo zu diesem Ausweg gegriffen wurde. Und wie ähnliche Maßnahmen in der alten Zeit von Tyrannen und anderen Herrschern ins Werk gesetzt wurden, so kam auch nun diese Revolution von oben her, denn die Absicht dabei war zwar, die soziale Frage der Gesellschaft zu lösen, aber auch dem Staate seine frühere Kraft wiederzugeben.

Wie in diesem altmodischen Kriegerstaat ohne Industrie und ohne Handel große Eigentumsunterschiede unter den Mitgliedern der herrschenden Klasse, den Spartiaten, haben entstehen können, ist nicht völlig klar. Die Reichtümer, die Lysanders Siege heimbrachten, und das Aussterben der Geschlechter auf der Mannsseite sowie das auf Frauen ausgedehnte gleiche Erbrecht erklären zwar die Anhäufung großer Besitztümer in wenigen Händen, besonders weiblichen, wie Aristoteles bemerkt. Wie aber gleichzeitig die Mehrzahl der Spartiaten ihren Grundbesitz verloren hat und völlig verarmt ist, ist nicht ebenso klar. Allerdings war es seit alters Gesetz, daß, wer nicht die Verpflegung bei den gemeinsamen Mahlzeiten, den Syssitien, zu bezahlen vermochte, aus dem Kreise der Vollbürger ausgeschlossen wurde und dann wohl in eine Stellung, ähnlich der der Periöken, hinabsinken konnte. Was aber eine solche Verarmung — außer den Erbteilungen — veranlaßte, wissen wir nicht. Wahrscheinlich ist es jedoch dabei wie in der Zeit der Ständegesellschaften zugegangen, wo die kleinen Grundbesitzer, die Bauern, bei den großen in Schuld gerieten und daher an sie ihr Eigentum abtreten mußten.

Jedenfalls war zu König Agis' Zeit (244—240 v. Chr.) die Anzahl der Spartiaten auf nur 700 Familien, nach Plutarch, herabgesunken, von denen 100, darunter viele reiche Frauen, so gut wie den gesamten Grundbesitz im Eurotastal innehatten[1]). Agis führte nun, zumeist auf friedlichem Weg und durch freiwilliges Nachgeben, eine eingreifende Reform durch, die der Hauptsache nach in den zwei Maßnahmen bestand: Streichung der Schulden und eine neue Bodenverteilung, wodurch 4500 Parzellen an die Spartiaten und an als Vollbürger aufgenommene Periöken sowie 15000 an die übrigen Periöken verteilt werden sollten. Diese Umwälzung war nicht von langem Bestande. Eine Gegenrevolution unter Leitung des Königs Leonidas stellte binnen kurzem die alten Zustände wieder her. Und besser ging es nicht, als Kleomenes einige Jahre später Agis' Versuch erneuerte und mit größerer Kraft dieselbe Umwälzung durchführte. Nun aber war es eine fremde Macht, die dieses in bester Absicht ausgeführte Reformwerk zunichte machte. Mit Hilfe Mazedoniens besiegte der Achäische Bund den kühnen Reformator und schlug sein Werk im Jahre 222 in Trümmer. Danach geriet Sparta — unter Nabis und

---

[1]) Plutarch sagt 700 wirkliche Spartaner, dies muß aber wohl als Familienhäupter, nicht Individuen, verstanden werden (Agis, 5).

anderen Tyrannen — in dieselben trostlosen Umwälzungen hinein, die so viele andere griechische Staaten in dieser Zeit durchlebten. Es war eine wohlmeinende Illusion, zu glauben, daß man unter Wahrung der aristokratischen Ständegesellschaft Spartas die Schwierigkeiten, die die Entwicklung mit sich gebracht hatte, beheben und den sozialen Frieden wiederherstellen könnte.

Was aber soll man von dem dritten, gewaltsamsten Wege sagen, den man beschritt, das große Problem der Zeit zu lösen — nämlich durch soziale Revolution, wobei die Masse unter der Führung irgendeines Robespierre oder Lenin die Besitzenden totschlug oder vertrieb und ihr Eigentum in Besitz nahm, während der Führer als Tyrann im Staate herrschte, solange der Gegenpartei die Macht abging, alles wieder umzukehren? Diese Revolutionen, die bereits vom Ende des 5. Jahrhunderts an erprobt wurden und dann immer öfter die meisten hellenischen Staaten heimsuchten, bezweckten nicht die Aufhebung der Klassenherrschaft und die Abschaffung des Privateigentums, sondern nur einen Rollentausch bezüglich des Eigentums. Die Armen sollten die Reichen werden und die Reichen die Armen. Diese brutale, aber kindische Lösung, die auch den Anarchisten und Jungsozialisten unserer Tage vorschwebt, ist keine Lösung, denn die Gegensätze bleiben unverändert bestehen und führen zu fortgesetztem Kampf auf Leben und Tod, wie die Geschichte es auch gezeigt hat. Die Reichen, wegen ihrer geringen Anzahl auch die Oligarchen genannt, schlossen sich in Klubs zusammen, in denen man mit heiligem Eid gelobte, den Demos, das Volk, zu bekämpfen und ihm soviel wie möglich Übles zuzufügen. Der Haß von unten her stieß auf einen ähnlichen von oben her. Die Klassen bildeten zwei feindliche Heere in der Gesellschaft mit wechselnden Siegen und Niederlagen. Dies hieß die soziale Frage zur Explosion treiben, anstatt sie der notwendigen Lösung entgegenzuführen.

Zudem aber mußte dieses fortwährende Auf und Nieder sowohl Staat als Kultur zu Falle bringen. Für beide kann es gleichgültig sein, ob Müller oder Schulze im Besitze des Eigentums ist, vorausgesetzt, daß sie geistig gleichwertig sind. Aber eine Minderzahl muß Führer der Kulturarbeit sein und die große Masse ihr folgen. Hieraus ergibt sich von selbst eine ungleichmäßige Verteilung des Eigentums. Dies läßt sich nicht vermeiden. In der Antike übersah man vollständig die sozialen Funktionen der Klassen über ihrem Attribut, dem Eigentum. Die Zufälligkeit, die darin zu liegen scheint, daß der eine zum Reichtum, der andere zur

Armut geboren wird, wurde auf das ganze Klassenwesen übertragen. Dieses wurde lediglich als eine menschliche Erfindung betrachtet, die nicht im Wesen der Dinge begründet war, *νόμῳ οὐ φύσει*. Daher konnte es auch um und um gekehrt werden, meinte man, ohne einen Schaden für andere als die, welche nach unten zu liegen kamen. Die Opposition galt also nicht dem Klassenwesen als solchem, sondern nur den glücklichen Mitgliedern der beneideten höheren Klassen. Die Idee der klassenlosen Gesellschaft, die der neuzeitlichen sozialistischen Theorie vorschwebt, war im ganzen dem Proletariat der Antike fremd. Man wünschte, wie gesagt, nur einen Rollentausch, nichts weiter. Und im Grunde denken und wollen die praktischen Sozialisten unserer Tage, die Bolschewisten, ganz dasselbe. Darin besteht die große Gefahr dieser Bewegung und ihre Kulturfeindlichkeit. Denn die Kultur fordert zu ihrem Bestande eine ununterbrochene Vererbung der Kulturwerte. Und diese Vererbung läßt sich nicht mit derartigen Umwälzungen vereinen. Zudem wurde der Staat im Altertum durch den inneren Kampf, der mit jenen verknüpft war, und dessen es kein Ende gab, aufgelöst. Der Klassenkampf war denn auch der nächste innere Anlaß zu Hellas' Untergang.

* * *

Die kapitalistische Demokratie in Rom. Die Entwicklung der Demokratie ging in der Antike nicht ausschließlich in einer Richtung vor sich. Während sie in Griechenland zu volklicher Massenherrschaft ausartete, verlor sie in Rom nie ihren aristokratischen Grundcharakter. Sie führte dort nur zu einer Herrschaft der Reichen unter demokratischen Formen.

Dennoch waren die Anfänge des römischen Staats- und Gesellschaftslebens nicht sehr verschieden von denen in Athen. Das ursprüngliche Königtum mußte einer Aristokratie der grundbesitzenden Geschlechter weichen, die die politische Macht übernahmen und unter sich abhängige Bauern, die Klienten, hatten. Neben diesen fand sich eine relativ zahlreiche Bevölkerung von Freien, aber politisch rechtlosen Plebejern, auch sie wahrscheinlich zumeist Bauern. Von diesem Anfang an führte die Entwicklung hier wie in Griechenland zu vermehrten Rechten für die Rechtlosen, also zur Demokratie, aber in anderen Formen. Während dort binnen kurzem alle Macht im Staate von Areopag und Archonten auf die Volksversammlung überging, behielten in Rom der Senat und die

Konsuln die Staatsmacht fest in ihren Händen. Gleichzeitig aber eigneten sich das niedere Volk und seine Männer eine konkurrierende Ausübung derselben an. Dieser Dualismus, der den charakteristischen Zug in Roms Verfassung bildet und nie völlig verschwand, erhielt seinen prägnantesten Ausdruck in dem „Volkstribunat".

Aber dieser römische Dualismus war von ganz anderer Art als der, welcher in neuerer Zeit, theoretisch von Montesquieu dargestellt, der Theorie nach von den Vereinigten Staaten akzeptiert und von Schweden auf Grund eigener Erfahrung im Jahre 1809 durchgeführt wurde. Während bei diesem letzteren Dualismus eine Verteilung der Staatsfunktionen auf die höchsten Staatsorgane, Regierung und Volksvertretung, stattfindet, bedeutete der erstere (römische) eine konkurrierende Ausübung der Staatsmacht selbst durch die eigentlichen Staatsorgane und die Organe des niederen Volks, die Tribunen. Zunächst bestand zwar diese Ausübung, was die Volksmacht betraf, nur in dem Recht, jeder von den ersteren angeordneten Maßnahme Einhalt zu tun. Später wurde die Macht der Tribunen zu positiven Beschlüssen auf Gebiete ausgedehnt, die rechtmäßigerweise dem Senat und den Beamten oder der allgemeinen Volksversammlung, comitia centuriata, dem als Heer versammelten Volke, zukamen. Organe hierfür wurden neben den Volkstribunen die neuen Volksversammlungen, die neben der comitia centuriata entstanden, die comitia tributa, das nach Tribus versammelte Volk, mit ihren Abarten.

In all diesem und nicht zum wenigsten in den konkurrierenden Volksversammlungen bekundet sich der Dualismus als eine Verteidigungseinrichtung und ein Kampfmittel, wie ja auch die Tradition von der Entstehung der plebejischen Vertrauensmänner und ihrer Versammlungen lehrt. Dies weist wieder auf volkliche und soziale Gegensätze als die letzte Ursache derselben zurück. Starke Klassenunterschiede, wozu wahrscheinlich Stammesverschiedenheiten kamen, bildeten die Grundlage für Staat und Gesellschaft in Rom. Auf ihnen wuchs sie auf, nach ihnen gestaltete sich die Verfassung aus, und die ganze folgende Geschichte derselben erhielt dadurch ihr Gepräge. Die innere Geschichte Roms erweist sich auch klarer als jede andere, sagten wir bereits oben (S. 4), als „ein durch die Jahrhunderte fortgehender Kampf zwischen Ständen und Klassen" — und zwischen Parteien, können wir hinzufügen.

Der Verlauf dieses Kampfes braucht hier nicht geschildert zu werden. Im großen und ganzen verfolgte er das Ziel, den

Plebejern, mit denen die Klienten der älteren Zeit sich später vereinigt haben dürften, bürgerliche und politische Gleichstellung mit den Patriziern zu erwerben. Beides wurde erreicht, die bürgerliche ohne andere Folgen für die Verfassung als die, welche gewöhnlich mit der Umwandlung der Stände in Klassen verknüpft sind, die politische dagegen mit großen und zu tiefgreifenden Neuerungen führenden Wirkungen für Staat und Gesellschaft. Der Kampf um politische Gleichstellung konzentrierte sich — abgesehen von dem sozial zwar bedeutungsvollen, politisch aber irrelevanten Kampf um den „ager publicus", das Staatsland — um das Recht, die hohen Staatsämter zu bekleiden. Die Art und Weise, wie die Verteidigung der diesbezüglichen Vorrechte der Patrizier geführt wurde, trug indessen zur Aufrechterhaltung des aristokratischen Grundzuges der Verfassung, trotz den Zugeständnissen, bei. Denn als die Patrizier dem Streben der Plebejer gegenüber, Zutritt zu dem Konsulat zu erhalten, welcher Frage der Kampf zunächst und am längsten galt, nicht mehr standhalten konnten, wurde die eine Funktion nach der anderen davon abgesondert und in besondere Ämter umgewandelt: das Censoramt (443 v. Chr.), die Prätur (366) und bald auch das kurulische Ädilenamt. Ferner wurden die Ämter derselben Art verdoppelt oder vervielfacht, damit, wenn die Plebejer Zutritt zu ihnen erhalten mußten, eines oder mehrere von jeder Art stets den Patriziern vorbehalten blieben. Die Anzahl höherer Ämter und Beamten wurde dadurch groß, was die Aristokratie stärkte. Denn zwar wurden die Ämter durch Wahl seitens der Volksversammlungen besetzt und nur auf ein Jahr, bisweilen auch auf kürzere Zeit bekleidet, aber die höheren Beamten traten nach ihrer Amtszeit regelmäßig in den Senat ein, dem sie dann auf Lebenszeit angehörten. Und obwohl das Recht, für die Ämter zu kandidieren, theoretisch jedem unbescholtenen Bürger offenstand, war es doch einer Zensur durch den, der die Wahl leitete, gewöhnlich einen Konsul, und noch mehr durch die Sitte unterworfen. Dies hatte eine Auslese in ausgesprochen aristokratischem Geiste zur Folge, die dem Senat sein hohes Ansehen und seine Macht wahrte. Schließlich besaßen die Ämter selbst in Rom eine Machtbefugnis („imperium" für die höheren, „potestas" für die niederen), die ihren Inhabern Respekt auf eine ganz andere Weise verschaffte, als es z. B. in Athen der Fall war. Typisch ist in dieser Hinsicht die Zensur, welche Bürger aus einer höheren Klasse in eine niedrigere versetzen konnte, und der auch sonst strenge Strafgewalt zustand.

Alles dies bewirkte, daß der Senat und die Magistratur, d. h. die höheren Ämter, die zusammen die Regierung oder — mit einem modernen Ausdruck — die oberste Staatsgewalt bildeten, in hohem Grade aristokratisch zusammengesetzt und als Staatsorgane selbständiger und mächtiger waren, als es in Republiken sonst vorzukommen pflegt. Aber dies hinderte nicht — und darin bestand eben der Dualismus — daß auch die Volksmacht in der römischen Verfassung, besonders in der späteren Zeit, eine imposante Stellung einnahm. Theoretisch lag alle Macht beim Volke, d. h. dem ganzen römischen Volke, wie es in der Heeresversammlung, comitia centuriata, vertreten war — *nemo potestatem habet nisi a populo* (Cicero). Ursprünglich war diese Versammlung, wie wir uns erinnern, streng timokratisch eingerichtet; später wurde sie durch Herabsetzung der Stimmenskala demokratisiert, behielt aber doch stets ein aristokratisches Gepräge bei. Das Volk im demokratischen Sinne und als Gegensatz zu den Patriziern, die Plebs, hatte ihr Organ in den comitia tributa, der Versammlung des allgemeinen und gleichen Stimmrechts. Eine Zeitlang mußten wohl die Beschlüsse derselben vom Senat bestätigt werden, vom Jahre 287 v. Chr. an aber war dies nicht mehr nötig, worauf sie bald den Centurien über den Kopf wuchs und nun die starke Trägerin der Volksmacht wurde, indem sie diese durch sogenannte Plebiszite, Volksbeschlüsse, ausübte. Die meisten großen politischen Aktionen während der späteren Zeit der Republik wurden vor diese von anderen Elementen gereinigte Volksversammlung gebracht und von ihr entschieden. Hierin lag der Keim zu einer wirklichen Volksregierung, ähnlich der in den hellenischen Staaten. Hätte die Entwicklung ungestört durch andere Faktoren auf dieser Linie fortgehen können, so wäre es wahrscheinlich zwischen den beiden Machthabern im Staate, Senat und Magistratur auf der einen und dem niederen Volk in seinen Versammlungen auf der anderen Seite, zu einem Kampfe um die Macht gekommen, und ein Klassenkampf von derselben Art wie bei den Griechen hätte auch die römische Verfassungsentwicklung abgeschlossen.

Nun wurde die politische Entwicklung von der sozialen durchkreuzt, die dem Ganzen eine andere Wendung gab.

Der Übergang von der Stände- in die Klassengesellschaft wurde in Rom durch die Servianische Zensusverfassung eingeleitet. Die Entwicklung wurde sodann durch die Aufhebung der rechtlichen Standesunterschiede in Gesellschaft und Staat während der zwei nächsten Jahrhunderte weitergeführt und war vollendet, bevor die Zeit der großen Eroberungen mit dem 2. Jahrhundert v. Chr. begann. Die Volksklassen waren damals wie immer in der ersten Zeit der Klassengesellschaft: eine starke Oberklasse mit Erinnerungen an den ehemaligen Adelsstand, sich rekrutierend aus den Reihen sowohl plebejischer als patrizischer Beamten, eine ebenso machtvolle Mittelklasse, bestehend aus den Bauern nebst einigen Handwerkern und anderen, sowie eine verhältnismäßig schwache Unterklasse, der Hauptsache nach auf die Stadt selbst beschränkt.

Wir haben oben von den Umwandlungen gesprochen, die diese Klassen, hauptsächlich infolge der Ausbreitung des Reiches, in der darauffolgenden Zeit erfuhren. Die Bauern wurden ruiniert und siedelten in die Städte über, vorzugsweise nach Rom. Nur die Oberklasse und die Unterklasse wuchsen, wandelten sich aber gleichzeitig um. Zu den Senatsfamilien und den Beamten, die zusammen die Nobilitas bildeten, kamen die Ritter, ursprünglich die zum Reiterdienste verpflichteten wohlhabenderen Bürger, nun reiche Geschäftsleute. Und dieser Zuschuß durchsäuerte mit zunehmendem Reichtum die ganze Klasse, so daß sie bereits zur Zeit der Gracchen, trotz der Erinnerungen an alten Geburtsadel und Beamtennobilität, als eine Geldaristokratie charakterisiert werden konnte. Dieser Charakter prägte sich in der Folge immer stärker aus und wurde schließlich ganz vorherrschend. Die Umwandlung, die die Unterklasse erfuhr, war von derselben kapitalistischen Natur, vollzog sich aber in umgekehrter Richtung. Sie wurde proletarisiert.

Stellt man diese sozialen Verhältnisse mit den obenerwähnten politischen und staatsrechtlichen zusammen, so ist leicht ersichtlich, welche Perspektive dies der Regierung einer geringen Anzahl Reicher vermittels des souveränen Volkes, mit anderen Worten der kapitalistischen Demokratie, eröffnete. Die Tendenzen zu reiner Volksherrschaft, die die Verfassungsentwicklung zur Reife gebracht hatte, wurden zwar von den Gracchen sorgsam gepflegt, diese aber vermochten es nicht, sie den sozialen Verhältnissen gegenüber durchzuführen, die im Gegenteil das Volk zu einem Spielball in den Händen der Großen machten. Der Appell an einen Klassenkampf, der von den Gracchen ausgegangen war, wurde daher nie wieder im Ernste laut; der Bundesgenossenkrieg (91—88 v. Chr.) war kein solcher. Einzelne große Männer, wie Marius und vor allem Sulla, wurden durch persönliche Sympathien dazu bestimmt, der erstere die Senatspartei, der letztere die Volkspartei zu bekämpfen, aber ein wirklicher Klassenkampf lag beiden fern. Sullas gewaltsame Reaktion zielte so ausschließlich auf die Verfassung ab. Er wollte die Macht des Senats wiederherstellen und schränkte daher die Befugnisse der Ritter ebenso wie die der Volkstribunen und der Volksversammlungen ein.

Bei den folgenden inneren Kämpfen handelte es sich nicht einmal um die Verfassung oder überhaupt um allgemeine Interessen, sondern nur um die Frage, wer die Macht im Staate innehaben sollte, bis Caesar, den persönlichen Zweck mit dem staatlichen verbindend, der inneren Neugestaltung den Weg bahnte. So aber ist es stets in einem vom Kapitalismus beherrschten Staatswesen. Die Kämpfe, die in ihm vorkommen, sind überwiegend persönlicher Natur, betreffen die Frage, wer die Ämter erhalten und über die staatlichen Einnahmequellen verfügen soll. So war es in Rom während jener Zeit und so ist es in den Vereinigten Staaten von heute. Der Kampf wird aber am liebsten mit dem Stimmzettel geführt, nicht deshalb, weil man Kriege scheut, denn Handelskriege gehören im Gegenteil zu der auswärtigen Politik dieser Demokratie, sondern weil alles durch das Volk und unter seiner Mitwirkung geschehen soll. Hierin offenbart sich die eigenartige Natur dieser Demokratie.

Formell ist es das Volk, d. h. die Majorität, die auf dem Forum gleichwie an den jetzigen Wahlurnen mittels des Stimmzettels beschließt. In Wirklichkeit wird aber der Stimmzettel den Wählern von demjenigen in die Hand gegeben, der das meiste dafür hat bezahlen können. Hierzu ist außer einem, der bezahlen kann, und vielen, die verkaufen wollen, eine entwickelte Parteiorganisation mit Stimmenwerbern und Stimmenkauf erforderlich. Beides gab es in Rom und wurde trotz dagegen gerichteter Verbote in größter Ausdehnung angewandt. Eine Konsulwahl konnte so 10 Millionen Sesterzien und mehr kosten[1]). In Rom ging dies sehr offen zu, aber stets unter der Fiktion volklicher Selbstregierung und unbeeinträchtigter Demokratie. Es ist das Volk, das zu herrschen glaubt, in Wirklichkeit aber von einer geringen Zahl Reicher regiert wird. Diese Lüge war im Altertum notwendig, wie sie es noch heutzutage ist. Sie überlebte sogar die Republik und bildete einen Bestandteil der Politik, durch welche die Kaiser ihre Übernahme der Macht maskierten, indem sie Senat und Ämter und Volksversammlungen eine Zeitlang bestehen und scheinbar wie vorher fungieren ließen.

---

[1]) Mommsen, a. a. O., III, 524. Dabei galt diese Bezahlung nur für einen Teil der Wahl.

Die kapitalistische Demokratie, die Roms schließliche Staatsform wurde, hätte wahrscheinlich lange bestehen können — denn alles in Staat und Gesellschaft war für sie zurechtgelegt — wenn nicht die Feldherren vorhanden gewesen wären. Sie waren es, die, gestützt auf die Heere, sowohl der Großfinanz als den Volksversammlungen die Macht aus den Händen nahmen. Hierbei verfolgten die meisten von ihnen nur persönliche Zwecke. Hinter diesen aber wirkten als treibende Kräfte die Ausbreitung des Reichs und der bei einigen erwachende Instinkt von der Unfähigkeit der antiken Demokratie, der Entwicklung zu folgen und ihren Ursprung — den auf ein geringes Gebiet beschränkten Stadtstaat — zu überwinden. Es war das Bedürfnis des Weltreichs nach Organisation und nach staatlicher Ordnung und Landfrieden, das schließlich der Militärmonarchie die Wege ebnete, in welcher dann die politischen und sozialen Gegensätze zugleich mit der Freiheit unterdrückt wurden.

Kapitel XII.

Der Untergang der antiken Welt und die Reversion der Gesellschaft.

Der Untergang von Völkern und Reichen. Das Gräberfeld der Geschichte beherbergt nicht nur Individuen und Geschlechter. Schier unzählig sind die Völker und Reiche, die den Weg alles Irdischen gegangen sind, und von denen jetzt nur noch die Erinnerung in den Büchern der Geschichte fortlebt und oft nicht einmal das. Die ergreifendsten Blätter in der Schilderung der Schicksale der Menschheit betreffen so den Untergang von Völkern und Staaten. Denn nichts fesselt den Betrachter mehr als der Bericht von dem letzten Kampf eines Volkes oder eines Reiches, und wenige Ereignisse in der Geschichte besitzen ein größeres Interesse für den Forscher als diese. Im allgemeinen sind sie jedoch noch allzuwenig studiert oder klargestellt. Mannigfach sind die Wege, auf denen Völker und Reiche ihrem Untergang entgegengehen. Im großen und ganzen aber können sie in diese zwei zusammengefaßt werden: äußere Gewalt und innere Krankheit.

Am gewöhnlichsten ist es wohl, daß Völker und Staaten in dem ewigen Kampfe um Macht und Land auf gewaltsame Weise ums Leben gebracht werden, indem ein Schwächerer im offenen Kampf einem Stärkeren unterliegt. Alles vollzieht sich da in einem längeren oder kürzeren Ringkampf mit gewaffneter Hand. Alle Zeiten bieten Beispiele hierfür dar und nicht zum wenigsten unsere eigene. Vor nicht langer Zeit wurde so ein kleines, physisch und psychisch kerngesundes Volk in Südafrika, die Buren, gezwungen, seine Selbständigkeit aufzugeben und sich der Übermacht Englands zu beugen. Während des nun beendeten Weltkrieges sind nicht weniger als drei Großmächte gestürzt worden. Wohl ist zu hoffen, daß wenigstens eine derselben, Deutschland, sich wieder erheben wird, wahrscheinlich auch Rußland, dank seiner ungeheuren, physisch lebenskräftigen Bevölkerung. Aber das ist eine Frage der Zukunft. Tatsächlich sind sie, gleichwie Österreich-Ungarn, durch äußere Gewalt zu Fall gebracht worden. Zwar waren bei zweien von ihnen, Rußland und Österreich-Ungarn, gewisse organische Schwächen vorhanden, in den vielen unzufriedenen Völkern verschiedener Rasse, die in den Staatskörper eingegliedert waren. Dies hat die Widerstandskraft geschwächt und die Auflösung beschleunigt, nachdem die Niederlage einmal da war. Diese aber war das Ausschlaggebende auch betreffs der genannten Staaten. Und daß Deutschland, das vor nicht langer Zeit den tausendjährigen Traum von der Einigung aller deutschen Stämme in einem Reiche hatte in Erfüllung gehen sehen, und dessen Volk auf der Höhe seiner Entwicklung und Kraft stand, zusammengebrochen ist, muß ganz und gar der übermächtigen Gewalt zugeschrieben werden.

Aber das Tragischste hierbei ist, daß auf die militärische Niederlage in allen diesen Staaten eine heftige innere Krankheit gefolgt ist. Was Rußland betrifft, läßt sich dies außer durch die genannten Schwächen durch die politische und moralische Rückständigkeit erklären, in der das russische Volk sich befindet. In bezug auf Deutschland und im Grunde auch Österreich-Ungarn ist es ausschließlich die äußere Gewalt unterstützt von Hunger und betrügerischen Vorspiegelungen, die die Krankheit hervorgerufen hat. Denn Krankheit ist es, wenn die niederen, minderwertigen Elemente, die sich bei jedem Kulturvolk finden, unter normalen Verhältnissen aber zu Boden gehalten werden, sich erheben, die Regierungen stürzen und sich in den Besitz der Staatsgewalt und des Eigentums setzen. Dies ist pathologisch, an die Revolutionen im alten Griechenland während der Zeit des Verfalls erinnernd. Pathologisch ist es auf der anderen Seite auch, wenn Haß und Gewinnsucht die Sieger zu einer solchen Grausamkeit gegen die Unterliegenden führen, wie es der Versailler Friede zeigt. Alle die großen am Kriege beteiligten Völker, am meisten aber die Franzosen, sind von schwerer innerer Krankheit befallen, die die europäische Zivilisation mit Niedergang bedroht. Hoffen wir, daß die Krise doch vorübergeht, obwohl die Deutschland und Österreich diktierten Gewaltfrieden — und das ist das Bedrohlichste — darauf abzuzielen scheinen, die Genesung zu verhindern.

Jedenfalls bleibt, was wir nun erlebt haben, eines der gewaltigsten Zeugnisse, die die Weltgeschichte kennt, dafür, wie Völker und Reiche durch äußere Gewalt zum Untergang oder an den Rand desselben gebracht werden können. Es ist dies jedoch nur ein Fall unter unzähligen anderen. Denn wie erwähnt, ist diese Art und Weise des Untergangs von Völkern und Reichen die gewöhnlichste. Sie ist auch die, die man am leichtesten deuten kann. Das verschiedene Stärkeverhältnis zwischen den Kämpfenden und der äußere Verlauf des Kampfes liefern die ganze Erklärung für das, was geschieht.

In anderen Fällen dagegen — und sie sind es, die für die Wissenschaft das größte Interesse und die größten Rätsel darbieten — ist der Untergang lange Zeit hindurch gleichsam vorbereitet worden, bevor er sich verwirklichte, auch hier allerdings durch eine plötzliche Katastrophe. Denn stets findet sich jemand, der bereit steht, den Urteilsspruch der Geschichte zu vollstrecken. Dieser äußere Verlauf ist dann aber nur der Abschluß eines langen Krankheitsprozesses. Diese Völker und Reiche haben vielleicht Jahrhunderte hindurch die Zeichen des Verfalls an sich getragen und bisweilen auch selbst es gemerkt und dagegen angekämpft, obwohl vergebens. Sowohl die großen asiatischen Reiche als auch die hellenischen Stadtstaaten und schließlich das römische Weltreich sind auf diese Weise untergegangen, mehr infolge innerer langwieriger Krankheit als durch äußere Gewalt. Ganz besonders war dies betreffs des letzteren Reiches der Fall, mit dem wir uns hier hauptsächlich beschäftigen wollen.

Der Untergang der antiken Welt ist das größte geschichtliche Ereignis dieser Art und zugleich das am schwersten zu erklärende. Mehrere Versuche einer Deutung sind gemacht und viele wichtige Beiträge dazu sind geliefert worden. Vieles aber harrt noch der Untersuchung und Klarstellung, bevor die Ursachen und treibenden Kräfte, ja sogar der äußere Verlauf klar vor dem Auge des Forschers liegen.

Eine Generaldeutung, zu der bereits in alter Zeit gegriffen wurde, um den Verfall zuerst der asiatischen und hellenischen Völker und dann Roms zu verstehen, und auf die man sich immer noch beruft, wenn alle anderen Erklärungen erschöpft sind, ist der für alles Lebende natürliche Gang des Entstehens, Blühens, Alterns und Sterbens. Gleichwie die Individuen auf diese Weise ihren Lebenslauf vollenden, sollen auch die Völker und die Staaten dies tun[1]).

Unstreitig findet sich vieles gerade in der Geschichte der antiken Völker, was diese Erklärung zu bestätigen scheint. Sieht man aber

---

[1]) Neulich ist diese Erklärung des Verfalls und Untergangs von Völkern mit Talent und großer Gelehrsamkeit wieder von Oswald Spengler, Untergang des Abendlandes I, München 1920, aufgestellt worden. Bei aller Anerkennung der vielen Fälle von Analogien, die als Stützen für diese Ansicht angeführt werden, läßt sich jedoch nicht verhehlen, daß Analogiebeweise zumeist schwache Beweise sind. So auch hier.

näher zu, so wird man finden, daß sie als mit Sicherheit geltend nur in bezug auf Institutionen und Kulturformen konstatiert werden kann. Die antiken Verfassungen durchlaufen so eine gewisse Entwicklungsfolge und ebenso Religion und Kunst und vieles andere. Dieselbe Beobachtung läßt sich auch für andere Zeiten und Völker anstellen. Alle Einrichtungen, Gesetze und Sitten blühen eine Zeitlang und enden damit, daß sie als abgelebte Formen aufgegeben und gegen andere ausgetauscht werden oder mangels solcher ein Scheinleben fortführen. Die vielen Zeichen, die auf den ersten Blick hin auf das gleiche betreffs der Völker selbst hinzudeuten scheinen, wie die sinkende Geburtenziffer, die abnehmende Militärtauglichkeit, der schwindende Bürgersinn usw., lassen jedoch diese Deutung nicht zu. Völker entstehen zwar und können wachsen, blühen und zuletzt sterben, nichts aber von all diesem entspricht dem Lebensprozeß des einzelnen Organismus. Vor allem der Beginn gleicht nicht dem der einzelnen Organismen und auch nicht der Lebensverlauf. Denn wäre dies der Fall, so würden die Völker auch eine natürliche Lebensdauer haben gleich den Individuen. Davon aber wissen wir nichts. Wohl kann hiergegen eingewendet werden, daß die Völker gleich den meisten Menschen eines jähen Todes sterben und daher nicht die natürliche Lebensdauer erreichen. Diesen Einwand kann man jedoch nicht als stichhaltig anerkennen. Das alte Ägypten, das ein Alter von mehr als 4000 Jahren erreichte, bevor es endgültig seine Selbständigkeit verlor, wie auch das China von heute sprechen gegen eine bestimmte Lebensdauer der Völker. Auch die Völker, die der Antike und andere, von denen man sagen muß, daß sie an inneren Ursachen gestorben sind, haben alle eine sehr verschiedene Lebensdauer gehabt. Eine einigermaßen bestimmte Lebensdauer, entsprechend den 70 bis 80 Jahren des Menschen, gibt es nicht für die Völker und daher auch nicht einen ähnlichen Lebenslauf.

Die Krankheiten und die Degeneration, die die Völker zu Falle bringen, haben nicht ihren Grund in physischer Umwandlung der einzelnen, aus denen das Volk besteht, oder „der Verschlechterung der Erbmasse" nach modernen Anschauungen. Zwar hat der Verfasser selbst eine physische Degeneration gewisser Art bezüglich der sogenannten „historischen" Geschlechter vermutet, die durch mehrere Generationen hin dem Einfluß einer höheren Kultur unterworfen und dann erloschen sind[1]). Aber wenn das auch betreffs

[1]) Pontus Fahlbeck, Sveriges Adel, I (1898) S. 441.

des kleinen Kreises, den diese Geschlechter bilden, der Fall wäre, so läßt sich unmöglich dasselbe betreffs eines ganzen Volkes annehmen, dessen große Masse durchaus nicht durch Gehirnarbeit überanstrengt oder durch luxuriöse Gewohnheiten verweichlicht worden ist. Nicht physische, sondern psychische Verhältnisse, d. h. Kulturverhältnisse, sind es, in denen man die Ursachen der Krankheiten und des Verfalls der Völker zu suchen hat[1]).

Die Kultur ist das eigene Werk des Menschen, auf seine Bedürfnisse und sein Bestes abzielend. Sie kann sich aber oft zum Schlimmen wenden und sein Verderben werden. Die Krankheiten der Völker sind stets Kulturkrankheiten, an denen sie selbst schuld sind, die Kultur mag im übrigen niedrig oder hoch sein. Denn auch die sogenannten Naturvölker können aus inneren Ursachen verfallen, wie die polynesischen Völker beweisen. Die Völker der Antike gingen wesentlich infolge von Kulturgebrechen, ursprünglichen oder später erworbenen, zugrunde. Griechen und Römer vernichteten sich so selbst durch eigene Werke und Handlungen, wenn auch niemand die verhängnisvollen Folgen derselben ahnte, als sie ausgeführt wurden. Das ist der Schluß, zu dem eine nähere Betrachtung dieser gewaltigen Geschehnisse unserer Meinung nach führt.

* * *

Der Untergang der frühen Antike und die dabei wirksamen Kräfte. Die allgemeine Schlußfolgerung betreffs des Untergangs von Völkern, zu der wir im vorigen Abschnitt gekommen sind — daß die Völkerkrankheiten psychischer Art sind —, kann nur einen Anhaltspunkt für die Erklärung des Verfalls der antiken Welt abgeben. Man

---

[1]) Indessen hört man nicht selten eine entgegengesetzte Ansicht. Der letzte hervorragende Schilderer des Untergangs der Antike, Otto Seeck, Geschichte des Untergangs der antiken Welt, 1895, betont so mehrfach „die Entartung der Rasse" als den inneren Grund des Verfalls (I, S. 255, 272, 332, 364 u. a. St.). Wo dies nicht lediglich als eine rhetorische Wendung aufzufassen ist, scheint es eine Folge davon zu sein, daß der Verfasser der Darwinschen Selektionstheorie zum Opfer gefallen ist, die eine Zeitlang als die Lösung aller dunklen Probleme in der Welt des Menschen gleichwie betreffs alles anderen Lebenden grassiert hat.

Es ist zu erwarten, daß eine andere Modeerklärung hierhergehöriger Dinge, die Theorie von der Kontinuierlichkeit und entscheidenden Bedeutung der Erbmasse, als Stütze für die Ansicht von der physischen Degeneration als Ursache des Untergangs von Völkern angeführt werden wird. Solange man aber deutliche und bekannte Ursachen des Verfalls aufzeigen kann, hat man sich der Hypothesen zu enthalten.

muß ins einzelne gehen, wenn es gelingen soll, darin einigermaßen Klarheit zu schaffen. So vieler und so mannigfacher Art sind die Krankheitszeichen, die wir wahrnehmen können, besonders betreffs des römischen Reiches. In bezug auf Hellas scheinen die Verhältnisse einfacher zu liegen, wenigstens kann man hier auf einige bestimmte Erscheinungen hinweisen, die unbedingt als verderbenbringend betrachtet werden müssen. Wir haben schon oben sie als Ursachen des Unterganges Griechenlands bezeichnet. Es waren das die inneren sozialen Kämpfe sowie der politische Partikularismus mit den dadurch bedingten äußeren Kämpfen. Wenn diese auch ein ganzes Heer ursächlicher Momente in sich schließen und auch andere Ursachen nachgewiesen werden können, so sind doch die genannten zwei Früchte der hellenischen Kultur und ihrer Eigenart, der innere Kampf zwischen den Volksklassen und der äußere Krieg mit den Nachbarn hinreichend, um den Untergang Griechenlands zu erklären, nachdem Großstaaten ringsherum aufgewachsen waren.

Das ursprüngliche hellenische Staatsleben vermochte nie den engen Rahmen des Stadtstaates zu sprengen. Einzelnen Staaten, wie vor allem Athen, gelang es auf einige Zeit hin, ein größeres Reich zu errichten. Dieses aber in einen Territorialstaat und noch mehr in einen wirklichen Nationalstaat umzubilden, was doch mit Leichtigkeit hätte möglich sein müssen, da ja die einverleibten Bundesgenossen Hellenen waren, daran dachte man nicht. Die Volksversammlung auf der Agora hätte sich dann mit den übrigen Teilen und Gemeinden des Reiches in die souveräne Macht teilen müssen. Und dazu konnte man sich nicht verstehen. Man wollte in dieser nur untergeordnete Städte und gehorsamspflichtige Untertanen sehen. Die unmittelbare Demokratie, die in Athen herrschte, konnte wohl auch nicht, ohne sich selbst aufzugeben, einen Teil ihren Souveränität abtreten. Daher fand sich keine Resonanz für eine solche Umbildung. Und ganz dasselbe war der Fall bei der Aristokratie in Sparta. Die hellenischen Verfassungen, wie verschieden sie im übrigen waren, hatten im Stadtstaat ihre gegebene Voraussetzung und ihre Grundlage, die sie nie aufgeben oder überwinden konnten. Die Surrogate für den Großstaat, zu denen später in der Zeit der Not von den meisten griechischen Staaten gegriffen wurde, der „Achäische“ und der „Ätolische Bund“, vermochten den Mängeln, die dem Stadtstaat von Geburt an anhafteten, dem Partikularismus und dem ewigen Kriege mit den Nachbarstädten, nicht abzuhelfen.

Solange keine übermächtigen Nachbarn da waren, bedeutete dies jedoch nur einen Kraftverlust, stets zwar schädlich und für den geschlagenen Teil zuweilen lebensgefährlich, aber nicht für die hellenische Welt in ihrer Gesamtheit todbringend. Nachdem aber die großen Reiche entstanden waren, zuerst Philipps und Alexanders, dann die der Diadochen und zuletzt Rom, wurde der ständige Krieg mit den Nachbarn eine kräftig mitwirkende Ursache zu dem politischen Untergang des hellenischen Stadtstaates und damit ganz Hellas. — Wie die inneren sozialen Kämpfe hierbei den Untergang vorbereiteten und beschleunigten, ist oben erwähnt worden. Athen und Sparta und alle die anderen griechischen Kleinstaaten gingen vor allem infolge eigener Fehler und Gebrechen zugrunde.

Ganz sicher haben auch die aus Alexanders des Großen Weltreich hervorgegangenen griechisch-orientalischen Staaten, Mazedonien, Syrien und Ägypten, Krankheitskeime in sich getragen. Aber wir kennen sie zu wenig, um eine bestimmte Meinung darüber aussprechen zu können. Eine glänzende geistige und materielle Kultur wuchs in diesen Staaten auf, nachdem Wissenschaften und Künste um ihretwillen Hellas verlassen hatten. Die angeborene Schwäche dieser Reiche war die Entstehungsweise selbst und die despotische Verfassung sowie die Höfe mit ihren Intrigen und ihrem Günstlingswesen, was alles freilich vortrefflich für die Völker des Orients paßte, nicht aber für Griechenland und das von griechischem Geiste durchtränkte Kleinasien. Was diese Reiche betrifft, muß doch die Nachbarschaft von Rom als die eigentliche Ursache des Untergangs aufgefaßt werden. Sie vermochten nicht, den siegreichen römischen Waffen zu widerstehen, und fanden so ein jähes Ende infolge äußerer Gewalt, wenn sie nicht, wie Pergamum, unter dem Eindruck der drohenden römischen Übermacht freiwillig den Selbstmord vorzogen.

Die römische Republik, in der schließlich alle Völker und Länder des Mittelmeers zu einem die ganze Kulturwelt umfassenden Reiche vereinigt wurden, ging dann selbst unter. Aber dieser Untergang war anderer Art — eine Verfassung, die umgestürzt wurde, um einer anderen Platz zu machen. Auch darin unterschied er sich von dem Untergang der Staatswesen, die wir soeben betrachtet haben, daß keine äußere Gewalt dabei mitgewirkt hat. Nur innere Mängel und die eigenen Bedürfnisse des Reiches waren schuld an dem Fall der Republik.

Ein solcher Mangel war die innere Unordnung, die nicht aufhören zu können schien, solange das proletarisierte Volk auf dem Forum formell Herr des Staates war und Kapitalisten und Feldherren um seine Gunst und seine Stimmen buhlten. Freiheit gab es in Rom, aber die Ordnung war verschwunden. Und auf die Dauer kann keine Gesellschaft und kein Staatswesen ohne Recht und Ordnung bestehen. Ein anderer, nicht minder wirksamer Mangel war der, daß Rom gleich allen anderen Staaten der klassischen Antike von Geburt an Stadtstaat war und nicht aufhörte es zu sein, auch nachdem es ein Weltreich errichtet hatte. Als Stadtstaat hatte es dieses gewaltige Werk vollbracht, aber die engen Formen des Stadtstaates genügten nicht, das Reich zum eigenen und zum Besten der besiegten Völker zu regieren und zu verwalten. Dazu bedurfte es einer neuen Staatsverwaltung. Aber weder die Komitien noch der Senat waren gewillt, die althergebrachte Ordnung zu diesem Zwecke irgendwie abzuändern. Eines dreijährigen mörderischen Krieges hatte es bedurft, damit die italienischen Bundesgenossen volles Bürgerrecht erhielten. Die Regierenden Roms waren wenig gesonnen, auf diesem Wege weiterzugehen und zugunsten der unterjochten Völker Verfassung und Verwaltung zu ändern. Eine neue Macht mußte hinzukommen, um eine solche Umwälzung durchzuführen. Diese Macht waren — die Feldherren. Sie waren es, die einesteils aus persönlicher Machtbegier und aus Ehrgeiz, aber auch in klarer Erkenntnis der Notwendigkeit neuer Regierungsformen für das wachsende Reich die Republik durch den Prinzipat, die römische Form der Monarchie, ersetzten. Die Militärdiktatur, die in Rom eine alte, obwohl temporäre Einrichtung war, wurde das legale Werkzeug für diese Umwälzung. Die rechtlichen Formeln derselben waren der Hauptsache nach, daß die Provinzen, zuerst die an den Grenzen gelegenen, später sämtliche, der Verwaltung des Senats durch Prokonsuln entzogen und unter die direkte Regierung der Cäsaren gestellt wurden; und ferner, daß das römische Bürgerrecht auf immer weitere Kreise ausgedehnt wurde, bis schließlich der Tyrann Caracalla im Jahre 212 es universell machte.

Von einer Seite her betrachtet, bedeuten diese Umwandlungen unzweifelhaft Verfall und Untergang, nämlich den Untergang des alten, republikanischen Roms. Eine unglaubliche Menge Tinte ist auch darauf verwendet worden, diesen Ausgang zu beklagen. Der Fall der Republik, den bereits Tacitus pathetisch betrauert, ist besonders von den Schriftstellern des 18. Jahrhunderts und auch später, wie beispielsweise von **Gibbon** und **Grote**, als zwar der erste, aber zugleich der entscheidende Schritt zum Untergang der antiken Welt und Kultur hin bezeichnet worden. Da alles in dem großen Drama der Antike auf die eine oder andere Weise, wenigstens durch die Zeitfolge, zusammenhängt, so kann auch der Fall der Republik als ein Moment desselben betrachtet werden. Von einer anderen Seite gesehen, ist aber dieser Fall nicht nur eine Dekadenzerscheinung. Er bildet auch die Einleitung zu einer großen Neuschöpfung — dem römischen Kaiserreich. Und dieses war an und für sich so weit davon entfernt, ein Verfallsprodukt zu sein, als welches es jedoch von den genannten Schriftstellern betrachtet wird, daß es im Gegenteil wenigstens auf ein paar Jahrhunderte hin die Rettung vom Verderben bedeutete. Es war zugleich das Weltreich, das erste und einzige, das es jemals gegeben hat und wohl auch geben wird.

Es dauerte nicht allzulange, so schlug auch Roms Schicksalsstunde. Aber es war dies eine Folge ganz anderer Kräfte als der politischen, die es aufgebaut hatten. Der Untergang der antiken Welt vollzog sich in zwei verschiedenen Abschnitten. Der eine von diesen endete mit dem Fall Griechenlands und des Hellenismus; der andere mit der Teilung des römischen Reiches 395 n. Chr.). Zwischen beiden lag eine Periode der Blüte und des Glücks, wie sie die Menschheit weder früher noch später erlebt hat. Sie wurde eingeleitet durch Augustus' Prinzipat (31 v. Chr.), womit die inneren Kriege aufhörten und ebenso die Erpressungen in den Provinzen. Friede und Ordnung traten nun mit unbedeutenden Unterbrechungen (68—69 n. Chr.) an die Stelle der früheren Gewaltherrschaft und Rechtlosigkeit. Unzählige Daten liefern den Beweis davon. So konnte ein phrygischer Kaufmann im 2. Jahrhundert in seiner Grabschrift berichten, daß er zweiundsiebzigmal die lange Reise nach Rom gemacht hatte. Gleichzeitig glänzte Rom gleichwie alle einigermaßen bedeutenden Städte in dem großen Reiche von Prachtbauten aller Art zum Nutzen und zur Bequemlichkeit der Allgemeinheit und des einzelnen, weit mehr als die Städte der Gegenwart es aufweisen können. Alles zeugte von Macht und Reichtum und Hochkultur. Kein Wunder, daß Trajan (98—117) von „hoc saeculum" sprach, wie wir es von „unserer aufgeklärten Zeit" im Gegensatz zu der Roheit und mangelhaften Kultur älterer Zeiten tun. Und gleichwohl dauerte es nicht hundert Jahre nach Trajans Zeit, so begann diese glänzende Hochkultur zu wanken, um binnen kurzem in Trümmer zu sinken. Wie war dies möglich? Welche Ursachen und Kräfte lagen dem zugrunde?

Wie oben erwähnt, ist die Wissenschaft noch weit davon entfernt, eine Antwort auf diese Fragen erteilen zu können. Hier soll nur sozusagen ein Verzeichnis der wichtigsten ursächlichen Momente in diesem Prozeß gegeben werden, ohne daß wir zu behaupten wagen, damit die Reihe derartiger Momente erschöpft oder für jedes derselben seinen rechten Anteil am Zerstörungswerke angegeben zu haben.

* * *

Die Schwächen und Krankheiten des Kaiserreichs. Die antike Welt und besonders das römische Reich litten an gewissen, sozusagen organischen Fehlern und Mängeln, die lange nicht bemerkt wurden, später aber sich stark zu erkennen gaben, hauptsächlich dadurch, daß sie die Widerstandskraft gegen andere, direkt schädliche Einflüsse schwächten. Ein solcher Mangel bestand bezüglich der Religion, ein anderer bezüglich der Grundlage und des Baues des Staates.

Die antike Welt hatte nie aus ihrer Mitte einen großen Religionsstifter erstehen sehen und verblieb daher in religiöser Hinsicht auf einem niedrigen Standpunkt, denn keine höhere Religion ist ohne einen mächtigen Propheten entstanden. Die Hellenen scheinen auch kein tieferes religiöses Bedürfnis gehabt zu haben; die Römer aber hatten es. Dennoch gelangte die Religion auch bei ihnen nicht über das Stadium der Hausgötter und der Nationalgötter hinaus. Infolgedessen enthielt die Volksreligion in der Antike keine sittlichen Pflichtgebote und übte geringen oder keinen erziehenden Einfluß außer im Verhältnis zu dem eigenen Geschlecht und zum Staate aus. Einem tieferen religiösen Bedürfnis war sie unzureichend, dazu abgeschmackt und widrig in ihrem krassen Anthropomorphismus. Ein so beschaffener Gottesglaube wie der der Griechen und Römer konnte unmöglich weiter bestehen, nachdem eine höhere Bildung aufzukommen begonnen hatte. Zwar hielt er sich im Volke noch lange, nachdem Philosophen und Sophisten ihre Zerstörungsarbeit vollendet hatten. Aber Polytheismus und Hochkultur stehen in allzu starkem Widerspruch zueinander, um auf die Dauer zusammen bestehen zu können. Auch mußte die Mischung verschiedener Kulte, die zuerst der Hellenismus und dann das römische Weltreich mit sich brachten, die Nationalgötter alles Vertrauens berauben. Und was war da von der griechisch-römischen Religion übrig? Sie war abgelebt — hier kann man wirklich von etwas Derartigem sprechen — schon als der Prinzipat errichtet wurde. Damit war der kultivierten Menschheit im römischen Reiche die innere Stütze und die Kraftquelle genommen, die eine lebende Religion, welcher Art sie auch sein mag, stets schenkt.

Das nicht zum wenigsten Bemerkenswerte bei diesem Auflösungsprozeß ist, daß kein ernster Versuch gemacht worden ist, durch Reformation die Religion mit der allgemeinen Kulturentwicklung in Harmonie zu bringen und dadurch sie wiederherzustellen und dem religiösen Verfall Einhalt zu tun.

Die älteren griechischen Philosophen haben sich gegen Homers Olymp und die Volksreligion nur negativ verhalten. Ihr Rationalismus interessierte sich wenig, wenn überhaupt, für die Religion, ausgenommen bei einem Pythagoras und einem Sokrates. Aber das religiöse Interesse dieser Männer blieb überwiegend bei einer Tugendlehre stehen, die wohl an sich erhaben war, aber in keiner Weise eine Religion ersetzen konnte. Wie wenig übrigens Sokrates' Aufklärungsphilosophie und idealer Utilitarismus auch für das sittliche Leben bedeutete, haben seine Schüler Alkibiades und Kritias vor aller Welt dargetan. Von den späteren Philosophen waren es nur die Neuplatoniker, die stark von religiösem Eifer beseelt waren. Ihre Lehren haben aber nur dadurch, daß sie mit Mysterien und Sonnenverehrung vermählt wurden, die religiösen Bedürfnisse der höheren Klassen mehr oder weniger zu befriedigen vermocht. Der Masse des Volks dürften sie, wie alle philosophischen Lehren, fremd geblieben sein. Von dem Neuplatonismus war also keine Reformation zu erwarten, zumal da kein großer Reformator oder Religionsstifter vorhanden war. Und ohne einen solchen dürfte keine Volksreligion entstehen. Der Synkretismus, der als das geistige Endprodukt des Heidentums angegeben zu werden pflegt, war also keine wirkliche Religion[1]).

Aber ohne Religion können die Menschen nicht leben. Wenn nicht anders, so mahnen das Mysterium des Todes und die Unglücksfälle des Lebens dazu. Das religiöse Interesse war auch

---

[1]) Der Nichtfachmann erhält den Eindruck, als wenn A. Harnack in seiner bahnbrechenden Arbeit zur Beleuchtung der äußeren und inneren Voraussetzungen des Christentums dem Synkretismus, der doch in Wirklichkeit ein Verfallsprodukt war, eine größere Bedeutung zuspräche, als er sie verdient (Mission und Ausbreitung des Christentums, 3. Aufl., I, S. 25ff., 300ff.).

während der Kaiserherrschaft groß, wie die Ausbreitung von Mysterien und orientalischer Sonnenverehrung es zur Genüge zeigen. Mehr als anderes zeugt jedoch die widerliche Zäsarenanbetung, die bald der einzige allgemeine Kult wurde, zugleich von dem Verfall der Religion und von ihrer Unentbehrlichkeit. Es macht einen eigentümlichen Eindruck, inmitten der hochkultivierten römischen Welt diesen Kult entstehen und florieren zu sehen, der weder Trost in den Widerwärtigkeiten des Lebens schenken noch eine Stütze für Moral oder eine andere Tugend als die des Gehorsams bilden konnte. Der Zäsarenkult hat nur zur Sklavengesinnung erzogen, dem Gebrechen, das nach der Ansicht vieler (Gibbon, Grote, Seeck) am meisten zum Fall der Antike beitrug. Dies ist wohl eine Übertreibung, sicher aber ist, daß der niedere Standpunkt der antiken Religionen die Menschen der inneren Stärke beraubt hat, die ein lebendiger Gottesglaube verleiht, und die am besten einzelne und Völker in Zeiten schwerer Prüfung aufrechtzuerhalten vermag, wie solche mit dem dritten Jahrhundert über das römische Reich hereinbrachen. Und die neue Religion, die in dem Christentum erwuchs, wandte den Sinn der Menschen von dieser Welt ab. Als geschworener Feind des Zäsarenkults und der Verfolgung ausgesetzt, mußte sie den Staat, wenn nicht mit feindlichen Augen, was die Lehre verbot, so doch mit gleichgültigen betrachten und wurde daher eher eine Quelle der Schwäche als eine Stütze, bis Konstantin die christliche Kirche mit dem römischen Staat versöhnte. Da aber war der Verfall schon lange in vollem Gange.

Der andere oben angedeutete angeborene Mangel lag in dem schwachen nationalen Grunde des römischen Reiches und seinem staatlichen Bau.

Rom gelang es, wie oben erwähnt wurde, die Begrenztheit des Stadtstaates zu überwinden; es wurde ein wirklicher Territorialstaat, ein Reich mit einheitlichem und gleichem Staats- und Bürgerrecht. Es konnte aber nie ein „Nationalstaat" werden, aufgebaut auf einem einheitlichen Volk. Die eigentlichen Römer, d. h. die Einwohner von Rom und Latium, bildeten einen allzu kleinen Teil des Ganzen, um als Staatsvolk zu dominieren und alles zusammenzuhalten. Übrigens war von diesen während der Kaiserzeit nur ein geringer Teil übrig. Roms Bevölkerung, die der Annahme nach im 1. Jahrhundert n. Chr. eine Million oder etwas weniger betragen haben soll, bestand zu großem, ja, wahrscheinlich dem größten Teil aus von allen Seiten her aus dem ganzen Reiche zusammenströmenden, mehr oder weniger minderwertigen Elementen, Proletariern und Glücksjägern. Und obgleich Italien allgemein als der Kern des Reichs betrachtet wurde und lange besondere Vorrechte genoß, so bildeten doch dessen viele verschiedenen Völker und Stämme, die übrigens erst nach dem Bundesgenossenkriege als römische Bürger aufgenommen worden waren, kein homogenes herrschendes Volk.

Aus sämtlichen im Weltreiche vereinigten Völkern eine einheitliche Nation zu machen, war wiederum unmöglich. Zwar nahmen die westlichen Völker, Gallier und Spanier, sehr bald römische Sprache und römische Kultur an, aber sie wurden damit nicht in eine römische Nation verwandelt. Noch weniger geschah das mit den Völkern des Orients, bei denen der Hellenismus und die griechische Sprache andauernd herrschend blieben. Die Teilung des Reichs nach Theodosius' Tod im Jahre 395, zu der die Bedürfnisse der Verwaltung und die persönlichen Interessen der um die Macht Wetteifernden den äußeren Anlaß gaben, hatte in diesem Gegensatz ihren tieferen Grund. Das Volk im römischen Reiche war also weder eine einheitliche Nation noch ein dominierendes Volk mit anderen kleineren Vasallenvölkern, sondern nur ein durch die Verwaltung und Gemeinsamkeit in Recht und Kultur zusammengehaltenes Staatsvolk. Dies war eine Schwäche, die sich, solange keine gefährlichen Feinde vorhanden waren, wenig zu erkennen gab, nachdem aber solche aufgetreten waren, verhängnisvoll wurde. Die Unlust, Waffen zu tragen und an der Verteidigung des Reichs teilzunehmen, die zur Zeit der Kaiserherrschaft so stark und so allgemein hervortrat, erklärt sich letzten Grundes hieraus. Die Bevölkerung des großen Reichs konnte nicht dazu vermocht werden, die Last der Wehrpflicht auf sich zu nehmen, da ihr das Nationalgefühl und der Patriotismus abgingen, die nur die Blutsbande, wirkliche oder eingebildete, im Verein mit einer langen gemeinsamen Geschichte schenken können.

Das Reich hatte jedoch noch eine weitere Erinnerung an seinen Ursprung, die ihm unheilvoll wurde, nämlich in seiner Verfassung. Von der republikanischen Staatsform hatte es die Fiktion von der „respublica" und dem „senatus populusque romanus" als den eigentlichen Inhabern der Staatsgewalt beibehalten. Der Prinzipat besaß nur eine delegierte Macht, woraus folgte, daß jedesmal, wenn der Inhaber desselben starb und ein neuer damit bekleidet werden mußte, sich die Frage erhob: wer soll der Nachfolger werden? Augustus und viele andere Kaiser wählten durch

Adoption ihre Nachfolger aus, aber von der eigenen Machtstellung dieser hing es ab, ob sie wirklich die Würde antraten. Denn die Verfassung enthielt keine Bestimmung darüber, wie der Thronfolger ausersehen werden sollte. Bisweilen nahm der Senat, der wohl der Nächstberechtigte dazu war, diese Befugnis für sich in Anspruch. Bald aber wurde es das Militär, zuerst die Prätorianer, die Leibgarde in Rom, dann die Provinzheere, die den Kaiser einsetzten. Die Folge davon waren die oft wiederkehrenden Thronstreitigkeiten, die das Reich erschütterten und bei einer Gelegenheit — unter Gallienus (260—268 n. Chr.), als gleichzeitig 19 Feldherren, von ihren Heeren auf den Schild erhoben, um die Kaiserwürde stritten — es seiner Auflösung nahe brachten. Daß Augustus und keiner seiner nächsten Nachfolger sich die Macht zutrauten, den Prinzipat in ein persönliches Königtum, wie Cäsar es beabsichtigte[1]), umzuwandeln, war ein großes Unglück. Das römische Reich entbehrte auf diese Weise der zusammenhaltenden Kraft, die die verfassungsmäßige Vererbung der Herrscherwürde innerhalb eines Geschlechts einem großen Reiche gibt. Dies hat ihm nicht nur schwere Leiden gebracht, sondern es auch in hohem Grade geschwächt[2]).

Wenden wir uns von den oben berührten, der Antike und dem römischen Reich angeborenen Mängeln den eigentlichen Krankheiten des Volks und den nicht minder gefährlichen Mitteln zu ihrer Heilung, zu denen nach und nach gegriffen wurde, zu, so stoßen wir zunächst auf die wichtigste und zweifellos schlimmste Erscheinung — die Bevölkerungsabnahme.

Der Rückgang der Bevölkerung war eine in Griechenland bereits vor der römischen Eroberung auftretende Krankheitserscheinung. Polybius hat um das Jahr 160 v. Chr. ein betrübliches Bild

---

[1]) Zuletzt hat Ed. Meyer diese Pläne Cäsars in glänzender Darstellung geschildert (Cäsars Monarchie und das Principat des Pompejus, 1919).

[2]) Es gibt so Autoren, die den 30jährigen Bürgerkrieg nach Alexander Severus' Tode 235 n. Chr. als die grundlegende Ursache des Verfalls des römischen Reiches ansehen (Fustel de Coulanges, Histoire des Institutions politiques de l'ancienne France[2], I, 1877, S. 296f.). Dies ist zweifellos eine Übertreibung. Wären nicht andere Mängel vorhanden gewesen, so wären die Wunden des Krieges bald verheilt. Daß aber diese Mängel so überhand nahmen und zu Diokletians tiefgreifender Umgestaltung des Reichs nötigten, daran war wohl diese Unglückszeit und ihr staatsrechtlicher Grund, das Wahlreich, schuld.

davon in den bekannten Worten gegeben[1]): „Zu meiner Zeit litt ganz Griechenland an Kinderlosigkeit und Bevölkerungsmangel, wodurch die Städte volkleer wurden und das Land unbebaut blieb, obwohl wir weder von langwierigen Kriegen noch von Krankheiten heimgesucht worden waren. — Denn die Menschen hatten sich dem Übermut, dem Geiz und der Bequemlichkeit ergeben, sie wollten sich nicht mehr verheiraten oder, wenn sie es taten, wollten sie nicht mehr als ein, höchstens zwei Kinder aufziehen, um sie in Überfluß erziehen und ihnen ein großes Erbe hinterlassen zu können. So verschlimmerte sich rasch das Übel. Denn wenn nur ein oder zwei Kinder in der Familie vorhanden waren, konnten diese leicht durch Krieg oder Krankheit hinweggerafft werden, und so stand dann das Haus leer da." Ein anderes Zeugnis von dem Verfall in Griechenland zu Ende des 1. Jahrhunderts n. Chr. liefert Dio Chrysostomos in der Beschreibung des Zustandes einer Stadt auf Euböa, die er einen ihrer Bürger geben läßt[2]): „Zwei Drittel des Landes liegen öde, und niemand bekümmert sich darum aus Mangel an Menschen. — Das Land vor den Toren der Stadt ist verlassen und bietet einen traurigen Anblick, als wäre es Ödland und nicht städtisches Gebiet, und das Innere der Stadt selbst ist zu großem Teil Weide oder Ackerfeld, wo die Bildsäulen von Herkules und anderen Heroen zur Sommerszeit sich im Getreide verbergen." — Überall in der Stadt herrschte Armut und Arbeitslosigkeit, und die Häuser standen verlassen da.

Während der Zeit, die zwischen diesen beiden Zeugnissen verstrichen war, hatte sich das Übel von Griechenland nach Rom und den übrigen Teilen des Reichs verbreitet, trotz der sehr eingreifenden Maßnahmen, die die Cäsaren und vor allem Augustus dagegen getroffen hatten. Die Gesetzgebung dieses letzteren zur Förderung der Eheschließungen und des Kinderreichtums wie auch später Nervas und anderer Eigenheimkolonisation beweisen sowohl volle Einsicht in die Gefahr als auch ein energisches Streben, sie zu beschwören. Aber nichts half. Die Bevölkerungsabnahme schritt fort, bis nach dem Markomannenkriege (167—180) große Scharen von Germanen sich innerhalb des Reiches als Ackerbauer (inquilini) und Soldaten niedergelassen hatten. Wenigstens wird seitdem nicht mehr so viel darüber geklagt[3]). Allem nach zu urteilen, haben aber

[1]) XXXVII, 9, 5.

[2]) Or. VII, 34. Ed. Meyer, Die wirtschaftliche Entwicklung usw., S. 67ff.

[3]) Seeck, a. a. O., I, S. 388.

die Verheerungen, die von der Mitte des 3. Jahrhunderts an das Reich in Form von Pest und Bürgerkrieg heimsuchten, den Bevölkerungsmangel wieder permanent gemacht.

Es ist jedoch nicht der große Abgang durch Krankheiten und Kriege, der so auffällig oder gefährlich ist, sondern der geringe Zuwachs, die sinkende Geburtenzahl. Wie diese Erscheinung hier hervortritt, bezeichnet sie eine wirkliche Volkskrankheit. Welches ihre nächsten Ursachen gewesen sind, hat Polybius angegeben. Was aber dagegen die Völker der Antike veranlaßte, absichtlich die Nachkommenschaft einzuschränken, „numerum liberorum finire", wie Tacitus es ausdrückt (Germ. 19), ist ebensosehr und ebensowenig klar, wie daß die Kulturvölker der Gegenwart denselben Weg eingeschlagen haben. Diese gefährlichen Sitten scheinen von der Hochkultur untrennbar zu sein, obwohl sie freilich nicht auf sie beschränkt sind. Man trifft sie nicht selten auch unter den Naturvölkern an. In Griechenland und Rom war diese Volkskrankheit um so gefährlicher, als der Widerwille gegen die Ehe sehr groß war. Die Ehe wurde seit alters als ein notwendiges Übel betrachtet, wie die bekannte Äußerung des Zensors Metellus (131 v. Chr.) darüber lehrt[1]). Der natürliche Nachwuchs muß daher ganz unzureichend gewesen sein. Dies war die wichtigste Ursache des Unterganges der antiken Welt — und sie war, wie meistens bei diesem Prozeß, gänzlich selbstverschuldet.

Ein anderes schweres Krankheitszeichen — man kann es nicht anders nennen — war der wirtschaftliche Niedergang und die zunehmende Armut. Daß der allgemeine Wohlstand in Hellas zusammen mit der Großmachtstellung verfiel, ist zur Genüge bekannt und erklärt sich zu einem Teil daraus, daß der Welthandel neue Wege einschlug, nachdem Alexander den Orient eröffnet hatte und die Großstädte Alexandria, Antiochia und Seleucia aufgewachsen waren. Aber auch die Blüte, zu der die hellenistischen Reiche und später das römische Weltreich sich entwickelten, war nicht von Dauer. Solange die große Friedenszeit währte, bis zum Markomannenkriege (167 n. Chr.), ist keine wirtschaftliche Kraft-

[1]) „Wenn wir uns von dieser Last befreien könnten, so würden wir es alle tun. Aber da nun die Natur es so eingerichtet hat, daß man nicht ohne Frauen leben kann, so muß man mehr an die allgemeine Wohlfahrt als an die eigene Bequemlichkeit denken."

abnahme zu bemerken. Im Gegenteil müssen der Friede und die Rechtssicherheit einen Aufschwung von Handel und Gewerbe mit sich gebracht und der Wohlstand infolgedessen zugenommen haben. Wenigstens scheinen die großartigen Bauwerke, die während dieser Zeit zustande kamen, von wirklichem Reichtum zu zeugen. Aber schon der genannte Krieg, der nur mit Schwierigkeit durchgekämpft wurde, verriet eine Schwächung der ökonomischen Leistungsfähigkeit. Und seitdem ging es mit immer größerer Geschwindigkeit bergab. Die Rückkehr zur Naturalwirtschaft, die schon von der Zeit des Septimius Severus (193—211 n. Chr.) an sich zu erkennen gab, und die eine Folge des Verschwindens des beweglichen Kapitals und der Münzen war, ist ein Beweis hierfür. Ein anderer ist die finanzielle Notlage, die infolge des stark sinkenden Steuervermögens der Bevölkerungen mehr und mehr hervortrat. An die Stelle des früheren Wohlstandes des Staates und der einzelnen war allgemeine Armut getreten, trotz der Riesenvermögen, die bei einzelnen vorkamen.

Die allgemeinen Ursachen dieser traurigen Entwicklung lassen sich in die drei zusammenfassen: schwache produktive Kraft — mißgerichteter Konsum und — die Steuerbelastung.

Die Produktivität der Arbeit war in der Antike gering. Es war das eine Folge der vielen Sklavenarbeit sowie der geringen Entwicklung technischer Künste und Erfindungen. Wir haben an anderer Stelle dies erwähnt und beschränken uns hier darauf, festzustellen, daß der Aufschwung, den die Naturwissenschaften und die darauf gegründete Erfindertätigkeit eine Zeitlang in den hellenistischen Reichen, besonders an der Akademie in Alexandria, erfuhren, nach der römischen Eroberung aufhörte, ohne daß wir die Ursache davon erkennen können. Die Römer haben viel Sinn für Bankgeschäfte und andere auf Handel und Staatspacht gerichtete Geschäftstätigkeit, bei der das bewegliche Kapital die Hauptrolle spielte, gehabt. Im übrigen wurde nur der Landwirtschaft und ihrem rationellen Betriebe, hauptsächlich mit Sklaven, größere Aufmerksamkeit gewidmet, wie die nicht wenigen Schriften darüber (von Cato, Jarro, Columella) zeigen. Die Industrie, die ohne nennenswerte Maschinentechnik, gleichfalls mit Sklaven betrieben wurde, konnte zwar den Umfang einer Großindustrie annehmen, aber ihre Produktivkraft muß aus dem genannten Grunde gering gewesen sein. Als dann später der Sklavenbestand abnahm und die Arbeitskraft so eine Verminderung erfuhr, nahm auch die Produktion auf allen Gebieten ab.

Wir haben oben (S. 236) betreffs Athens zur Zeit des Perikles nachgewiesen, welch großen Teil der Gesellschaftspyramide die körperlich arbeitende Sklavenbevölkerung gebildet haben muß. Sicherlich war das gleiche innerhalb großer Teile des römischen Reiches bei der Errichtung des Prinzipats der Fall. Von dieser Zeit an hörte der Zufluß von Sklaven von außen her auf. Der Bestand der Sklavenbevölkerung hing nun von ihrem eigenen Wachstum ab, und dieser ist natürlich gering gewesen, mit der Folge, daß bald ein Mangel an Sklavenarbeitskräften eintrat. Man hat besonders in der Landwirtschaft versucht, diese Schwierigkeit zu überwinden, indem man vom Latifundienbetrieb zum Parzellenbetrieb überging. Freie Arbeiter sollten als Parzellenpächter die Sklaven ersetzen, aber wahrscheinlich hat dies nur zu einem Teil geschehen können. Die Landwirtschaft hat vielfach aufgegeben werden müssen, wie das Reskript des Kaisers Pertinax über verlassene Gehöfte in Italien (193 n. Chr.) beweist. Und in der Industrie ging es vermutlich auf dieselbe Weise. Manches Unternehmen mußte aus Mangel an Arbeitskraft stillgelegt werden. Die körperlich arbeitende breite Basis der Gesellschaftspyramide war zusammengeschmolzen, und ohne sie war die antike Hochkultur unmöglich. Nachdem vom Ende des 2. Jahrhunderts an die Kriege mit den Germanen begonnen hatten, wurde zwar der Zufluß von Sklaven wieder größer, aber nur für die Landwirtschaft — denn zu anderem taugte diese unqualifizierte Arbeitskraft nicht. Der Niedergang der Produktion ließ sich indessen nun unter dem Einfluß der immer schwereren inneren Krisen und der Verheerungen der Pest in dem unglücklichen 3. Jahrhundert nicht mehr hemmen.

Zu diesem Niedergang der produktiven Arbeit gesellte sich eine auf verschiedene Weise mißgerichtete Anwendung ihrer Früchte, indem diese in sehr hohem Grade für unproduktive Unternehmungen und unnötigen Konsum verbraucht wurden, solange ein Überschuß über das Bedürfnis des Augenblicks hinaus vorhanden war.

Eine gewöhnliche Anklage gegen die Antike bezieht sich auf den Luxus der Lebensweise, von dem einige römische Schriftsteller berichten. Doch trifft diese Anklage nicht das eigentliche Hellas, wie oben bereits erwähnt wurde. Es war Rom und vor allem das Rom der letzten Zeit der Republik, wo der Luxus übertriebene und bisweilen geradezu phantastische Formen annahm. Während der Kaiserzeit wurde der Luxus in der Lebensweise eingeschränkt, ausgenommen natürlich unter den Kaisern, die selbst eine Neigung dazu hatten, wie Nero, Caligula, Heliogabalus.

Aber er wurde um so größer in bezug auf Bauten, und zwar nicht nur in Rom, sondern überall in dem großen Reiche, und nicht nur während der glücklichen Zeit der Kaiserherrschaft, sondern auch später, solange die Kräfte reichten. Große Bauten sind zu allen Zeiten von Herrschern und Großen als ein wichtiges Lebenswerk betrachtet worden. Man glaubt, etwas Großes ausgerichtet zu haben, wenn man derartige Denkmäler hinterläßt. Natürlich erfreute der Anblick dieser Werke die Mitwelt, gleichwie viele von ihnen noch heute unsere Bewunderung erwecken. Aber die Völker sind um ihretwillen mit Tagewerken und Steuern geplagt worden; oder wenn das nicht der Fall war, wie in den freien Staaten, und wenn einzelne Bürger Bauherren waren, so ist doch das bewegliche Kapital dadurch unproduktiv gebunden worden. Schon Aristoteles macht die richtige Bemerkung, sicherlich im Hinblick auf Perikles' Prachtbauten in Athen, daß solche zwar den Arbeitern zu verdienen geben, den Staat aber arm machen. In dem römischen Reiche sind von Kaisern und von Privatpersonen, die Lob und Preis ihrer Mitbürger und die Gunst der Obrigkeit erwerben wollten, unerhörte Summen auf Bauwerke verwendet worden, wodurch das freie Kapital den Gewerben entzogen und das ökonomische Leben geschwächt wurde.

Auch wurden bedeutende Summen für Almosen in Form von Geld- und Getreideverteilungen ausgegeben, die gleichzeitig die Staatsfinanzen schwer belasteten und die Bevölkerung demoralisierten. Von der allgemeinen Volkspensionierung, die unter verschiedenen Formen nach und nach in Athen eingeführt wurde, ist oben gesprochen worden. In Rom wurden die Getreideverteilungen und Gratisschauspiele seit der Zeit der Gracchen und der Feldherren eine dauernde Einrichtung. Die Kaiser wagten nicht die Almosenverteilung aufzuheben, und von Rom verbreitete sie sich nach allen größeren Provinzstädten, wo sie zuerst von den Reichen als ein freiwilliger Ausdruck ihres Bürgersinns ausgeübt, nach der Umgestaltung des Reiches vom Ende des zweiten Jahrhunderts an aber ihnen als Amtspflicht in ihrer Eigenschaft als „curiales", Mitglieder der Stadtregierung, der „curia", auferlegt wurde. Wie verderblich dieses System für die Bevölkerung in anderen Hinsichten sein mußte, brauchen wir nicht zu erwähnen. Dem Volkshaushalte gereichte es zu großem Schaden sowohl dadurch, daß es der niederen Bevölkerung die Lust und Gewöhnung an Arbeit und Selbstversorgung nahm, als auch durch die direkten Ausgaben, die es mit sich brachte.

Schließlich wirkten als direkte Ursache des wirtschaftlichen Ruins ganz besonders die Steuern und das Steuerwesen. Freilich spielte dieses Moment erst während der späteren Zeit der Kaiserherrschaft eine größere Rolle, da aber eine um so bedeutungsvollere. Italien bezahlte eine Grundsteuer erst zu Diokletians Zeit. Danach wuchs die Steuerlast unablässig dort wie überall im Reiche. Die Ursachen davon waren die vielen Höfe mit ihrer kostspieligen Unterhaltung — seit Diokletian oft vier, stets aber zwei — ferner die stetig steigenden Ausgaben des Reichs für Verwaltung und für die Landesverteidigung. Je mehr die Barbaren von allen Seiten herandrängten, um so mehr mußte für den Unterhalt von Heeren und für das Kriegswesen geopfert werden. Schließlich hat die immer größere Ungleichmäßigkeit der Steuerlast, besonders dank der relativen Steuerfreiheit und der vermehrten Privilegien des grundbesitzenden Adels, der Senatoren, den Steuerdruck für alle anderen verschlimmert und dadurch zu ihrer Verarmung beigetragen. Ein Forscher hat neulich geglaubt, hierin die Hauptursache für den schließlichen Untergang des großen Reiches zu finden[1]). Das dürfte zuviel gesagt sein, zweifellos aber haben die Steuern kräftig dazu mitgewirkt, vielleicht noch mehr jedoch als die Steuern selbst das Steuerwesen, d. h. die Organisation, durch welche Diokletian und Konstantin die allmählich schwindenden Kräfte des Reichs zum Nutzen des Gemeinwesens und zur Verteidigung gegen die Barbaren zu mobilisieren versuchten.

Die Gesamtwirkung der eben angeführten ökonomischen Mißstände war eine allgemeine Teuerung. Eine Teuerung ist gewöhnlich die erste Mahnung, daß etwas im Wirtschaftsleben in Unordnung ist. Ist diese Störung zufällig wie ein Mißerntejahr, so verschwindet die Teuerung bald. Liegt aber das Übel tiefer, so kann die Teuerung fortbestehen, wie das im römischen Reiche vom Ende des 2. Jahrhunderts an der Fall war. Sie ist dann selbst ein Krankheitszeichen gleich den Ursachen, die sie hervorgerufen haben, und hat nun ihrerseits viele schlimme Folgen.

Auf sie kommen wir im nächsten Abschnitt zu sprechen. Hier erübrigt es noch, mit ein paar Worten an eine weitere hochwichtige Ursache des Verfalls des römischen Reichs und der antiken Kultur zu erinnern — die äußeren Feinde, die Barbaren, die schließlich die westliche Hälfte des Reichs übermannten und damit politisch den kulturellen Untergang besiegelten.

---

[1]) J. Sundvall, Weströmische Studien, 1915, S. 161.

Das römische Weltreich lag wie eine gewaltige Kulturoase, auf allen Seiten umgeben von der Barbarei oder von Völkern im Naturzustande. Es waren jedoch nur zwei Nachbarvölker, mit denen Rom zu rechnen hatte, Parther und später Perser in Asien und die Germanen in Europa. Gegen die ersteren, die halbkultivierte orientalische Reiche bildeten, führten die römischen Kaiser viele schwere Kriege mit abwechselnd Siegen und Niederlagen. Nicht diese Völker aber brachten das Reich zu Fall; es waren die Germanen, ein Haufe Naturvölker ohne inneren Zusammenhalt, denen es beschieden war, die schließliche Exekution zu bewerkstelligen, nachdem sie lange dieselbe vorbereitet hatten. Hieran trug Rom zu großem Teile selbst die Schuld. Es gab zwei verschiedene Wege, die die römische Politik den Germanen gegenüber hätte einschlagen können. Der eine bedeutete fortgesetzte Expansion und Kultivierung der primitiven Völker. Der andere, überwiegend passive, bestand darin, sie nur von den Grenzen fernzuhalten und das Reich zu schützen. Die Eroberung Galliens durch Caesar, und die darauf folgende Ausbreitung des Reichs bis nach Britannien und den Donauländern hin zeigen, daß die Römer zu jener Zeit die erstere Politik befolgten, wenn auch andere Umstände eher als klare Einsicht in die große Aufgabe derselben sie dabei leiteten. Die unglückliche Schlacht im Teutoburger Walde im Jahre 9 n. Chr. hatte zur Folge, daß Augustus von diesem Wege abging. Von dieser Zeit an verfolgte Rom die andere Politik, wie sie in Tiberius' Rat, die Germanen sich selbst zu überlassen und nur die innere Zwietracht unter ihnen zu unterhalten, sowie in der Errichtung des „Limes", des Grenzwalles gegen sie, zum Ausdruck kam. Diese Politik, die für den Augenblick Ruhe und Sicherheit brachte, entschied Roms Schicksal.

Das Eingreifen der Germanen in das römische Weltdrama vollzog sich jedoch nicht lediglich auf eine Weise und auf einmal, sondern in zwei verschiedenen Akten, von denen der erste und längere friedlich und nur der zweite, verhältnismäßig kurze, kriegerisch war. Der letztere, der am meisten beachtet worden ist, begann, als die Lawine der Völkerwanderungen sich in Bewegung gesetzt hatte und die Westgoten, vor den Hunnen weichend, sich Wohnsitze in Mösien und Thrazien im Jahre 375 erzwangen. Der andere, friedliche, der erst in späterer Zeit seiner vollen Bedeutung nach gewürdigt worden ist, reichte weit in die Zeit zurück und war im Grunde bedeutend gefährlicher als der kriegerische, der ohne jenen vermutlich nie gelungen wäre. Denn er griff den eigentlichen Lebensnerv des römischen Widerstandes gegen die niedriger stehenden Völker, die kulturelle Überlegenheit, an. Dies geschah, indem die Germanen in das Reich hineingelassen wurden und Verwendung als Landarbeiter und als Soldaten erhielten.

Schon Augustus nahm germanische Scharen in die Heere auf, und dieser Brauch wurde immer gewöhnlicher in demselben Maße, wie die Rekrutierung unter der römischen Bevölkerung auf stets größeren Widerstand stieß. Vom 4. Jahrhundert an bestanden die römischen Heere so gut wie ausschließlich aus Germanen. Gleichzeitig geschah, besonders nach dem Markomannenkriege, eine starke Einwanderung solcher im Dienste der Landwirtschaft. Meistens als Leibeigene wurden sie an die Scholle gebunden und führten der Landwirtschaft so die mangelnden Arbeitskräfte zu. Sowohl als Soldaten wie als Landarbeiter sind die Germanen somit von großem Nutzen gewesen und haben einem dringenden Bedürfnis abgeholfen. Aber in diesem Falle gleichwie betreffs der Steuer und des Steuerwesens hat die Beseitigung eines Übels durch die Art und Weise, wie sie geschah, ein anderes, noch schlimmeres hervorgerufen.

Die Germanen waren ein fremdes Volkselement, auf weit niedrigerer Kulturstufe stehend. Ein solches muß im Gesellschaftskörper auflösend wirken, wenn es nicht von diesem rasch assimiliert werden kann. Und das vermochte Rom auf die Dauer nicht. Natürlich wurden zunächst die Zugezogenen kultiviert, in dem Maße aber, wie ihre Anzahl stieg, wirkten ihre rohen Sitten und primitiven Bedürfnisse ansteckend auf die Umgebung, und ein umgekehrter Prozeß setzte nun ein. Hierbei hat der soziale Umsatz, die Ständezirkulation, eine entscheidende Rolle gespielt. Eine derartige Bewegung von unten nach oben, soweit sie sich innerhalb mäßiger Grenzen hält, ist in der Kulturgesellschaft sowohl nützlich als notwendig. Sie führt der oberen Schicht der Gesellschaft frische Kräfte und höhere Begabung zu. Die Emporkömmlinge bilden der Regel nach eine Auslese von intellektuell Begabten. Für das römische Reich und seine Kultur ist jedoch diese Zirkulation unheilvoll gewesen. Sie ist zunächst außerordentlich stark, allzu stark gewesen. Wir besitzen zwar keine zahlenmäßigen Belege hierfür, müssen es aber im Hinblick auf andere bekannte Verhältnisse annehmen, vor allem die allgemeine Bevölkerungsabnahme, die der Natur der Sache nach stets am größten in den höheren Klassen ist, ferner die seit der ersten Zeit der Kaiserherrschaft gewöhnliche Sitte, aus der Reihe der

Freigelassenen und Sklaven Beamte zu nehmen[1]), und vor allen Dingen die Rekrutierung der Heere durch Germanen. Die höheren Klassen haben so nach den zwei ersten Jahrhunderten zu großem Teil aus Barbaren und Freigelassenen bestanden, nicht nur in der zweiten und dritten Generation, sondern sogar in der ersten. Schon vor dem dritten Jahrhundert finden wir solche in den höchsten Würdenstellungen des Reichs, ja sogar auf dem Thron (Maximinus Gothus, Philippus Arabs, Diokletian u. a.).

Diese überaus starke Zirkulation in den höheren Klassen, während gleichzeitig das niedere Volk sich mit großen Scharen auf dem Barbarenstadium stehender Landarbeiter und Leibeigener mischte, mußte den allgemeinen Niedergang der Kultur zur Folge haben.

Die römischen Bevölkerungen, die höheren und die niederen Schichten, wurden barbarisiert. Dies zeigte sich natürlich am frühesten in der Kunst, wie wir noch heute bei einem Spaziergang auf dem Forum von dem Triumphbogen des Titus zu dem Konstantins sehen können, an welch letzterem alles, was nicht von älteren Kunstwerken hergenommen ist, von dem tiefen Verfall zeugt. Ähnliches traf aber auf allen Gebieten des Kulturlebens ein. Bei der immer häufigeren Berührung, friedlicher und feindlicher Art, mit den halbwilden Scharen ging dieser geistige Austausch stetig fort, so daß schließlich wenig Unterschied zwischen Römern und Germanen, wenigstens unter dem niederen Volke, vorhanden war. An vielen Stellen in den alten Ländern und in Gallien wurden auch die eindringenden Germanen, wie es scheint, ohne Widerwillen von diesem aufgenommen. Die antike Kultur war in den westlichen Teilen des Reichs diesem schleichenden Gifte erlegen, schon lange bevor der letzte Kaiser in Rom, Romulus Augustulus im Jahre 476 dem germanischen Häuptling in kaiserlichem Dienst, Odoakar, weichen wußte.

* * *

Die Reversion der Gesellschaft. In der Antike erreichte die Menschheit zum erstenmal die Stufe der höheren Klassengesellschaft. Sie war nicht von Dauer, ebensowenig wie die Hochkultur,

---

[1]) Eine direkte Äußerung darüber findet sich bei Tacitus, Annal. XIII, 27, wo erzählt wird, daß der Senat unter Nero über Maßnahmen gegen undankbare Freigelassene beriet, von solchen aber Abstand nahm, denn es hieß, träte ein Mangel an Freigelassenen ein, so käme es auch zu einem Mangel an Freien; von jenen stammten die meisten Ritter und viele Senatoren ab.

die sie begleitete. Der Prozeß, in dem sich diese Entwicklung vollzog, und dessen allgemeine Ursachen wir in den vorhergehenden Abschnitten darzulegen versucht haben, erscheint zunächst als ein Krankheitsprozeß, als Verfall und Untergang. Es zeigte sich jedoch, daß ein Teil dieses Prozesses, der Untergang der griechisch-hellenistischen Staaten durch die römische Eroberung gleichwie der Fall der Republik, zugleich eine Neuschöpfung, das römische Weltreich, in sich barg. Etwas Ähnliches war nicht die Folge des Unterganges dieses letzteren Reiches und damit der ganzen antiken Welt. Aber in der reinen Negation blieb doch die Entwicklung nicht stecken, vor allem nicht was die Gesellschaft und das Klassenwesen betrifft. Was auf anderen Gebieten als bloßer Verfall und Tod erscheint, wird hier zu neuen Bildungen, obwohl diese freilich zunächst eine Rückkehr zu älteren, zuvor durchlaufenen und aufgegebenen Gesellschafts- und Klassenformen bezeichnen. Die Gesellschaft kehrte zu früheren Stufen zurück, wobei die vorhergehende Entwicklung gleichsam aufgerollt wurde und sich wiederholte, nun aber rückwärts. Es erinnert dies an das, was man in den Naturwissenschaften einen „reversiblen Prozeß" nennt. Der Untergang der antiken Welt bezeichnete zugleich eine Reversion der Gesellschaft und des Klassenwesens.

Prozesse dieser Art, obwohl im kleinen, kommen ständig in der Natur vor. Ob das gleiche im großen für das Universum oder Teile desselben zutrifft, davon wissen wir nichts. In der Welt des Menschen finden derartige rückläufige Bewegungen gleichfalls statt, aber nur selten — wenigstens soweit unsere Erfahrung reicht. — Betreffs der Staatsverfassungen ist neulich eine interessante Theorie hierüber aufgestellt worden[1]). Unter dem Einfluß der entgegengesetzten Kräfte, „Freiheit" und „Ordnung", gehen die Staatsformen dieser Theorie gemäß in einer Pendelbewegung von dem einen Extrem zum anderen mit vermittelnden Gleichgewichtslagen als Übergängen. Vieles spricht dafür, daß eine solche Pendelbewegung in bezug auf Staat und Verfassung bei den niederen Kulturvölkern vorhanden ist. Ob sie auch auf höherem Kulturstandpunkt vorkommt und demnach universell ist, wie Kjellén es zu meinen scheint, ist nicht ebenso klar.

Noch weniger wagt man zu sagen, ob diese Pendel-, eventuell Kreisbewegung sich außerhalb des rein politischen Gebiets auf die Gesellschaft und die Kultur erstreckt. Die antike Welt bewegte

[1]) Rudolf Kjellén, Försök till ett statsformernas naturliga system in „Festskrift till Pontus Fahlbeck", Lund 1915, S. 121ff.

sich wirklich in einem Kreisgang und kehrte somit, als die Zeit sich vollendete, zum Ausgangspunkte zurück. Sie ging von primitiver Kultur und Ständegesellschaft zu Hochkultur und freier Klassengesellschaft und dann wieder von da aus zur Ständegesellschaft und Barbarei hin. Können wir uns aber vorstellen, daß dieser Prozeß sich wiederholt, daß also unsere Hochkultur und die gegenwärtige Klassengesellschaft auf ähnliche Weise zu einer Art Ständegesellschaft oder zur Barbarei zurückkehren sollten? Ein solcher Gedanke erscheint dem Menschen von heute widersinnig. Aber das bedeutet wenig. Die Athener zu Perikles' Zeit und die Römer unter Trajan meinten wohl dasselbe. Analoge Krankheits- und Verfallssymptome sind überall in der Gegenwart zu verspüren. Und der eben beendete Weltkrieg hat andere hervorgerufen. Vor allem hat er gezeigt, daß die modernen Gesellschaften von Barbaren bedroht werden können, die nicht minder gefährlich sind als die des Altertums. Wir haben sie mitten unter uns in der großen Masse moralisch Minderwertiger, die bei allen Völkern vorkommen, und die in Krankheitskrisen wie der gegenwärtigen die Oberhand gewinnen können. Aber auch andere Zeichen und Kräfte finden sich, die das Altertum nicht kannte. Man kann daher nicht ohne weiteres unseren Völkern und unserer Zivilisation das Horoskop nach jenem stellen. Gleichwohl ist es nicht nur interesseerweckend, sondern auch in hohem Grade mahnend, zu sehen, wie in der Antike ein reversibler Prozeß auf dem sozialen Gebiet wie auch betreffs der Kultur einsetzte und sich vollendete.

Die Rückbildung der Gesellschaft und der Kultur, die in dem römischen Weltreiche stattfand, war natürlich nicht in allen Teilen oder in Einzelheiten eine Wiederaufnahme dessen, was einmal gewesen war. Die Geschichte wiederholt sich nie vollständig. Es sind nur die großen Züge, die dieselben oder ähnlich sind. Eine neue Ständegesellschaft erwuchs so, indem die freien Klassen sich in gesetzlich festgelegte Stände umwandelten. Und diese Reversion muß als eine wirkliche Neubildung mitten in dem kulturellen Verfall betrachtet werden. Denn von ihr lebte das Byzantinische Reich noch tausend Jahre nach dem Fall des weströmischen Reiches.

* * *

Die Reversion des Klassenwesens. Die neuen Stände. Die antike Klassengesellschaft nicht nur in den hellenistischen Staaten und in Rom, sondern auch in Griechenland, wo sie doch ihre höchste Entwicklung erreicht hatte, wies, wie oben erwähnt, immer noch gewisse Reste von der älteren Ständegesellschaft her auf. Diese bildeten die Anknüpfungspunkte für die einsetzende rückläufige Bewegung. Der allgemeinste Rest dieser Art war natürlich die Sklaverei. Die antike Klassengesellschaft hat sich nie von dieser Erbschaft, die ihr nicht nur von der vorhergehenden Ständegesellschaft, sondern auch von der noch früheren primitiven Klassengesellschaft her überkommen war, freigemacht. In der Sklaverei lebte andauernd das Prinzip sozialer und rechtlicher Gebundenheit, was eine Ausdehnung desselben auf andere Gesellschaftsgruppen, vor allem die Bauern, nicht so unnatürlich machte, wie es sonst der Fall gewesen wäre.

Auch in der oberen und obersten Schicht der Gesellschaft fanden sich gewisse Reminiszenzen an das Ständewesen, zwar nicht in Griechenland, aber in den hellenistischen Reichen und auch in dem timokratischen Rom. Sicherlich bestand die Ständegesellschaft in voller Ausbildung im persischen Reiche und in Ägypten, als Alexander diese eroberte und sein Weltreich errichtete. Auch Mazedonien, der Ausgangspunkt seines Reiches, hatte noch viel von der älteren Ständegesellschaft in seinem Adel und seinen leibeigenen Bauern (den Penesten). Die große politische Umwälzung, die Alexanders Eroberung mit sich brachte, berührte die Gesellschaft und das Klassenwesen unmittelbar wenig. Dagegen hat die darauffolgende Hellenisierung zweifellos auflösend auf die alten Stände gewirkt. Andererseits haben die Bureaukratie, die die großen neuen Reiche notwendig machten, und die Höfe dazu beigetragen, vorher vorhandene Standesunterschiede zu befestigen oder neue zu schaffen. Wir wissen indessen so wenig von den inneren Verhältnissen in den Reichen der Diadochen sowohl vor als zu der Zeit der römischen Eroberung, daß wir weder das eine noch das andere in der fraglichen Hinsicht mit Sicherheit zu behaupten wagen. Alles spricht jedoch dafür, daß im Orient viele Reste der Ständegesellschaft außer der Sklaverei fortlebten. Sie haben in ihrer Weise die neue Ständebildung, die in dem römischen Weltreich recht bald nach seiner Errichtung begann, erleichtert und beschleunigt.

Die sozialen Verhältnisse zeigten zu Beginn der Weltherrschaft Roms ein sehr buntes Bild. Die Masse der besiegten Völker stand nicht im Genuß des römischen Bürgerrechts, nicht einmal in dem des geringeren lateinischen Rechts. Sie waren demnach nicht nur politisch, sondern auch zivil- und strafrechtlich den Römern und den übrigen Einwohnern Italiens gegenüber verschieden gestellt, welch letztere während der späteren Zeit der Republik sich das volle Bürgerrecht erkämpft oder es sonst erhalten hatten. Die Eroberung hatte somit soziale Ungleichheiten innerhalb des großen Reiches zur Folge, die in wichtigen Hinsichten an Standesunterschiede erinnerten, obwohl sie in anderen, als hauptsächlich auf Unterschieden der Nationalität und der Rasse beruhend, davon abwichen. Aber eben deshalb ging die Entwicklung betreffs dieser Unterschiede in der Richtung auf Ausgleichung und Aufhebung zu. Sie verschwanden so in dem Maße, wie das Bürgerrecht auf immer mehr und schließlich, im Jahre 212 n. Chr., auf alle Einwohner des römischen Reichs ausgedehnt wurde.

Wendet man den Blick von diesem von außen her verursachten und fremden Klassenwesen dem in eigenen inneren Verhältnissen wurzelnden gewöhnlichen zu, so sieht man einen gerade entgegengesetzten Entwicklungsgang, aber auch hier anfangs große Unklarheit und Unbestimmtheit. Das Klassenwesen in Rom während der letzten Zeit der Republik und des Anfangs des Prinzipats war ein Mittelding zwischen Klassen und Ständen. Sowohl politische wie bürgerliche Gleichheit bestand in Rom seit der Mitte des 3. Jahrhunderts v. Chr., wo der Kampf zwischen Patriziern und Plebejern mit dem Siege der letzteren endete; keine erblichen Vorrechte gab es fortan dem Gesetze nach. Aber die servianische, auf das Vermögen gegründete Zensusverfassung und das darauf gebaute Heerwesen verliehen andererseits den verschiedenen Klassen rechtliche Sanktion und erteilten jeder derselben ihre besonderen Pflichten und Rechte. Dies gab ihnen einen Anstrich von staatlich anerkannten Ständen. Und dasselbe taten verschiedene andere Einrichtungen und Bestimmungen, wie, daß die Senatoren nicht Handel und Geschäfte treiben durften, oder daß die Richterwürde von Cajus Gracchus den Rittern vorbehalten wurde usw. Gleichzeitig aber bestand kein auf die Geburt allein gegründetes Recht zu besonderer sozialer Stellung. Der Zensor konnte bei den gewöhnlich alle 5 Jahre wiederkehrenden Musterungen die einzelnen Bürger mit Rücksicht auf ihre Vermögensstellung oder aus anderen Gründen aus einer Klasse in eine andere versetzen. Es herrschte eine eigentümliche Mischung von beweglichem und freiem Klassenwesen für die Einzelpersonen und von staatlicher Autorisation und Gebundenheit betreffs der Klassen.

Es ist diese Mischform in Rom selbst, von der aus sich das Klassenwesen im Kaiserreich entwickelt. Und die Entwicklung hält sich wesentlich an die gegebene Grundlage, obwohl mit immer stärkerer Betonung der sozialen und staatlichen Aufgaben der Klassen. Schon von Augustus an zeigt sich dies und hängt mit der Schaffung eines großen, neuen Verwaltungsapparats, in Staat und Kommune, zusammen.

Das einfache, von Rom als Stadtstaat angewandte System mit jährlich wechselnden Beamten, welche die Ämter als Stufen in der politischen Laufbahn und die Verwaltung der Provinzen als eine Gelegenheit, sich zu bereichern, betrachteten, wurde bereits von Caesar verlassen, aber erst Augustus schuf neue, feste Formen, die den Bedürfnissen des großen Reiches entsprachen. Zwar durfte der Senat bis auf weiteres die Verwaltung der inneren Provinzen behalten und mit dem Kaiser sich in die Macht auf mehreren Gebieten teilen, so betreffs der Stadt Rom, der Schatzkammer (aerarium) usw. Aber natürlich mußte diese Verwaltung sich nach der von dem Prinzeps selbst ausgeübten richten, welche den ihm privat gehörenden Fiskus sowie die auswärtigen Provinzen und das Heer umfaßte. Wirkliche Beamte in vielen Graden und mit Besoldung traten an die Stelle der republikanischen Politiker. Diese Beamten waren zunächst hauptsächlich die persönlichen Freunde und Diener des Kaisers. Nicht selten haben so Freigelassene nicht nur niedere, sondern auch höhere und die höchsten Ämter im Staate innegehabt, wie beispielsweise Narcissus und Pallas unter Claudius. Der Anlaß hiervon war jedoch nicht, wie es sonst in Despotien gewöhnlich ist, lediglich die Laune oder Gunst des Herrschers. Es hatte seine natürliche Ursache darin, daß die ökonomische Grundlage für die Regierung der ersten Cäsaren das ungeheure Privatvermögen war, das Caesar und Augustus zusammengebracht hatten. Der Prinzipat wurde auf private Hausgewalt aufgebaut. Und zur Verwaltung dieses Privatvermögens wurden, wie das gewöhnlich war, Unfreie und Freigelassene in großer Ausdehnung verwendet.

Aber dies bezeichnet nur ein Übergangsstadium. Ämter und Verwaltungen wurden bald wieder von Senatoren und Rittern nebst den anderen niederen Elementen bevölkert. Diese Klassen waren während der inneren Kämpfe und durch Proskriptionen in hohem Grade dezimiert worden. Augustus ließ daher den Senat wieder durch neue Zuwahl ergänzen und vermehrte die Ritterklasse unter Anwendung seiner censorischen Machtbefugnis. Dadurch wurde der Wiedereintritt dieser Klassen in den Staatsdienst mit den daran geknüpften Aufgaben und Pflichten vorbereitet. Gleichzeitig wurde eine weitläufige Rangskala eingeführt, wozu übrigens die politische Laufbahn zur Zeit der Republik durch das Quästor-, Ädilen-, Prätor- und Konsulamt eine Anregung gegeben haben kann[1]). Damit war die neue Ständebildung in dem oberen Teil der Gesellschaft in vollem Gange mit folgendem Resultat.

Die Senatoren, wozu von der Zeit Vespasians an und in vereinzelten Fällen noch früher auch reiche Provinzialen genommen werden, obwohl zunächst mit der Verpflichtung, nach Rom überzusiedeln, bilden den ersten Stand des Reichs mit großen Privilegien und Auszeichnungen, aber auch mit nicht unbedeutenden Verpflichtungen. Sie werden so in den höheren Gerichten und den höchsten Ämtern mit dem Titel und Rang von „illustris" und „spectabilis" verwendet und sind verpflichtet, die Kosten der teuren Schauspiele usw. zu bestreiten. Im übrigen sind sie agrarische Magnaten, wobei ihnen von Trajan die Verpflichtung auferlegt wurde, mindestens ein Drittel ihres Vermögens in Landgütern in Italien anzulegen. Aber gleichwie das Vermögen sich in den Familien vererbt, so bald auch die Würde. Die Senatoren werden zugleich ein Landadel und ein erblicher Beamtenstand.

Die Ritter, die gemäß der Zensusverfassung die Reiterei bildeten, umfaßten bereits zur Zeit der Republik im allgemeinen die vermögenderen Bürger außer den Senatsfamilien, Großkapitalisten und Steuerpächter. Cajus Gracchus versuchte in seinem Kampf gegen den Senat aus ihnen einen politischen Stand zu machen, aber schon Sulla vernichtete denselben. In der Kaiserzeit scheint das Offizierkorps anfangs sich aus den Rittern rekrutiert zu haben, die in dieser Eigenschaft von Tacitus „equestris nobilitas" genannt werden. Sonst aber werden damit nur die wohlhabenderen Bürger, seien es Römer oder Provinzialen, bezeichnet, aus denen sich der höhere Beamtenstand und die Verwaltungen der Städte rekrutierten. Der Rittername verschwindet indessen

---

[1]) Die von Augustus eingeführten vier Rangklassen im Senat entsprachen diesen. — Von der weiteren Ausbildung des Rangwesens in orientalisch bureaukratischer Richtung legt die aus dem Anfang des 5. Jahrhunderts erhaltene *Notitia dignitatum*, eine Art schematischen Staatskalenders, ein sprechendes Zeugnis ab.

ziemlich bald. An seiner Stelle erscheint der Name und die Würde „decurio" und „curialis", zwar nicht in Rom, aber überall sonst.

Die Decurionen, die die Stadtregierung (curia) in den übrigen Städten des Reichs bilden, werden aus den vermögenden Bürgern genommen und dürften nach und nach alle diese umfaßt haben. Sie waren nach dem Vermögen in zwei Klassen eingeteilt, „principales", die die eigentlichen Verwaltenden waren, und gewöhnliche „curiales". Wie aus diesen kommunalen Vertrauensmännern ein Stand und eine Art erblicher Provinzadel sich entwickelte, ist eines der merkwürdigsten Momente in dem Verknöcherungsprozeß, der die römische Gesellschaft betraf.

Ursachen dazu waren die Steuern und das Steuerwesen.

Die von den Städten zu entrichtenden Steuern wurden kollektiv, nicht individuell auferlegt und erhoben. Dabei waren die Männer, die diese Steuern von den einzelnen, nach bestimmtem Zensus steuerpflichtigen Bürgern einzogen, für sie verantwortlich. Gemäß dem Grundsatz „einer für alle und alle für einen" mußten Curie und Decurionen für den von der Reichsverwaltung festgesetzten und geforderten Steuerbetrag einstehen. Diese primitive Methode der Besteuerung war während der Zeit der Republik oft in den Provinzen von den Prokonsuln angewandt worden. Sie ist übrigens auf niederen Entwicklungsstufen, wo der Staat keinen größeren eigenen Verwaltungsapparat besitzt, allgemein gebräuchlich, besonders wenn die Steuer von einem Sieger auferlegt worden ist. Ob diese Methode bei der Umgestaltung des Steuerwesens, die der Prinzipat zuerst zum Frommen der Provinzen durchführte, beibehalten wurde, ist nicht näher bekannt. Aber später, und besonders von der Zeit Diokletians an, kam sie allgemein zur Anwendung, was die Städte und deren Landgebiete betrifft. Auf dem Lande entrichteten die Gutsbesitzer und die großen Domänenpächter sowohl Grundsteuer als Personensteuer jeder für sich, aber daneben waren sie für ihre Untergebenen wie auch für den gesamten Grund und Boden, den sie innehatten, ob er nun bewirtschaftet wurde oder nicht, verantwortlich.

Solange die Steuern gering oder die Kräfte, sie zu tragen, groß sind, arbeitet dieses kollektive System der Steuereintreibung recht gut. Steigen aber die Steuern und sinken die Kräfte, wie dies im römischen Reiche vom 3. Jahrhundert an der Fall war, so kann das System für die nächst Verantwortlichen unerträglich werden. Die Decurionen hafteten mit ihrem ganzen Vermögen für die richtige Leistung der Steuer sowie für alles andere, was ihnen auferlegt war, wie Getreideverteilungen, Feste, Unterhaltung von Gebäuden usw. Kein Wunder daher, daß sie sich bald der Würde und ihren drückenden Obliegenheiten zu entziehen suchten. Die Flucht vor dem Decurionat — durch Wegziehen und Eintritt in die Staatsämter, Erhebung in den Senatorenstand usw. — wurde eine allgemeine Erscheinung im 4. Jahrhundert und Gegenstand allgemeiner Klage. Denn je mehr es waren, denen es gelang, sich demselben zu entziehen, um so schwerer drückten die Lasten auf die Übrigbleibenden. Es wurde eine Angelegenheit von höchster Wichtigkeit sowohl für den Staat wie für die Kommune, daß die Curie nicht auf diese Weise geschwächt und desorganisiert wurde. Diokletian und nach ihm Konstantin suchten und fanden das Heilmittel hiergegen in der Erblichkeit von Würden und Ämtern in den Geschlechtern. Das war die verhängnisvolle Lösung des Steuerproblems[1]).

Ein Steuersystem dieser Art hat auch überall sonst, wo es eine längere Zeit hindurch bestanden hat, feste Organisationen hinterlassen. Der russische Mir war so eine Frucht des gleichartigen Steuerwesens der Mongolen. Aber während es hier zur Befestigung der Dorfgenossenschaft als Geschlechtsgruppe und ökonomische Einheit führte, wirkte es im römischen Reich ständebildend. Die Decurionen wurden ein erblicher Stand auf der doppelten Grundlage von Amt und Vermögen, hauptsächlich Grundbesitz. Wie vorher in den Senatoren ein höherer Reichsadel auf demselben doppelten Grunde sich entwickelt hatte, so entstand nun in den Decurionen eine Art niederer Provinzadel.

Während auf die oben in Kürze angedeutete Weise die oberen und obersten Klassen der Gesellschaft zu gesetzlich festgelegten Ständen wurden, fand ein ähnlicher Prozeß in der entgegengesetzten Schicht der Gesellschaft statt. Dort gab es zuvor in den Sklaven einen Stand, der zwar rechtlich außerhalb des Volkes stand, aber doch demselben angehörte. Auch betreffs der Sklavenbevölkerung traten unter der Kaiserherrschaft gewisse Veränderungen ein. Ihre Anzahl nahm ab, nachdem der Prinzipat die Macht im Staate übernommen und die großen Kriege damit aufgehört hatten. Und

[1]) Eine eigentümliche Auffassung von dieser Erscheinung wie von der ganzen Ständebildung zu jener Zeit macht Fustel de Coulanges, a. a. O., S. 288ff., geltend, indem er sie als bloße Äußerungen der natürlichen sozialen Zirkulation und ihrer Hemmung betrachtet. Das heißt die Dinge auf den Kopf stellen.

als diese wieder in der zweiten Hälfte des 2. Jahrhunderts begannen, wurden die erbeuteten Gefangenen im allgemeinen nicht zu Sklaven gemacht, sondern als Leibeigene in den landwirtschaftlichen Betrieben verwendet. Wirkliche Sklaven kamen nun hauptsächlich in den Städten und, wie es scheint, in recht begrenzter Menge vor. Wenn aber so die primitive Sklaverei während der Kaiserzeit abnahm, wozu außer den eben erwähnten Umständen auch eine humanere Auffassung mit der dadurch veranlaßten immer häufigeren Freilassung von Sklaven beitrug, so kam es dagegen zu neuen Arten von Unfreiheit.

Am frühesten und allgemeinsten gab sich dies betreffs der in der Landwirtschaft beschäftigten Arbeiter und der Bauern zu erkennen. Aus vielen Gründen, wie sie im vorhergehenden berührt worden sind, verschwand der freie Bauernbesitz und wurde bereits während der späteren Zeit der Republik durch die Latifundien ersetzt. Solange es Sklaven in reichlicher Anzahl gab, wurden die Großgüter überwiegend mit solchen bewirtschaftet. Als dann Mangel an solcher Arbeitskraft eintrat, ging man zu dem System der Verpachtung von Parzellen und — da es sich bald als unmöglich erwies, die Pacht in barem Geld zu erhalten — zur Drittelpacht über. Ein neuer Bauernstand entstand hierdurch in den „coloni“, persönlich freien Kleinpächtern. Infolge der abnehmenden Bevölkerungszahl wurde es indessen bald schwer, die Stellen auch hier zu besetzen. Als daher Germanen als Gefangene in das Reich gebracht oder ihnen sonst erlaubt wurde, sich dort ansässig zu machen, wurden sie auf den Parzellen angesiedelt, nicht aber als freie „coloni“, sondern als an die Scholle gefesselte „inquilini“, der Art von Leibeigenen ähnelnd, die uns später unter dem Namen von Liten, leti, in den germanischen Reichen auf römischer Grundlage begegnen.

Nachdem einmal das Institut der Leibeigenschaft auf diese Weise in das Reich Eingang erhalten hatte, breitete es sich rasch auch auf die zuvor freien „coloni“ aus, so daß zu Beginn des 5. Jahrhunderts diese wenig besser gestellt waren als die „inquilini“. Die Ursachen dieser Entwicklung kennen wir nicht näher, ebensowenig wie den Verlauf selbst dabei. Man dürfte aber nicht fehl gehen, wenn man außer dem natürlichen Wunsch der Gutsbesitzer, die Arbeitskräfte, die sie besaßen, zu behalten, als wichtigste Ursache die Notwendigkeit nennt, der Landwirtschaft die zur Bestellung des Bodens nötige Arbeitskraft zu sichern. Eine Menge Höfe lagen aus Mangel an Bewirtschaftern schon zur Zeit des Kaisers Pertinax (193 n. Chr.) öde, wie sein Edikt über das Recht, solches Land zu erwerben, zeigt. Und die fortschreitende Bevölkerungsabnahme machte das Übel immer schlimmer. Aber für den Staat ebensosehr wie für die großen Gutsbesitzer war es eine Notwendigkeit, daß die Produktion von Lebensmitteln nicht zurückging. Um die hierzu erforderliche Arbeitskraft zu beschaffen, mußten daher alle, die sich im Dienste der Landwirtschaft befanden, darin festgehalten werden und ihre Kinder desgleichen. Das Kolonat wurde erblich, woraus dann die Gebundenheit an Grund und Boden und alles andere folgte.

Aus diesen Gründen und wohl auch aus Steuerrücksichten wurde vom Ende des 3. Jahrhunderts an die Gesetzgebung erzwungen, die den Ackerbauer an die Scholle fesselte und die ganze hiermit beschäftigte niedere Bevölkerung in einen erblichen Stand von Leibeigenen verwandelte[1]). Damit war die Reversion auf diesem wichtigen Gebiete der Gesellschaft vollendet.

In gleicher Weise ging es mit der arbeitenden Bevölkerung der Städte, der höheren und der niederen, indem sie aus ähnlichen Anlässen in erbliche Stände umgewandelt wurde. Am frühesten traf dies alle die, welche mit der Versorgung der Stadt Rom und bald wohl der übrigen größeren Städte mit Getreide und anderen Lebensbedürfnissen zu tun hatten, wie Getreidehändler, Schiffer, Bäcker, Schlächter usw. Diese sowohl wie die meisten anderen Gewerbetreibenden und Handwerker hatten sich bereits frühzeitig zu freien Gilden, „collegia", zusammengeschlossen. Die Gilden, die ursprünglich zu ganz anderen Zwecken, wie Geselligkeit und gegenseitige Unterstützung, zustande gekommen waren, wurden von Diokletian oder vielleicht schon früheren Kaisern in feste Zünfte umgewandelt, die jede zu nach Zahl und Maß bestimmten Leistungen verpflichtet wurden. Und da diese Verpflichtung ihnen gleichwie den Decurionen solidarisch auferlegt wurde, so führte dies zur Erblichkeit der Zünfte. Jeder Handwerker und Gewerbetreibende wurde so zu seinem Gewerbe geboren und konnte nicht ohne kaiserliche Gnade aus ihm herauskommen. Auch die Arbeiter in den verschiedenen Staatsfabriken, die nach und nach errichtet wurden, um den Bedarf des Heeres und der Höfe

---

[1]) Seeck führt Besteuerung als die wichtigste Ursache für die Bindung der Colonen an die Scholle an (Die Schatzordnung Diocletians in Zeitschrift f. Sozial- und Wirtschaftsgeschichte, IV, S. 313), da die Gesetze nur davon sprechen. Die tiefere Ursache dürfte hier wie bezüglich der Erblichkeit der Gewerbe und der Zünfte in den Bedürfnissen der Produktion und ihrer Organisation zu suchen sein.

zu liefern, wurden an ihre Beschäftigungen gebundene Leibeigene. Auf diese Weise wurde die ganze arbeitende Bevölkerung und im Grunde die ganze Gesellschaft in eine ständische Arbeitsorganisation umgewandelt.

Indessen gab es immer noch gewisse Staatsfunktionen, die ohne Anwendung von Zwang besetzt werden konnten, ganz einfach deshalb, weil sie solche Vorteile boten, daß die Leute gern und freiwillig sich zu ihnen anmeldeten. Es waren dies der Offiziersdienst im Heere und die Reichsverwaltung. Offiziere und Beamte, also die staatlichen Funktionäre selbst, mit Ausnahme der niederen, zivilen wie militärischen, waren die einzigen, die außerhalb der Zwangsorganisation gestanden zu haben scheinen. Aber sie bildeten nichtsdestoweniger staatlich anerkannte Stände mit besonderen Pflichten und Privilegien und in vielen Fällen besonderem Recht.

Schließlich fand sich in dieser wunderlichen Gesellschaft, aber außerhalb der staatlichen Organisation, noch ein höherer Stand — die christliche Priestergesellschaft. Er war ebensowenig wie der Stand der Beamten und der Offiziere — mit den eben angedeuteten Ausnahmen — erblich, aber doch ein Stand mit allen für das Ständewesen im übrigen charakteristischen Merkmalen, vor allem der eigenen Aufgabe und Funktion. In gewisser Weise bezeichnet auch die christliche Kirche eine Rückkehr zu einer älteren Gesellschaftsform, zwar nicht der in Rom und Griechenland, wo, wie wir wissen, der Priesterstand wenig entwickelt war, aber der in den orientalischen und ägyptischen Reichen. Noch mehr aber sind doch Kirche und Priesterschaft neue Schöpfungen, ausgerüstet mit der ganzen Lebenskraft der Jugend und völlig ihrer Aufgabe bewußt, mitten in dem Verfall sich aufrechtzuerhalten und die Welt zu erobern.

Mit der letztgenannten Ausnahme bezeichnete die spätrömische Ständebildung durchweg eine rückläufige Bewegung innerhalb des Klassenwesens. In ihr kam der enge Zusammenhang zwischen Kultur und Klassenwesen zum Ausdruck, der ebensosehr sich geltend macht, wenn die Entwicklung abwärts, wie wenn sie aufwärts geht. Man kehrte zunächst zu einem neuen Mittelalter sowohl in der Kultur als im Ständewesen zurück. Aber wie groß die Ähnlichkeiten mit dem primitiven Mittelalter auch waren, so waren die Verschiedenheiten doch nicht weniger groß. Es ergibt sich dies zunächst aus der verschiedenen Entstehungsweise. Die primitiven Stände sind natürliche Entwicklungsprodukte weit mehr als Schöpfungen des Staates. Nur bei der letzten Umwandlung aus freien Klassen in gesetzlich anerkannte Stände tritt der Staat mit seiner Autorisation hervor. Im römischen Kaiserreich dagegen war die Ständebildung in ganz überwiegendem Grade ein Werk des Staates. Man möchte sie fast mit Rücksicht auf den großen Anteil, den absichtliche Gesetzgebung daran gehabt hat, ein Kunstprodukt nennen.

Aber nicht nur in der Entstehungsweise weicht dieses Ständewesen von dem gewöhnlichen ab. Die beiden unterscheiden sich voneinander auch durch die verschiedene Art und Weise, wie der Grundgedanke alles Klassenwesens, die soziale Aufgabe, sich zu erkennen gibt. Während die Funktion in der gewöhnlichen, naturwüchsigen Ständegesellschaft mehr im Verborgenen hinter dem Kampf und Streben des einzelnen wirkt, trat sie hier als die offenbar schöpferische Kraft hervor. Die funktionelle Seite des Klassenwesens wird so mit außerordentlicher Stärke hervorgehoben. Sogar das Eigentum, das mit der sozialen Differenzierung mitgeht, erhält einen starken Anstrich von Funktion. Es ist mehr Steuerobjekt als privates Eigentum.

Sowohl durch die eben angedeuteten Züge wie durch die strenge Gebundenheit der Gewerbe u. a. erinnert das spätrömische Ständewesen an das Kastenwesen Indiens. Es weicht indessen davon nicht nur in der Weise ab, daß das Bedürfnis des Staates, nicht die Religion, ihm zugrunde liegt, sondern auch durch die noch stärkere Hervorhebung der sozialen Aufgabe. Im Grunde ist jede Gesellschaft durch ihr Klassenwesen eine Arbeitsorganisation. Während diese aber sonst mehr oder weniger locker und überwiegend ein Produkt des freien Spiels der Einzelkräfte ist, wird sie hier schließlich zu einer völlig planmäßigen Konstruktion, wie dies aus ihrer Legalisierung an allen Punkten hervorgeht. Die Arbeitsorganisation der Gesellschaft endete im römischen Reiche in vollständiger Zwangsorganisation von oben bis nach unten. Vor allem hierdurch steht dies als ein abschreckendes Beispiel für alle Zeiten da, was nicht gehindert hat, daß der heutige Bolschewismus demselben nachstrebt.

Und sieht man nur den schließlichen Ausgang und die Mittel und Wege, die von den römischen Kaisern angewandt wurden, um das Reich aufrechtzuerhalten, so wendet man gern den Blick ab von diesem Drama des Verfalls. Die Welt wurde dabei wie ein Gefängnis mit Zwangsarbeit für die Masse der Menschen, ohne daß doch der wankende Bau in Wirklichkeit aufrechterhalten werden konnte. Betrachtet man aber die Arbeit und die Ziele derer, die den hoffnungslosen Kampf kämpften, so wird man von dem tief Tragischen darin und ebenso von Mitgefühl und auch Bewunderung für die großen Männer ergriffen, die ihre Pflicht gegen das Reich und gegen die Menschheit taten — denn ohne ihr Werk hätte sicherlich nicht das byzantinische Reich dem anstürmenden Islam zu einer Zeit widerstehen können, wo das übrige Europa kraftlos, tief in Anarchie versunken, dalag.

* * *

Die wirtschaftliche Reversion. Die Barbarei. Hand in Hand mit der eben geschilderten Reversion des Ständewesens ging eine ähnliche auf allen Gebieten der Kultur, der Künste und Wissenschaften, der allgemeinen Bildung und vor allem des wirtschaftlichen Lebens. Es überschreitet den Rahmen dieser Arbeit, hierauf näher einzugehen. Auch haben andere Autoren hauptsächlich hierauf ihre Aufmerksamkeit gerichtet. Nur einige kurze Bemerkungen bezüglich der ökonomischen Entwicklung oder genauer Abwicklung mögen hier Platz finden. Die innige Wechselwirkung, die zwischen ökonomischen und sozialen Dingen herrscht, mahnt zu einem Blick auch auf den ökonomischen Rückgang. Die soziale Reversion und die ökonomische beleuchten und erklären einander gegenseitig.

Während der fortschreitenden Entwicklung von Handel und Industrie in Hellas und später in Rom war, mit der wachsenden Arbeitsteilung und dem zunehmenden Kapitalbestand, „das kapitalistische Unternehmen" entstanden. Es bestand und blühte als normgebende Produktionsform noch während der beiden ersten Jahrhunderte des Kaiserreichs, verschwindet aber danach rasch zugleich mit der Geldwirtschaft. Schon zu Septimius Severus' Zeit (193—211 n. Chr.) begann man den Sold der Soldaten und die Gehälter der Beamten wenigstens teilweise in natura auszuzahlen. Während des unglücklichen dritten Jahrhunderts wurde Naturalwirtschaft allgemein, wobei die Selbstversorgung der Oikoswirtschaft an die Stelle des kapitalistischen Betriebes trat. Der ökonomische Niedergang, den dies bedeutete, hatte die Teuerung im Gefolge, die danach die ständige Plage im römischen Reiche und das Problem wurde, auf dessen Lösung sich alle Bestrebungen richteten.

Teuerung ist ihrem Wesen nach Mangel an Bedarfsartikeln, Waren. Da aber diese in Geld bewertet und mittels Geld umgesetzt werden, solange solches vorhanden ist, stellt sie sich zunächst als eine Geldfrage dar, aber in doppelter Gestalt — als Mangel an Geld oder Entwertung des Geldes, was dasselbe ist, und als gesteigerte Warenpreise. In diesen beiden Formen tritt sie dem Publikum entgegen, und gegen sie wenden sich in erster Linie die Anstrengungen, sie zu bekämpfen. Die Mittel, zu denen dabei gegriffen zu werden pflegt, vermögen nicht das Übel zu heilen und schaffen dazu neue Schwierigkeiten.

Das eine dieser Mittel geht darauf aus, die Geldmenge zu vermehren, was durch eine Verschlechterung der Münzen geschieht. Überall in älteren Zeiten ist dieser Ausweg bei finanzieller Not von den Regierenden versucht worden. In der Gegenwart will man dasselbe durch die Ausgabe von Papiergeld erreichen. Binnen kurzem erweist sich jedoch dieses Mittel nicht nur als unfähig, die Teuerung zu beheben, sondern auch als der sicherste Weg, sie weiter zu steigern. Die Warenpreise passen sich nämlich rasch dem verminderten Geldwerte an, steigen also, und nur Verluste auf gewissen Seiten (betreffs gesparter Geldmittel) und Verwirrung für alle sind die Folgen dieses Heilmittels. Die römischen Kaiser, die von Marcus Aurelius (161—180 n. Chr.) an unverdrossen dieses Mittel anwandten, mußten in reichem Maße die traurigen Wirkungen davon erfahren. Sie wandten sich da dem anderen der obengenannten Auswege zur Bekämpfung der Teuerung zu, indem sie es mit aller Macht versuchten, die Warenpreise herunterzubringen. Ihren Höhepunkt erreichten diese Maßnahmen in Diokletians berüchtigtem Reskript vom Jahre 301 zur Regelung des Preises nicht nur aller Bedarfsartikel, sondern auch von Arbeit und Tagewerken.

Als auch dieses Mittel, der Teuerung Herr zu werden, fehlschlug, indem die Waren nun verschwanden, wandte man sich schließlich dem einzigen richtigen Wege zu, das Ziel zu erreichen — man versuchte, die Produktion zu steigern. Unglücklicherweise läßt sich dies nicht so dekretieren, wie die Maßnahmen gegen das Sinken des Geldwertes und gegen die hohen Warenpreise. Nur von einer Seite her kann hierbei der Gesetzgeber einwirken, bezüglich der „Arbeitspflicht". Das andere, ebenso wichtige Moment dabei, die „Arbeitsintensität", entzieht sich einer solchen Beeinflussung, denn es ist von psychischen Kräften abhängig, Arbeitslust und Arbeitswille. Diokletian und Konstantin zögerten jedoch nicht, alles zu versuchen, was in ihrer Macht stand, und so kam die Arbeits- und Zwangsorganisation zustande, die im vorhergehenden erwähnt worden ist. Es war dies die äußerste Maßnahme der Staatsmacht, dem wirtschaftlichen Verfall Einhalt zu tun. Auch sie half nicht, denn die Menschen ermangelten der obengenannten psychischen Voraussetzungen zu einem guten Ausgang. Aber als ein letzter verzweifelter Versuch, die alte Kultur aufrechtzuerhalten, verdient sie unstreitig unsere Anerkennung.

Während die Staatsgewalt und ihre besten Inhaber auf diese und viele andere weniger bedeutende Weisen den wirtschaftlichen Rückgang aufzuhalten versuchten, trieben die allgemeinen wirtschaftlichen Kräfte ihr Spiel nach eigenen Gesetzen. Um sich der Teuerung zu entziehen, versuchte, wer es konnte, sich mit allem selbst zu versorgen. So breitete sich die Eigenwirtschaft (Oikoswirtschaft) aus, der gerade Gegensatz zum kapitalistischen Unternehmen. Und mit ihr kam eine Reihe wichtiger Veränderungen, alle auf die Anpassung der Gesellschaft an die neuen Verhältnisse und die Notlage der Zeit abzielend.

Wie vorher das wirtschaftliche Leben und alles andere seine Brennpunkte in den Städten hatte, so wandte sich nun wieder alles dem platten Lande zu, das Lebensmittel und andere Bedarfsgegenstände hervorbrachte. Die Menschen machten in beiden Fällen die Wanderung mit. Während der glücklichen Zeit der Antike siedelten sie mehr, als nötig war, in die Städte über, das platte Land entblößend. Nachdem der Verfall begonnen und die ständige Teuerung gekommen war, ging die Bewegung umgekehrt von den Städten, die nun verödeten, nach dem Lande hin. Die Stadtkultur, die die Kulturform der antiken Welt während ihrer Blütezeit war, verfiel, und der Schwerpunkt der Gesellschaft wurde wieder auf das platte Land verlegt. Aber das Land war nicht jungfräulicher Boden. Es waren meistens überall Großgüter, Privatpersonen oder dem Fiskus gehörig. Hierhin mußte die übrige Bevölkerung ihre Zuflucht nehmen, die Handwerker und Arbeiter der Städte gleichwie die ackerbautreibende Bevölkerung, die unfreie und die freie. Hier hatten sie noch einigen Schutz gegen die Willkür der Beamten — auch eine der Geiseln jener Zeit — und die zunehmende Rechtlosigkeit. Vor allem aber entsprach diese eigene Organisation der Gesellschaft der Zwangsorganisation, die der Staat auferlegt hatte. Die wirtschaftliche Reversion endete gleich der sozialen in Unfreiheit und Arbeitszwang.

Sodann kamen die Germanen als erobernde Völker und mit ihnen eine neue Reversion noch tiefer hinab in die Barbarei für die westliche Hälfte des Reichs, wo diese sich niederließen. Hierbei wurde die kaiserliche Administration aufgelöst, die Organisation der Gesellschaft blieb aber bestehen, denn sie eignete sich wohl für die siegenden Barbaren. Die spätrömische Kastengesellschaft auf bureaukratischer Grundlage wurde wieder in eine Ständegesellschaft vom Eroberertyp umgewandelt. Aber es blieb nicht hierbei. Die Barbarisierung ging fort, zwar nicht so, daß eine Rückkehr zu der primitiven Klassengesellschaft stattfand, was unmöglich war, sondern so, daß römisches und germanisches Wesen zugleich aufgelöst und zu einer gärenden Masse von kämpfenden Volks- und Gesellschaftselementen zusammengeknetet wurden. Durch das Zusammenwirken des germanischen Königtums und der katholischen Kirche wurde so die Neugestaltung vorbereitet, die ihren Abschluß fand im — mittelalterlichen Feudalismus.

Namen- und Sachregister.

(Die Ziffern geben die Seitenzahl an.)

Berichtigungen.

S. 32, Mitte lies K u l t v o r s t e h e r statt Kulturvorsteher.
S. 140 Anm., Zeile 10 von unten lies T a r d e s statt Trades.

Zeitfracht Medien GmbH
Ferdinand-Jühlke-Straße 7
99095 Erfurt, Deutschland
produktsicherheit@kolibri360.de